NomosBibliothek

Die Lehrbuchreihe bietet Studierenden der Sozial- und Geisteswissenschaften ausgezeichnete Einführungen in die jeweilige Fachdisziplin. Klar strukturiert und in verständlicher Sprache vermitteln die Bände grundlegende Fachinhalte und fundiertes Expertenwissen. Sie sind ideal geeignet zum Einstieg in das Studium und zur sicheren Prüfungsvorbereitung – ein unentbehrliches Handwerkszeug für alle angehenden Sozial- und Geisteswissenschaftler:innen.

Michael P. Streck

Altorientalistik

Einführung

Onlineversion
Nomos eLibrary

Die Deutsche Nationalbibliothek verzeichnet diese Publikation in der Deutschen Nationalbibliografie; detaillierte bibliografische Daten sind im Internet über http://dnb.d-nb.de abrufbar.

ISBN 978-3-8487-8197-3 (Print)
ISBN 978-3-7489-2603-0 (ePDF)

1. Auflage 2023
© Nomos Verlagsgesellschaft, Baden-Baden 2023. Gesamtverantwortung für Druck und Herstellung bei der Nomos Verlagsgesellschaft mbH & Co. KG. Alle Rechte, auch die des Nachdrucks von Auszügen, der fotomechanischen Wiedergabe und der Übersetzung, vorbehalten. Gedruckt auf alterungsbeständigem Papier.

Inhaltsverzeichnis

Prolog   13

1. Was ist Altorientalistik?   17
    - 1.1. Der Alte Orient: eine Definition   17
        - 1.1.1. Geografische Definitionskriterien   17
        - 1.1.2. Chronologische Definitionskriterien   18
        - 1.1.3. Kulturelle Definitionskriterien   20
        - 1.1.4. Der Terminus „Assyriologie" und die Problematik des Begriffs „Altorientalistik"   22
    - 1.2. Die Entzifferung der Keilschriften und die Wiederentdeckung des Alten Orients   23
        - 1.2.1. Der Alte Orient in der Vergessenheit   23
        - 1.2.2. Die Entzifferung des altpersischen Keilschrift   24
        - 1.2.3. Die „Eroberung" Assyriens   25
        - 1.2.4. Die Entzifferung der mesopotamischen Keilschrift   27
        - 1.2.5. Die Entschlüsselung weiterer altorientalischer Sprachen   29
    - 1.3. Die Altorientalistik als Universitätsfach   30
    - 1.4. Zusammenfassung   33
    - 1.5. Bibliografie   34

2. Die Altorientalistik und die Geschichte des Alten Orients   37
    - 2.1. Relative und absolute Chronologie   37
        - 2.1.1. Relative Chronologie   38
        - 2.1.2. Absolute Chronologie   39
    - 2.2. Quellen zur (politischen) Geschichte Mesopotamiens   41
        - 2.2.1. Archäologische und philologische Quellen   41
        - 2.2.2. Primär-, Sekundär- und Tertiärquellen   41
        - 2.2.3. Die ungleiche Verteilung historischer Quellen   47
        - 2.2.4. Der Historiker fragt nach dem Grund   47
    - 2.3. Periodisierungen und Highlights altorientalischer Geschichte   49
        - 2.3.1. Mesopotamien (Babylonien und Assyrien)   50
        - 2.3.2. Andere Reiche und Regionen des Alten Orients   56
    - 2.4. Charakteristika altorientalischer Geschichte   59
        - 2.4.1. Offene Grenzen, Multipolarität und Transregionalität   59
        - 2.4.2. Von Stadtstaaten zu Imperien   61
        - 2.4.3. Keine Religionskriege   61
        - 2.4.4. Die Monarchie als einzige Staatsform   62
    - 2.5. Zusammenfassung   62
    - 2.6. Bibliografie zu Kapitel 2   62

3. Die Altorientalistik und die Rekonstruktion der altorientalischen Umwelt   65
    - 3.1. Quellen zur Rekonstruktion der altorientalischen Umwelt   65

		3.1.1.	Keilschrifttexte als Quelle für die altorientalische Umwelt	66
		3.1.2.	Bilder als Quellen für die Rekonstruktion der altorientalischen Umwelt	69
		3.1.3.	Die Beobachtung der modernen Umwelt als Quelle für die Rekonstruktion der altorientalischen Umwelt	70
		3.1.4.	Ältere Reiseberichte als Quelle für die Rekonstruktion der altorientalischen Umwelt	72
	3.2.	Das Klima und Wetter Mesopotamiens		73
	3.3.	Landschaften in und um Mesopotamien		74
		3.3.1.	Euphrat und Tigris	74
		3.3.2.	Die Schilfsümpfe	75
		3.3.3.	(Wüsten-)Steppe und Stadt	76
		3.3.4.	Gebirge	76
		3.3.5.	Meere	77
	3.4.	Fauna und Viehzucht		77
		3.4.1.	Schaf und Ziege	77
		3.4.2.	Rind, Esel, Pferd, Kamel, Schwein	78
		3.4.3.	Jagd, Vogelfang, Fischfang	78
	3.5.	Flora und Ackerbau		80
		3.5.1.	Feld- und Gemüsepflanzen	80
		3.5.2.	Obstbäume	81
		3.5.3.	Bäume als Holzlieferanten	82
	3.6.	Mineralische Rohstoffe		83
		3.6.1.	Die Rohstoffarmut Mesopotamiens und Rohstoffimporte	83
		3.6.2.	Die Identifizierung von Mineraliennamen	84
	3.7.	Zusammenfassung		84
	3.8.	Bibliografie zu Kapitel 3		85
4.	Die Altorientalistik, der Kodex Hammu-rapi und die altorientalische Rechtsgeschichte			87
	4.1.	Altorientalische Gesetzessammlungen		88
	4.2.	Die Legitimation des Rechts		89
	4.3.	Formulierung der Rechtssätze		91
	4.4.	Inhalt, Systematik und Rechtsterminologie des Kodex Hammu-rapi		92
	4.5.	Gesellschaftsklassen im Kodex Hammu-rapi		93
	4.6.	Die Frau im Kodex Hammu-rapi		94
	4.7.	Die Strafen im Kodex Hammu-rapi		96
		4.7.1.	Straf- und Zivilrecht	96
		4.7.2.	Arten von Strafen	96
	4.8.	Entstehung, Zweck und Anwendung der Gesetze		100
	4.9.	Zusammenfassung		102
	4.10.	Bibliografie zu Kapitel 4		102

5. Die Altorientalistik und die altorientalische Religion — 105

- 5.1. Vom Sinn einer altorientalischen Religionsgeschichte — 105
- 5.2. Die Vielfältigkeit der Schriftquellen zur altorientalischen Religion — 106
- 5.3. Religionshistorische Fragestellungen der Altorientalistik — 107
- 5.4. Grundcharakteristika altorientalischer Religion — 107
- 5.5. Die Hauptgötter Mesopotamiens — 109
  - 5.5.1. Übersichtstabelle — 109
  - 5.5.2. Die Götternamen — 110
  - 5.5.3. Die göttlichen Familien — 111
  - 5.5.4. Hauptkultorte und Tempel — 112
  - 5.5.5. Charakter und Funktionen der Götter — 113
  - 5.5.6. Hofstaatliche Strukturen im Pantheon — 114
  - 5.5.7. Erscheinungsformen der Götter — 115
  - 5.5.8. Monotheistische Tendenzen in Mesopotamien — 117
- 5.6. Zusammenfassung — 120
- 5.7. Bibliografie zu Kapitel 5 — 120

6. Die Altorientalistik und das altorientalische Gelehrtentum — 123

- 6.1. Gibt es eine altorientalische „Wissenschaft"? — 123
  - 6.1.1. Die Formulierung vor Ursache und Wirkung — 123
  - 6.1.2. Die fehlende Formulierung von Gesetzmäßigkeiten — 124
  - 6.1.3. Eine altorientalische „Ordnungswissenschaft"? — 125
  - 6.1.4. Die Anonymität altorientalischen Gelehrtentums — 126
  - 6.1.5. Das altorientalisches Gelehrtentum und seine Disziplinen — 126
- 6.2. Die Philologie des Alten Orients — 128
  - 6.2.1. Die lexikalische Liste Proto-Aa — 128
  - 6.2.2. Die lexikalische Liste Ugu-mu — 129
  - 6.2.3. Die lexikalische Liste Nabnitu — 130
  - 6.2.4. Liste sumerischer Verbalformen — 131
- 6.3. Die Medizin des Alten Orients — 132
  - 6.3.1. Empirie und Magie in der altorientalischen Medizin — 132
  - 6.3.2. Medizinische Keilschrifttexte und ihre Interpretation — 132
  - 6.3.3. Ein Keilschrifttext zu Harnwegserkrankungen — 133
- 6.4. Die Astrologie und Astronomie des Alten Orients — 134
  - 6.4.1. Die Entwicklung der mesopotamischen Astrologie/Astronomie — 134
  - 6.4.2. Der Brief des Akkullanu an Aschur-bani-apli — 135
  - 6.4.3. Babylonische Tierkreiszeichen und Horoskope — 136
- 6.5. Die altorientalische Omenkunde — 137
  - 6.5.1. Die altorientalische Omenkunde als Strategie zur Bewältigung der Zukunft — 137
  - 6.5.2. Techniken der altorientalischen Omenkunde — 138
  - 6.5.3. Leberomina — 139

6.6.	Die altorientalische Mathematik und das sexagesimale Zahlensystem	139
6.7.	Zusammenfassung	141
6.8.	Bibliografie zu Kapitel 6	141

7. Die Altorientalistik und die Keilschrift — 143

7.1.	Was ist Schrift?	143
7.2.	Die Entstehung der Keilschrift	144
	7.2.1. Die Keilschrift als Gedächtnisstütze	144
	7.2.2. Tonmarken als Vorläufer der Keilschrift	144
7.3.	Die Schreibtechnik der Keilschrift	145
	7.3.1. Tontafel und Griffel	145
	7.3.2. Die Änderung der Schriftrichtung	147
	7.3.3. Worttrenner	147
	7.3.4. Vom Bild zum Keil	147
	7.3.5. Andere Schriftträger aus Ton	148
	7.3.6. Schriftträger aus anderen Materialien	148
7.4.	Wie wurde Keilschrift im Alten Orient gelernt?	149
	7.4.1. Die mesopotamische Schreiberausbildung	149
	7.4.2. Das Curriculum in der mesopotamischen Schreiberausbildung	150
7.5.	Welchen Stellenwert besaß Schriftkundigkeit in der mesopotamischen Kultur?	152
	7.5.1. Die Wertschätzung der Schreibkunst unter Gelehrten	152
	7.5.2. Die Schriftbeherrschung von Königen	152
	7.5.3. Literalität in Mesopotamien	153
7.6.	Die Zeichentypen der Keilschrift und die Zahl der Keilschriftzeichen	153
	7.6.1. Logogramme	154
	7.6.2. Phonogramme	154
	7.6.3. Determinative	155
	7.6.4. Die Polyphonie der Keilschrift	155
	7.6.5. Die Zahl der Keilschriftzeichen	156
7.7.	Die Publikation von Keilschrifttexten	156
	7.7.1. Die bildliche Wiedergabe von Keilschrifttexten	156
	7.7.2. Die Lateinumschrift von Keilschrifttexten	156
7.8.	Zusammenfassung	157
7.9.	Bibliografie	158

8. Die Altorientalistik und die Sprachen des Alten Orients — 161

8.1.	Die Erforschung altorientalischer Sprachen	161
	8.1.1. Schrift und Sprache	161
	8.1.2. Die fehlenden Sprecher	162
	8.1.3. Die Entzifferung und die Entschlüsselung altorientalischer Sprachen	163

		8.1.4.	Die Erschließung altorientalischer Sprachen definierende Faktoren	163
8.2.			Überblick über die altorientalischen Sprachen	164
8.3.			Sumerisch	167
	8.3.1.		Der Name „Sumerisch"	167
	8.3.2.		Die geografische Verbreitung des Sumerischen	167
	8.3.3.		Das Sumerische als isolierte Sprache und seine Erschließung durch die akkadische „Brille"	168
	8.3.4.		Geschichte der sumerischen Sprache	169
	8.3.5.		Schreibung und Sprachstruktur des Sumerischen	172
8.4.			Akkadisch	173
	8.4.1.		Der Name „Akkadisch"	173
	8.4.2.		Die geografische Verbreitung des Akkadischen	173
	8.4.3.		Das Akkadische als semitische Sprache	174
	8.4.4.		Geschichte der akkadischen Sprache	175
	8.4.5.		Schreibung und Sprachstruktur des Akkadischen	179
8.5.			Hethitisch und Luwisch	180
	8.5.1.		Der Name „Hethitisch"	180
	8.5.2.		Die geografische Verbreitung des Hethitischen	180
	8.5.3.		Hethitisch als indoeuropäische Sprache	180
	8.5.4.		Geschichte der hethitischen Sprache	181
	8.5.5.		Luwisch und die luwischen Hieroglyphen	182
8.6.			Elamisch	183
	8.6.1.		Geschichte der elamischen Sprache	183
	8.6.2.		Verwandtschaft und Struktur der elamischen Sprache	185
8.7.			Hurritisch und Urartäisch	185
	8.7.1.		Geschichte der hurritischen Sprache	185
	8.7.2.		Geschichte der urartäischen Sprache	187
	8.7.3.		Verwandtschaft des Hurritischen und Urartäischen	187
8.8.			Das Alphabet	188
	8.8.1.		Die Geschichte der linearen Alphabete	188
	8.8.2.		Die Lautwerte des semitischen Alphabets und die Buchstabennamen	189
	8.8.3.		Das ugaritische und phönizische(?) Keilalphabet	190
8.9.			Die nordwestsemitischen Sprachen des Alten Orients	191
	8.9.1.		Amurritisch und andere frühe Zeugnisse	191
	8.9.2.		Ugaritisch	192
	8.9.3.		Phönizisch	192
	8.9.4.		Aramäisch im Alten Orient	192
	8.9.5.		Althebräisch	193
8.10.			Zusammenfassung	193
8.11.			Bibliografie	194

9. Die Altorientalistik und die Keilschrifttexte — 197

- 9.1. Die Gattungen des Schrifttums in Keilschrift — 197
- 9.2. Der relative Umfang der keilschriftlichen Gattungen — 198
- 9.3. Alltagstexte — 199
  - 9.3.1. Briefe — 199
  - 9.3.2. Rechtsurkunden — 202
  - 9.3.3. Administrative Texte — 205
- 9.4. Monumentale Texte — 208
  - 9.4.1. Charakteristika monumentaler Texte — 208
  - 9.4.2. Eine Inschrift des Gu-dea von Lagasch — 210
  - 9.4.3. Aus einer Inschrift Salmanu-aschareds III. von Assyrien — 212
- 9.5. Gelehrte Texte — 215
  - 9.5.1. Lexikalische Listen — 216
  - 9.5.2. Listen von Konditional-Hauptsatzgefügen — 217
  - 9.5.3. Listen von anders formulierten gelehrten Textteilen — 218
- 9.6. Literarische Texte — 219
  - 9.6.1. Historische Entwicklung der mesopotamischen Literatur — 219
  - 9.6.2. Genres — 220
  - 9.6.3. Schreiber statt Autoren — 223
  - 9.6.4. Stilmittel — 224
  - 9.6.5. Kataloge und Bibliotheken — 229
  - 9.6.6. Aus der Klage „Ich will preisen den Herrn der Weisheit" — 230
  - 9.6.7. Eine Schlangenbeschwörung — 232
  - 9.6.8. Ein Sprichwort in einem altbabylonischen Brief — 233
  - 9.6.9. Eine neuassyrische Prophezeiung — 234
- 9.7. Textsammlungen — 235
  - 9.7.1. Textsammlung, Archiv, Bibliothek, Dossier — 235
  - 9.7.2. Wozu Textsammlungen analysieren? — 236
  - 9.7.3. Die Größe und die Laufzeit von Textsammlungen — 236
  - 9.7.4. Fundorte und Eigentümer von Textsammlungen — 237
  - 9.7.5. Lebendige und tote Archive — 238
  - 9.7.6. Die Rekonstruktion von Textsammlungen — 238
  - 9.7.7. Die Zusammensetzung von Textsammlungen — 239
- 9.8. Zusammenfassung — 240
- 9.9. Bibliografie zu Kapitel 9 — 241

10. Der Alte Orient im kulturellen Gedächtnis des Abendlandes: der Sintflutmythos — 245

- 10.1. Beschluss zur Sintflut — 247
- 10.2. Der Verrat des Ea und der Auftrag zum Bau der Arche — 248
- 10.3. Uta-napischtis Zweifel — 250
- 10.4. Der Bau der Arche — 251
- 10.5. Der Bezug der Arche — 252
- 10.6. Die Flut — 253

10.7.	Die Furcht und Reue der Götter	254
10.8.	Das Ende der Flut und die Landung der Arche	255
10.9.	Die Aussendung der Vögel	256
10.10.	Das Opfer	257
10.11.	Das Versprechen der Götter, nie wieder eine Sintflut zu veranstalten	257
10.12.	Zwei Schlussfragen	259
10.13.	Zusammenfassung	260
10.14.	Bibliografie zu Kapitel 10	260

Epilog	261
Anhang 1: Chronologie Mesopotamiens	265
Anhang 2: Liste der zitierten Texte	275
Anhang 3: Liste der Abbildungen	279
Anhang 4: Liste der Tabellen	281
Karte des Alten Orients	283
Index	287

Prolog

Als der Verlag im Jahr 2021 mit der Bitte an mich herantrat, eine Einführung in die Altorientalistik zu verfassen, stellte ich mir die Frage, ob ein solches Buch heute noch von einem Einzelnen geschrieben werden kann. Zwar hält der Autor seit über 20 Jahren jedes Jahr eine Vorlesung gleichen Titels, doch kann er und wohl auch sonst kein Forscher beanspruchen, alle Zweige des großen altorientalischen Baumes erklettert zu haben. Der Ausweg, ein Sammelwerk unter Mitwirkung zahlreicher Autoren herauszugeben, wurde jedoch aus zwei Gründen bewusst nicht beschritten. Zum einen gibt es schon eine ganze Reihe hervorragender derartiger Sammelwerke,[1] nicht zuletzt das vom Autoren selbst über 14 Jahre als Herausgeber betreute „Reallexikon der Assyriologie und Vorderasiatischen Archäologie";[2] es scheint aktuell überflüssig, diesen ein weiteres Sammelwerk hinzuzufügen. Zum anderen versteht der Autor die Aufgabe einer „Einführung in die Altorientalistik", die sich primär an fachfremde Interessenten richtet, mehr als Appetitanreger denn als vollständige Mahlzeit: ist der Appetit einmal geweckt, kann und soll man sich woanders satt essen. Aus diesem Grund ist die vorliegende Einführung in jeder Hinsicht nur exemplarisch und nirgendwo auf Vollständigkeit angelegt.

Vorliegende „Einführung in die Altorientalistik" unterscheidet sich vom letzten, weit verbreiteten Buch gleichen Titels von W. von Soden[3] durch zwei Punkte. Zum einen gibt sie methodischen Fragen größeren Raum: auf welchen Quellen beruhen die Erkenntnisse der Altorientalistik, wie arbeitet sie methodisch, welchen Schwierigkeiten begegnet sie in ihrer Arbeit? Zum anderen betont sie stärker die philologischen Aspekte des Faches: Schriften, Sprachen und Texte des Alten Orients, die die wichtigste Grundlage für seine (kultur-)geschichtliche Erforschung bieten.

Daraus resultiert die folgende Gliederung des Buches. Kap. 1 bietet eine Definition der Altorientalistik als akademischer Disziplin. Während Kap. 2–6 der Altorientalistik als (kultur-)geschichtlicher Disziplin gewidmet sind, konzentrieren sich die Kap. 7–9 auf die philologischen Aspekte der Altorientalistik. Kap. 2 behandelt die politische Geschichte und ihre Grundlagen. In Kap. 3 wird auf die Rekonstruktion der altorientalischen Umwelt eingegangen. Die Rechtsgeschichte wird in Kap. 4 anhand eines der berühmtesten altorientalischen Monumente, des Kodex Hammu-rapi, besprochen. Die altorientalische Religion ist Thema von Kap. 5. Das altorientalische Gelehrtentum wird in Kap. 6 behandelt. In Kap. 7 wird das wichtigste altorientalische Schriftsys-

---

1 Siehe die Bibliographie in Kap. 1.5, S. 34f.
2 Im Buch als „RlA" abgekürzt. Weitere bibliographische Abkürzungen werden nicht gebraucht.
3 W. von Soden, Einführung in die Altorientalistik (Darmstadt 1985; 2. Auflage ²2006, hrsg. von M. P. Streck).

tem und zugleich eines der die Disziplin definierenden Charakteristika, die Keilschrift, vorgestellt. Kap. 8 bespricht die Sprachen des Alten Orients. Das längste Kap. 9 ist den keilschriftlichen Textgattungen gewidmet. Das abschließende kurze Kap. 10 stellt den Sintflutmythos als das vielleicht beste Beispiel des Weiterlebens des Alten Orients in unserem kulturellen Gedächtnis vor. Im Anhang wird eine Chronologie mesopotamischer Könige von J. Wende geboten.

Die inhaltlichen Beschränkungen des Buches sind vielfach. Die materiellen Quellen des Alten Orients wie Kunst und Architektur, welche vor allem durch die Vorderasiatische Archäologie bearbeitet werden, bleiben fast ganz außen vor.[4] Die Darstellung konzentriert sich auf Mesopotamien; die umgebenden altorientalischen Kulturen des Hethiterreichs, Syriens und Israel-Palästinas, Elams und Urartus werden vor allem in Kap. 2.3.2 zur Periodisierung altorientalischer Geschichte und in Kap. 8 über die Sprachen besprochen. Kap. 2 zur Geschichte verzichtet angesichts der zahlreichen rezenten mal kürzeren, mal längeren chronologischen Darstellungen[5] auf eine solche, sieht man von der Periodisierung der Geschichte und historischen „Highlights"[6] ab; auch ein Abschnitt zur historischen Geografie fehlt hier. Kap. 5 zur Religion behandelt ausschließlich die Götterwelt, nicht aber die Themen Kult, Mythos,[7] Vorstellungen von Schöpfung und Tod, Ethik u. a. m. Die Wirtschaft und Gesellschaft sind nicht in eigenen Kapiteln behandelt.[8] Es gibt kein Kapitel zum „Täglichen Leben" in Mesopotamien. Die Frage, was besprochen wurde und was nicht, ist zu einem Teil eine subjektive Entscheidung des Autors, die teilweise auch von seinen Kenntnissen und Vorlieben abhängig ist.

In jedem Kapitel sind die wichtigsten Inhalte in Tabellenform zusammengefasst.[9] Die in jedem Kapitel zitierten, kommentierten Keilschrifttexte in Übersetzung[10] sollen demonstrieren, aus welcher Art Quellen die Altorientalistik ihre Erkenntnisse gewinnt und mit welchen Problemen und Möglichkeiten die Analyse dieser Quellen konfrontiert ist; philologische Details und Begründungen für die manchmal von den vorliegenden Editionen abweichenden Übersetzungen kann der Autor in dieser Einführung allerdings nicht geben. Jedes Kapitel endet mit einer Zusammenfassung der wichtigs-

---

4 Zum Verhältnis der Altorientalistik zur Vorderasiatischen Archäologie s. Kap. 1.3, S. 31, zu den archäologischen Quellen Kap. 2.2.1, S. 41. Für das Rollsiegel als Definitionsmerkmal des Alten Orients s. Kap. 1.1.3, S. 20. S. auch die Liste der Abbildungen in Anhang 4.
5 Siehe die Bibliografie Kap. 1.5, S. 34f.
6 Zur Periodisierung und historischen Highlights s. Kap. 2.3.
7 Allerdings ist Kap. 10, S. 245f. dem Sintflutmythos gewidmet.
8 Zu Viehzucht und Landwirtschaft s. Kap. 3.4, S. 77f. und 3.5, S. 80f. Zum Handwerk s. Text 9.6. in Kap. 9.3.3, S. 206. Zu Gesellschaftsklassen s Kap. 4.5, S. 93f. und zur rechtlichen Stellung der Frau Kap. 4.6, S. 94f.
9 Siehe die Übersicht in Anhang 3, S. 279.
10 Siehe die Übersicht in Anhang 2, S. 275f.

ten Aussagen in Thesenform und einer Bibliografie, die auch Webseiten nennt; die Bibliografien nennen nur das Allerwichtigste und Arbeiten mit weiterführenden Literaturangaben, oft die entsprechenden Artikel aus dem Reallexikon der Assyriologie und Vorderasiatischen Archäologie (RlA).

Wörter aus Keilschriftsprachen werden in wissenschaftlicher Transkription geboten.[11] Eigennamen dagegen erscheinen in einer vereinfachten, auf Sonderzeichen verzichtenden Wiedergabe, die sich an den deutschsprachigen Leser richtet: ḫ wird dabei im Wortinnern durch „ch" (anstelle von manchmal verdoppeltem chch wird stattdessen „ch" geschrieben), am Wortanfang durch „H", š durch *sch*, ṣ und ṭ durch s und t, ĝ durch (n)g wiedergegeben. Da die oft langen altorientalischen Personennamen für den Nichtfachmann kaum aussprechbar sind, wurde, wann immer möglich, durch Bindestriche eine Strukturanalyse der Namensbestandteile angedeutet; für Götternamen und Ortsnamen wurde dies, wo möglich, ebenfalls so gehandhabt. Weil die Kenntnis der Bibel immer weiter abnimmt, wurde davon abgesehen, die in ihr vorkommenden assyrischen und babylonischen Personennamen in einer sich an die hebräische Namensform anlehnenden Gestalt wiederzugeben; dies hätte nur bedeutet, eine Unbekannte durch eine andere zu ersetzen. Stattdessen wird die originäre akkadische Namensform in vereinfachter Umschrift geboten, also z. B. Nabu-kudurri-usur statt Nebukadnezar, Aschur-acha-iddina statt Asarhaddon; im chronologischen Anhang wird die gängige biblische Namensform der Königsnamen jedoch in Klammern beigegeben.

Mein Dank geht an Janine Wende, die den Anhang zur Chronologie mesopotamischer Könige verfasste und Korrektur las. Kim Hagedorn und Vivienne Jahnke danke ich für die Betreuung im Verlag.

---

11 Zur Transkription von Keilschrifttexten s. Kap. 7.7.2.

1. Was ist Altorientalistik?

> *Wer sich selbst und andere kennt,*
> *wird auch hier erkennen:*
> *Orient und Okzident*
> *sind nicht mehr zu trennen.*
>
> *Johann Wolfgang Goethe*[1]

1.1. Der Alte Orient: eine Definition

Altorientalistik ist eine wissenschaftliche Disziplin, von der die meisten Menschen bisher nur wenig oder gar nichts gehört haben. Unter den Fächern an der Universität ist die Altorientalistik eine Orchidee, von nur Wenigen studiert und von nur Wenigen als Broterwerb betrieben. Was ist „Altorientalistik"? Nähern wir uns einer Definition, indem wir die Bezeichnung in ihre Bestandteile „alt" und „Orient" zerlegen.

1.1.1. Geografische Definitionskriterien

Der Begriff „Orient" ist von lateinisch *oriens* „aufgehend" abgeleitet. Gemeint ist das Land der aufgehenden Sonne, das Land im Osten. Im 19. Jahrhundert sprach man auch vom „Morgenland", ein heute veralteter Terminus.[2] Als relationaler Begriff benötigt „Osten" einen Bezugspunkt: diesen bildet Europa, der Okzident, das Abendland, die Region, in der in der Neuzeit die orientalistischen Wissenschaftsdisziplinen entstanden. Europa ist der geografische Gegenpol zum Orient.

Reist man von Europa aus in den „Orient", also nach Osten, kommt man zunächst in die heutige Türkei, geografisch auch als „Kleinasien" bezeichnet. An die Türkei grenzen im Osten Armenien und im Süden Syrien. Wandern wir die Ostküste des Mittelmeeres hinunter, durchqueren wir erst den Libanon, dann Israel-Palästina und gelangen an die Nordostgrenze Ägyptens, das auf dem afrikanischen Kontinent liegt. Südlich an Syrien grenzt Jordanien und östlich an Syrien der Irak. Östlich des Irak liegt der bis an die pakistanische Grenze reichende Iran. Südlich des Irak erstreckt sich die riesige arabische Halbinsel mit den Staaten Saudi-Arabien im Zentrum, an der Ostküste Kuwait, Qatar, die Vereinigten Arabischen Emirate und Oman, im Süden der Jemen.

---

1 Anders als vielfach behauptet, stammt das Zitat ursprünglich nicht aus Goethes West-Östlicher Divan selber, sondern aus Goethes Nachlass. Es wurde allerdings zusammen mit anderen Gedichten in manche Ausgabe des Divan mitaufgenommen. Siehe J. W. Goethe, West-östlicher Divan, Vorwort und Erläuterungen von M. Rychner, Manesse-Verlag (Zürich 1952) S. 141 und 567.
2 Aber es gibt immer noch die altehrwürdige, 1845 gegründete „Deutsche Morgenländische Gesellschaft", eine Vereinigung von Wissenschaftlern, und ihre renommierte „Zeitschrift der Deutschen Morgenländischen Gesellschaft"): https://www.dmg-web.de.

1. Was ist Altorientalistik?

Damit ist die aktuelle Staatenwelt, die wir mit dem „Orient" verbinden, für unseren Zweck ausreichend beschrieben. Wir lassen – mit Ausnahme Ägyptens – weitere Staaten Nordafrikas außer Acht, weil sie für das Weitere keine Rolle spielen.[3] Auch sind wir uns bewusst, dass die Grenzen besonders nach Osten hin nicht scharf sind – der „Orient" geht jenseits des Iran ohne scharfe Grenze in den indischen Subkontinent und Mittelasien über. Für die beschriebene Staatengruppe verwendet man heute in politischem Zusammenhang meist den ebenfalls unscharfen Ausdruck „Naher Osten", im Englischen den Begriff „Middle East" (seltsamerweise nicht „Near East", da differieren deutscher und englischer Sprachgebrauch),[4] in der Geografie spricht man von „Vorderasien".

1.1.2. Chronologische Definitionskriterien

Mit dem so geografisch definierten „Orient" verbindet Europa heute die islamische Welt (nur in der Hauptsache richtig, weil in dieser Region neben Muslimen auch Christen und Juden leben). Die islamische Geschichte ist zwar alt: sie beginnt mit dem Auszug Mohammeds aus Mekka im Jahr 622 n. Chr. Doch ist sie nicht alt genug für die Altorientalistik, denn diese befasst sich mit den vorislamischen Epochen des Orients.

Die Vorgeschichte des Alten Orients reicht weit zurück. Um 10.000 v. Chr. fand hier, erstmals in der Weltgeschichte, die sogenannte „Neolithische Revolution" statt – keine plötzliche Umwälzung, wie der Name suggeriert, sondern ein jahrtausendelanger Prozess, im Verlauf dessen Ackerbau und Viehzucht entstanden und die Menschen sesshaft wurden. Dieser Prozess führte zu einer immer komplexeren Gesellschaft und den ersten Städten der Menschheit im Süden des heutigen Irak. Als Verwaltungshilfe wurde dort in der 2. Hälfte des 4. Jt. v. Chr. die Keilschrift, neben der altägyptischen Schrift die älteste Schrift der Welt, entwickelt.[5] Mit den ersten Keilschrifttexten beginnt die eigentliche Geschichte des Alten Orients; die Entwicklung der Schrift markiert den chronologischen Startpunkt des Forschungsgegenstands der Altorientalistik.

Die Region der Schrifterfindung im Südirak war Teil des antiken Kulturraumes Mesopotamien. Der griechische Name bedeutet „Land zwischen den Flüssen" und beschreibt im heutigen Sprachgebrauch die Region zwischen

---

3 Allerdings gründeten die Phönizier (s. zu ihrer Schrift und Sprache 8.8.1, S. 192 und 8.9.3, S. 188) im ganzen Mittelmeerraum Kolonien, deren bedeutendste Karthago im heutigen Tunesien war.
4 Die englischsprachige Altorientalistik spricht trotzdem meist von Ancient Near East und nicht von Ancient Middle East. Die begriffliche Verwirrung wird augenscheinlich im Titel M. van de Mieroop, Ancient Near Eastern History in its Middle Eastern Setting, Alter Orient und Altes Testament 400 (Münster 2021) 35–43.
5 Zur Entstehung der Keilschrift s. Kap. 7.2, S. 144.

1.1. Der Alte Orient: eine Definition

und um Euphrat und Tigris[6] auf dem Gebiet der modernen Staaten Irak und (Nordost)-Syrien. Der Kulturraum Mesopotamien gliederte sich zu unterschiedlichen Zeiten seiner langen Geschichte[7] in verschiedene politisch und kulturell definierte Regionen.

Das südlichste Viertel zwischen den Flüssen Euphrat und Tigris war im späten 4. und 3. Jt. v. Chr. das Land Sumer, während das nördlich angrenzende Viertel bis etwa zur Höhe des heutigen Bagdad Akkad hieß. Im 3. Jt. v. Chr. bildeten die Sumerer mehrere Stadtstaaten. Die Region Akkad war von ca. 2316–2134 v. Chr. Zentrum des über weite Teile Mesopotamiens herrschenden altakkadischen Großreichs.

Im 2. und 1. Jt. v. Chr. war die Stadt Babylon das politische und kulturelle Zentrum der gesamten Südhälfte des Iraks. Sumer und Akkad waren nun als Babylonien vereint. Gegenpol war im Norden Assyrien, das zu Beginn des 2. Jt. v. Chr. ins Licht der Geschichte trat. Das Zentrum Assyriens war der Oberlauf des Tigris zwischen den heutigen Städten Bagdad und Mosul. Während Assyrien in der 1. Hälfte des 2. Jt. v. Chr. auf dieses Zentrum beschränkt war, breitete es sich in der 2. Hälfte nach Westen bis zum Oberlauf des Euphrats hin aus. In der ersten Hälfte des 1. Jt. v. Chr. errichteten die Assyrer ein Imperium, das ganz Vorderasien, kurzzeitig gar Ägypten, umfasste; Babylonien befand sich in dieser Zeit im Schatten Assyriens und wurde zeitweilig assyrische Provinz.

Vom 3. Jt. v. Chr. bis zu Beginn der 2. Hälfte des 2. Jt. v. Chr. war die Region zwischen Assyrien am Oberlauf des Tigris im Osten und dem Euphrat politisch, teilweise auch kulturell eigenständig. Wir bezeichnen diese Region als Obermesopotamien. Zwischen dem 16. und 14. Jh. v. Chr. etablierte sich dort das hurritische Mittani-Reich.[8] Danach wurde Obermesopotamien in das expandierende assyrische Reich eingegliedert.

Auch die östlich an den Tigris angrenzende Region, wiewohl nicht „zwischen" den Flüssen gelegen, muss dem politischen und kulturellen Raum Mesopotamiens zugerechnet werden. Das östlich an Assyrien angrenzende Osttigrisland gehörte ab der 2. Hälfte des 2. Jt. v. Chr. dem Assyrerreich an, das östlich an Babylonien angrenzende Osttigrisland wurde bereits im Verlauf der 1. Hälfte des 2. Jt. v. Chr. Teil Babyloniens.

Die Reiche der Sumerer, Babylonier und Assyrer in Mesopotamien unterhielten in diesen drei Jahrtausenden vielfältige Beziehungen zu benachbarten Reichen und Kulturen, die ebenfalls Gegenstand der Altorientalistik sind. In Südwestiran, Babylonien östlich benachbart, finden wir vom 3. bis zum

---

6 Zu Euphrat und Tigris s. Kap. 3.3.1, S. 74.
7 Zur mesopotamischen Geschichte s. Kap. 2, besonders Kap. 2.3, S. 49ff.
8 Zum Mittani-Reich s. Kap. 2.3.2, S. 59 mit Tabelle 2.3, S. 57.

1. Was ist Altorientalistik?

1. Jt. v. Chr. die Elamer mit dem Reich Elam.[9] In Syrien westlich des Euphrats, an der östlichen Mittelmeerküste und auf dem Gebiet des heutigen Israel-Palästina waren in der altorientalischen Geschichte zahlreiche Reiche zu Hause; wir können hier nur einige wichtige nennen: im 24. Jh. v. Chr. das Reich von Ebla 60 km südlich von Aleppo, zwischen 1400 und 1200 v. Chr. an der syrischen Mittelmeerküste die blühende Hafenstadt Ugarit,[10] ab dem 11. Jh. v. Chr. an der östlichen Mittelmeerküste im heutigen Libanon die Phönizier,[11] in der ersten Hälfte des 1. Jt. v. Chr. im heutigen Israel und Palästina die Reiche Samaria und Juda.[12] Zwischen 1700 und 1200 v. Chr. herrschten die Hethiter über weite Teile der heutigen Türkei.[13] Zwischen 900 und 600 v. Chr. existierte nördlich von Assyrien im heutigen Armenien und der Osttürkei das Reich Urartu.[14]

Das assyrische Reich wurde am Ende des 7. Jh. v. Chr. von den Babyloniern und Medern – letztere ein Volk aus dem Westiran – zerstört. Babylonien wurde 539 v. Chr. von den Persern erobert. Bis zur Eroberung Vorderasiens durch Alexander den Großen am Ende des 4. Jh. v. Chr. war Babylonien Teil des Perserreichs, danach gehörte es den Reichen der Seleukiden (bis 141 v. Chr.) und der Parther (bis 225 n. Chr.) an. Das Ende der politischen Existenz Assyriens und der Selbständigkeit Babyloniens markiert jedoch nicht das Ende altorientalistischer Zuständigkeit; diese ist vielmehr erst mit dem Erlöschen assyrischer und babylonischer Kultur und insbesondere dem Versiegen der Keilschriftquellen im 1. Jh. n. Chr. erreicht.[15]

1.1.3. Kulturelle Definitionskriterien

Der Alte Orient und der Forschungsgegenstand der Altorientalistik lassen sich jedoch nicht nur geografisch und chronologisch, sondern auch kulturell definieren. Besonders zwei charakteristische Kulturmerkmale sollen hervorgehoben werden.

Da sind zunächst die Rollsiegel zu nennen. Sie wurden zu Zehntausenden bei Ausgrabungen gefunden. Rollsiegel wurden auf Ton abgerollt. Die Abrollung zeigte eine Abbildung mit oder ohne Inschrift. Rollsiegelabrollungen fanden sich auf Schriftdokumenten, Gefäßen oder deren Verschlüssen. Sie dienten, wie heute eine Unterschrift, der Beglaubigung von Dokumenten oder der Versiegelung von Gegenständen. Rollsiegel waren die vorherrschende Siegelform in weiten Teilen Vorderasiens im 3. und 2. Jt. v. Chr. und wurden auch noch im 1. Jt v. Chr. neben Stempelsiegeln gebraucht. Eine Ausnahme

---

9 Zur elamischen Sprache s. Kap. 8.6, S. 183f.
10 Zur ugaritischen Schrift und Sprache s. Kap. 8.8.3, S. 190 und 8.9.2, S. 192.
11 Zur phönizischen Sprache s. Kap. 8.9.3, S. 192.
12 Zur aramäischen und althebräischen Sprache s. Kap. 8.9.4 und 8.9.5, S. 192f.
13 Zur hethitischen und Sprache s. Kap. 8.5, S. 180f.
14 Zur urartäischen Sprache s. Kap. 8.7, S. 187.
15 Zur Keilschrift als Definitionskriterium der Altorientalistik s. Kap. 1.1.3, S. 21.

1.1. Der Alte Orient: eine Definition

waren die Hethiter in der heutigen Türkei, welche Stempelsiegel bevorzugten. Außerhalb Vorderasiens waren Rollsiegel zwar auch in Ägypten vor dem Mittleren Reich heimisch und spielten zeitweise auch auf Zypern, Kreta und in der Ägäis eine Rolle, doch liegt nahe, dass es sich dabei um eine Übernahme einer genuin vorderasiatischen Siegelform handelte, die eng mit Ton als dem vorherrschendem Schreibmaterial verknüpft war.

Das andere Charakteristikum des Alten Orients und für die Altorientalistik von noch größerer Bedeutung war die Keilschrift und ihr primärer Schriftträger, die Tontafel.[16] Nach ihrer Erfindung in Südmesopotamien am Ende des 4. Jt. v. Chr. verbreitete sich die Keilschrift über große Teile Vorderasiens, wurde auf zahlreiche altorientalische Sprachen übertragen und war vom 3. Jt. bis zur ersten Hälfte des 1. Jt. v. Chr. das vorherrschende Schriftsystem des Alten Orients. Sie übersprang weder die Grenze nach Kreta und dem griechischen Festland noch wurde sie in Ostiran heimisch. In Ägypten wurde die Keilschrift nur im diplomatischen Schriftverkehr mit den Herrschern Vorderasiens in der sogenannten Amarna-Zeit (1400–1300 v. Chr.) gebraucht, ansonsten bediente man sich in Ägypten der eigenen Hieroglyphenschrift und des davon abgeleiteten Hieratischen.

Neben der Keilschrift wurden im Alten Orient zwar gelegentlich auch andere Schriftsysteme wie die proto-elamische Schrift im frühen 3. Jt. v. Chr.,[17] die luwische Hieroglyphenschrift in der Mitte des 2. Jt. v. Chr.,[18] die urartäischen Hieroglyphen zu Beginn des 1. Jt. v. Chr.[19] und die altpersische Keilschrift im 6. Jh. v. Chr.[20] entwickelt. Sie wurden jedoch nie zu einem ernsthaften Konkurrenten der Keilschrift. Erst mit den im Verlauf des 2. Jt. v. Chr. in Syrien und Israel/Palästina entstehenden Formen des Alphabets[21] erwuchs der Keilschrift ein Rivale, der sie im 1. Jt. v. Chr. schrittweise verdrängte. Der Gebrauch der Keilschrift nahm in den Jahrhunderten vor Christi Geburt immer mehr ab; der letzte Keilschrifttext (ein Text astronomischen Inhalts) stammte aus der Stadt Uruk und datierte in das Jahr 79/80 n. Chr.; ob einige der „Graeco-Babyloniaca", Tontafeln mit griechischen Umschriften von Keilschrifttexten, noch etwas später, in das 2. Jh. n. Chr. anzusetzen sind, ist umstritten.

Das Erlöschen der Keilschrift markiert für die meisten Forscher die untere zeitliche Grenze des Forschungsgegenstands der Altorientalistik; Babylonien unter der Herrschaft der Sassaniden (226–651 n. Chr.) und das babylonische Erbe in der mandäischen Kultur des Iraks liegen allenfalls am Rande des alt-

---

16 Zur Keilschrift s. Kap. 7, S. 143f.
17 Zur proto-elamischen Schrift s. Kap. 8.6.1, S. 183.
18 Zur luwischen Hieroglyphenschrift s. Kap. 8.5.5, S. 182.
19 Zur urartäischen Hieroglyphenschrift s. auch Kap. 8.7.2, S. 187.
20 Zur altpersischen Keilschrift s. Kap. 1.2.2, S. 24 und Kap. 8.2. mit Tabelle 8.1, S. 165.
21 Zum Alphabet s. Kap. 8.8, S. 188f.

orientalistischen Forschungsfeldes; für diese Gegenstände sind primär andere Wissenschaftszweige wie die Iranistik und Aramaistik zuständig. Insofern ist die Kap. 1.1.2 getroffene Aussage, die Altorientalistik beschäftige sich mit dem vorislamischen Orient, nicht ganz exakt: genau genommen gibt es eine zeitliche Lücke von einigen Jahrhunderten zwischen dem Ende des Alten Orients im engeren Sinne und dem Aufkommen des Islams, mit der sich der Altorientalist gewöhnlich nicht beschäftigt. Solche Unschärfe fürchtet die Wissenschaft jedoch nicht, ist sie es doch gewöhnt, interdisziplinär zu denken und zu arbeiten.

1.1.4. Der Terminus „Assyriologie" und die Problematik des Begriffs „Altorientalistik"

Das umfangreichste Lexikon einer altorientalischen Sprache trägt den Titel „The Assyrian Dictionary of the Oriental Institute of the University of Chicago".[22] Mit „Assyrian" ist jedoch nicht nur der assyrische Dialekt der babylonisch-assyrischen Sprache, die wir heute der Kürze halber meist mit einem alten keilschriftlichen Begriff „Akkadisch" nennen, gemeint. Vielmehr reflektiert der Titel eine Forschungsphase der Altorientalistik im 19. Jh., in der die wichtigsten Keilschriftquellen für das Akkadische die aus dem alten Assyrien im Norden Mesopotamiens waren.[23] Dementsprechend nannte man die Wissenschaft von den Keilschrifttexten und den altorientalischen Kulturen damals „Assyriologie". Dieser traditionelle Begriff findet sich in der deutschen und internationalen Wissenschaft auch heute noch in Konkurrenz zur „Altorientalistik", auch wenn er den Forschungsgegenstand schon lange nicht mehr umfassend beschreibt, da sich der „Assyriologe" selbstverständlich auch mit den Babyloniern, Sumerern und anderen altorientalischen Kulturen auskennt. Bisweilen gebraucht man für Subdisziplinen der Altorientalistik auch Begriffe wie „Sumerologie", „Hethitologie" oder „Ugaritistik".

Doch auch der Terminus „Altorientalistik" ist nicht unproblematisch, und dies in doppeltem Sinn. Da ist zum einen die -istik-Endung, welche die Altorientalistik mit der Germanistik, Anglistik, Romanistik, Slawistik, Arabistik usw. teilt – alle Wissenschaften verschiedener Sprachen und Literaturen. Die Endung suggeriert, die Altorientalistik sei wie die Germanistik und ihre Schwestern nur eine Sprach- und Literaturwissenschaft. Bisweilen findet man auch den Ausdruck „Altorientalische Philologie" als Gegenstück vor allem zur Klassischen Philologie, der Wissenschaft von den altgriechischen und lateinischen Texten. Beide Begriffe, Altorientalistik wie Altorientalische Philologie, beschreiben aber nur die eine Hälfte des altorientalistischen Forschungsfeldes; die andere Hälfte sind die Geschichte und Kulturgeschichte

---

22 A. L. Oppenheim/E. Reiner/M. T. Roth 1956–2019: The Assyrian Dictionary of the Oriental Institute of the University of Chicago. Chicago.
23 Zur Wiederentdeckung Assyriens s. Kap. 1.2.3, S. 25f.

des Alten Orients. Altorientalistik ist also zugleich eine (kultur-)historische wie sprach- und literaturwissenschaftliche bzw. philologische Disziplin. Wir kommen auf diese doppelte Aufgabe des Faches noch einmal zurück.[24]

Der Eurozentrismus des Begriffs „Orient"[25] führt schließlich zu der Frage, ob die Fachbezeichnung „Altorientalistik" überhaupt noch zeitgemäß ist. Die Orientalismus-Debatte konzentrierte sich zwar stets auf Europas Sicht auf den islamischen Orient, doch war auch die Altorientalistik nie völlig frei von kulturell geprägten Werturteilen und Stereotypen gegenüber dem Alten Orient, etwa wenn altorientalische Reiche als statisch oder despotisch qualifiziert wurden. Ob das Grund genug ist, die Bezeichnungen „Altorientalistik" und „Alter Orient" durch andere zu ersetzen? Oder genügt es, den Begriff „Orient", wie wir es in Kap. 1.1.1 getan haben, nur als geografischen und nicht auch kulturellen Gegenpol zum Okzident zu definieren? Welche andere Bezeichnung stünde denn zur Verfügung? Eine „Altvorderasienkunde" etwa würde denselben Forschungsgegenstand wie die „Altorientalistik" umreißen; der Terminus ist zwar ebenso relational und auf Europa bezogen, doch ist er historisch unbelastet.

Schließlich muss auch gefragt werden, ob eine eurozentrische Sicht auf den Alten Orient immer unvermeidbar, vielleicht sogar manchmal hilfreich ist, um Unterschiede, Traditionslinien und Gemeinsamkeiten zwischen den Kulturkreisen besser verstehen zu können.

Solange die Diskussion um diese Fragen noch nicht ausreichend geführt worden ist, behalten wir die eingeführte Bezeichnung „Altorientalistik" trotz ihrer erkennbaren Problematik bei.

1.2. Die Entzifferung der Keilschriften und die Wiederentdeckung des Alten Orients

1.2.1. Der Alte Orient in der Vergessenheit

Nach dem Versiegen der letzten Keilschrifttexte,[26] dem Tod der letzten altorientalischen Sprachen[27] und dem Erlöschen der altorientalischen Kulturen um Christi Geburt blieben für viele Jahrhunderte nur zwei Quellengruppen übrig, die Kunde vom Alten Orient gaben: griechische und lateinische Schriftsteller sowie die Bibel. In beiden Quellengruppen wurde der Alte Orient oft erwähnt und behandelt, wenn auch die Informationen oft unzuverlässig und verzerrt waren. So ist etwa in den letzten Jahrzehnten deutlich geworden, dass der lebendige Bericht des griechisch schreibenden Schriftstellers

---

24 Zur Altorientalistik als zugleich (kultur-)historische und philologische Disziplin s. Kap. 1.3.
25 Zum Begriff „Orient" s. Kap. 1.1.1, S. 17.
26 Zum Ende der Keilschrift s. Kap. 1.1.3, S. 21.
27 Zu den altorientalischen Sprachen s. Kap. 8, S. 161f.

1. Was ist Altorientalistik?

Herodot (5. Jh. v. Chr.) über Mesopotamien nicht auf eigener Anschauung, sondern nur auf Hörensagen beruhte und in vielerlei Hinsicht falsch ist. In der Bibel begegneten die Assyrer und Babylonier meist als Feinde, welche die kleinen Reiche Israel und Juda[28] unterdrückten und eroberten.

Besonders bedeutsam ist in diesem Zusammenhang, dass die Kenntnis der Keilschrift und der altorientalischen Sprachen, die zuvor drei Jahrtausende in Vorderasien verwendet worden waren, für mehr als 1.500 Jahre anscheinend vollständig verloren war. Die griechischen und lateinischen Schriftsteller erwähnten an keiner einzigen Stelle eindeutig die Keilschrift; die dem Demokrit (5./4. Jh. v. Chr.) zugeschriebene Abhandlung „Über die heiligen Schriften in Babylon" meinte die babylonische Literatur und nicht das Schriftsystem. Auch das Alte Testament und das islamische Mittelalter schwiegen seltsamerweise völlig über die Keilschriften, obwohl sie zweifellos bemerkt worden sein müssen.

1.2.2. Die Entzifferung des altpersischen Keilschrift

Diese Situation änderte sich erst, als europäische Reisende wie Pietro della Valle und Engelbert Kaempfer im 17. und 18. Jh. Nachrichten über die Keilschrift[29] und Abbildungen von ihr nach Europa brachten. Dabei handelte es sich zunächst um dreisprachige, altpersisch, elamisch und babylonisch verfasste, in unterschiedlichen Varianten der Keilschrift geschriebene Inschriften der Perserkönige aus Persepolis, der Hauptstadt des Perserreichs. Wie unklar man sich allerdings zunächst über den Charakter des Geschilderten und Gesehenen war, zeigten erste Vermutungen, es läge gar keine Schrift vor, sondern es handelte sich bloß um Zahlzeichen, Verzierungen oder gar von Würmern oder Insekten gegrabene Löcher. Erst als Carsten Niebuhr im Auftrag des dänischen Königs von 1761–1767 seine große Orienterkundungsreise unternahm und darauf im zweiten, 1778 erschienenen Band seiner „Reisebeschreibung nach Arabien und andern umliegenden Ländern" erstmals zuverlässige Kopien altpersischer Inschriften aus Persepolis veröffentlichte, konnten Entzifferungsversuche einige Aussicht auf Erfolg haben.

Der erste entscheidende Durchbruch gelang dem deutschen Gymnasiallehrer Georg Friedrich Grotefend. Grotefend entzifferte 1802–1803 erfolgreich einen Teil der Zeichen der einfachsten aller Keilschriftarten, der altpersischen Keilschrift,[30] welche nur ein beschränktes Zeichenrepertoire von etwas über 40 Zeichen besitzt. Nach diesem Erfolg dauerte es mehrere Jahrzehnte, bis diese Großtat des menschlichen Geistes fortgesetzt und durch die Entziffe-

---

28 Zur Geschichte Israels und Juda s. Kap. 2.3.2, S. 58 mit Tabelle 2.3, S. 57.
29 Die lateinische Bezeichnung cuneiformis („keilförmig") wurde erstmals 1700 bei T. Hyde, Historia religionis veterum Persarum (Oxonii) gebraucht.
30 Zur altpersischen Keilschrift s. auch Kap. 8.2. mit Tabelle 8.1, S. 165.

rung der schwierigeren mesopotamischen Keilschrift gekrönt wurde. Letztere wurde durch „The Conquest of Assyria" (Die Eroberung Assyriens)[31] vorbereitet.

1.2.3. Die „Eroberung" Assyriens

Die „Eroberung" Assyriens erfolgte durch einen Franzosen und einen Briten. Paul Emile Botta war französischer Konsul in Mossul, der drittgrößten Stadt des Irak, im Norden des Landes gelegen. 1842 begann Botta im Auftrag der Asiatischen Gesellschaft in Paris mit Ausgrabungen im Hügel Kujundschik bei Mossul. Unter diesem Hügel befanden sich, wie wir heute wissen, die Ruinen Ninives, der letzten Hauptstadt des assyrischen Reiches unter den großen Königen des 8. und 7. Jh. v. Chr. Die Probleme waren enorm: der Grabungshügel war riesig, und es war völlig unklar, wo sich die vermuteten assyrischen Paläste befanden. Ebenso schwierig war die Tatsache, dass es noch gar keine entwickelte, methodische Archäologie gab. Botta suchte jedenfalls vergeblich; die assyrischen Paläste lagen zu tief im Boden verborgen.

Doch dann begab sich Botta mit seinen Arbeitern an einen Ort 20 km nordöstlich von Mossul, nach Horsabad. Dort gab es direkt unter der Oberfläche riesige Ruinen. Schnell zeigte sich, dass man auf einen assyrischen Palast gestoßen war. Botta fand vom Feuer zerstörte Gebäude, die im Jahr 614 v. Chr. dem Angriff der Meder anheimgefallen waren. Viele Wände waren mit Reliefs verziert, die neben Darstellungen aller Art auch lange Keilinschriften trugen. Eine Sensation! Doch was hatte Botta da entdeckt? War das die antike Stadt Ninive? Er war davon überzeugt, und so trug die Publikation seiner Funde 1847 und 1848 den Titel „Monument de Ninive".[32] Tatsächlich befindet sich im Hügel von Horsabad, wie wir heute wissen, nicht Ninive, sondern die von dem assyrischen König Scharru-ukin II. (721–705 v. Chr.) neu gegründete Hauptstadt Dur-Scharru-ukin, zu Deutsch „Burg des Scharru-ukin", die erst kurz vor dem Tod des Herrschers fertiggestellt und dann sofort wieder zugunsten Ninives aufgegeben wurde. 1844 wurden die Ausgrabungen beendet. Die Funde wurden per Schiff nach Paris gebracht, wo sie 1847 ankamen und im Louvre ausgestellt wurden, der ersten öffentlichen Museumssammlung assyrischer Denkmäler.

Der zweite frühe „Eroberer" Assyriens war der Brite Austen Henry Layard. Layard wurde 1839 nach Ceylon, heute Sri Lanka, gesandt, um dort in der britischen Kolonialverwaltung zu arbeiten. Die Route führte ihn über Land durch Aleppo in Nordsyrien nach Mossul, wo er zwei Wochen verbrachte. Die Ruinen, die er überall auf seiner Reise sah, beeindruckten ihn tief:

---

31 Der Begriff stammt von M. T. Larsen, The Conquest of Assyria. Excavations in an Antique Land, London/New York 1994.
32 P. E. Botta /E. M. Flandin, Monument de Ninive. Paris 1847 und 1848.

1. Was ist Altorientalistik?

„A deep mystery hangs over Assyria, Babylonia, and Chaldaea", beschrieb Layard seine ersten Eindrücke.[33] Er verlor die Lust auf die Arbeit in Sri Lanka, blieb stattdessen in Bagdad hängen und unternahm von dort Reisen nach Babylonien und Persien. Durch Bottas Ausgrabungen in Assyrien inspiriert, überredete Layard 1845 den britischen Gesandten in Konstantinopel, ihn zu dem Ruinenhügel Nimrud (Abbildung 1.1) 35 km südlich von Mossul zu senden.

Abbildung 1.1: *Ansicht des Ruinenhügels (arabisch Tell) Nimrud, des antiken Kalchu, von Westen, Mitte des 19. Jh. n. Chr. Der Hügel sticht durch seine Form deutlich vom umgebenden Hügelland ab.*[34]

Dort grub er, wie wir heute wissen, im Palast des assyrischen Königs Aschurnasir-apli II. (883–859 v. Chr.). Nimrud, das antike Kalchu, war die Hauptstadt des assyrischen Reiches vom 9. bis zum 8. Jh. v. Chr., bevor Scharruukin II. seine Hauptstadt nach Horsabad/Dur-Scharru-ukin verlegte.

Layard machte reiche Funde: Stierkolosse, Statuen, Elfenbeinschnitzereien und vor allem den sogenannten schwarzen Obelisken, der einen wichtigen historischen Synchronismus zwischen Jehu von Juda und dem assyrischen König Salmanu-aschared III. (858–824 v. Chr.), dem Nachfolger des Königs Aschur-nasir-apli II. im 9. Jh. v. Chr., erbringen sollte. Von Kalchu wechselte er dann nach Kujundschik bei Mossul und grub dort in den Jahren 1847–1851. Ihm war vergönnt, was Botta nicht erreicht hatte, die Entdeckung der Paläste der großen Assyrerkönige des 7. Jh. v. Chr.: des Südwestpalastes Sin-ache-eribas (704–681 v. Chr.) und des Nordpalastes Aschur-bani-aplis

---

33 A. H. Layard, Discoveries in Nineveh and Babylon (London 1853) 2.
34 Nach A. H. Layard, The Monuments of Nineveh. From Drawings Made on the Spot (London 1853; Nachdruck New York 2004) volume 1 plate 98.

(668–631? v. Chr.) in Ninive. Neben überaus reichhaltigen Funden, die das ganze Repertoire assyrischer Kunst abdeckten, fand er Zehntausende von Keilschrifttafeln. So entdeckte er die Bibliothek des Königs Aschur-bani-aplis mit 20.000 Tafeln[35] und die Archive im Südwestpalast.[36]

1.2.4. Die Entzifferung der mesopotamischen Keilschrift

Die in den von Botta und Layard ausgegrabenen assyrischen Hauptstädten gefundenen zehntausende von Keilschrifttafeln und die schon länger bekannten dreisprachigen, altpersisch-elamisch-babylonisch verfassten Inschriften aus Persepolis schufen die Grundlage für die Entzifferung der mesopotamischen Keilschrift. Das größte Verdienst kommt dabei dem bei Belfast wirkenden irischen Landpfarrer Edward Hincks zu, der sich intensiv mit allen möglichen alten und orientalischen Sprachen beschäftigte.

1846 erschien aus Hincks Feder eine Arbeit, in der er die von Grotefend begonnene Entzifferung des Altpersischen vollendete und erste Beobachtungen zur mesopotamischen Keilschrift anstellte. In den nächsten Jahren erstellte Hincks Zeichenlisten und verglich die assyrischen, babylonischen und elamischen Zeichenformen auf Stein und auf Tontafeln miteinander. 1849 stellte er die sogenannte Polyphonie („Viellautigkeit") der Keilschrift fest: die meisten Zeichen der babylonischen Keilschrift hatten mehrere Lesungen. Und nicht nur das: manche Zeichen gaben Laute, nämlich Silben, wieder, andere Zeichen oder zum Teil auch dieselben standen für ein ganzes Wort oder auch mehrere Wörter.[37] In derselben Abhandlung publizierte er eine Liste von Keilschriftzeichen nach Lauten geordnet, in den meisten Fällen aus heutiger Sicht korrekt wiedergegeben, und schließlich die erste zusammenhängende Übersetzung einer längeren Inschrift.

Den Höhepunkt von Hincks Arbeiten stellte sein Bericht „On the Assyro-Babylonian Phonetic Characters" aus dem Jahr 1852 dar.[38] Der Artikel enthielt eine detaillierte Diskussion von 252 Keilschriftzeichen. Hincks schilderte seine Entzifferungsmethode wie folgt:

---

35 Zur Bibliothek des Aschur-bani-apli s. auch Kap. 9.7.3, S. 236.
36 A. H. Layard, Nineveh and Its Remains. London 1849 – A. H. Layard, Discoveries in Nineveh and Babylon. London 1853.
37 Zur Polyphonie der Keilschrift s. Kap. 7.6.4, S. 155.
38 Gedruckt in den Transactions of the Royal Irish Academy 22 (1855) 293–370, sowie separat unter dem Titel A list of Assyro-Babylonian Characters with their Phonetic Values (Dublin 1852). Aus dem Englischen übersetzt vom Autor.

1. Was ist Altorientalistik?

> Bei allen anderen Forschern wurde angenommen, dass die Art der Schreibung in den assyro-babylonischen Inschriften entworfen wurde im Hinblick darauf, die Wörter der Sprache dieser Inschriften wiederzugeben. Diese Sprache gehört ohne Frage der Familie an, die gewöhnlich die Semitische genannt wird; deshalb wird als sicher angesehen, dass die Zeichen, die in den Inschriften benutzt werden, semitische Buchstaben wiedergeben. Ich habe keinen Zweifel daran, dass das ein Fehler ist, und darüber hinaus ein so schwerer, dass es denjenigen, die mit ihm arbeiten, unmöglich ist, ein genaues Wissen von der Grammatik der Sprache zu gewinnen. Ich bin voll überzeugt, und ich hoffe im vorliegenden Artikel all jene zu überzeugen, die es auf sich nehmen, meinen Argumenten zu folgen, dass die Zeichen *alle* Silben darstellen, und dass sie ursprünglich dazu intendiert waren, eine nicht-semitische Sprache wiederzugeben.[39] Anstatt dass die Vokale nicht dargestellt werden, oder nur durch Punkte dargestellt werden wie in jeder semitischen Schrift, die zuerst für eine semitische Sprache gebraucht wurde, wird in den keilförmigen Inschriften jeder Vokal genau ausgedrückt.[40] ... Es gilt als sicher, dass die einzige Methode, den Wert der Zeichen festzustellen, in der Analyse von Eigennamen besteht. Mir scheint aber, dass ... diese Methode nur zu einem ungefähren und nicht zu einem genauen Wissen führt. Der Weg, auf dem ich versucht habe ein genaues Wissen zu erlangen, ist die Analyse von Verben und Nomina, besonders solche, die drei Radikale[41] haben ... Ich nehme zwei Prinzipien an: erstens, dass die Zeichen, die in unterschiedlichen Flexionen derselben Wurzel vorkommen, wenn sie nicht dieselben sind, denselben Konsonanten, aber einen unterschiedlichen Vokal enthalten. Zweitens, dass die Zeichen, welche in derselben Position vorkommen, in ähnlichen Formen unterschiedlicher Wurzeln, denselben Vokal, aber unterschiedliche Konsonanten enthalten.

Text 1.1: E. Hincks Methode der Entzifferung der mesopotamischen Keilschrift und Entschlüsselung des Akkadischen[42]

Um zu verstehen, was Hincks mit seinen zwei Prinzipien meinte, muss man wissen, dass die Wörter und Formen in den semitischen Sprachen um unveränderliche Wurzelkonsonanten herum aufgebaut sind, an die Flexionsmorpheme treten, welche meist Silben darstellen.[43] Nachdem der semitische Charakter der mit der babylonischen und assyrischen Keilschrift geschriebenen Sprache klar war, konnte Hincks durch eine solche Kombinationsmethode nicht nur die Schrift entziffern, sondern zugleich die grammatische Struktur der akkadischen (babylonisch-assyrischen) Sprache entschlüsseln. Hincks war damit der bedeutendste Entzifferer der Keilschrift, legte den Grundstein für unsere Kenntnis der babylonisch-assyrischen Sprache und war einer der Väter der Wissenschaft der Altorientalistik.

---

39 Hier nimmt Hincks erstaunlicherweise das zu seiner Zeit noch völlig unbekannte Sumerische (dazu Kap. 1.2.5, S. 29) vorweg.
40 Hier vergleicht Hincks die Keilschrift mit der hebräischen, aramäischen und arabischen Alphabetschrift, welche nur Konsonanten, aber nicht die Vokale schreibt.
41 Wurzelkonsonanten.
42 Nach P. Daniels, Edward Hinck's Deciperment of Mesopotamian Cuneiform, in: K. J. Cathcart (ed.), The Edward Hinck's Bicentenary Lectures (Dublin 1994) 47.
43 Zur semitischen Sprachstruktur s. auch das in Kap. 8.4.5, S. 179f. zum Akkadischen Gesagte.

1857 entschloss sich die Royal Asiatic Society in London, die Entzifferung der Keilschrift mit einem Test zu überprüfen. Eine frisch entdeckte Inschrift des Assyrerkönigs Tukulti-apil-escharra I. (1114–1076 v. Chr.) wurde an die vier bedeutendsten damaligen Erforscher der Keilschrift geschickt: neben dem bereits erwähnten Hincks auch an Henry Creswicke Rawlinson, der die berühmte, dreisprachige (Altpersisch, Elamisch und Akkadisch) Bisutun-Inschrift des persischen Königs Dareios I. (521–486 v. Chr.) kopiert hatte, an William Fox Talbot, der sich später auch durch die Erfindung der Fotografie einen Namen machte, und an Jules Oppert. Alle fertigten unabhängig voneinander eine Übersetzung der Inschrift an und sandten sie an die Society ein. Und siehe da: alle Übersetzungen stimmten in den wesentlichen Punkten überein. 1857 erschien eine gemeinsame Publikation aller vier Autoren: „Inscription of Tiglath Pileser I, King of Assyria, B. C. 1150, as translated by H. Rawlinson, Fox Talbot, Dr. Hincks and Dr. Oppert: Published by the Royal Asiatic Society". Mit dieser Publikation war die Entzifferungsphase der mesopotamischen Keilschrift abgeschlossen.

1.2.5. Die Entschlüsselung weiterer altorientalischer Sprachen

Die Entzifferung der mesopotamischen Keilschrift und die Erschließung des Akkadischen (Babylonisch-Assyrischen) legten den Grundstein für eine Entzifferung oder, weil die Keilschrift damit im Prinzip bekannt war, besser Entschlüsselung weiterer altorientalischer Sprachen.

Bereits Hincks[44] hatte vermutet, dass mit der mesopotamischen Keilschrift nicht nur das Akkadische, sondern auch eine weitere nicht-semitische Sprache in Mesopotamien geschrieben wurde. Hincks Vermutung erwies sich als richtig, als Rawlinson 1852 feststellte, dass es unter den Keilschrifttexten aus Ninive Bilinguen (zweisprachige Texte) gab. Oppert prägte für diese Sprache als erster 1869 den noch heute gebräuchlichen Namen „Sumerisch". Doch zunächst wurde die Existenz des Sumerischen unter einigen Forschern bestritten und die Sprache für eine Geheimsprache der Assyrer gehalten, ein Kuriosum der Forschungsgeschichte, das als „Die sumerische Frage"[45] bekannt geworden ist. Ein Meilenstein in der Erschließung des Sumerischen war die Veröffentlichung eines Bandes mit sumerischen und akkadischen Königsinschriften durch den Franzosen François Thureau-Dangin im Jahr 1907.[46]

---

44 Zu Hincks, Rawlinson und Oppert s. Kap. 1.2.4, S. 27f.
45 F. H. Weißbach, Die sumerische Frage. Leipzig 1898.
46 F. Thureau-Dangin, Die sumerischen und akkadischen Königsinschriften. Leipzig 1907.

1. Was ist Altorientalistik?

Die drittwichtigste altorientalische Sprache, das Hethitische, mit derselben Keilschrift wie das Akkadische und Sumerische geschrieben, wurde schließlich 1915 von B. Hrozný entschlüsselt.[47]

Die wesentlichen Stationen in der Entzifferung der Keilschriften und der Wiederentdeckung des Alten Orients sind in der folgenden Tabelle zusammengefasst:

79/80 n. Chr.	Letzter datierter Keilschrifttext, aus Uruk in Südbabylonien
1761–1767	Carsten Niebuhr brachte von seiner Orientreise Abbildungen altpersischer Keilschrifttexte mit
1802/3	Grotefend entziffert die altpersische Keilschrift
1842–1844	Botta grub in den assyrischen Hauptstädten Ninive und Dur-Scharru-ukin
1845–1851	Layard grub in den assyrischen Hauptstädten Kalchu und Ninive
1846–1852	Hincks entzifferte die mesopotamische Keilschrift und entschlüsselte das Akkadische (Babylonisch-Assyrische)
1857	Test der Royal Asiatic Society über die Entzifferung der Keilschrift
2. Hälfte 19. Jh.	Entschlüsselung des Sumerischen
1915	Entschlüsselung des Hethitischen durch Hrozný

Tabelle 1.1: Die Entzifferung der Keilschriften und die Wiederentdeckung des Alten Orients

1.3. Die Altorientalistik als Universitätsfach

Auf der Entzifferung der Keilschrift[48] und der Entschlüsselung der altorientalischen Sprachen[49] aufbauend entwickelte sich, zunächst in Europa und den USA, dann auch in anderen Teilen der Welt, die akademische Disziplin der „Assyriologie" oder „Altorientalistik".[50] Dieser Teil der Wissenschaftsgeschichte vom 19. bis zum 21. Jh. kann hier jedoch nicht im Detail weiterverfolgt werden.

Im deutschen Sprachraum wird Altorientalistik bzw. Assyriologie heute an den folgenden Universitätsstandorten gelehrt und studiert: Berlin, Bochum, Frankfurt, Freiburg, Göttingen, Hamburg, Heidelberg, Innsbruck, Jena, Leipzig, Mainz, Marburg, München, Münster, Tübingen, Wien und Würzburg. Die Studiengänge sind äußerlich unterschiedlich angelegt, was mit unterschiedlichen Verbünden mit anderen Studienfächern, unterschied-

---

47 Zur Entschlüsselung des Hethitischen s. ausführlicher in Kap. 8.5.3, S. 180.
48 Zur Entzifferung der Keilschriften s. Kap. 1.2.2, S. 24 und 1.2.4, S. 27f.
49 Zur Entschlüsselung des Akkadischen, Sumerischen und Hethitischen s. Kap. 1.2.4. und 1.2.5.
50 Zur Problematik der Fachbezeichnungen s. Kap. 1.1.4, S. 22.

1.3. Die Altorientalistik als Universitätsfach

lich großen altorientalistischen Anteilen in diesen Studiengängen und unterschiedlichen Modulgrößen zusammenhängt. Die Inhalte des Altorientalistik-Studiums sind in den Grundzügen jedoch überall ähnlich: der mühsame Erwerb von Kenntnissen in den altorientalischen Sprachen, beginnend mit dem Akkadischen, und der Keilschrift, steht überall am Anfang, begleitet von (kultur-)historischen Einführungen und Überblicken. In höheren Semestern steht die philologische Analyse von Keilschrifttexten unterschiedlicher Sprachen und ihre (kultur-)historische Interpretation im Mittelpunkt.

International gesehen sind neben Deutschland besonders Frankreich, Großbritannien, Italien und die USA Länder mit mehreren Studien- und Forschungsstandorten. Unter den Ländern Vorderasiens besitzt Israel eine exzellente altorientalistische Forschung. Die türkische Altorientalistik ist besonders auf den Forschungsfeldern Hethitologie und altassyrische Periode, in der die Assyrer Handelsstützpunkte in Kleinasien unterhielten, vertreten. Die Altorientalistik in Irak und Syrien, den modernen Staaten, auf deren Gebiet sich in der Antike das altorientalische Kernland Mesopotamien befand, sowie in Iran sucht Anschluss an die westliche Altorientalistik; die politische und wirtschaftliche Situation der letzten Jahrzehnte hat die Forschung in diesen Ländern allerdings behindert.

In welchem Verhältnis steht die Altorientalistik zu anderen wissenschaftlichen Disziplinen? Die Altorientalistik ist eine philologische, d. h. mit Sprachen, Texten und Literaturen arbeitende, und eine (kultur-)historische Disziplin zugleich.[51] Die fortschreitende notwendige Spezialisierung hat dazu geführt, dass sich im Lauf des 20. Jh. die sich mit den materiellen Quellen des Alten Orients (Architektur und Artefakte) beschäftigende Vorderasiatische Archäologie aus der Altorientalistik ausdifferenziert hat. Beide, Altorientalistik und Vorderasiatische Archäologie, arbeiten mit ihren jeweiligen Quellengruppen jedoch bei der Erforschung der altorientalischen (Kultur-)Geschichte Hand in Hand. Keilschrifttexte werden im Idealfall bei regulären Ausgrabungen geborgen (Raubgrabungen sind in Vorderasien aber leider häufig); sie sind also selbst ein archäologisches Artefakt. Die Lokalisierung der Fundorte von Texten und Textsammlungen[52] ist für deren Interpretation wichtig; auch in diesem Punkt berühren sich Altorientalistik und Vorderasiatische Archäologie.

Innerhalb des Alten Orients nehmen die Kulturen Israels und Palästinas aufgrund der biblischen Überlieferung eine Sonderstellung ein. Mit ihnen beschäftigen sich die eigenständigen Disziplinen alttestamentliche Theologie und Biblische Archäologie. Während diese Disziplinen früher den Alten Orient vorwiegend als „Umwelt" des antiken Israels und Palästinas ansahen, wer-

---

51 Zu dieser doppelten Aufgabe der Altorientalistik s. Kap. 1.1.4, S. 22.
52 Zu Textsammlungen s. Kap. 9.7, S. 235f.

den letztere heute historisch angemessener als Teil der altorientalischen Welt begriffen, weshalb alttestamentliche Theologie und Biblische Archäologie mit der Altorientalistik und der Vorderasiatischen Archäologie eng verbunden sind. Besonders starkes Interesse hat die alttestamentliche Theologie an den mit der Kultur Israels-Palästinas eng verwandten nordwestsemitischen Kulturen Syriens.[53]

Die altvorderasiatischen Kulturen unterhielten vielfach Beziehungen zur geografisch benachbarten, weitgehend zeitgleichen Kultur des alten Ägyptens. Die Erfindung der Schrift erfolgte in Mesopotamien und in Ägypten nach jetzigem Forschungsstand ungefähr gleichzeitig und unabhängig voneinander in der Mitte des 4. Jt. v. Chr. In der 2. Hälfte des 2. Jt. v. Chr. dehnte Ägypten zeitweise seinen Herrschaftsbereich nach Vorderasien aus und unterhielt diplomatische Beziehungen zu Babylonien, Assyrien, dem Mittani-Reich in Obermesopotamien und dem Hethiterreich.[54] Umgekehrt eroberte Assyrien im 7. Jh. v. Chr. kurzzeitig Ägypten. Aufgrund dieser Verbundenheit der altvorderasiatischen Kulturen mit der Kultur des alten Ägypten schließt die Bezeichnung „Alter Orient" bisweilen das alte Ägypten mit ein. Dennoch sind Altorientalistik und Ägyptologie eigenständige Forschungsdisziplinen, in erster Linie deshalb, weil nur wenige Forscher die ganz unterschiedlichen und schwierigen Schriftsysteme (Keilschrift(en) bzw. ägyptische Hieroglyphen und Kursive) und Sprachen (Sumerisch, Akkadisch, Hethitisch usw. auf der einen, das Altägyptische auf der anderen Seite) beider Kulturkreise gleichermaßen beherrschen. Philologische und archäologische Forschung sind in der Ägyptologie im Gegensatz zur Altorientalistik und Vorderasiatischen Archäologie noch nicht so deutlich voneinander getrennt, weil der Forschungsgegenstand der Ägyptologie kleiner und übersichtlicher ist als derjenige der Altorientalistik und Vorderasiatischen Archäologie.

Im 2. und 1. Jt. v. Chr. (über das 3. Jt. v. Chr. ist diesbezüglich wenig bekannt) war der Alte Orient mit dem östlichen Mittelmeerraum in Kontakt. Die Griechen übernahmen das Alphabet aus dem Alten Orient. Nach dem Ende des Perserreiches im 4. Jh. v. Chr. wurden weite Teile Vorderasiens hellenisiert und astrologisch/astronomisches Wissen gelangte aus Mesopotamien zu den Griechen.[55] Die Erforschung dieser Kulturkontakte lässt Altorientalistik und Vorderasiatische Archäologie auf der einen sowie Klassische Philologie, Klassische Archäologie und Alte Geschichte auf der anderen Seite zusammenarbeiten.

---

53 Zu den nordwestsemitischen Sprachen und Kulturen s. Kap. 8.9, S. 191f.
54 Zu dieser sogenannten „Amarna-Periode" s. auch Kap. 2.3.1, S. 55 mit Tabelle 2.2 und den Text 9.3 im Kap. 9.3.1, S. 201, ein Brief des ägyptischen Pharaos Amen-hotep III. an den babylonischen König Kadaschman-Enlil I. (1374–1360 v. Chr.) von Babylonien.
55 Zum Transfer astrologisch/astronomischen Wissens wie z. B. der Tierkreiszeichen von Mesopotamien zu den Griechen s. Kap. 6.4.3, S. 136.

Die bedeutendste altorientalische Sprache, das Akkadische (Babylonisch-Assyrische), gehört der semitischen Sprachfamilie an.[56] Das gilt auch für die im Alten Orient verwendeten nordwestsemitischen Sprachen Amurritisch, Ugaritisch, Aramäisch und Phönizisch.[57] Die Erschließung der altorientalischen semitischen Sprachen beruht zum Teil auf dem Vergleich mit besser bekannten Sprachen derselben Sprachfamilie wie dem Arabischen und Hebräischen. Die Erforschung dieser sprachlichen Zusammenhänge obliegt der Semitistik, mit welcher die Altorientalistik daher bei der fortschreitenden Erschließung ihrer semitischen Sprachen im engen Austausch steht. Zudem ist die Semitistik nicht nur eine sprachwissenschaftliche, sondern auch kulturwissenschaftliche Disziplin und überschneidet sich mit der Altorientalistik besonders in der Erforschung der semitischsprachigen Kulturen des Alten Orients, die nicht die mesopotamische Keilschrift, sondern Alphabete verwendeten (Ugariter, Phönizier und Aramäer).[58]

Das Hethitische und seine Schwestersprachen Luwisch und Palaisch sowie das Altpersische gehören verschiedenen Zweigen der indoeuropäischen Sprachfamilie an.[59] Die Erschließung dieser Sprachen beruht zum Teil auf dem Vergleich mit besser bekannten Sprachen derselben Sprachfamilie wie dem Griechischen, dem Sanskrit (im alten Indien verwendet) usw., weshalb die Altorientalistik auch mit der vergleichenden indoeuropäischen Sprachwissenschaft (auch „Indogermanistik") zusammenarbeitet.

1.4. Zusammenfassung

- Der Alter Orient liegt in Vorderasien auf dem Gebiet der modernen Staaten Irak, Syrien, Türkei, Armenien, Iran und Israel/Palästina.
- Chronologisch versteht man unter „Alter Orient" die vorislamische Zeit zwischen der Schrifterfindung um 3500 v. Chr. und dem Erlöschen der Keilschrift im 1. Jh. n. Chr.
- Charakteristische Artefakte des Alten Orients sind Rollsiegel und Keilschrift.
- Der Begriff „Altorientalistik" ist wegen seines Eurozentrismus und der einseitigen Betonung der philologischen Komponente problematisch.
- Nach dem Erlöschen der altorientalischen Kulturen war der Alte Orient für viele Jahrhunderte vergessen.
- Die Altorientalistik als wissenschaftliche Disziplin begann mit den ersten Ausgrabungen in Assyrien und der Entzifferung der Keilschriften im 19. Jh.
- Altorientalistik ist eine (kultur-)historische und zugleich philologische Disziplin.

---

56 Zum Akkadischen und der semitischen Sprachfamilie s. Kap. 8.4.3, S. 174.
57 Zu den nordwestsemitischen Sprachen s. Kap. 8.9, S. 191f.
58 Zu den Alphabeten s. Kap. 8.8, S. 188f.
59 Zum Hethitischen und den indoeuropäischen Sprachen s. Kap. 8.5.3, S. 180.

1.5. Bibliografie

- *Bibliografien*: https://vergil.uni-tuebingen.de/keibi/KeilschriftBibliographie online (*jährliche Bibliografie der Sekundärliteratur, auch mit Hinweisen zur gedruckten Fassung in der in Rom erscheinenden Zeitschrift Orientalia*). – Archiv für Orientforschung (*die in Wien erscheinende Zeitschrift enthält von Band 25 (1974) an ein Register mit bibliographischen Verweisen auf Texteditionen, sumerische und akkadische Wörter sowie Realien*). Online: https://orientalistik.univie.ac.at/publikationen/afo/register (*Abkürzungsliste*); Altorientalistische Bibliografien und Indizes (ABI). https://www.online.uni-marburg.de/dnms/abi.html.

- *Altorientalistik im Internet*: Charpin D. 2014: Ressources Assyriologiques sur Internet, Bibliotheca Orientalis 71, 331–358. – https://www.gkr.uni-leipzig.de/altorientalisches-institut/studium/links (*Links zu Webseiten mit altorientalistischen Inhalten*).

- *Mit 15 Bänden das umfangreichste Nachschlagewerk zum Alten Orient, die älteren Bände jedoch z. T. veraltet*: Ebeling E./Meissner B./Weidner E./von Soden W./Edzard D. O./Streck M. P. (ed.) 1932–2018: Reallexikon der Assyriologie und Vorderasiatischen Archäologie. Berlin/Boston. Online: https://rla.badw.de/das-projekt.html (*dort auch die umfangreichste Abkürzungsliste der Altorientalistik*).

- *Einführungen und Gesamtüberblicke*: Oppenheim A. L. ^{2}1977: Ancient Mesopotamia. Portrait of a Dead Civilization. Chicago. – Hrouda B. (ed.) 1991: Der Alte Orient. Geschichte und Kultur des alten Vorderasien. Gütersloh. – Postgate N. 1992: Early Mesopotamia. Society and Economy at the Dawn of History. New York. – Kuhrt A. 1995: The Ancient Near East: ca 3000–300 B.C. London. – Sasson J. M. (ed.) 1995: Civilizations of the Ancient Near East. New York 1995. – Veenhof K. R. 2001: Geschichte des Alten Orients bis zur Zeit Alexanders des Großen. Göttingen. – Cancik-Kirschbaum E. 2003: Die Assyrer. München. – Edzard D. O. 2004: Geschichte Mesopotamiens. Von den Sumerern bis zu Alexander dem Großen. München. – von Soden W. 2006: Einführung in die Altorientalistik. 2. Auflage, hrsg. von M. P. Streck. Darmstadt. – Van de Mieroop M. ^{2}2008: A History of the Ancient Near East: ca. 3000–323 BC. Malden. – Frahm E. 2013: Geschichte des alten Mesopotamien. Stuttgart. – Liverani M. 2013: The Ancient Near East. History, Society and Economy. London/New York – Jursa M. ^{3}2015: Die Babylonier. Geschichte, Gesellschaft, Kultur. München. – Radner K. 2015: Ancient Assyria. A Very Short Introduction. – Frahm E. (ed.) 2017: A Companion to Assyria. Hoboken usw. – Radner K. 2017: Mesopotamien. Die frühen Hochkulturen an Euphrat und Tigris. München. – Radner K. 2017: Die frühen Hochkulturen Ägyptens und Vorderasiens, in: H.-J. Gehrke (ed.), Frühe Zivilisationen: Die Welt vor 600 (München) 263–416, 913–941, 1000–1005. – Radner K. 2020: A Short History of Babylon. London. – Radner K./Robson E. (ed.) 2020:

The Oxford Handbook of Cuneiform Culture. Oxford. – Snell D. C. (ed.) 2020: A Companion to the Ancient Near East. Second Edition. Uxbridge. – Radner K./Moeller N./ Potts D. T. (ed.) 2020ff.: The Oxford History of the Ancient Near East (Oxford) (*mehrere Bände mit aktuellen Kapiteln zu allen Perioden der altorientalischen Geschichte einschließlich des Alten Ägyptens*). – Podany A. H: Weavers, Scribes, and Kings. A New History of the Ancient Near East. Oxford 2022. – Frahm E. 2022: Assyria. The Rise and Fall of the World's First Empire. New York.

- *Rollsiegel, eines der Definitionskriterien des Alten Orients und der Altorientalistik*: Moortgart-Correns U. 1957–1971: Glyptik, RlA 3, 440–462, ergänzt durch Collon D. 2007: Rollsiegel, RlA 11, 438–442. – Collon D. ²2005: First Impressions. Cylinder Seals in the Ancient Near East. London.
- *Bezeichnung „Orient", „Morgenland", „Naher Osten", „Mittlerer Osten"*: Slaje W. 2018: Morgenland: Zum Unpolitischen im Namen der DMG, Zeitschrift der Deutschen Morgenländischen Gesellschaft 168, 265–274.
- *Orientalismus, besonders mit Bezug auf antike Kulturen*: Hauser S. 2001: Orientalismus, Der Neue Pauly: Enzyklopädie der Antike. Rezeptions- und Wissenschaftsgeschichte, Band 15/1 (Stuttgart/Weimar) 1234–1243.
- *Herodot und andere griechische und lateinische Schriftsteller*: Saggs H. W. 1972–1975: Herodot, RlA 4, 331–333. – Rollinger R. 1993: Herodots babylonischer Logos: eine kritische Untersuchung der Glaubwürdigkeitsdiskussion an Hand ausgewählter Beispiele: historische Parallelüberlieferung, Argumentationen, archäologischer Befund, Konsequenzen für eine Geschichte Babylons in persischer Zeit. Innsbruck. – Röllig W. 1980–1983: Klassische Autoren, RlA 6, 15–18.
- *Die Entzifferung des Altpersischen*: G. Fr. Grotefends erste Nachricht von seiner Entzifferung der Keilschrift, zum Abdruck gebracht von W. Meyer. Darmstadt 1972. – Streck M. P. 2003: Eine neue Alte Welt. Grotefend entziffert die Keilschrift, DAMALS 8, 74–79.
- *Die Wiederentdeckung Assyriens*: Larsen M. T. 1994: The Conquest of Assyria. Excavations in an antique land. London/New York.
- *Die Entzifferung der mesopotamischen Keilschrift:* Daniels P. 1994: Edward Hinck's Decipherment of Mesopotamian Cuneiform, in: K. J. Cathcart (ed.), The Edward Hinck's Bicentenary Lectures (Dublin) 30–57.
- *Entzifferung des Hethitischen*: Hrozný B. 1915: Die Lösung des hethitischen Problems, Mitteilungen der Deutschen Orientgesellschaft 56, 17–50.

2. Die Altorientalistik und die Geschichte des Alten Orients

Tief ist der Brunnen der Vergangenheit.
Sollte man ihn nicht unergründlich nennen?

Thomas Mann, Joseph und seine Brüder

„Geschichte" ist in naiver Vorstellung das, was früher geschehen ist. Doch sind frühere Geschehnisse nicht mehr unmittelbar greifbar. Wir können sie nicht miterleben,[1] sondern wir sehen sie nur mittelbar, überliefert durch historische Quellen. Historische Quellen bieten zudem kein vollständiges und eindeutiges Spiegelbild der Vergangenheit. Vielmehr bedürfen sie der Interpretation durch den Historiker. Geschichte ist somit das Ergebnis wissenschaftlicher Interpretation historischer Quellen. Sie ist ein Konstrukt des Historikers.

Die Altorientalistik hat Hervorragendes in der Rekonstruktion der Geschichte des Alten Orients geleistet; es gibt zahlreiche Gesamtdarstellungen der altorientalischen Geschichte ebenso wie detaillierte Rekonstruktionen einzelner altorientalischer Perioden. Primäre Aufgabe des vorliegenden Kapitels ist es nicht, diesen Forschungen eine weitere Gesamtdarstellung hinzuzufügen, auch wenn wir nicht auf einen chronologischen Überblick verzichten können. Vielmehr soll der Schwerpunkt auf methodischen Fragen liegen.[2]

Daraus ergibt sich der folgende Aufbau dieses Kapitels: zunächst werden altorientalische Chronologien (relative und absolute Chronologie) resümiert. Im Anschluss daran wird die Frage erörtert, welche Quellen der Historiker des Alten Orients zur Verfügung hat und welchen methodischen Herausforderungen er bei ihrer Interpretation begegnet. Anschließend wollen wir Periodisierungen der altorientalischen Geschichte vorstellen und einige Highlights altorientalischer Geschichte herausheben. Den Abschluss bietet eine Übersicht über einige Konstanten altorientalischer Geschichte.

2.1. Relative und absolute Chronologie

Wer sich mit altorientalischer Geschichte befasst, begegnet über kurz oder lang den Ausdrücken „relative Chronologie" und „absolute Chronologie". Relative Chronologie ist die zeitliche Abfolge historischer Ereignisse ohne Rücksicht darauf, wann genau sie in unserer Zeitrechnung stattgefunden haben. So folgte zum Beispiel auf das Reich von Akkad (2316–2134 v. Chr.) die Gutäerherrschaft und auf diese das Reich der 3. Dynastie von Ur (2102–1995 v. Chr.); wir können diese Abfolge von Perioden jedoch noch nicht jahresgenau in der 2. Hälfte des

---

1 Dies unbeschadet des als Motto des Epilogs dieses Buches zitierten Ausspruchs von Abu Schama, S. 261.
2 Einen ausgezeichneten Überblick über methodische Fragen und Probleme altorientalistischer Geschichtsschreibung bietet E. Frahm, Geschichte des alten Mesopotamien (Stuttgart 2013) 34–42.

3. Jt. v. Chr. datieren. Absolute Chronologie dagegen datiert exakt in unserer Zeitrechnung, z. B. 539 v. Chr. wurde Babylon von den Persern erobert.[3]

2.1.1. Relative Chronologie

Die Rekonstruktion der relativen Chronologie wird durch spezifische altorientalische Schriftquellen und antike Datierungsmethoden erleichtert. Für Mesopotamien sind das in erster Linie Jahresdaten, Königslisten und Chroniken sowie Eponymenlisten.

Jahresdaten sind Datierungen von Texten im Süden Mesopotamiens im 3. und der ersten Hälfte des 2. Jt. v. Chr. Dabei wurden Jahre nach einem bedeutsamen Ereignis des vorangegangenen Jahres datiert. Im Folgenden sind beispielhaft die Daten für die ersten drei Jahre des bedeutendsten Herrschers der altbabylonischen Periode, Hammu-rapi von Babylon (1784–1742 v. Chr.) genannt:

Jahr: Hammu-rapi wurde König (= 1. Jahr).
Jahr: Der König Hammu-rapi stellte Recht im Land her (= 2. Jahr).
Jahr: Hammu-rapi stellte den erhabenen Thron des Heiligtums für den Tempel des Nanna in Ur her (= 3. Jahr).

Text 2.1: Jahresdaten der ersten drei Jahre Hammu-rapis von Babylon[4]

Antike Königslisten stehen im Prinzip für die gesamte mesopotamische Geschichte zur Verfügung.[5] Sie weisen allerdings, wie fast alle Keilschrifttexte, auch Lücken auf. Für die altbabylonische Dynastie von Babylon (1886–1587/9 v. Chr.) sieht das verkürzt wie folgt aus:

Sumu-abum, König: 15 Jahre (korrekt: 14)
Sumu-la-el: 35 Jahre (korrekt: 36)
Sabu, Sohn des dito (= Sumu-la-els): 14 Jahre
Apil-sin, Sohn des dito (= Sabus): 18 Jahre
Sin-muballit, Sohn des dito (= Apil-sins): 30 Jahre (korrekt: 20)
Hammu-rapi, Sohn des dito (= Sin-muballits): 55 Jahre (korrekt: 43)
…
11 Könige, Dynastie von Babylon

Text 2.2: Liste der Könige der Dynastie von Babylon[6]

---

3 Der Anhang 1 bietet eine Übersicht über die relative und absolute Chronologie Mesopotamiens.
4 https://cdli.ox.ac.uk/wiki/doku.php?id=year_names.
5 Zur sumerischen Königsliste und zur Lagasch-Königsliste s. Kap. 10, S. 245.
6 A. K. Grayson, RlA 6 (1980–83) 100. – https://publikationen.badw.de/de/rla/index#6606.

Der Text demonstriert allerdings, dass der Historiker auch solche scheinbar akkuraten Listen kritisch analysieren muss. Die Reihenfolge der Könige ist zwar korrekt, die Zahl der Regierungsjahre teilweise jedoch nicht. Die sich aus anderen Quellen ergebenden korrekten Zahlen sind in Klammern beigefügt. Der Unterschied zwischen den Zahlen auf der Tafel und den korrekten Zahlen erklärt sich daraus, dass es sich bei dieser Königsliste um eine viel spätere Abschrift aus dem 1. Jt. v. Chr. handelte; der antike Schreiber hatte offenbar von einer älteren Tafel abgeschrieben, deren Zahlen beschädigt waren und die er bei der Abschrift falsch ergänzte.

In Assyrien datierte man im Gegensatz zu Babylonien nach Eponymen, d. h. nach hohen Beamten einschließlich des Königs selbst, die einander in einem festen Turnus Jahr für Jahr ablösten. Diese Eponymen fasste man wiederum in Listen zusammen. In diesen Listen sind teilweise auch historische Ereignisse mitvermerkt. Hier folgt ein Beispiel für die Regierungszeit des neuassyrischen Königs Tukulti-apil-Escharra III. (744–727 v. Chr.):

Tukulti-apil-Escharra (III.), König von Assyrien: in Arpad. Sieg über Urartu (= 743 v. Chr.)
Nabu-da'inanni, Oberbefehlshaber: nach Arpad (= 742 v. Chr.)
Bel-harran-bel-usur, Palastherold: nach Arpad, innerhalb von drei Jahren eingenommen (= 741 v. Chr.)

Text 2.3: Aus der neuassyrischen Eponymenliste[7]

Besonders Rechtsurkunden und administrative Texte[8] waren nicht nur nach jahrgenau, sondern taggenau datiert. Zu diesem Zweck fanden sich in den Datumsangaben neben der Angabe des Jahres auch ein Monatsname und die Angabe des Tages. Das Jahr war in zwölf Mondmonate mit zusammen ca. 354 Tagen gegliedert; die Differenz zum Sonnenjahr von 365 Tagen erforderte von Zeit zu Zeit die Einfügung von Schaltmonaten. Die Monatsnamen variierten durch die Zeiten hindurch und waren auch regional (z. B. in Babylonien und Assyrien) unterschiedlich. Der Jahresanfang lag in Mesopotamien meist ungefähr zur Zeit des Frühjahrsäquinoktiums, teilweise aber auch im Herbst.

2.1.2. Absolute Chronologie

Die absolute Chronologie beruht zum größten Teil auf den in Keilschrifttexten erwähnten und astronomisch datierbaren Sonnenfinsternissen vom 28. Mai 585 v. Chr., vom 15. Juni 763 v. Chr. und vom 24. Juni 1833 v. Chr.

---

7 M. Millard, The Eponyms of the Assyrian Empire 910–612 BC (= State Archives of Assyria, Studies 2, Helsinki 1994) 41. – https://cdli.ox.ac.uk/wiki/doku.php?id=list_of_neo_assyrian_limmu_officials.
8 Zu diesen Textgattungen s. Kap. 9.3.2, S. 202f. und 9.3.3, S. 205f.

Die Sonnenfinsternis von 763 v. Chr. wurde wie folgt in der assyrischen Eponymenliste vermerkt:

> Bur-saggile (Gouverneur) von Guzana. Revolte in der Zitadelle. Im Monat Siman hatte die Sonne eine Finsternis.

Text 2.4: Die Sonnenfinsternis von 763 v. Chr.[9]

Diese Sonnenfinsternisse stellen Fixpunkte für die absolute Chronologie dar, von denen ausgehend, mit Hilfe der relativen Chronologie, weiter datiert werden kann. Hinzu kommen dendrochronologische Daten (Datierung mit Hilfe von Baumringen) wie die von Acemhöyük in der Türkei: dort hat man einen Palast mit Balken wiedergefunden, in dessen Ruinen Siegelabdrücke des assyrischen Königs Schamschi-adads I. (1800–1768 v. Chr.) gefunden wurden.

Für die Zeit vor dem Ende der 1. Dynastie von Babylon zu Beginn des 16. Jh. v. Chr. legen die verschiedenen Quellen nahe, dass Hammu-rapi von Babylon 1784–1742 v. Chr. oder 1780–1738 v. Chr. regierte, das heißt in Wirklichkeit 8–12 Jahre später, als die traditionelle mittlere Chronologie annimmt, welche Hammu-rapis Regierungszeit auf 1792–1750 v. Chr. ansetzt. Das Ende der 1. Dynastie von Babylon war demnach im Jahr 1587/9 oder 1583/5 v. Chr.

Als Ergebnis halten wir das folgende fest, wobei wir das Ende der 1. Dynastie von Babylon und die Regierungsdaten Hammu-rapis von Babylon als Referenzwerte für die Chronologie vor dem 16. Jh. v. Chr. verwenden:

Bis zum assyrischen Herrscher Tukulti-apil-Escharra I. (1114–1076 v. Chr.) zurück	jahrgenaue Datierung möglich
Bis Ende des 15. Jh. v. Chr. zurück	bis auf einige Jahre genau
Vor dem 16. Jh. v. Chr. traditionelle mittlere absolute Chronologie	Ende der 1. Dynastie von Babylon 1595/7 v. Chr. Hammu-rapi von Babylon 1792–1750 v. Chr.
Plausibelste absolute Chronologie vor dem 15. Jh. v. Chr.	Ende der 1. Dynastie von Babylon 1587/9 oder 1583/5 v. Chr. Hammu-rapi von Babylon 1784–1742 oder 1780–1738 v. Chr.

Tabelle 2.1: Absolute Chronologie in Mesopotamien

In vorliegendem Buch verwenden wir für die Zeit vor dem 16. Jh. v. Chr. die um 8 Jahre verkürzte mittlere Chronologie.

---

9 https://cdli.ox.ac.uk/wiki/doku.php?id=list_of_neo_assyrian_limmu_officials.

2.2. Quellen zur (politischen) Geschichte Mesopotamiens

2.2.1. Archäologische und philologische Quellen

Der Historiker des Alten Orients verfügt über zwei Quellengruppen: archäologische, d. h. nicht-schriftliche, materielle Quellen, sowie philologische, d. h. schriftliche Quellen. Die Bearbeitung dieser Quellengruppen erfolgt durch die zwei zwar getrennten, jedoch interdisziplinär miteinander eng verknüpften Wissenschaften Vorderasiatische Archäologie und Altorientalistik.[10]

Archäologische Quellen, die zur Geschichte des Alten Orients beitragen können, sind Ausgrabungsbefunde, Architektur und Artefakte. Die Interpretation dieser Quellen sieht sich allerdings zwei Problemen gegenüber: die archäologischen Quellen sind oft schwer exakt zu datieren, und sie sind auch schwer eindeutig zu interpretieren. Daraus folgt, dass sie in der Regel nur zusammen mit schriftlichen Quellen gewinnbringend für die Rekonstruktion der Geschichte analysierbar sind.

Ein Beispiel für eine mögliche archäologische Quelle zu einem wichtigen politisch-historischen Ereignis bietet ein in Jerusalem gemachter Ausgrabungsbefund. Wir wissen aus keilschriftlichen, biblischen und anderen Textquellen, dass der große neubabylonische König Nabu-kudurri-usur II. im Jahr 598 v. Chr. Jerusalem, die judäische Hauptstadt, eroberte und den jüdischen König Jeho-jakin und Teile der Bevölkerung nach Babylonien deportierte. 587 v. Chr. erfolgte dann durch ihn die zweite Eroberung Jerusalems, bei welcher der Tempel Jahwes und die Stadt zerstört wurden. 2017 wurde bei Ausgrabungen in der Davidstadt Jerusalems ein Zerstörungshorizont mit Brandspuren und zerstörter Keramik entdeckt und von einigen Archäologen als Beleg für die zweite Eroberung Jerusalems durch Nabu-kudurri-usur interpretiert.[11] Diese Interpretation ist möglich, aber nicht gesichert: eine jahrgenaue Datierung ist unmöglich, und sowohl Brandspuren als auch Keramikbruch könnten auch andere Ursachen als eine militärische Eroberung besitzen.

2.2.2. Primär-, Sekundär- und Tertiärquellen

Schriftliche Quellen zur Geschichte des Alten Orients haben einen unterschiedlichen Wert. Es empfiehlt sich deshalb, mindestens Primär- und Sekundärquellen, in einigen Fällen sogar Tertiärquellen voneinander zu differenzieren. Primärquellen sind zeitgleich mit dem historischen Ereignis, das sie beleuchten, oder nur wenig später verfasst. Sekundärquellen besitzen einen gewissen zeitlichen Abstand von den historischen Ereignissen, über die sie berichten, sie fußen jedoch auf Primärquellen. Tertiärquellen haben einen

---

10 Zum Verhältnis von Altorientalistik zu Vorderasiatischer Archäologie s. Kap. 1.3, S. 31.
11 https://www.ancient-origins.net/news-history-archaeology/new-evidence-verifies-bibli cal-accounts-babylonian-destruction-jerusalem-021535.

2. Die Altorientalistik und die Geschichte des Alten Orients

großen zeitlichen Abstand zu den historischen Geschehnissen und wurden ohne direkten Zugang zu Primärquellen verfasst.

Die Zuverlässigkeit historischer Quellen und die sich daraus ergebenden methodischen Anforderungen an ihre Interpretation resultieren jedoch nicht nur aus ihrem zeitlichen Abstand zu den historischen Ereignissen, sondern hängen auch von der Textgattung ab. Betrachten wir im Folgenden einige Beispiele.

Aus dem Alten Orient wurden Hunderttausende Alltagstexte gefunden.[12] Die wichtigsten Gattungen unter den Alltagstexten waren Briefe, Rechtsurkunden sowie administrative Texte (z. B. Abrechnungen aller Art). Briefe stammten oft aus der Palastverwaltung: Beamte schrieben an den König, der König schrieb an Beamte, oder Beamte und Könige schrieben sich untereinander. Da der König und seine Beamtenschaft in allen Perioden des Alten Orients die zentralen politischen Institutionen waren,[13] liegt die Bedeutung von Briefen als historische Quelle auf der Hand. Briefe sind zudem Primärquellen, sie werden in engem zeitlichem Zusammenhang mit bestimmten Ereignissen verfasst. Allerdings wurden sie im Alten Orient fast nie exakt datiert; ungefähre Datierungen ergeben sich jedoch aus den genannten Personen, den berichteten Ereignissen, dem Aussehen der sich im Lauf der Jahrhunderte ständig verändernden Keilschriftzeichen[14] und der sich ebenfalls immer weiter entwickelnden Sprache. Eine weitere Schwierigkeit besteht darin, dass Briefe oft ein Hintergrundwissen voraussetzen, das zwar der antike Absender und der Adressat besaßen, nicht aber der heutige Historiker.

Der folgende altakkadische Brief wurde von einem hohen Funktionär der königlichen Verwaltung verfasst. Der Adressat ist nicht weiter bekannt:

> Folgendermaßen Ischkun-dagan zu Lugalra: Das Feld bestelle und hüte das Vieh. Außerdem sage nicht: „Die Gutäer (sind da)! Das Feld konnte ich nicht bestellen." … Siehe, beim Leben des Schar-kali-scharre schwöre ich: Wenn die Gutäer das Vieh wegführen, musst du gewiss selbst (den Ersatz dafür) geben! …

Text 2.5: Ein altakkadischer Brief über die Gutäer[15]

Auch wenn eine exakte Datierung fehlt, lässt sich der Text durch die Nennung des Schar-kali-scharre, des fünften Königs der Dynastie von Akkad, auf die Zeit zwischen 2197 und 2173 v. Chr. datieren; Sprache und Schrift passen zu dieser

---

12 Zu Alltagstexten s. Kap. 9.3, S. 199f.
13 Zur überragenden Rolle des Königs s. Kap. 2.4.4, S. 62.
14 Zur paläographischen Entwicklung der Keilschrift s. Kap. 7.3.4, S. 147.
15 B. Kienast/K. Volk, Die sumerischen und akkadischen Briefe (= Freiburger altorientalische Studien 19, 1995) 89f. Text Gir 19: 1–10, 27–33. – H. Neumann, Texte aus der Umwelt des Alten Testaments, Neue Folge 3 (Gütersloh 2006) 5f. -https://cdli.mpiwg-berlin.mpg.de Nr. P213212.

Datierung. Die historische Information dieses Briefes besteht darin, dass die Gutäer, ein Bergvolk aus dem östlich an Mesopotamien angrenzenden Zagros-Gebirge, bereits zur Zeit des Königs Schar-kali-scharre für das altakkadische Reich ein Problem darstellten. Kurze Zeit später trugen die Gutäer vermutlich zum Ende der Dynastie von Akkad bei; wir sprechen bei der Periode zwischen Schar-kali-scharre von Akkad und dem Reich der 3. Dynastie von Ur von der Gutäerzeit (2172–2103 v. Chr.) Mesopotamiens.[16]

Rechtsurkunden[17] und manchmal auch administrative Texte[18] waren, im Gegensatz zu Briefen, sehr oft jahr- oder gar taggenau datiert. Sie stellen erstrangige Quellen für die Rechts- und Wirtschaftsgeschichte dar, doch sind ihnen auch Informationen für die politische Geschichte zu entlocken. So kann die Datierung selbst bereits eine wichtige Quelle sein: ihr lässt sich aufgrund der Nennung des Königs, des Datums und des Ausstellungsortes des Textes entnehmen, welcher Herrscher wann und wo genau als Herrscher anerkannt wurde. Die Menge und Verteilung von administrativen Texten in Raum und Zeit ist zwar von manchen Zufällen abhängig (u. a. auch vom archäologischen Zufall), doch kann sie groben Aufschluss über den Grad der wirtschaftlichen Aktivitäten und der ökonomischen Prosperität zu einer bestimmten Zeit und einem bestimmten Ort geben: viele Texte bedeuten wirtschaftliche Prosperität, wenige Texte wirtschaftliche Flaute.[19] Schließlich ist auch bisweilen der Inhalt von Rechtsurkunden oder administrativen Texten eine politisch-historische Quelle wie im folgenden Text aus der Stadt Babylon:

> (Sesamöl) 1/2 Bariga (ca. 15 Liter) für Ja'u-kin, den König des Landes J[uda]; 2 ½ Sila (ca. 2,5 Liter) für die 5 [Söhn]e des Königs des Landes Juda [...]; 4 Sila (ca. 4 Liter) für 8 Leute des Landes Juda, [je] 1/2 [Sila].

Text 2.6: Ein administrativer Text aus Babylon[20]

Die Datierung des Textes fehlt zwar, doch lässt sich ein Datum aus den Jahren nach 595 v. Chr. erschließen. Der Text nennt den bei der ersten Eroberung Jerusalems durch Nabu-kudurri-usur II. 598 v. Chr. nach Babylon deportierten König von Juda, Jeho-jakin (Ja'u-kin), seine Söhne und Entourage. Sie absolvierten im Palast ihre „babylonische Gefangenschaft" und wurden dort mit Rationen versorgt.

Primärquellen sind auch die von den Königen verfassten Inschriften, denn sie lassen sich mindestens auf die Regierungszeit des autorisierenden Königs

---

16 Zur Periodisierung der mesopotamischen Geschichte s. Kap. 2.3.1, S. 50f.
17 Zu Rechtsurkunden s. Kap. 9.3.2, S. 202f.
18 Zu administrativen Texten s. Kap. 9.3.3, S. 205f.
19 Zur ungleichen Verteilung historischer Quellen s. auch Kap. 2.2.3, S. 47.
20 Mélanges syriens offerts à Monsieur René Dussaud (= Bibliothèque Archéologique et Historique 30, Paris 1939) II S. 925.

datieren. Die Inschriften sumerischer und babylonischer Herrscher berichteten viel über Tempelbauten und andere Bauprojekte des Königs, jedoch meist nur wenig über Kriegszüge und andere politische Ereignisse. Die assyrischen Könige der mittel- und neuassyrischen Zeit dagegen (14.–7. Jh. v. Chr.) pflegten einen anderen Inschriftenstil; auch sie berichteten über Bauten, zusätzlich aber auch ausführlich über ihre Kriegszüge und politischen Aktivitäten. Sie sind daher im Allgemeinen eine vorzügliche historische Quelle.[21]

Ein Problem bei ihrer Interpretation ist jedoch, dass Königsinschriften propagandistisch gefärbt waren: sie dienten ja dazu, die Erfolge des Herrschers zu nennen und zu feiern. Dies zeigte sich etwa darin, dass eigene militärische Misserfolge nicht explizit genannt wurden; der Historiker kann sie nur mittelbar erschließen, etwa wenn sich erweist, dass der feindliche König nach wie vor im Feld operierte oder der angeblich siegreiche Herrscher schon bald erneut gezwungen war, dieselbe Stadt noch einmal zu belagern und zu erobern. Unsicher ist auch, ob oft genannte Zahlen getöteter Feinde und Mengen gemachter Beute der Wahrheit entsprachen oder überhöht waren, um den Sieg noch strahlender erscheinen zu lassen.[22] Als Beispiel für eine Königsinschrift als politisch-historische Quelle soll im Folgenden ein Auszug für das Jahr 704 v. Chr. aus den Annalen des neuassyrischen Königs Sin-ache-eriba (704–681 v. Chr.) dienen:

> In meinem ersten Feldzug brachte ich dem Marduk-apla-iddina, dem König des Landes Karduniasch, nebst den Truppen aus Elam, die ihn unterstützten, in der Umgebung von Kisch eine Niederlage bei ... Auf meinem Rückweg eroberte ich ... nicht unterwürfige Aramäer: 208.000 Menschen ... 7.200 Pferde (und) Maultiere, 11.073 Esel, 5.230 (Variante: 5.233) Kamele, 80.100 (Variante: 200.100) Rinder, 600.600 (Varianten: 800.800, 800.600, 800.500) Schafe und Ziegen führte ich als schwere Beute in das Land Aschur.

Text 2.7: Aus einer Inschrift des neuassyrischen Königs Sin-ache-eriba[23]

Wir erfahren vom assyrischen Feldzug gegen den babylonischen König (Babylonien wird mit dem altehrwürdigen, aus der Kassitenzeit stammenden Namen Karduniasch genannt) und notorischen Unruhestifter Marduk-apla-iddina (721–710 v. Chr. und dann nochmal 703 v. Chr., der biblische Merodachbaladan), der zusammen mit seinen elamischen, aus Südwestiran stammenden Verbündeten – einem weiteren Erzfeind der Assyrer – bei der Stadt Kisch unweit von Babylon geschlagen wurde. Weite Teile Babyloniens waren damals von aramäischen Stämmen beherrscht, die ebenfalls besiegt wurden. Ob die hohen

---

21 Zu monumentalen Texten („Königsinschriften") s. Kap. 9.4, S. 208f.
22 Vgl. Kap. 9.4.3, S. 212f. und die Inschrift Salmanu-ascharedsIII. (Text 9.8).
23 A. K. Grayson/J.Novotny, The Royal Inscriptions of Sennacherib, King of Assyria (704–681 BC), Part I (= The Royal Inscriptions of the Neo-Assyrian Period, Volume 3/1, Winona Lake 2012) p. 61f.: 5–14. – http://oracc.museum.upenn.edu/rinap/rinap3/corpus/Sennacherib4.

Zahlen deportierter Menschen und erbeuteter Tiere wahrheitsgetreu sind, lässt sich dagegen nicht feststellen, zumal die Zahlen in den verschiedenen Versionen des Textes teilweise erheblich variierten.

Der Historiker des Alten Orients kann sich also auf außerordentlich zahlreiche Primärquellen stützen. Insofern ist die Lage anders als bei der klassischen Antike, deren Geschichte vorwiegend auf der Basis von Sekundärquellen, nämlich der antiken Historiker wie etwa Thukydides, Livius usw. rekonstruiert wurde. Historische Sekundärquellen kennt man jedoch auch aus dem Alten Orient in Gestalt von Königslisten und Chroniken. Letztere stellten den zaghaften Beginn einer altorientalischen Geschichtsschreibung dar, die jedoch nie so weit entwickelt wurde wie später bei den Griechen und Römern. Königslisten und Chroniken entstanden deutlich nach der Zeit (oder besser: wurden kompiliert), über die sie berichteten. Ihnen lagen vermutlich keilschriftliche Primärquellen zugrunde, die uns nicht erhalten geblieben sind. Sie gelten deshalb in der Regel als zuverlässig. Ihr großer Vorteil ist ihr chronologisches Gerüst, das den Rahmen für die relative Chronologie[24] des Alten Orients darstellt.

Ein Beispiel für eine Königsliste wurde bereits in Kap. 2.1.1 gegeben. Der folgende Textauszug soll als Beispiel für eine Chronik dienen. Er enthielt die erste Eroberung Jerusalems durch Nabu-kudurri-usur II. im Jahr 598 v. Chr.:

> Im 7. Jahr, im Monat Kislev, bot der König von Akkad seine Truppen auf und zog nach Hattu. Die Stadt Juda belagerte er. Am 2. Adar eroberte er die Stadt. Den König nahm er gefangen. Einen König nach seinem Herzen setzte er dort ein. Ihren schweren Tribut nahm er mit und führte ihn nach Babylon.

Text 2.8: Die Eroberung Jerusalems nach einer babylonischen Chronik[25]

Akkad war hier die Bezeichnung für Babylonien und der Name Hattu stand für die Gebiete westlich des Euphrats, für Syrien-Israel-Palästina. Die „Stadt Juda" war Jerusalem. Der judäische König Jeho-jakin wurde abgesetzt und der neue Herrscher Zedekia eingesetzt.

Literarische Keilschrifttexte sind für die politische Geschichte Sekundär- oder Tertiärquellen. Oft verarbeiteten sie weit zurückliegende Ereignisse. Ihr politisch-historischer Kern, so er denn überhaupt vorhanden war, war meist verborgen und nur schemenhaft erkennbar. Das sumerische Epos „Enmerkar und der Herr von Aratta", das aus der Zeit um ca. 1800 v. Chr. überliefert ist, berichtete offenbar von Beziehungen Uruks im Süden Sumers nach Westiran (Aratta, nicht genau lokalisiert) im 3. Jt. v. Chr. und ist für die politische

---

24 Zur relativen Chronologie s. Kap. 2.1.1, S. 38.
25 A. K. Grayson, Texts from Cuneiform Sources 5 (Glückstadt 1975) 102: 11–13. – https://www.livius.org/sources/content/mesopotamian-chronicles-content/abc-5-jerusalem-chronicle.

2. Die Altorientalistik und die Geschichte des Alten Orients

Geschichte des Alten Orients eine Tertiärquelle. Dagegen scheint das akkadische Epos „Sargon in Foreign Lands", das aus der altbabylonischen Periode (1. Hälfte des 2. Jt. v. Chr.) überliefert ist, auf keilschriftlichen Primärquellen zu fußen und ist damit eher als Sekundärquelle zu klassifizieren; der folgende Auszug erwähnt den Zug von Scharru-ken (2316–2277 v. Chr.), dem Begründer der Dynastie von Akkad, an das Mittelmeer:

> Er führte seine Truppen hinüber, führte seine Truppen über die Amanus-Berge. Er erreichte den Zedernwald, die Grenze seines Königtums.

Text 2.9: Scharru-kens Zug ans Mittelmeer[26]

Das Amanus-Gebirge wird ungefähr mit dem Dschebel Ansariye an der östlichen Mittelmeerküste identifiziert; es war neben dem südlicheren Libanon typische Quelle für nach Mesopotamien importierte, wohlriechende und hochgewachsene Koniferen wie Zedern und Zypressen. Auch der Zug Scharrukens an das Mittelmeer dürfte der Beschaffung dieses wertvollen, in Mesopotamien nicht vorhandenen Rohstoffes[27] gedient haben.

Schließen wir unsere Übersicht über die Quellen zur politischen Geschichte des Alten Orients mit nicht-keilschriftlichen Tertiärquellen ab. Die Bibel sowie die griechischen und römischen Schriftsteller berichteten ebenfalls über den Alten Orient, doch beruhten diese Quellen meist nicht auf eigener Anschauung oder waren historisch stark verzerrt.[28] Noch einmal dienen uns die Eroberungen Jerusalems durch Nabu-kudurri-usur als Anschauung. Eupolemos, ein hellenistischer Jude aus dem 2. Jh. v. Chr., schrieb zur ersten Eroberung Jerusalems:

> Dann regierte Jonacheim. Zu dieser Zeit prophezeite der Prophet Jeremia. Von Gott gesandt, erwischte er die Juden, wie sie einem goldenen Idol mit Namen Baal opferten. Er erklärte ihnen das kommende Missgeschick. Jonacheim versuchte, ihn lebendig zu verbrennen, doch Jeremias sagte, dass man mit eben diesem Holz für die Babylonier Essen zubereiten würde und dass sie als Gefangene die Gräben von Tigris und Euphrat graben würden. Als Nebukadnezar der König von Babylon hörte, was von Jeremia prophezeit worden war, wandte er sich an Astibares, den König der Meder, damit er sich ihm im Krieg anschließe. Mit den Babyloniern und Medern, nachdem er 180000 Fußsoldaten versammelt hatte, eroberte er zuerst Samaria, Galiläa Scythopolis (= Bet-She'an) und die Juden, die in Gilead lebten. Dann nahm er Jerusalem ein und nahm Jonacheim, den König der Juden, lebendig gefangen. Nachdem er als Tribut das Gold des Tempels mitgenommen hatte und auch das Silber und

---

26 J. G. Westenholz, Legends of the Kings of Akkade (Winona Lake 1997) 83 Nr. 7 l 11. – https://seal.huji.ac.il/node/1547.
27 Zum Import von Bauhölzern s. Kap. 3.5.3, S. 82 und Kap. 9.4.3, S. 212f. mit Text 9.8.
28 Zur Bibel und den klassischen Schriftstellern als Quellen für den Alten Orient s. auch Kap. 1.2.1, S. 23.

die Bronze, transportierte er sie ohne die Bundeslade und die Tafeln, die sie enthielt, nach Babylon; diese behielt Jeremia zurück.

Text 2.10: Die Eroberung Jerusalems nach Eupolemos[29]

Eupolemos verwendete für diesen Bericht die Erzählung des alttestamentlichen Buches „2. Buch Könige" sowie griechische Quellen, die nicht erhalten geblieben sind. Keine andere Quelle spricht allerdings davon, dass sich die Meder an der Eroberung Jerusalems beteiligt hätten, eine offensichtlich ahistorische Behauptung. Auch die Zahl von 180.000 babylonischen Soldaten war aus der Luft gegriffen und zweifellos viel zu hoch.

2.2.3. Die ungleiche Verteilung historischer Quellen

Die historischen Quellen sind über die mehr als drei Jahrtausende altorientalischer Geschichte und auch geografisch ungleich verteilt. Manche Perioden und Regionen sind durch eine Fülle von Quellen dokumentiert, so etwa die 3. Dynastie von Ur (2102–1995 v. Chr.), die altbabylonische Zeit (1. Hälfte 2. Jt. v. Chr.) oder die spätere neuassyrische Zeit (8./7. Jh. v. Chr.). Für andere Perioden sind dagegen die Quellen dürftig, etwa für die Uruk-Zeit, die Dschemdet-Nasr-Zeit und die Frühdynastische Zeit (Ende des 4. Jt. bis zur Mitte des 3. Jt. v. Chr.), die dunkle Periode zwischen dem Ende der 1. Dynastie von Babylon (1587/9 v. Chr.) und dem Beginn der mittelbabylonischen Periode (ca. 1400 v. Chr.) oder der Zeit zwischen den mittel- und neuassyrischen Perioden (11./10. Jh. v. Chr.).

Die Gründe für diese ungleichmäßige Verteilung der Quellen sind zum einen der archäologische Fundzufall, der mal eine Fülle von Quellen und mal fast keine Quellen beschert; zum anderen scheint es jedoch auch Perioden oder Regionen gegeben zu haben, in denen aufgrund eines politischen und wirtschaftlichen Niedergangs weniger Quellen produziert wurden als zu Zeiten der Blüte.[30] Daraus resultieren zwangsläufig Ungleichgewichte in der Geschichtsschreibung: während die Altorientalistik über manche Perioden und Regionen sehr detailliert berichten kann, ist die Geschichte anderer Perioden und Regionen bislang nur schemenhaft bekannt.

2.2.4. Der Historiker fragt nach dem Grund

Der letzte König des babylonischen Großreiches und letzte selbständige König Mesopotamiens überhaupt, Nabu-na'id (555–539 v. Chr.) tat etwas Überraschendes, wie er in einer Inschrift auf zwei Stelen der Stadt Harran (heute Südosttürkei) berichtet:

---

29 F. Jacoby, Fragmente der Griech. Historiker Nr. 723: 1. Vgl. R. H. Sack, Images of Nebuchadnezzar (Selinsgrove etc. 1991) 64f.
30 Vgl. bereits Kap. 2.2.2, S. 43 das zur Verteilung administrativer Texte Gesagte.

2. Die Altorientalistik und die Geschichte des Alten Orients

> Die Menschen, die Söhne Babylons, Borsippas, Nippurs, Urs, Uruks (und) Larsas, die Priester (und) Menschen der Kultstädte des Landes Akkad (Babylonien) frevelten gegen seine große Gottheit und missachteten (sie) und vergingen sich (gegen sie), nicht kannten sie das tobende Zürnen des Königs der Götter, Nannar (des Mondgotts), ihre Kulte vergaßen sie und sprachen dauernd Lügen und Unwahrheiten, verbissen sich wie Hunde immerzu ineinander, Seuche und Hungersnot ließen sie in ihrer Mitte entstehen, er (Nannar) dezimierte die Menschen des Landes. Ich aber, mich ließ er (der Mondgott) aus meiner Stadt Babylon fliehen, und auf dem Weg zur Stadt Tema, der Stadt Dadanu, der Stadt Padakku, der Stadt Hibra, der Stadt Jadi'u und bis hin zur Stadt Jatribu zog ich zehn Jahre lang zwischen ihnen umher, meine Stadt Babylon betrat ich nicht.

Text 2.11: Nabu-na'id verlässt Babylon und zieht nach Nordarabien[31]

Die im Text genannten Orte, in die Nabu-na'id für zehn Jahre zog, waren weit entfernte nordarabische Oasen, deren Namen z. T. auch heute noch in Gebrauch sind. Jatribu war später die Stadt des Propheten Mohammed, besser bekannt unter dem Namen Medina. Noch nie hatte ein babylonischer König dergleichen getan. Während seines Nordarabien-Aufenthaltes führte Nabu-na'ids Sohn Bel-scharra-usur (der Belsazar des biblischen Buches Daniel) in Babylon die Regierungsgeschäfte.

Die historischen Fakten sind insoweit klar. Und doch bleibt der Historiker unzufrieden, denn das Verhalten Nabu-na'ids gibt ihm Rätsel auf: was konnte den König zu seinem ein Jahrzehnt währenden Aufenthalt in Arabien bewogen haben?[32] Die von Nabu-na'id in Auftrag gegebene Harran-Stele scheint die Sünden und Freveltaten der Babylonier als Ursache anzugeben, die Krankheit und Hungersnot zur Folge gehabt hätten. Für das 11. Regierungsjahr Nabu-na'ids (545 v. Chr.) ist tatsächlich eine Hungersnot in der Stadt Uruk bezeugt, doch kann nicht diese in der Harran-Stele gemeint sein, weil sie erst gegen Ende des Arabienaufenthaltes stattfand. Im Gegenteil: zur Zeit Nabu-na'ids florierte Babylonien ökonomisch. Auch von einer Krankheit oder Seuche ist nichts bekannt; außerdem wäre es schwer nachzuvollziehen, wieso sie für einen Zug durch große Teile Arabiens verantwortlich gewesen sein sollte. Vermutlich gab es eher politische Gründe für Nabu-na'ids Verhalten. Ein plausibleres Motiv für den Arabienaufenthalt wäre der Versuch gewesen, der Opposition gegen seine Religionspolitik, der Bevorzugung des Mondgottes von Harran, zu entfliehen; in Arabien hätte Nabu-na'id seiner religiösen Überzeugung vielleicht ungestörter folgen können. Oder wollte Nabu-na'id dem sich im Osten durch die Perser aufbauenden Druck durch einen Zug in den entfernteren Südwesten ausweichen, womöglich, um dort mit den Arabern eine Allianz aufzubauen? Oder ging es vielmehr um den Wunsch, die Handelswege Nordarabiens zu kontrollieren, auf denen wertvol-

---

31 H. Schaudig, Die Inschriften Nabonids von Babylon und Kyros' des Großen (= Alter Orient und Altes Testament 256, 2001) 488f. i 14–31.
32 Vgl. dazu W. Röllig, Zeitschrift für Assyriologie 56 (1964) 243–252.

le Güter wie Spezereien aus Südarabien transportiert wurden? Letzteres hätte allerdings nicht die persönliche Anwesenheit des Königs erfordert. Letztlich sind die Gründe für Nabu-na'ids Arabienepisode uns ebenso unklar, wie sie bereits den Alten gewesen sind.

Nabu-na'ids Aufenthalt in Tema demonstriert ein Problem, mit dem der Altorientalist öfter konfrontiert ist: historische Ereignisse und Entwicklungen lassen sich zwar beschreiben, die Gründe, die zu ihnen geführt haben, sind dagegen nicht eindeutig zu erkennen.

Was waren zum Beispiel die Ursachen für das Ende der Dynastie von Akkad, die große Teile Mesopotamiens beherrscht hatte und um 2134 v. Chr. unterging? Waren die aus dem östlich an Mesopotamien angrenzenden Zagrosgebirge eindringenden Gutäer[33] daran schuld? Oder eine (allerdings nur ungefähr datierbare) einsetzende Trockenperiode, die der Landwirtschaft, welche die ökonomische Basis des Reiches darstellte, schwer zusetzte? Hingen beide Ursachen vielleicht zusammen?

Oder war die Ausdehnung des assyrischen Reiches bis hin zu einem im 1. Jt. v. Chr. große Teile Vorderasiens beherrschenden Imperium durch den Hunger nach Metallen und Pferden, den unentbehrlichen Rohstoffen des assyrischen Militärs, bedingt oder vielmehr durch die assyrische Reichsideologie, welche verlangte, dass der assyrische König im Auftrag des Gottes Aschur das Chaos besiegte und die Welt seinem Gott unterwarf[34]?

Es gehört zu den Aufgaben des Historikers, solche Fragen zu stellen, auch wenn er sie nicht immer klar beantworten kann.

2.3. Periodisierungen und Highlights altorientalischer Geschichte

Es gibt keine einheitliche Periodisierung altorientalischer Geschichte. Besonders die Vorderasiatische Archäologie gebraucht gerne für die großen Epochen eine Terminologie, die auf der Verwendung von Metallen basiert: Frühe Bronzezeit vom 4. bis zum Ende des 3. Jt. v. Chr., mittlere Bronzezeit von 2000 bis 1500 v. Chr., späte Bronzezeit von 1500 bis 1200 v. Chr. und Eisenzeit ab 1200 v. Chr.

Die Abfolge von Dynastien, überwiegend in den antiken Königslisten überliefert,[35] ist die wichtigste Quelle der feineren Periodisierung altorientalischer Geschichte. Außerdem erlauben einige „dunkle" Zeitabschnitte, in denen die Quellen weitgehend fehlen, die Abgrenzung von Perioden, vor allem zwischen der altbabylonischen Periode und der folgenden Kassitenzeit Babyloniens in der Mitte des 2. Jt. v. Chr. und zwischen der mittel- und neuassyrischen

---

33 Zu den Gutäern s. auch Kap. 2.2.2 Text 2.5, S. 42.
34 Zur assyrischen Reichsideologie s. auch Kap. 9.4.3, S. 214.
35 Zu Königslisten s. Kap. 2.1.1, S. 38.

Zeit am Ende des 2. Jt. v. Chr. Dabei ist stets klar, dass Periodisierungen bis zu einem gewissen Grad künstlich sind: nicht alles ändert sich beim Übergang von der einen zur nächsten Periode, sondern manches besteht unverändert fort. Dennoch sind historische Periodisierungen praktisch, um die lange und komplexe altorientalische Geschichte zu strukturieren, und sie sind zu einem bedeutenden Teil auch gut begründet.

2.3.1. Mesopotamien (Babylonien und Assyrien)

Die folgende Tabelle bietet einen Überblick über gängige Perioden der mesopotamischen Geschichte und nennt einige historische „Highlights". Sofern nicht anders angegeben, verstehen sich alle Daten als „v. Chr.".

Archäol. Epoche	Periode	Zeit	Historische Highlights
Frühe Bronzezeit	Uruk- und Dschemdet-Nasr-Zeit	35.–30. Jh.	Erfindung der (Keil-)Schrift in Uruk
	Frühdynastische Zeit I–II	30.–27. Jh.	Archaische Texte von Ur
	Frühdynastische Zeit III	27.–24. Jh.	Keilschrifttexte aus Schuruppak Abu Salabich (antik Eresch?)
			Ältester Staatsvertrag der Welt auf der Geierstele des E-ana-tum (25. Jh.) von Lagasch
			Älteste politisch-soziale Reformen der Welt in den Inschriften des Uru-ka-gina (2316–2307) von Lagasch
	Reich von Akkad	2316–2134	Erstes Großreich im Alten Orient, begründet von Scharru-ken (2316–2277) von Akkad
	Gutäerherrschaft	2172–2103	
	3. Dynastie von Ur (Ur III)	2102–1995	Gesetze des Ur-Namma (2102–2085), der älteste(?) Gesetzestext der Welt

2.3. Periodisierungen und Highlights altorientalischer Geschichte

Archäol. Epoche	*Periode*	*Zeit*	*Historische Highlights*
Mittlere Bronzezeit	Altbabylonische Zeit mit den Dynastien von Isin, Larsa und Babylon	2011– 1587/9	1. Hälfte 18. Jh. Palast von Mari mit Palastarchiv. Hammu-rapi (1784–1742) von Babylon erobert große Teile Mesopotamiens und erlässt seine Gesetzessammlung. 1587/9 Eroberung Babylons durch den Hethiter Murschili I.
	Altassyrische Zeit	20.–18. Jh.	Assyrische Handelskolonien in Kleinasien
Späte Bronzezeit	Mittelbabylonische Zeit (bis 1155 = Kassitenzeit, bis 1026 2. Dynastie von Isin)	16.–11. Jh.	14. Jh. Keilschriftarchiv von Amarna in Ägypten mit Korrespondenz zwischen Pharao und vorderasiatischen Reichen
	Mittelassyrisches Reich	14.–11. Jh.	Erste Expansion zu einem assyrischen Territorialstaat. 12./11. Jh. erste Erwähnung von Aramäern
Eisenzeit	Neuassyrisches Reich	10. Jh.–609	Assyrisches Imperium mit Provinzsystem in großen Teilen Vorderasiens. Bibliothek Aschur-bani-aplis (668–631?) in Ninive. Babylonien im Schatten Assyriens
	Neubabylonisches Reich (= Kaldäerreich)	626–539	598 und 587 Eroberungen Jerusalems durch Nabu-kudurri-usur II. (604–562). Ausbau Babylons. Zehnjähriger Aufenthalt Nabu-na'ids (555–539) in Arabien

2. Die Altorientalistik und die Geschichte des Alten Orients

Archäol. Epoche	Periode	Zeit	Historische Highlights
	Perserzeit (= Achämenidenzeit) Mesopotamiens	539–331	539 Eroberung Babyloniens durch die Perser. Babylonien Provinz (Satrapie) des persischen Reichs. 331 Alexander der Große zieht in Babylon ein
	Seleukidenzeit Mesopotamiens	305–141	Blüte babylonischer Astronomie/Astrologie
	Partherzeit (= Arsakidenzeit) Mesopotamiens	141 v. Chr. – 224 n. Chr.	79/80 n. Chr. Letzter Keilschrifttext in Uruk verfasst
	Sassanidenzeit Mesopotamiens	226–651 n. Chr.	622 n. Chr. Beginn der islamischen Zeitrechnung

Tabelle 2.2: Perioden der mesopotamischen Geschichte

Die Geschichte Mesopotamiens begann mit den ersten Schriftzeugnissen am Ende des 4. Jt. v. Chr. in der Uruk-Zeit. Die Vorderasiatische Archäologie setzt in dieser Zeit den Beginn der frühen Bronzezeit Mesopotamiens an. Das vorangehende schriftlose Neolithikum (Jungsteinzeit) ab 10.000 v. Chr. bildet die Vorgeschichte Mesopotamiens.[36] Uruk im südlichsten Mesopotamien war damals die größte Stadt im Alten Orient und nach dem jetzigen Wissensstand der Ort der Schrifterfindung und der ältesten Keilschrifttexte.[37] Die Dschemdet-Nasr-Zeit ist nach einem etwas jüngeren Fundort der mesopotamischen Frühgeschichte in Nordbabylonien benannt.

Die folgenden Perioden werden als „frühdynastisch" bezeichnet, unterteilt in zwei oder drei Abschnitte. Im älteren dieser beiden Zeitabschnitte (30.–27. Jh. v. Chr.) ist der bedeutendste Fundort von Keilschrifttexten die Stadt Ur, wie Uruk im südlichsten Mesopotamien gelegen. In der Epoche „frühdynastisch III" (27.–24. Jh. v. Chr.) wurden die Schriftzeugnisse immer zahlreicher. Die Städte Schuruppak (heute Fara) Abu-Salabich (antik Eresch?) erbrachten nicht nur Wirtschaftstexte, sondern auch die ersten literarischen Schriftzeugnisse in sumerischer[38] und akkadischer Sprache.[39] Unter den sumerischsprachigen Königsinschriften aus dem Stadtstaat Lagasch im südöstlichen Mesopotamien fand sich mit der sogenannten Geierstele (benannt nach der Darstellung von Leichenteilen wegschleppenden Geiern) des Kö-

---

36 Zum Übergang zwischen Vorgeschichte und Geschichte im Alten Orient s. auch Kap. 1.1.2.
37 Zu Uruk als Stadt der Schrifterfinder s. Kap. 7.2.1, S. 144.
38 Zur frühen Geschichte des Sumerischen s. Kap. 8.3.4, S. 170.
39 Zum Sonnengott-Hymnus aus Abu Salabich s. Kap. 8.4.4, S. 177.

nigs E-ana-tum (25. Jh. v. Chr.) der älteste Staatsvertrag der Welt zwischen Lagasch und dem Nachbar-Stadtstaat Umma und die ältesten politisch-sozialen Reformen der Welt in den Inschriften des Königs Uru-ka-gina (2316–2307 v. Chr.).[40]

Die frühdynastische Periode ging mit dem Aufstieg des altakkadischen Reich (2316–2134 v. Chr.) zu Ende. Mit seinem Aufstieg verlagerte sich der politische Schwerpunkt vom sumerischen Süden in den akkadischen Norden Babyloniens; die Hauptstadt Akkad wurde bislang nicht wiederentdeckt. Die sumerischen Stadtstaaten wurden von einem, wenn auch wenig stabilen, Territorialreich abgelöst.[41] Die bedeutendsten Herrscher dieser Zeit waren der Reichsgründer Scharru-ken (2316–2277 v. Chr.)[42] und sein Enkel Naram-Su'en (2253–2198 v. Chr.). Erstmals wurden nun Königsinschriften in größerem Umfang in akkadischer Sprache abgefasst.[43] Die altakkadische Dynastie endete vielleicht durch einen Einfall der Gutäer aus dem östlich an Mesopotamien angrenzenden Zagros-Gebirge,[44] möglicherweise hervorgerufen durch eine Klima- und nachfolgend eine Wirtschaftskrise.[45]

Auf die Herrschaft der Gutäer folgte das Reich der dritten Dynastie von Ur (meist als „Ur III-Zeit" bezeichnet, 2102–1995 v. Chr.). Der politische Schwerpunkt wanderte zurück in den sumerischen Süden; Hauptstadt des Reiches war die Stadt Ur. Vom Begründer des Reiches, Ur-Namma (2102–2085 v. Chr.) (Abbildung 2.1) sind die ältesten Gesetze in sumerischer Sprache und vielleicht die ältesten der Welt überhaupt überliefert (möglicherweise gibt es aus Ebla in der 2. Hälfte des 24. Jh. v. Chr. noch ältere Gesetze).[46]

---

40 Zu Uru-ka-gina und seinen Reformen s. Kap. 4.1, S. 88.
41 Zum Ende des Reiches von Akkad. s. Kap. 2.2.4, S. 49.
42 Zu Scharru-ken s. auch Kap. 2.2.2 mit Text Text 2.9, S. 46.
43 Siehe auch Kap. 8.4.4, S. 177 für die Verwendung des Akkadischen in der Akkad-Zeit.
44 Zu den Gutäern s. Kap. 2.2.2 mit Text 2.5, S. 42.
45 Zur Ursache für das Ende der Dynastie von Akkad s. auch Kap. 2.2.4, S. 49.
46 Zu den Gesetzen des Ur-Namma s. Kap. 4.1, S. 88.

2. Die Altorientalistik und die Geschichte des Alten Orients

Abbildung 2.1: Das Rollsiegel aus dem British Museum zeigt eine typische mesopotamische Einführungsszene: Ein Beter wird von einer fürbittenden Göttin (eine weitere begrenzt links die Szene) an der Hand zu einer thronenden Person geführt. Letztere ist gewöhnlich ein Gott, erkennbar an Hörnerkrone und Falbelgewand (dasselbe Gewand wie das der fürbittenden Göttin). Hier allerdings ist die thronende Person durch die Breitrandkappe ohne Hörnerkrone und das Togagewand als König identifizierbar. Seit Naram-Su'en von Akkad bis in das frühe 2. Jt. v. Chr. wurden die mesopotamischen Könige vergöttlicht. Die Beischrift „Ur-Namma, starker Held, Haschchamer, Statthalter von Ischkun-Su'en, ist dein Diener" verdeutlicht, dass auf dem Thron der vergöttlichte König von Ur, Ur-Namma sitzt. Die Mondsichel vor ihm mag auf seine Stadt Ur verweisen, deren Hauptgottheit der Mondgott Nanna/Su'en war.[47]

Die 3. Dynastie von Ur endete wohl durch eine Kombination mehrerer ineinander verwobener Faktoren: einen Einfall der Elamer, einer Infiltration von amurritischen Nomaden und eine Hungersnot.

Die lange altbabylonische Periode (2011–1587/9 v. Chr.) war zunächst durch die Dynastien der Städte Isin in Zentral- und Larsa in Südbabylonien geprägt, bevor Hammu-rapi von Babylon (1784–1742 v. Chr.) große Teile Mesopotamiens eroberte und seine Gesetzessammlung erließ;[48] fortan war Babylon die wichtigste Stadt Babyloniens. Eine der von Hammu-rapi eroberten Städte war Mari am mittleren Euphrat (heute Ostsyrien), wo Archäologen umfangreiche keilschriftliche Palastarchive aus der ersten Hälfte des

---

47 Nach W. H. Ward, The Seal Cylinders of Western Asia (Washington 1910) 109. Edition der Inschrift mit weiterer Literatur: D. Frayne, Ur III Period (2012–2004 BC) (= Royal Inscriptions of Mesopotamia, Early Periods 3/2, Toronto 1997) 88f.
48 Zur Gesetzessammlung des Hammu-rapi s. Kap. 4, S. 87f.

18. Jh. v. Chr. entdeckt haben.[49] 1587/9 v. Chr. eroberten die Hethiter unter Murschili I. Babylon und beendeten die 1. Dynastie von Babylon.

Die altassyrische Periode Assyriens im Norden Mesopotamiens (20.–18. Jh. v. Chr.) war durch Handelskolonien in Kleinasien gekennzeichnet; zahlreiche altassyrische Keilschrifttexte wurden in diesen Kolonien, vor allem in der Stadt Kanesch, gefunden.[50]

Die mittelbabylonische Periode setzte nach der Eroberung Babylons durch die Hethiter und einer „dunklen", quellenlosen Zeit im 14. Jh. ein. Bis 1155 v. Chr. wurde Babylonien von der Kassitendynastie beherrscht, gefolgt von der zweiten Dynastie von Isin (bis 1026 v. Chr.).[51] In das 14. Jh. v. Chr. datierte das Archiv von Amarna (Achet-Aten, die Hauptstadt des ägyptischen Pharaos) in Mittelägypten mit der keilschriftlichen Korrespondenz zwischen dem Pharao und den vorderasiatischen Herrschern.[52] Mit den auf die 2. Dynastie von Isin folgenden, zahlreichen kleinen Dynastien endete die mittelbabylonische Periode um 1000 v. Chr.

Assyrien in der mittelassyrischen Periode (14.–11. Jh. v. Chr.) expandierte vor allem nach Obermesopotamien im Westen und wurde so zu einem größeren Territorialstaat. Die Anfänge des Reiches lagen in einer weitgehend quellenlosen Zeit vor dem 14. Jh. v. Chr. Auch das Ende im 11. Jh. v. Chr. ist nicht scharf definiert. Im 12./11. Jh. v. Chr. wurden in den assyrischen Inschriften erstmals die Aramäer erwähnt, die sich im 1. Jt. v. Chr. über weite Teile des Alten Orients verbreiteten.[53]

Das assyrische Reich in der neuassyrischen Periode (10. Jh.–609 v. Chr.) entwickelte sich zum ersten Imperium der Weltgeschichte.[54] In zahlreiche Provinzen gegliedert, umfasste es während seines Höhepunkts weite Teile Vorderasiens. Der letzte bedeutende König des neuassyrischen Reiches, Aschur-bani-apli (668–631? v. Chr.) besaß in seiner Hauptstadt Ninive eine umfangreiche Bibliothek von Keilschrifttafeln.[55] Das assyrische Reich wurde am Ende des 7. Jh. v. Chr. (614 Eroberung Aschurs, 612 Eroberung Ninives, 609 Schlacht von Harran) durch die vereinten Kräfte von Babyloniern und Medern erobert, zerstört und verschwand damit für immer aus der Weltgeschichte.

Nachfolger des neuassyrischen Reiches als Beherrscher Vorderasiens wurde das neubabylonische Reich (626–539 v. Chr.), nach den weite Teile Babyloniens

---

49 Zum Palastarchiv von Mari s. auch Kap. 9.3.1 mit Text 9.2, S. 201 und Kap. 9.7.3, S. 236.
50 Zum Zinnhandel in altassyrischer Zeit s. Kap. 3.6.1, S. 83, zu den altassyrischen Keilschrifttexten aus den Handelskolonien in Kleinasien s. Kap. 8.4.4, S. 177.
51 Zur kaum bekannten, weil nicht geschriebenen, kassitischen Sprache s. Kap. 8.2, S. 165.
52 Zur Verwendung des Akkadischen als internationale Sprache in der „Amarna-Korrespondenz" s. Kap. 8.4.2, S. 174 und 8.4.4, S. 178 sowie Kap. 9.3.1 mit Text 9.3, S. 201f.
53 Zum Aramäischen s. Kap. 8.9.4, S. 192.
54 Zu den Gründen für die Expansion des assyrischen Reiches s. Kap. 2.2.4, S. 49.
55 Zur Bibliothek des Aschur-bani-apli s. Kap. 9.7.3, S. 236.

2. Die Altorientalistik und die Geschichte des Alten Orients

beherrschenden aramäischen Kaldäerstämmen auch als „Kaldäerreich" bezeichnet. Nabu-kudurri-usur II. (604–562 v. Chr.) eroberte 598 und 587 v. Chr. Jerusalem und führte die Juden in die babylonische Gefangenschaft.[56] Babylon wurde mit zahlreichen bedeutenden Bauwerken ausgestattet (Stadtmauern, Paläste, Marduk-Tempel mit Tempelturm). Der letzte König Babylons, Nabuna'id (555–539 v. Chr.), hielt sich aus unklaren Gründen zehn Jahre in Nordarabien auf.[57]

539 v. Chr. eroberten die Perser unter der Achämenidendynastie Babylonien, beendeten seine politische Selbständigkeit und gliederten es als Satrapie (Provinz) in ihr Reich ein.[58] 331 zog Alexander der Große in Babylon ein und beendete die persische Zeit Babyloniens. Während die iranischen Seleukiden und Arsakiden Babylonien beherrschten (305 v. Chr.–224 n. Chr.), blühte in Babylonien die Astrologie/Astronomie;[59] der letzte, astronomische, Keilschrifttext wurde 79/80 n. Chr. in Uruk geschrieben,[60] der Stadt, aus der auch die frühesten Keilschrifttexte stammten.[61] In der nachfolgenden Sassanidenzeit (226–651 n. Chr.) wurde das altorientalische Erbe an die Mandäer im Irak weitergegeben.[62] 622 n. Chr. begann die islamische Epoche Vorderasiens.[63]

2.3.2. Andere Reiche und Regionen des Alten Orients

Die folgende Tabelle nennt historische Perioden der Reiche und Regionen des Alten Orients außerhalb Mesopotamiens. Alle Jahresangaben verstehen sich als „v. Chr.":

Periode	Zeit	Historische Highlights
Elam		
„Altelamische" Periode (einschließlich Sukkal-mach-Periode)	24. Jh.–14. Jh.	Akkadische Verwaltungstexte aus Susa. 1. Hälfte 2. Jt. lautet der Titel der Herrscher Sukkal-mach
Mittelelamische Periode	13–12. Jh.	Inschriften elamischer Herrscher. Zikkurrat (Tempelturm) in Dur-Untasch. Schutruk-Nahhunde erobert Babylon (1158)
Achämenidenzeit	550–331	Elamisch in mehrsprachigen Königsinschriften und in Verwaltungstexten aus Persepolis

---

56 Zu den Eroberungen Jerusalems s. Kap. 2.2.2, S. 43f. mit den Texten 2.6, 2.8 und 2.10.
57 Zu Nabu-na'ids Aufenthalt in Nordarabien s. Kap. 2.2.4 mit Text 2.11, S. 47f.
58 Zur Entzifferung der altpersischen Keilschrift s. Kap. 1.2.2, S. 24.
59 Zur Astrologie und Astronomie in Babylonien s. Kap. 6.4, S. 134f.
60 Zum Erlöschen der Keilschrift in der Seleukidenzeit s. Kap. 1.1.3, S. 21.
61 Zu Uruk als Stadt der Schrifterfindung s. Kap. 7.2.1, S. 144.
62 Zur Sassanidenzeit Mesopotamiens s. auch Kap. 1.1.3, S. 21.
63 Zu den chronologischen Grenzen des Alten Orients s. Kap. 1.1.2, S. 18f.

2.3. Periodisierungen und Highlights altorientalischer Geschichte

Periode	Zeit	Historische Highlights
Syrien, Israel, Palästina		
Reich von Ebla	2. Hälfte 24. Jh.	Palastarchiv von Ebla
Amarna-Zeit	14. Jh.	Korrespondenz der Vasallen in Syrien und Israel/Palästina mit dem ägyptischen Pharao
Reich von Ugarit	1400–1200	Ugaritisches Keilalphabet. 1200 Untergang im „Seevölkersturm"
Phönizier	ab 11. Jh.	Phönizische Städte Tyros, Sidon, Byblos am libanesischen Mittelmeer
Israel und Juda	10.–6. Jh.	722 Eroberung von Samaria (Israel) durch die Assyrer. 598 und 587 Eroberungen von Jerusalem (Juda) durch die Babylonier
Hethiterreich		
Altes Reich	18.–16. Jh.	Hethitische Sprache verschriftet. 1587/9 Eroberung Babylons durch Murschili I. 16. Jh. Teli-pinus Thronfolgeerlass
Mittleres Reich	16. Jh.–14. Jh.	
Neues Reich	1380–Ende des 13. Jh.	ca. 1380 Suppi-luliuma I. begründet das Neue Reich. 1286 Schlacht von Qadesch zwischen dem Hethiter Muwattalli II. und Ramses II. von Ägypten. 1270 Friedensvertrag zwischen dem Hethiter Hattuschili III. mit Ramses II. ca. 1200 Untergang des Hethiterreichs im Seevölkersturm
Mittani-Reich und urartäisches Reich		
Mittani-Reich (Hanigalbat)	16.–14. Jh.	Briefverkehr (z. T. in hurritischer Sprache) mit dem ägyptischen Pharao
Reich von Urartu	9.–7. Jh.	Urartäische Inschriften

Tabelle 2.3: Perioden altorientalischer Reiche und Regionen außerhalb Mesopotamiens

Die Geschichte Elams mit der Hauptstadt Susa ist in vielen ihrer Phasen nur wenig bekannt und eine allgemein anerkannte Periodisierung gibt es nicht. Als „altelamische" Periode bezeichnen wir hier behelfsmäßig die gesamte Zeit vom 24. bis zum 14. Jh. v. Chr. In der 1. Hälfte des 2. Jt. v. Chr. lautete der Titel elamischer Herrscher Sukkal-mach, ein aus dem Sumerischen entlehnter

2. Die Altorientalistik und die Geschichte des Alten Orients

Begriff mit der ungefähren Bedeutung „Oberwesir", nach dem diese Periode auch Sukkal-mach-Periode genannt wird. Während der altelamischen Periode schrieb man in Susa Verwaltungstexte mit der in der Akkad-Zeit (2316–2134 v. Chr.) aus Mesopotamien eingeführten Keilschrift in akkadischer Sprache; elamische Texte sind aus dieser Zeit nur vereinzelt belegt.[64] In der darauffolgenden mittelelamischen Periode (13./12. Jh. v. Chr.) verfassten die elamischen Herrscher in ihrer Sprache Königsinschriften. In Dur-Untasch (Tschogha-Zanbil) stand eine Zikkurrat (ein Tempelturm mit mehreren Stufen) nach babylonischem Vorbild. 1158 v. Chr. eroberte Schutruk-Nahhunde Babylonien und verschleppte zahlreiche in babylonischen Städten aufgestellte Monumente, darunter den berühmten Kodex Hammu-rapi, nach Elam.[65] Im Achämenidenreich (Perserreich, 550–331 v. Chr.) wurden von den Perserkönigen mehrsprachige Inschriften verfasst; eine der Sprachen war Elamisch (neben Altpersisch und Babylonisch).[66] In der persischen Hauptstadt Persepolis wurden tausende elamische Tafeln der Palastverwaltung gefunden.

Eine durchgängige Periodisierung der fragmentierten Geschichte Syriens, Israels und Palästinas gibt es nicht. Die Palastarchive von Ebla (ca. 60 km südlich von Aleppo, zweite Hälfte 24. Jh. v. Chr.) geben den frühesten Einblick in die Geschichte Nordsyriens. Das Archiv aus der damaligen ägyptischen Hauptstadt Amarna (Achet-Aten) in Mittelägypten (14. Jh. v. Chr.) enthielt neben der diplomatischen Korrespondenz der Reiche Vorderasiens mit dem ägyptischen Pharao[67] auch die keilschriftlichen Briefe der ägyptischen Vasallenfürsten in Syrien und Israel-Palästina. Aus Ugarit stammen ca. 2.000 Tontafeln (14. und 13. Jh. v. Chr.), die in ugaritischer Sprache[68] und keilalphabetischer Schrift[69] beschrieben waren und Aufschluss über das Leben dieser syrischen, kosmopolitischen Hafenstadt geben. Ugarit ging wie das Hethiterreich im sogenannten „Seevölkersturm" um 1200 v. Chr. zugrunde. Die Geschichte der Phönizier mit ihren Städten Tyros, Sidon und Byblos am libanesischen Mittelmeer wird ab dem 11. Jh. v. Chr. in ihren Inschriften greifbar.[70] Die Geschichte der aus der Bibel bekannten Reiche Israel und Juda im 1. Jt. v. Chr. ist gut bekannt. 722 v. Chr. wurde Israel mit seiner Hauptstadt Samaria von den Assyrern erobert. 598 und 587 v. Chr. eroberte der babylonische König Nabu-kudurri-usur II. Juda mit seiner Hauptstadt Jerusalem und führte die Juden in die „babylonische Gefangenschaft".[71]

---

64 Zur elamischen Sprachgeschichte s. Kap. 8.6.1, S. 183f.
65 Zur Verschleppung des Kodex Hammu-rapi s. Kap. 4, S. 87.
66 Zur dreisprachigen Bisutun-Inschrift s. Kap. 1.2.4, S. 29.
67 Zu dieser Korrespondenz s. Kap. 2.3.1, S. 55 und Kap. 9.3.1 mit Text 9.3, S. 201f.
68 Zum ugaritischen Textkorpus s. Kap. 8.9.2, S. 192.
69 Zum ugaritischen Keilalphabet s. Kap. 8.8.3, S. 190.
70 Zum phönizischen Alphabet s. Kap. 8.8.1, S. 192, zur phönizischen Sprache Kap. 8.9.3, S. 188f.
71 Zu den Eroberungen Jerusalems und der babylonischen Gefangenschaft der Juden s. Kap. 2.2.2 mit den Texten 2.6, S. 45, 2.8, S. 43 und 2.10, S. 46f.

Die Geschichte der Hethiter teilte sich in ein Altes, ein Mittleres und ein Neues Reich. Ab dem Alten Reich (18.–16. Jh. v. Chr.) wurde die hethitische Sprache mit der letztlich aus Mesopotamien entlehnten Keilschrift geschrieben.[72] 1587/9 eroberte der Hethiterkönig Murschili I. Babylon und beendete dadurch die I. Dynastie Babylons und die altbabylonische Periode.[73] Das Alte Reich endete mit König Teli-pinu, der in seinem Thronfolgeerlass die Geschichte des Alten Reiches rekapitulierte. Auf das Mittlere Reich (16.–Anfang 14. Jh. v. Chr.) folgte das Neue Reich, begründet von Suppi-luliuma I. um 1380 v. Chr. Im Jahr 1286 v. Chr. fand die Schlacht von Qadesch in Mittelsyrien zwischen dem Hethiter Muwa-ttalli II. und Ramses II. von Ägypten um die Vorherrschaft in Syrien statt; sie ging offenbar unentschieden aus. 15 Jahre später, 1270 v. Chr., schlossen die Hethiter unter Hattuschili III. mit den Ägyptern unter Ramses II. Frieden.[74] Um 1200 v. Chr. ging das Hethiterreich im „Seevölkersturm", dem auch die syrische Hafenstadt Ugarit anheim fiel, zugrunde und die hethitische Sprache verschwand aus der Weltgeschichte.

Das hurritisch-sprachige Mittani-Reich auch Hanigalbat genannt,[75] beherrschte zwischen dem 16. und 14. Jh. v. Chr. Obermesopotamien.[76] Es unterhielt diplomatische Beziehungen mit Ägypten, wie wir aus Briefen in akkadischer und hurritischer Sprache[77] wissen. Zwischen dem 9. und 7. Jh. befand sich nördlich von Assyrien, im heutigen Armenien und der Osttürkei, das urartäische Reich; die urartäischen Könige verfassten in dieser Zeit ihre Inschriften in Keilschrift und urartäischer Sprache.

2.4. Charakteristika altorientalischer Geschichte

Die altorientalische Geschichte weist einige Charakteristika auf, die im Allgemeinen, mit wenigen Ausnahmen, überall gelten.

2.4.1. Offene Grenzen, Multipolarität und Transregionalität

Die Geografie des Alten Orients[78] bedingte offene Grenzen und begünstigte Multipolarität und Transregionalität. Offene Grenzen erlaubten es immer wieder Völkerschaften aus allen Himmelsrichtungen, sich nach Mesopotamien und weitere Teile des Alten Orients auszubreiten. Aus dem östlichen

---

72 Zur Geschichte der hethitischen Sprache s. Kap. 8.5.4, S. 181.
73 Zur altbabylonischen Periode s. Kap. 2.3.1, S. 51 und 54.
74 Zur Chronologie s. J. L. Miller, Political Interactions between Kassite Babylonia and Assyria, Egypt and Ḫatti during the Amarna Age, in: A. Bartelmus/K. Sternitzke, Karduniaš. Babylonia Under the Kassites (= Untersuchungen zur Assyriologie und Vorderasiatischen Archäologie 11/1, Berlin/New York 2017) 93–111.
75 Zu Hanigalbat s. Kap. 9.3.1 mit Text 9.3, S. 201f.
76 Zum Begriff „Obermesopotamien" s. Kap. 1.1.2, S. 19.
77 Zur hurritischen Sprache s. Kap. 8.7, S. 185f.
78 Zur geografischen Abgrenzung des Alten Orients s. Kap. 1.1.1, S. 17f.

2. Die Altorientalistik und die Geschichte des Alten Orients

Zagrosgebirge kamen im 22. Jh. v. Chr. die Gutäer; inwieweit sie zum Ende des Reichs von Akkad beitrugen, ist noch unklar.[79] Die ebenfalls aus dem Zagrosgebirge stammenden Kassiten tauchten bereits in der altbabylonischen Zeit in mesopotamischen Quellen auf und beherrschten Babylonien in der 2. Hälfte des 2. Jt. v. Chr.[80] Die Amurriter, vermutlich bereits im 3. Jt. v. Chr. in der Region des mittleren Euphrats zu Hause, trugen vermutlich zum Ende des Reiches von Ur III am Anfang des 2. Jt. v. Chr. bei und gründeten nachfolgend verschiedene Kleinstaaten in Babylonien, welche viele Jahrhunderte der altbabylonischen Periode prägten.[81] Die Assyrer trafen im 12./11. Jh. v. Chr. ebenfalls am mittleren Euphrat erstmals die Aramäer an, welche sich im 1. Jt. v. Chr. sich über weite Teile des Alten Orients inklusive Mesopotamien ausbreiten.

Während Ägypten die meiste Zeit seiner Geschichte geeint war, waren in Mesopotamien ab dem 2. Jt. v. Chr. die Assyrer im Norden und die Babylonier im Süden zwei politische Pole in Konkurrenz zueinander. Die Amarna-Zeit (1400–1300 v. Chr.) demonstrierte eindrucksvoll die Multipolarität Vorderasiens: neben Babyloniern und Assyrern sind auch das hurritische Mittani-Reich in Obermesopotamien und das Hethiterreich in Kleinasien und Nordsyrien politische Pole. Erst im 1. Jt. v. Chr. verschoben sich die Gewichte zunächst zugunsten des assyrischen und nachfolgend zum neubabylonischen Imperium, die jeweils große Teile Vorderasiens beherrschten.

Zu allen Zeiten herrschte zwischen den altorientalischen Kulturen von Kleinasien im Westen bis zum Iran im Osten, von Urartu im Norden bis zur arabischen Halbinsel und Ägypten im Süden intensiver kultureller Austausch, wie zum Beispiel die Ausbreitung der Keilschrift als universalem Kommunikationsmittel zeigt.[82] Die Ausbreitung des ebenfalls im Alten Orient im 2. Jt. v. Chr. erfundenen Alphabets über den ganzen Alten Orient und darüber hinaus zu den Griechen im 1. Jt. v. Chr. war Beispiel eines noch weiter ausgreifenden transregionalen Austausches.[83] Das rohstoffarme Mesopotamien[84] war auf weitgespannte Handelsbeziehungen angewiesen, die im Osten bis in das Industalgebiet und Afghanistan, im Süden bis Ägypten und Nordafrika, im Westen bis in das östliche Mittelmeer reichten. Der Alte Orient war eine „globalisierte" Welt, wenn wir den Begriff der Globalisierung nicht eng als ein den ganzen Globus umspannenden Prozess verstehen (das ist er auch heute nicht), sondern als kultur- und regionenübergreifenden Kontakt und Austausch.

---

79 Zur Rolle der Gutäer für das Ende des Reiches von Akkad s. Kap. 2.2.4, S. 49.
80 Zur Kassitenzeit s. Kap. 2.3.1, S. 55, zur kassitischen Sprache Kap. 8.2, S. 165.
81 Zur amurritischen Sprache s. Kap. 8.9.1, S. 191.
82 Zur Keilschrift s. Kap. 7, S. 143f.
83 Zum Alphabet s. Kap. 8.8, S. 188f.
84 Zur Rohstoffarmut Mesopotamiens s. Kap. 3.6.1, S. 83.

2.4.2. Von Stadtstaaten zu Imperien

Betrachtet man die altorientalische Geschichte aus der Vogelperspektive (die Historiker sprechen von „long durée", d. h. „langer Dauer"), lässt sich grundsätzlich eine Tendenz zu immer größeren Reichen beobachten, auch wenn die Entwicklung kurzzeitig mehrmals in die andere Richtung verlief.

Das 3. Jt. v. Chr. Mesopotamiens, dessen frühe Geschichte uns allerdings mangels aussagekräftiger Quellen noch weitgehend verborgen ist, scheint zunächst von sumerischen Stadtstaaten geprägt zu sein.[85] Das Reich von Akkad (2316–2134 v. Chr.) und später das Reich von Ur III (2102–1995 v. Chr.) stellten erste größere Reiche in Mesopotamien da, waren aber noch von vergleichsweise kurzer Dauer. Die altbabylonische Periode war in den ersten Jahrhunderten des 2. Jt. v. Chr. durch meist amurritische Kleinstaaten geprägt, die dann durch Hammu-rapi von Babylon (1784–1742 v. Chr.) erneut zu einem große Teile Mesopotamiens umfassenden Reich geeint wurden.[86] Die 2. Hälfte des 2. Jt. v. Chr. war von den Territorialstaaten Babylonien, Mittani-Reich, Hethiterreich und Assyrien geprägt.[87] Im 1. Jt. v. Chr. bildete sich das assyrische Imperium heraus, welches große Teile Vorderasien beherrschte. Es fand nach seinem Untergang am Ende des 7. Jh. v. Chr. einen Nachfolger im neubabylonischen Großreich (626–539 v. Chr.) und schließlich im noch größeren, von Iran bis Westkleinasien reichenden Perserreich (539–331 v. Chr.).[88]

2.4.3. Keine Religionskriege

Im Alten Orient wurden, wie leider in allen Epochen der Menschheitsgeschichte, Kriege aus verschiedenen Anlässen geführt. Allerdings ließ der Polytheismus des Alten Orients, welcher Götter und Religionen anderer Kulturen problemlos anerkannte oder gar in das eigene Pantheon integrierte, keinen Raum für Mission, Religionskrieg und Zwangsbekehrung.[89] Diese Kriegsmotive kamen erst mit den monotheistischen Religionen und ihren heiligen, unbedingte Geltung beanspruchenden Schriften auf. Auch wenn es in dieser polytheistischen Welt zahlreiche religiöse Texte gab, so wurden diese nie zu einer universale Geltung beanspruchenden Heiligen Schrift zusammengefasst, sondern blieben immer Zeugnisse einer pluralistischen Religion.

---

85 Zu den Stadtstaaten Lagasch und Umma und dem Friedensvertrag zwischen ihnen s. Kap. 2.3.1, S. 52f.
86 Zur Einigung Babyloniens durch Hammu-rapi s. auch Kap. 4.8, S. 101.
87 Zur diplomatischen Korrespondenz zwischen diesen Reichen und Ägypten in akkadischer Sprache und Keilschrift s. Kap. 8.4.4, S. 178.
88 Zu diesen Reichen s. Kap. 2.3.1, S. 51 und 55f.
89 Zum Polytheismus Mesopotamiens und den sich daraus ergebenden Charakteristika altorientalischer Religion s. Kap. 5.4, S. 107f.

2.4.4. Die Monarchie als einzige Staatsform

Die Monarchie war überall im Alten Orient die einzige Staatsform. Das Königtum war die zentrale politische Institution; eine Demokratie, wie sie erstmals die antiken Griechen entwickelten, war im Alten Orient unbekannt. Zwar gab es neben dem König noch weitere politische Akteure wie Beamte, städtische Eliten, Stämme, Ältestenräte, oder Versammlungen freier Bürger. Sie konnten mitunter einigen Einfluss erlangen, wie etwa die „Stadt(versammlung)" (*ālu*) in altassyrischer Zeit, die sogar das Recht hatte, Rechtsnormen zu erlassen;[90] dennoch wurden Existenz und Bedeutung des Königtums im Alten Orient nie in Frage gestellt.

2.5. Zusammenfassung

- Die Altorientalistik differenziert relative und absolute Chronologie.
- Die Quellen zur Geschichte des Alten Orients teilen sich in archäologische (materielle) und philologische (schriftliche).
- Die historischen Quellen lassen sich nach dem Grad ihrer Zuverlässigkeit und ihrem zeitlichen Abstand zu den historischen Ereignissen in Primär-, Sekundär- und Tertiärquellen teilen.
- Wichtigste Quelle für die Periodisierungen altorientalischer Geschichte ist die Abfolge von Königsdynastien.
- Charakteristika altorientalischer Geschichte waren offene Grenzen, Multipolarität, im Lauf der Jahrhunderte eine Tendenz zu größeren politischen Einheiten, das Fehlen von Religionskriegen und die Monarchie als einzige Staatsform.

2.6. Bibliografie zu Kapitel 2

- *Für allgemeine Darstellungen zur Geschichte des Alten Orients s. Kap. 1.5. Sie werden hier nicht wiederholt mit der Ausnahme von*: Radner K./Moeller N./ Potts D. T. (ed.) 2020ff.: The Oxford History of the Ancient Near East (Oxford).
- *Methodische Fragen der altorientalistischen Geschichtsschreibung:* Van de Mieroop M. 1997: On Writing History of the Ancient Near East, Bibliotheca Orientalis 54, 285–305.
- *Chronologie*: Brinkman J. A ²1977: Mesopotamian Chronology of the Historical Period, in: A. L. Oppenheim, Ancient Mesopotamia. Portrait of a Dead Civilization (Chicago) 335–348 *(bequemer Überblick über die Regierungsdaten sämtlicher Herrscher nach der traditionellen mittleren Chronologie).* – Edzard D. O./Grayson A. K. 1980–83: Königslisten und Chroniken, RlA 6, 77–135. – Pruzsinszky R. 2009: Mesopotami-

---

90 Zu Stelen mit Rechtsnormen aus Assyrien s. Kap. 4.8, S. 101.

an Chronology of the 2nd Millennium B.C. Wien. – Sallaberger W./ Schrakamp I. 2015: Associated Chronologies for the Ancient Near East and the Eastern Mediterranean. Turnhout *(S. 302 Tabelle mit absoluter Chronologie für die 2. Hälfte des 3. Jt.).*

- *Zu Jahresdaten*: https://cdli.ox.ac.uk/wiki/doku.php?id=year_names.
- *Eponymen:* Millard M. 1994: The Eponyms of the Assyrian Empire 910–612 BC (= State Archives of Assyria, Studies 2). http://cdli.ox.ac.uk/wiki/doku.php?id=list_of_neo_assyrian_limmu_officials.
- *Chronologie der mittelassyrischen Periode:* Freydank H. 1991: Beiträge zur mittelassyrischen Chronologie und Geschichte. Berlin. – Postgate N. 2013: Bronze Age Bureaucracy. Writing and the Practice of Government in Assyria (Cambridge) 429.
- *Monate, Schaltung, Jahresanfang*: Hunger H. 1976–1980: Kalender, RlA 5, 297–303.
- *Differenzierung zwischen Primär-, Sekundär- und Tertiärquellen*: Brinkman J. A. 1968: A Political History of Post-Kassite Babylonia (= Analecta Orientalia 43) 3–36 ("Types of Sources" und "Evaluation of Sources"). – Streck M. P. 1999: Nebukadnezar II. A. Historisch, RlA 9, 194–196.
- *Weitere methodisch orientierte Quellenübersichten*: Brinkman J. A. 1984: Prelude to Empire. Babylonian Society and Politics, 747–626 B.C., 113–122. – Frame G. 1992: Babylonia 689–627B. C. A Political History (Istanbul) 5–20.
- *Zur Methode der Quantifizierung von Texten als Quelle für die politische Geschichte*: Frame G. 1992: Babylonia 689–627 B.C. A Political History 12f. Von Dassow E. 1989: On Writing History of Southern Mesopotamia, Zeitschrift für Assyriologie 89, 227–246, besonders 233f.
- *Uruk-Zeit, Frühdynastische Zeit:* Bauer J./Englund R./Krebernik M. 1998: Späturuk-Zeit und Frühdynastische Zeit (= Orbis Biblicus et Orientalis 160/1).
- *Akkad-Zeit und Ur III-Zeit* 1999: Sallaberger W./Westenholz A.: Akkade-Zeit und Ur III-Zeit (= Orbis Biblicus et Orientalis 160/3).
- *Altbabylonische Periode*: Charpin D./Edzard D. O./Stol M. 2003: Die altbabylonische Zeit (= Orbis Biblicus et Orientalis 160/4). – Charpin D./ Ziegler N. 2003: Mari et le Proche-Orient à l'époque amorrite. Paris.
- *Altassyrische Periode*: Veenhof K./Eidem J. 2008: The Old Assyrian Period (= Orbis Biblicus et Orientalis 160/4).
- *Neuassyrische Periode*: Grayson A. K. 1991: Assyria: Tiglath-pileser III to Sargon II (744–705 B.C.); Sennacherib and Esarhaddon (704–669 B.C.); Assyria 668–635 B.C.: The Reign of Ashurbanipal, Cambridge Ancient History Second Edition Vol. III Part 2, 71–161. – Oates J.: The Fall of Assyria (635–609 B.C.), Cambridge Ancient History Second Edition Vol. III Part 2, 162–193.

2. Die Altorientalistik und die Geschichte des Alten Orients

- *Babylonien im Schatten Assyriens*: Brinkman J. A. 1984: Prelude to Empire. Babylonian Society and Politics, 747–626 B.C. Philadelphia. – Frame G. 1992: Babylonia 689–627 B.C. A Political History. Istanbul.
- *Neubabylonisches Großreich*: Wiseman D. J. 1991: Babylonia 605–539 B.C., Cambridge Ancient History Second Edition Vol. III Part 2, 229–251.
- *Babylonien von den Persern bis Sassaniden:* Wiesehöfer J. 2004: Persien, Perser. B. Geschichte, RlA 10, 416–422. – Streck M. P. 2004: Parther. A. In der schriftlichen Überlieferung, RlA 10, 343–346.
- *Elam*: Potts D. T. 1999: The Archaeology of Elam. Formation and Transformation of an Ancient Iranian State. New York. – Potts D. T. (ed.) 2013: The Oxford Handbook of Ancient Iran. Oxford.
- *Mittani-Reich und Geschichte der Hurriter:* Wilhelm G.: The Hurrians. 1989. – Wilhelm G. 1993–1997: Mittan(n)i. A. Historisch, RlA 8, 286–296.
- *Urartu:* Salvini M. 2015: Urarṭu. A. Philologisch, RlA 14, 389–394.
- *Hethitisches Reich*: Klengel H. 1998: Geschichte des hethitischen Reiches. Leiden etc.
- *Ugarit:* Singer I. 1999: A Political History of Ugarit, in: W. G. E. Watson/N. Wyatt (ed.), Handbook of Ugaritic Studies (= Handbuch der Orientalistik 39) 603–733. – Van Soldt W. H. 2014: Ugarit A. Geschichte und Literatur, RlA 14, 280–283.
- *Phönizien*: Röllig W. 2003–05: Phönizien, Phönizier, RlA 10, 536–539.
- *Königtum und Staat*: Selz G./Bryce T. 2011: Staat, RlA 13, 23–35. – Veenhof K. R. 1995: "In Accordance with the Words of the Stele". Evidence for Old Assyrian Legislation, Chicago-Kent Law Review 70, 1717–1744.

3. Die Altorientalistik und die Rekonstruktion der altorientalischen Umwelt

Dattelpalme, Baum des Reichtums

Babylonische Theodizee Zeile 56[1]

Die Geschichte des Alten Orients[2] und das Leben der altorientalischen Menschen ist durch Klima, Landschaft, Fauna, Flora und verfügbaren (oder, wie wir sehen werden, eher nicht verfügbaren) mineralischen Rohstoffen geprägt. Dies ist zwar selbstverständlich und muss dennoch betont werden. In unserer technisierten Welt tendieren wir dazu, dies auszublenden, obwohl uns Katastrophen wie z. B. der Klimawandel auch unsere Abhängigkeit von der Umwelt immer wieder schmerzlich bewusst machen. Für die altorientalischen Menschen galt dies um so mehr: Ackerbau und Viehzucht stellten die Grundlage ihres Lebens dar. Den Bedingungen von Wetter und Klima waren sie unmittelbarer ausgesetzt als wir heute. Die Bewässerungskultur Babyloniens[3] und das Kleinviehnomadentum Obermesopotamiens[4] hingen eng mit den geografischen und klimatischen Gegebenheiten zusammen. Rohstoffmangel zwang zu weit gespannten Handelsbeziehungen.

Im Folgenden sollen zunächst die Quellen für eine Rekonstruktion der altorientalischen Umwelt behandelt werden. Anschließend besprechen wir Klima und Wetter, Landschaften, Fauna und Viehzucht, Flora und Ackerbau sowie Rohstoffe. Einmal mehr konzentrieren wir uns weitgehend auf Mesopotamien und müssen die anderen altorientalischen Regionen vernachlässigen.

3.1. Quellen zur Rekonstruktion der altorientalischen Umwelt

Fünf verschiedene Quellengruppen stehen für eine Rekonstruktion der altorientalischen Umwelt zur Verfügung: Keilschrifttexte aller Gattungen, Bildquellen, naturwissenschaftliche archäologische Methoden wie z. B. die Pollenanalyse oder die Osteoarchäologie (die Rekonstruktion der Fauna durch Knochenanalyse), die Beobachtung der heutigen, modernen Umwelt sowie die Beobachtung einer Umwelt in älteren Reiseberichten.

Der Altorientalist ist primär für die Keilschrifttexte als Quelle zuständig, weshalb wir hier in diesem Kapitel darauf den fast alleinigen Schwerpunkt legen. Die Bildquellen und die Anwendung naturwissenschaftlicher Methoden fallen in die Zuständigkeit der Vorderasiatischen Archäologie und verschiede-

---

1 T. Oshima, Babylonian Poems of Pious Sufferers (= Orientalische Religionen in der Antike 14, Tübingen 2014) 152f.
2 Siehe Kap. 2.
3 Zum Bewässerungsfeldbau in Babylonien s. Kap. 3.2, S. 73.
4 Zum Kleinviehnomadentum in Mesopotamien s. auch Kap. 3.4.1, S. 77.

3. Die Altorientalistik und die Rekonstruktion der altorientalischen Umwelt

ner Naturwissenschaften wie der Paläobotanik und der Archäozoologie.[5] Die Beobachtung der modernen Umwelt ist Aufgabe unterschiedlicher Wissenschaften; zu nennen sind z. B. die Geografie und Meteorologie. Doch ist klar, dass letztlich nur durch die Zusammenarbeit von unterschiedlichen wissenschaftlichen Disziplinen eine Rekonstruktion der altorientalischen Umwelt gelingen kann.

3.1.1. Keilschrifttexte als Quelle für die altorientalische Umwelt

Zahlreiche Keilschrifttexte aller Gattungen geben uns Informationen zur altorientalischen Umwelt. Einige Textgattungen sind dabei besonders ergiebig. Nach Sachgruppen geordnete lexikalische Listen[6] nennen zahlreiche Wörter für Tiere, Pflanzen und Rohstoffe und geben somit mittelbar ein Abbild der Umwelt. In den Rangstreitgesprächen, einer Gattung literarischer Texte,[7] führen Pflanzen (z. B. Dattelpalme und Tamariske), Tiere (z. B. Vogel und Fisch), unbelebte Dinge (z. B. Silber und Kupfer) sowie Abstrakta (z. B. Sommer und Winter) Dialoge miteinander, um die Frage zu klären, wer von ihnen nützlicher für den Menschen ist; diesen Dialogen sind viele einschlägige Informationen für das Verhältnis der altorientalischen Menschen zu ihrer Umwelt zu entnehmen.

So wie uns eine ausführliche und systematische keilschriftliche Geschichtsschreibung fehlt,[8] bieten die Keilschrifttexte auch keine systematische Darstellung der altorientalischen Umwelt; wie in der Geschichtsschreibung, unterscheidet sich der Alte Orient auch hier von der Klassischen Antike, in der Autoren wie Aristoteles und Plinius der Ältere die Natur beschrieben. Vielmehr müssen Informationsbruchstücke aus vielen Texten zu einem mehr oder weniger kohärenten Bild mosaikartig zusammengefügt werden. Einer systematischen Darstellung noch am nächsten kommen die eben erwähnten, nach Sachgruppen zusammengestellten lexikalischen Listen. Auch wenn sie primär der Schreiberausbildung dienen, so bietet implizit das Anordnungsprinzip eine antike Systematik, die nicht ausschließlich an Schreibungen und den Wörtern selbst orientiert ist.

Die 14. Tafel der lexikalischen Serie HAR-RA-*hubullu* etwa (Text 3.1) nannte wilde Tiere, wobei eines der Anordnungsprinzipien die morphologische Ähnlichkeit (d. h. das Aussehen) der Tiere war. Eine Taxonomie (d. h. eine Systematik) nach Carl von Linné, wie wir sie benutzen (mit den zentralen Begriffen Genus = Gattung und Spezies = Art), war dem Alten Orient dagegen unbekannt.

---

5 Zum Verhältnis von Altorientalistik zur Vorderasiatischen Archäologie s. Kap. 1.3, S. 31.
6 Zu lexikalischen Listen s. Kap. 6.2, S. 128f und 9.5.1.
7 Zu den Gattungen literarischer Texte s. Kap. 9.6.2, S. 216f.
8 Es gibt im Alten Orient nur Ansätze einer Geschichtsschreibung in Form von Königs-, Jahresdaten- und Eponymenlisten sowie Chroniken mit knappen, chronologisch geordneten Einträgen, s. Kap. 2.2.2, S. 45.

3.1. Quellen zur Rekonstruktion der altorientalischen Umwelt

Zeile	Sumerisch (und ggf. wörtliche Übersetzung)	Akkadisch	Übersetzung	Kommentar
1	*muš*	*ṣēru*	Schlange	
2–46	*muš* ...			schlangenartige, längliche Tiere
6	*muš-ušumgal*	*bašmu*	Drache	mythisches Tier
14	*muš-gú-bi*	*kuppû*	Aal	lang
15	*muš-sig$_7$-sig$_7$* „gelb-grüne Schlange"	*urnu*	Waran	lang
21	*muš-ḫul* „böse Schlange"	*ḫulmiṭṭu*	Drache	mythisches Tier
27	*muš-giš-ùr*	*ṣēr gušūri*	Gebälkschlange	Aufenthaltsort
36	*muš-ki-in-dàr*	*ṣēr nigiṣṣi*	Schlange des Erdspalts	Aufenthaltsort
44	*muš-na$_4$*	*ṣēr abni*	Schlange des Steins	Aufenthaltsort
48–183				große Tiere, ungefähr von groß nach klein geordnet
48	*am*	*rīmu*	Auerochse	
53	*am-si* „Horn-Auerochse"	*pīlu*	Elefant	
61–103				hundeartige: große Raubtiere
61	*ur*	*kalbu*	Hund	
64	*ur-maḫ* „gewaltiger Hund"	*nēšu*	Löwe	
104	KA	*būṣu*	Hyäne	
107	*ka$_5$.a*	*šēlebu*	Fuchs	
118	*ugubi* (*ugu*-DUL-*bi*)	*pagû*	Affe	
145	*lu-lim*	*lulimmu*	Maral	
159	*zé-eḫ*	*šaḫû*	Schwein	
184	*péš*	*pi'azu*	Maus	
209–396				kleine Tiere: Insekten, Würmer etc.
397–409				allgemeine Bezeichnungen für Tiere
397	*níĝ-zi-ĝal*	*nammaššû*	wilde Herdentiere	

Text 3.1 Die wilden Tiere nach der lexikalischen Liste HAR-RA-hubullu Tafel XIV[9]

3. Die Altorientalistik und die Rekonstruktion der altorientalischen Umwelt

Die zweisprachige, sumerisch-akkadische Liste,[10] begann mit schlangenähnlichen, länglichen Tieren (Zeile 1–46). In diesem Abschnitt befanden sich auch Bezeichnungen für typische Aufenthaltsorte von Schlangen und mythische, schlangen- oder drachenähnliche Ungeheuer (Zeile 6 und 21) sowie bezeichnenderweise die Wörter für den „Aal" und den „Waran" (Zeile 14–15); augenscheinlich war hier nur das Äußere, nämlich die Länge oder Schlangenähnlichkeit, für die Anordnung ausschlaggebend. Zeile 48–206 nannten vierfüßige Tiere von groß nach klein. Eingeleitet wurde der Abschnitt mit dem Auerochsen (Zeile 48), auf den wenige Zeilen später der Elefant (Zeile 53) folgte. Der Unterabschnitt Zeile 61–103 bot hundeartige, große Raubtiere, beginnend mit dem Hund selbst. Der Löwe hieß auf sumerisch „großer Hund" (Zeile 64). In den folgenden Zeilen fanden sich u. a. Hyäne (Zeile 104), Fuchs (Zeile 107),), Affe (Zeile 118), Maral (Zeile 145), Schwein (Zeile 159) und Maus (Zeile 184). Auf die Vierfüßer folgten verschiedene Gruppen von kleinen Tieren wie Insekten und Würmer (Zeile 209–396) und schließlich zum Schluss der Liste allgemeine Bezeichnungen für Gruppen von Tieren.

Überhaupt enthielten die Keilschrifttexte zahlreiche Wörter für Tiere, Pflanzen und Mineralien. Oft ist die exakte Identifizierung des Gemeinten jedoch schwierig. So wissen wir z. B. bei vielen Pflanzennamen, dass es sich um einen Baum handeln muss, nicht zuletzt wegen des oft gebrauchten Keilschriftdeterminativs[11] GIŠ „Baum" vor dem Namen, doch um welchen Baum genau handelt es sich? Häufig genug steht dann im Wörterbuch als Übersetzung nur ein unbefriedigendes „Ein Baum".

Die Etymologie (d. h. die Analyse der Herkunft) der Wörter kann manchmal zur Identifikation beitragen. Dies gilt besonders für Tierbezeichnungen, weniger für Pflanzen- und Mineraliennamen. Die Etymologie hilft allerdings nur bei Sprachen, von denen wir Verwandte kennen. Das sind aus dem Alten Orient das Akkadische (Babylonisch-Assyrische)[12] und Ugaritische,[13] die beide der semitischen Sprachfamilie angehörten,[14] zu denen auch das Aramäische,[15] Hebräische[16] und Arabische zählten. Das Hethitische[17] gehörte

---

9 B. Landsberger, The Fauna of Ancient Mesopotamia. Second Part (= Materialien zum sumerischen Lexikon 8/2, Rom 1962) 1–43.
10 Zu den beiden Sprachen Sumerisch und Akkadisch s. Kap. 8.3, S. 167f. und 8.4, S. 173f.
11 Zu Determinativen in der Keilschrift s. Kap. 7.6.3, S. 155.
12 Zum Akkadischen s. Kap. 8.4, S. 173f.
13 Zum Ugaritischen s. Kap. 8.9.2, S. 192.
14 Zur semitischen Sprachfamilie s. Kap. 8.4.3, S. 174f.
15 Zum Aramäischen s. Kap. 8.9.4, S. 192.
16 Zum Hebräischen s. Kap. 8.9.5, S. 193.
17 Zum Hethitischen s. Kap. 8.5, S. 180f.

der großen indoeuropäischen Sprachfamilie an.[18] Dagegen ist das Sumerische eine isolierte Sprache, weshalb Etymologie für sie keine Hilfe darstellt.[19]

Selbst wenn verwandte Sprachen existieren, kann die Etymologie in die Irre führen, denn die Bedeutung konnte sich von einer zur nächsten Sprache ein wenig (jedoch nicht völlig) wandeln. Zwei in der Altorientalistik diskutierte Fälle, in denen die Identifikation letztlich doch durch die Etymologie bestätigt wurde, sind die akkadischen Wörter für „Knoblauch" und „Sesam".

Das akkadische Wort *šūmu* bezeichnete ein Zwiebelgewächs. Es war mit hebräisch *šūmīm* und arabisch *ṯūm* „Knoblauch" verwandt. Trotzdem hatte die Altorientalistik teilweise gezögert, das akkadische Wort mit „Knoblauch" zu übersetzen, sondern hatte stattdessen „Zwiebel" vorgezogen. Grund dafür waren die riesigen Mengen von *šūmu*, die in administrativen Texten genannt wurden. Ein spätbabylonischer Text aus der Zeit Nabu-na'ids listete 150.000 Gebinde *šūmu* auf. Kann man sich vorstellen, dass so viel Knoblauch gegessen wurde? Wie muss es in babylonischen Häusern gerochen haben? Zu Recht hat man jedoch auf die anderen Essgewohnheiten im Alten Orient verwiesen. Dass man nach dem Genuss von *šūmu* nicht unbedingt duftete, zeigen auch Textbelege, in denen das Essen der Pflanze vor dem Besuch des Tempels untersagt wurde, um den Gott nicht zu beleidigen. Nichts spricht also gegen eine Übersetzung von *šūmu* als „Knoblauch".

Der andere Fall ist das akkadische Wort *šamaššammū*, das mit Arabisch *simsim*, aber auch griechisch *sāsamon* und unserem *Sesam* verwandt war. Weil man in früheren Ausgrabungen keinen Sesamsamen gefunden hatte, wurde *šamaššammū* teilweise für eine andere Ölpflanze, nämlich „Leinsamen" angesehen und so auch in einem der beiden großen wissenschaftlichen Wörterbücher der akkadischen Sprache, dem Chicago Assyrian Dictionary, übersetzt: „linseed" gegenüber „Sesam" im Akkadischen Handwörterbuch.[20] Inzwischen wurde Sesam jedoch archäologisch nachgewiesen. Auch nannten die Keilschrifttexte weißen Samen, was nur zur Identifikation mit Sesam, nicht aber mit Leinsamen passt. Das Öl der *šamaššammū*-Pflanze war von sehr guter Qualität, während Leinsamenöl von niedrigerer Qualität ist. Die Etymologie trügt somit nicht, *šamaššammū* war tatsächlich „Sesam".

3.1.2. Bilder als Quellen für die Rekonstruktion der altorientalischen Umwelt

Tiere und Pflanzen wurden auf verschiedenen archäologischen Gattungen dargestellt, so z. B. auf (neuassyrischen) Reliefs, Stelen oder Rollsiegeln.

---

18 Zur indoeuropäischen Sprachfamilie s. Kap. 8.5.3, S. 180f.
19 Zu den Sprachen s. Kap. 8; die Tabelle 8.1, S. 164f nennt in der zweiten Spalte die Zugehörigkeit zu Sprachfamilien. Zum Sumerischen als isolierte Sprache s. Kap. 8.3.3, S. 168.
20 Zu den akkadischen Wörterbüchern s. die Bibliographie in Kap. 8.11, S. 195.

3. Die Altorientalistik und die Rekonstruktion der altorientalischen Umwelt

Manches ist ohne weiteres identifizierbar, auch wenn die Darstellung bei exotischen Tieren wie den Affen auf dem „Schwarzen Obelisken" des neuassyrischen Königs Salmanu-aschared III. (858–824 v. Chr.) unbeholfen war. Bisweilen waren die Darstellungen von Pflanzen, weniger bei Tieren, zu ungenau, um exakte Identifizierungen zu ermöglichen. Was für Tiere waren die vierrädrige Wagen ziehenden Equiden auf der sogenannten Standarte von Ur (in Wirklichkeit der Resonanzkasten eines Musikinstruments, ca. 2500 v. Chr.)? Handelte es sich um Onager (Equus hemionus), Esel oder eine Kreuzung beider?[21] Die Darstellung alleine kann die Frage nicht entscheiden; die Diskussion um die frühen Equiden hat gezeigt, dass Onager ausgeschlossen sind, denn diese hätten sich nicht vor einen Wagen spannen lassen. Vieles spricht demnach für Onager-Esel-Hybride.

3.1.3. Die Beobachtung der modernen Umwelt als Quelle für die Rekonstruktion der altorientalischen Umwelt

Die geschilderten Schwierigkeiten von Keilschrifttexten[22] und antiken Bildquellen[23] für die Rekonstruktion der altorientalischen Umwelt legen es zunächst nahe, die heutige Umwelt Vorderasiens zu beobachten und daraus Rückschlüsse für den Alten Orient zu ziehen. Manches, so die Prämisse, muss doch über die Jahrtausende hinweg gleich oder ähnlich sein. Dies trifft auch tatsächlich auf Einiges zu. Geografische Gegebenheiten etwa wie Euphrat und Tigris,[24] das Zagrosgebirge im Osten Mesopotamiens,[25] die Schilfsümpfe in Babylonien[26] sowie Persischer Golf und Mittelmeer als die Vorderasien tangierenden Meere[27] haben sich über die Jahrtausende hinweg nicht grundlegend geändert. Damals wie heute war die Dattelpalme der wichtigste Fruchtbaum des babylonischen Südens,[28] lebten Fische in den Flüssen und Gazellen sprangen in der Wüstensteppe umher.

Und doch hat sich mehr verändert, als man auf den ersten Blick sieht. War das Klima zur Zeit des Alten Orients tatsächlich mit dem heutigen identisch? Sicher, auch damals war es in Mesopotamien im Allgemeinen heiß und trocken, doch muss es zu bestimmten Zeiten Klimaschwankungen gegeben haben, die noch nicht genau fassbar sind.[29] Euphrat und Tigris samt dem mit ihnen verbundenen Bewässerungssystem haben bereits im Alten Orient und auch in nach-altorientalischer Zeit im babylonischen Schwemmland

---

21 Zum Esel und anderen Equiden s. Kap. 3.4.2, S. 78.
22 Siehe Kap. 3.1.1, S. 66f.
23 Siehe Kap. 3.1.2, S. 69f.
24 Zu Euphrat und Tigris s. Kap. 3.3.1, S. 74.
25 Zu den Gebirgen im Alten Orient s. Kap. 3.3.4, S. 76.
26 Zu den Schilfsümpfen im mesopotamischen Süden s. Kap. 3.3.2, S. 75.
27 Zu den Meeren im Alten Orient s. Kap. 3.3.5, S. 77.
28 Zur Dattelpalme s. Kap. 3.5.2, S. 81f.
29 Zum Klima in Mesopotamien s. Kap. 3.2, S. 73f.

mehrfach ihr Bett verändert. Selbst die Nordküste des persischen Golfes hat sich durch den Anstieg des Meeresspiegels seit der letzten Eiszeit sowie tektonische Verschiebungen stark verändert: den heutigen Schatt-Al-Arab, den Zusammenfluss von Euphrat und Tigris, gab es im Alten Orient nicht, dafür war etwa die Stadt Ur, die heute mitten in der Wüste liegt, im Alten Orient eine Hafenstadt.

Am augenfälligsten sind die Veränderungen von Tier- und Pflanzenwelt. Wie überall auf der Welt wurden viele große Säugetiere im Lauf der Zeit ausgerottet So überlebte z. B. der syrische Elefant die neuassyrische Zeit in der 1. Hälfte des 1. Jt. v. Chr. nicht. Der letzte Löwe wurde im Irak im Jahr 1918 n. Chr. geschossen. Viele Kulturpflanzen, die die heutige Landschaft des Zweistromlands prägen und den Speisezettel seiner Bewohner bereichern, wurden erst in nach-altorientalischer Zeit eingeführt, wie Tabelle 3.1 zeigt.

Pflanze	*Zeit der Einführung*	*Herkunftsregion*
Zitrusfrüchte	persisch (ab 6. Jh. v. Chr.)	Ostasien
Pfirsich (Prunus persica)	persisch	China, Zentralasien
Aprikose	persisch	China, Zentralasien
Maulbeere (Morus nigra)	persisch in Keilschrifttexten belegt	Osten
Auberginen	1. Jt. n. Chr.	Indien
Okra	1. Jt. n. Chr.	Afrika?
Spinat	1. Jt. n. Chr.	?
Wassermelone	1. Jt. n. Chr. (im alten Ägypten aber bezeugt)	Afrika?
Tomate	Neuzeit	Amerika
Kartoffel	Neuzeit	Amerika
Paprika	Neuzeit	Amerika
Bohne (Phaseolus)	Neuzeit	Amerika
Kürbis	Neuzeit	Amerika

Tabelle 3.1: In spät-altorientalischer oder nach-altorientalischer Zeit in Mesopotamien eingeführte Kulturpflanzen

Schließlich trägt auch die jahrtausendelange Degradierung der natürlichen Vegetation in weiten Teilen Vorderasiens zu einem veränderten Landschaftsbild bei. Ursprünglich war das Zagrosgebirge mit hohen Bäumen bewaldet. Doch schon die Assyrer holten ihr Baumholz weit entfernt aus dem Liba-

3. Die Altorientalistik und die Rekonstruktion der altorientalischen Umwelt

non und dem Amanus[30] und nicht aus dem nahen Zagros, was bedeuten mag, dass einige Teile des Zagros bereits entwaldet waren; andererseits berichtete Scharru-ukin II. (721–705 v. Chr.) über seinen Krieg gegen Urartu (714 v. Chr.), dass er dabei durch dichte, dunkle Wälder im Zagrosgebirge zog.[31] Die libanesischen Zedern sind heute allerdings ebenfalls bis auf einen kleinen Rest zusammengeschmolzen. Die syrische Wüstensteppe war ursprünglich wohl eine Savanne mit kleinen Bäumen und Sträuchern. In Babylonien gab es ursprünglich an den Flüssen Dickichte.[32] Neben der Holznutzung war auch die extensive Kleinviehhaltung für die Degradierung der Flora mit verantwortlich.

Solche landschaftlichen Veränderungen sind der Grund für die Notwendigkeit, durch naturwissenschaftliche Methoden wie Osteoarchäologie und Paläobotanik die altorientalische Tier- und Pflanzenwelt zu rekonstruieren.

3.1.4. Ältere Reiseberichte als Quelle für die Rekonstruktion der altorientalischen Umwelt

Die vielfache Andersartigkeit der heutigen vorderasiatischen gegenüber der altorientalischen Umwelt lässt den Altorientalisten zu älteren Reiseberichten greifen, in denen eine Umwelt geschildert wird, die der altorientalischen in manchen Punkten näher stand als die heutige. Dieses Potential hat die Altorientalistik bislang noch nicht ausgeschöpft. Ein Beispiel bietet der folgende Bericht von Austen Henry Layard, dem Ausgräber Ninives,[33] aus dem Jahr 1853 n. Chr.:

> Die Marschen und Dickichte in der Nähe der Flüsse sind das Rückzugsgebiet zahlreicher Arten wilder Tiere. Es gibt viele Löwen. Ich sah sie häufig, und während der Ausgrabungen in Niffer fanden wir fast täglich zwischen den Ruinen frische Fußspuren von ihnen. In den Dickichten findet man auch Leoparden, Luchse, Wildkatzen, Wölfe, Hyänen, Schakale, Hirsche, Stachel- und Wildschweine in großer Zahl, auch manch andere Tiere. Häufig gibt es wildes Geflügel, Kraniche und Trappen, und es wimmelt auch von diesen prachtvollen Jagdvögeln, den Frankolinen oder schwarzen Rebhühnern, im niedrigen Buschwald. Die Marschen sind voll von Fischen, die eine stattliche Größe erreichen. Hauptsächlich handelt es sich, glaube ich, um eine Art von Karpfen.

Text 3.2: Layards Schilderung der Flussdickichte in Babylonien in der Mitte des 19. Jh. n. Chr.[34]

---

30 Siehe Kap. 9.4.3 und die Inschrift Salmanu-aschareds III (Text 9.9).
31 Siehe Kap. 3.3.4, S. 76.
32 Siehe Kap. 3.1.4, S. 72 mit Layards Schilderung von Flussdickichten (Text 3.2).
33 Zu Layard s. Kap. 1.2.3, S. 25f.
34 A. H. Layard, Discoveries in the ruins of Nineveh and Babylon. With travels in Armenia, Kurdistan and the desert: Being the result of a second expedition undertaken for the Trustees of the British Museum (London 1853) 566f.

Unter der Ausgrabungsstätte Niffer, die Layard erwähnt, verbirgt sich die bedeutende sumerische Stadt Nippur in Zentralbabylonien, deren antiker Name sich bis heute in der Bezeichnung des Ruinenhügels (des Tells) erhalten hat. Die Dickichte an den mesopotamischen Flüssen sind heute ebenso verschwunden wie die Löwen und Leoparden; im Alten Orient waren die Verhältnisse dagegen ähnlich wie in der Mitte des 19. Jh. n. Chr.

3.2. Das Klima und Wetter Mesopotamiens

Mesopotamien liegt heute in einer heißen und niederschlagsarmen Subtropenzone. Die durchschnittliche Jahrestemperatur beträgt im Süden (dem antiken Babylonien) 20 bis 25 ° C, im Norden (dem antiken Assyrien und Obermesopotamien) 15 bis 20 ° C. Die 200 mm Isohyete (Niederschlagslinie) verläuft östlich des Tigris das Zagrosgebirge entlang, kreuzt den Tigris knapp unterhalb von Aschur und der Einmündung des kleinen Zab in den Tigris und läuft dann in nordwestlicher, schließlich westlicher Richtung südlich Dschebel Sindschar und kreuzt den Euphrat oberhalb des sogenannten Euphratknies.[35] Babylonien und der mittlere Euphrat liegen unterhalb der 200 mm Isohyete, das assyrische Kernland, das Haburdreieck und Aleppo oberhalb. Vieles spricht dafür, dass im Alten Orient die Verhältnisse ähnlich waren.

Unterhalb der 200 mm Niederschlagslinie ist ausschließlich Bewässerungsfeldbau möglich. Regenfeldbau kann erst ab einem regelmäßigen Jahresniederschlag von 200 mm und mehr betrieben werden. Als Faustregel gilt, dass der Regenfeldbau von Gerste eines Niederschlags von 200 mm bedarf, von Weizen 300 mm, von Obst und Gemüse 400 mm. Daraus ergibt sich einer der wichtigsten ökologischen Unterschiede zwischen Babylonien im Süden und Assyrien im Norden: Babylonien war Bewässerungsland, Assyrien dagegen lag großenteils in der Regenfeldbauzone.

Das landwirtschaftliches Jahr in Mesopotamien verlief dem mitteleuropäischen entgegengesetzt: Die Einsaat von Getreide findet im Herbst statt, die Ernte im Frühjahr. Nach der Getreideernte wurde Sesam angebaut und im Sommer geerntet; auf diese Weise war eine optimale Landnutzung garantiert.

Zahleiche Keilschrifttexte erwähnten Wetterbedingungen. Allerdings waren die meisten Nachrichten isoliert und können erst nach langwieriger Sammlung und Auswertung zu einem lückenhaften Bild zusammengesetzt werden. Eine Ausnahme stellten die astronomischen Tagebücher dar; sie sind, mit zahlreichen Lücken, von 651 v. Chr. an über mehrere Jahrhunderte bis in die späteste Zeit der Keilschrifttexte bezeugt. Sie enthielten die taggenauen Beobachtungen von Himmelsereignissen durch babylonische Astronomen/Astro-

---

35 Als Euphratknie bezeichnet die Altorientalistik die Stelle in Obermesopotamien, an der der Euphrat seine Richtung von Nord–Süd nach West–Ost wechselt.

logen. Neben den Gestirnen wurde oft auch das Wetter notiert. Die astronomischen Tagebücher sind daher eine einzigartige Quelle für die Geschichte des Wetters und bieten bei all ihren Problemen eine Informationsdichte, die in der gesamten Antike und wohl auch dem Mittelalter ihresgleichen sucht. Zur Illustration dient die folgende Zusammenstellung von Wetterbeobachtungen aus den Jahren 384 und 346 v. Chr. für die Stadt Babylon (arabische Ziffern bezeichnen das Jahr, kleine römische den Monat im mesopotamischen Kalender, die darauffolgende arabische Ziffer den Tag):

> 384 ix 7 Nacht und Tag: „Nebel überquerte den Himmel ... vor [Sonnen]aufgang erstreckte sich ein Regenbogen in nordwestlicher Richtung".
>
> 384 ix 13 Nacht: „Blitz, brüllender Donner, Wolkenbruch".
>
> 384 ix 19: „Wirbelwind fiel dauernd nieder, Wolken waren am Himmel".
>
> 346 ix 3: „sehr bedeckt, ein wenig Donner, Regen".
>
> 346 ix 4 Nacht: „Wolken überquerten den Himmel".
>
> 346 ix 5: „sehr bedeckt; am Nachmittag Blitz, Donner, Regen".
>
> 346 ix 13: „stürmischer Nordwind".
>
> 346 ix 13 und 14: „Die Kälte wurde grimmig".

Text 3.3: Astronomische Tagebücher als Quelle für das Wetter in Babylon[36]

3.3. Landschaften in und um Mesopotamien

3.3.1. Euphrat und Tigris

Unter den Landschaften Mesopotamiens sind zuallererst die Flüsse Euphrat und Tigris zu nennen, die für unsere Bezeichnung „Mesopotamien", das Land zwischen den Flüssen, namengebend geworden sind.[37] Ihre antiken Namen, sumerisch *Buranun*, akkadisch *Purattu* für den Euphrat, sumerisch *Idigna*, akkadisch *Idiqlat* für den Tigris haben sich mit leichter Variation bis in unsere Namen für die Flüsse erhalten. Sie haben im Schwemmland Babyloniens allerdings in und seit altorientalischer Zeit mehrfach ihre Läufe erheblich geändert.[38] Euphrat und Tigris sind ungleiche Zwillinge: Nach dem Austritt aus den nördlichen Gebirgen durchqueren beide die Landschaft in 30 bis 100 m tiefen Tälern. Ab der Gegend von Bagdad nach Süden hin besitzen beide nur noch einen geringen Niveauunterschied zum umgebenden Land, wodurch eine Bewässerung ermöglicht wird. Der Euphrat ist nach seinem langen Weg durch die syrische Wüstensteppe aufgrund der dortigen

---

36 A. J. Sachs/H. Hunger, Astronomical diaries and related texts from Babylonia. Volume I. Diaries from 652 B.C. to 262 B.C. (Wien 1988) 71 und 143.
37 Zur Bezeichnung „Mesopotamien" s. Kap. 1.1.2, S. 18f.
38 Siehe Kap. 3.1.3, S. 70f.

hohen Verdunstung wasserärmer als der Tigris, dessen Wasser durch mehrere im östlichen Zagrosgebirge entspringende Gebirgsflüsse (großer Zab, kleiner Zab und Dijala) verstärkt wird. Daher ist der Tigris unberechenbarer und wird insgesamt weniger für die Bewässerung genutzt als der Euphrat.

Die Flüsse führen nach der Frühjahrsschneeschmelze im Gebirge im April und Mai Hochwasser, während im Herbst, zur Zeit des größten Wasserbedarfs bei der Einsaat von Getreide[39] der Wasserstand am niedrigsten ist. Hochwasser im Frühjahr und Wasserbedarf im Herbst zwangen im Alten Orient zu einem rigorosen Wassermanagement. Da dieses teilweise überregional erfolgen musste, begünstigten die Umweltbedingungen die Entstehung eines babylonischen Territorialstaates.

Während die Nilflut in Ägypten als segensreich galt, wurden Hochwasser und Überschwemmung in den Keilschrifttexten überwiegend negativ gesehen. Berühmtester literarischer Niederschlag des mesopotamischen Hochwassers war der Sintflutmythos.[40] Dieser besaß, im Gegensatz zu manch unwissenschaftlichen Thesen, unzweifelhaft mesopotamischen Ursprung[41] und wurde von dort, wahrscheinlich nach dem Ende der „babylonischen Gefangenschaft" der aus Jerusalem und Juda Deportierten,[42] in die Bibel übernommen.

3.3.2. Die Schilfsümpfe

Die Flüsse Euphrat und Tigris schufen im Süden und Südosten Babyloniens ausgedehnte Sümpfe oder Marschen (akkadisch *appāru, agammu, ṣuṣû, kupû* oder *apu*, arabisch Hor). Bis in rezente Zeit hinein waren große Teile des Südirak von Sümpfen bedeckt. Die Sümpfe waren Quelle für eine der charakteristischen Pflanzen Mesopotamiens, das Schilfrohr. Schilfrohr diente als Brennmaterial und als Viehfutter, wurde zu Matten und Körben verflochten, war Material für Möbel und Seile, diente zum Bau von Booten und lieferte den Griffel zum Schreiben der Keilschrift.[43] In den Sümpfen wurden auch Fische und Vögel gefangen. Für das Bewässerungssystem dienten Sümpfe als Drainage, in die überschüssiges Wasser aus Flüssen und Kanälen abgeleitet werden konnte. Die schwere Zugänglichkeit der Marschen prädestinierte sie zum Zufluchtsort, etwa für den babylonischen Widerstand gegen die assyrische Herrschaft im 1. Jt. v. Chr.

---

39 Siehe Kap. 3.2, S. 73.
40 Zum Sintflutmythos s. Kap. 10, S. 245f.
41 Zum mesopotamischen Ursprung des Sintflutmythos s. Kap. 10.12, S. 260.
42 Zur „babylonischen Gefangenschaft" der Israeliten s. Kap. 2.2.2 mit den Texten 2.6, S. 43, 2.8, S. 45 und 2.10, S. 46f.
43 Zur Schreibtechnik s. Kap. 7.3.1, S. 145f.

3.3.3. (Wüsten-)Steppe und Stadt

Die grüne Einfärbung vieler geografischer Karten suggeriert, dass ganz Babylonien eine grüne Oase war. Das ist jedoch falsch. Vielmehr herrschte überall zwischen den Flüssen abseits der bewässerten Gebiete die Steppe. In der mesopotamischen Konzeption war „Steppe" (sumerisch *eden*, akkadisch *ṣēru*) alles, was außerhalb der „Stadt" (*ālu*) und der bewässerten Gärten lag. „Steppe" umfasste Felder, die kaum noch bewässert wurden, Weideland und unkultivierte, trockene Steppe oder Halbwüste. Während die Stadt in dieser Ideologie Hort der Zivilisation war, war die Steppe der Ort, in der das unzivilisierte Chaos herrschte. Ideologisch gesehen war Mesopotamien eine Stadtkultur.

In Obermesopotamien befand sich außerhalb der Flussoasen des mittleren Euphrats, des Haburs und des Balichs die syrische Steppe. Dies ist eine Region mit von Süd nach Nord ansteigenden Niederschlagsmengen von 100–400 mm. Nach den Winterregen ist die Wüstensteppe von einem Graskleid bedeckt, das für die Ernährung von Schafen und Ziegen ausreicht. Ackerbau wurde in der Vergangenheit meist nur in den Flussoasen betrieben und war abseits der Flüsse nur an besonders günstigen Stellen möglich. Die syrische Wüstensteppe war vom Alten Orient bis zum frühen 20. Jh. n. Chr. hinein der Lebensraum von Kleinviehnomaden. Diese besaßen an den Flüssen Dörfer, betrieben dort im Winterhalbjahr Ackerbau und wanderten im Frühjahr mit ihren Herden einige Tagereisen weit in die Wüstensteppe hinein. In der Zeit des Alten Orients lässt sich diese Lebensweise für die Amurriter der altbabylonischen Zeit (1. Hälfte 2. Jt. v. Chr.) und für die Aramäer (ab dem 12. Jh. v. Chr.) nachweisen.

3.3.4. Gebirge

Der Osten und der Norden Mesopotamiens ist von alpinen Gebirgen umgeben. Im Osten riegelt das über 4.000 m hohe Zagrosgebirge das Hochland Irans von Mesopotamien ab, im Norden befindet sich der Taurus mit dem höchsten Berg Vorderasiens, dem Ararat (5165 m), dem Berg, an dem Noachs Arche landete.[44] Der neuassyrische König Scharru-ukin II. (721–705 v. Chr.) drang 714 v. Chr. auf seinem Feldzug gegen den nördlichen Nachbarn Urartu tief in den nördlichen Zagros ein und beschreibt ihn in seinem ausführlichen Feldzugsbericht als hoch, schwer zugänglich, einsam und interessanterweise auch als stark bewaldet und dunkel. Letzteres kann nur bedeuten, dass die

---

44 Zum Ararat im Sintflutbericht s. Kap. 10.8, S. 256.

Degradation der natürlichen Bewaldung des Zagros noch nicht so weit fortgeschritten war wie heute.[45]

Eher Hügel als Gebirge in und um Mesopotamien sind der Dschebel Hamrin (*A/Ebich* in den Keilschriftquellen) in Nordostmesopotamien, der Dschebel Sindschar (keilschriftlich *Saggar*) und der Dschebel Abd-Al-Aziz (keilschriftlich *Murdu*?) im nördlichen Obermesopotamien und der Dschebel Bischri (keilschriftlich *Basar* oder *Bisir*) südlich des mittleren Euphrats.

3.3.5. Meere

Die wichtigsten den Mesopotamiern bekannten Meere waren der persische Golf und das Mittelmeer, in keilschriftlicher Terminologie das „untere" und das „obere Meer". Dass sich jenseits dieser Meere andere Länder befanden, war zu bestimmten Zeiten in Mesopotamien bekannt. So kannte man im 3. und frühen 2. Jt. v. Chr. Oman (keilschriftlich *Magan*)[46] und die Industalkultur (keilschriftlich *Meluḫḫa*); im 1. Jt. wusste man von den Griechen (keilschriftlich *Jawnāja*, eigentlich „Ionier"), dass sie „im" Mittelmeer wohnten. Im Weltbild Mesopotamiens war die Erdscheibe von einem „Bittermeer" (akkadisch *marratu*) umgeben.

3.4. Fauna und Viehzucht

3.4.1. Schaf und Ziege

Schaf und Ziege wurden bereits im 9. Jt. v. Chr. im Vorderen Orient domestiziert. Das Schaf (sumerisch *udu*, akkadisch *immeru*) war das vorherrschende Zuchttier. Es war bestens an die mesopotamische Landwirtschaft angepasst, graste an den Rändern des kultivierten Landes oder auf Brachen bzw. in der Wüstensteppe. Noch genügsamer als das Schaf war die Ziege (sumerisch *uzud*?, *máš*?, akkadisch *enzu*). Die extensive Kleinviehhaltung war mitverantwortlich für die Degradierung der natürlichen Flora an den Hängen des Zagrosgebirge und in der obermesopotamischen Wüstensteppe.[47]

Schaf- und Ziegenherden waren im Besitz der großen Institutionen von Palast und Tempel oder von Privatleute; sie wurden von Hirten betreut. Die im Alten Orient des 3. und 2. Jt. v. Chr. bekannten Nomaden waren keine Kamelnomaden, sondern Kleinviehnomaden.[48] Die wichtigsten Produkte von Schaf und Ziege waren Wolle bzw. Haar, die zu Textilien weiterverarbeitet wurden. Aus der Haut wurden Behälter und Ledergegenstände hergestellt,

---

45 Siehe allerdings Kap. 3.1.3, S. 71f. zur Tatsache, dass die Assyrer ihr Bauholz aus den Gebirgen an der nördlichen Ostküste des Mittelmeeres und nicht aus dem nahegelegenen Zagros holten.
46 Zu Magan als Quelle für wertvollen Statuenstein s. Kap. 3.6.1 und Kap. 9.4.2 mit Text 9.8.
47 Zur Degradierung der Flora durch die Kleinviehhaltung s. Kap. 3.1.3, S. 71f.
48 Zu den Kleinviehnomaden s. Kap. 3.3.3, S. 76.

3. Die Altorientalistik und die Rekonstruktion der altorientalischen Umwelt

Milch, Fleisch und Fett dienten als Lebensmittel, der Dung als Brennmaterial und Dünger. In der Vorzeichenkunde wurde aus der Schafsleber die Zukunft gelesen.[49]

3.4.2. Rind, Esel, Pferd, Kamel, Schwein

Das Rind (sumerisch *gud*, akkadisch *alpu*) brauchte mehr Wasser und Futter als Schaf und Ziege. Daher wurde es in Mesopotamien viel weniger gehalten. Seine Zugkraft diente zum Pflügen, Dreschen und Ziehen des Lastwagens. Milch, Butter und Fleisch waren Lebensmittel, Haut und Sehnen wurden zu Lederprodukten verarbeitet. Das Rind war aufgrund seiner Hörner, die der Mondsichel ähneln, mit dem Mondgott assoziiert.[50]

Unter den Zug- und Reittieren waren für Mesopotamien Esel (sumerisch *anše*, akkadisch *imēru*) und Pferd (sumerisch *anše-kur-ra*, wörtlich „Bergesel", akkadisch *sisû*) am bedeutendsten. Esel waren vom 3. bis zum 1. Jt. v. Chr. in Mesopotamien bekannt, während Pferde erst seit dem Ende des 3. Jt. v. Chr. gehalten wurden. Für das Militär wurden Pferde, vor den Streitwagen gespannt, ab der 2. Hälfte des 2. Jt. v. Chr. bedeutsam. In der neuassyrischen Armee (9.–7. Jh. v. Chr.) gab es auch berittene Soldaten.

Das Kamel (sumerisch *anše-a-ab-ba*, wörtlich „Meeresel", akkadisch *ibilu* oder *gammalu*), das wir gewöhnlich als Charaktertier des Orients ansehen, bekam im Alten Orient erst ab der 2. Hälfte des 2. Jt. v. Chr. eine begrenzte Bedeutung. Es war in Mesopotamien vor allem als Tier der Araber bekannt und wurde auf den neuassyrischen Reliefs, welche die Kämpfe der Assyrer mit ihnen darstellten, abgebildet.[51]

Das Schwein (sumerisch *šaḫ*, akkadisch *šaḫû*) wurde im Alten Orient gegessen. Allerdings sah man es laut akkadischen Weisheitstexten des 1. Jt. v. Chr. als unsauber an, was ein Vorbote seiner Tabuisierung in der jüdischen und islamischen Welt sein mag.

3.4.3. Jagd, Vogelfang, Fischfang

Der Speisezettel wurde durch Jagd, Vogelfang und Fischfang bereichert. In den assyrischen Königsinschriften fanden sich in der Zeit von Tukulti-apil-Escharra I. (1114–1076 v. Chr.) bis Schamschi-Adad V. (823–811 v. Chr.) Jagdberichte. Der ausführlichste dieser Berichte stammte vom assyrischen König Aschur-bel-kala (1073–1056 v. Chr.) (die akkadischen Wörter für die Tiere stehen in Klammern):

---

49 Zur Leberschau als einer der wichtigsten Vorzeichentechniken s. Kap. 6.5.3, S. 139.
50 Zum Zuständigkeitsbereich des Mondgotts s. Kap. 5.5.5, S. 114.
51 Zu Kamelen als Beute aus Babylonien s. Kap. 2.2.2 mit Text 2.7, S. 44.

> Die Götter Nin-urta und Nergal, die seine (des Königs) Priesterschaft lieben, gaben ihm die Jagd in der Steppe. Er fuhr auf Booten des Landes Arvad und tötete einen Pottwal (*nāḫiru*) im Meer. Er tötete gewaltige Auerochsen (*rīmu*) und Kühe (*littu*) bei der Stadt Araziqu, welche vor dem Land Hatti am Fuß des Gebirges Libanon liegt. Er fing lebende Kälber (*mūru*) von Auerochsen und stellte aus ihnen Herden (*sugullu*) zusammen. Er erlegte Elefanten (*pīlu*) mit seinem Bogen. Lebende Elefanten fing er und brachte sie in seine Stadt Aschur.
>
> 120 Löwen (*nēšu*) tötete er mit aggressivem Mut durch den Ansturm seiner Männlichkeit von seinem Jagdwagen aus und zu Fuß. Löwen erlegte er mit seiner Keule. Sie befahlen ihm, in den hohen Bergen zu jagen. In den Tagen von Kälte, Frost und Eis … fing er in Gehegen Wildziegen (*armu*), Steinböcke (*turāḫu*), Rehe (*najjalu*) und Damhirsche (*ajjalu*) (und) stellte aus ihnen Herden zusammen. Er züchtete sie (und) rechnete ihren Nachwuchs zu dem Nachwuchs von Kleinvieh. Geparde (*middinu*), Bären (*asu*), 2(?) Röhrichtschweine (und) Strauße tötete er. Steppenesel (*imēr ṣēri*) und Gazellen (*ṣabītu*), Wölfe (*barbaru*) (und) *simkurru*s erlegte er. Yaks (? *burṭiš*), Trampeltiere (*udru*), *tešenu* – Kaufleute sandte er (und) sie erwarben (sie).
>
> Er stellte Herden aus Trampeltieren zusammen, züchtete sie und zeigte sie den Leuten seines Landes. Der König des Landes Musru sandte einen großen Affen (*pagūtu*), ein Krokodil (*namsuḫu*), einen Flussmenschen, Getier des großen Meeres. Er zeigte sie den Leuten seines Landes. Der Rest der zahlreichen Tiere und der fliegenden Vögel des Himmels (und) der Jagdtiere der Steppe … – ihre Namen sind mit diesen Tieren nicht aufgeschrieben, ihre Zahl mit dieser Zahl nicht aufgeschrieben.

Text 3.4: Der Jagdbericht des assyrischen Königs Aschur-bel-kala[52]

Nin-urta und Nergal waren die assyrischen Götter des Kriegs und der Jagd.[53] Arvad war eine phönizische Stadt an der Ostküste des Mittelmeeres. Mit dem „Meer" war das Mittelmeer gemeint. Hatti war der Name für Nordsyrien und Musru der Name für Ägypten.

Nicht alle genannten Tiere sind bereits identifiziert: *simkurru*, *burṭiš*, *tešenu* und der aus Ägypten gesandte Flussmensch (Nilpferd?), alle nur hier oder nur ganz selten belegt, sind noch unklar. Die syrischen Elefanten waren zu dieser Zeit noch nicht ausgerottet.[54]

Der Bericht verdeutlicht, welche ideologische Bedeutung die Jagd des Königs besaß. Indem der König die in Steppe und Gebirge lebenden wilden Tiere jagte, besiegte er das Chaos. Der Tierpark oder Zoo, den er zusammenstellte und ein Vorläufer der späteren, persischen „Paradiese", der königlichen Parks, war – die biblische Paradieserzählung war davon abgeleitet –, diente nicht nur der Erbauung, sondern als Machtdemonstration des Herrschers gegenüber seinen Untertanen.

---

52 A. K. Grayson, Assyrian Rulers of the Early First Millennium BC I (1114–859 BC) (= Royal Inscriptions of Mesopotamia, Assyrian Periods vol. 2) 103 iv 1–104 iv 34.
53 Zu den Hauptgöttern Mesopotamiens s. Kap. 5.5.1, S. 109f. Zu Nin-urtas Identifikation mit dem biblischen Jäger Nimrod s. Kap. 5.5.4, S. 112.
54 Zur Ausrottung des Elefanten in altorientalischer Zeit s. Kap. 3.1.3, S. 71.

3.5. Flora und Ackerbau

3.5.1. Feld- und Gemüsepflanzen

Die wichtigsten Feld- und Gemüsepflanzen des alten Mesopotamien sind in der folgenden Tabelle mit ihren akkadischen und sumerischen Namen zusammengestellt.

Übersetzung	Wissenschaftlicher Name	Akkadisch (Babylonisch-Assyrisch)	Sumerisch, ggf. mit wörtlicher Bedeutung
Getreide			
Gerste	Hordeum distichum	še'u, uṭṭetu	še
Emmer	Triticum dicoccum	zīzu, kunāšu	zíz
Weizen	Triticum aestivum/compactum	kibtu	gig
Ölpflanzen			
Sesam (nicht Flachs!)	Sesamum indicum	šamaššammū	še-giš-ì „(Gersten-)Körner des Ölbaums"
Hülsenfrüchte			
Erbse oder Linse	Pisum sativum oder Lens culinaris	kakkū	gú-tur „kleine Hülsenfrucht"
Saubohne	Vicia fava	ḫallūru	gú-gal „große Hülsenfrucht"
Zwiebelgewächse			
Knoblauch (nicht Zwiebel!)	Allium sativum	šūmu	sum
Zwiebel	Allium cepa	šamaškillu	sum-sikil „reiner Knoblauch"
Lauch	Allium kurrat (nicht Allium porrum!)	karašu	ga-raš
Gurkengewächse			
Gurke	Cucumis sativus	qiššû	úkuš

Tabelle 3.2:   Feld- und Gemüsepflanzen des Alten Mesopotamien

Domestiziertes Getreide ist im fruchtbaren Halbmond ab dem 7. Jt. v. Chr. archäologisch nachweisbar und spielte seitdem einen dominante Rolle in der Ernährung. Gerste war für Mesopotamien wichtiger als Weizen, weil sie weniger Wasser benötigt und salzresistenter ist. Normalerweise wurde Getreide als Brei, Suppe oder Sprossen verzehrt; Brot war wohl ein urbanes und ein Oberklassenphänomen.

Sesam wurde im Verlauf der Akkad-Zeit in der Mitte des 23. Jh. v. Chr. aus Indien nach Mesopotamien eingeführt[55] und war von da an für die Ernährung der Menschen in Mesopotamien der wichtigste Fettlieferant. Die Olive (akkadisch *serdu*), die typische Ölpflanze des Mittelmeerraums, war nur in Assyrien und Syrien (Ebla, Ugarit) ab der Akkad-Zeit belegt, nicht aber in Babylonien. Hülsenfrüchte waren Eiweißspender und Zwiebelgewächse Vitaminlieferanten.

3.5.2. Obstbäume

Unter den Obstbäumen Mesopotamiens behauptete die Dattelpalme (Phoenix dactylifera, sumerisch ĝišnimbar, akkadisch *gišimmaru*) den ersten Platz (Abbildung 3.1). Sie wurde bereits in prähistorischer Zeit am persischen Golf kultiviert; die ältesten mesopotamischen Belege stammen aus dem Süden Babyloniens (u. a. aus der Stadt Eridu, 5. Jt. v. Chr.). Dort fand und findet sie bis heute gute ökologische Rahmenbedingungen vor: ein heißes, trockenes Klima und ein gewisser Salzgehalt des Bodens bzw. des Grundwassers (3– 6 %). Die Dattelpalme trug nur in Babylonien, nicht in Assyrien (die Grenze nach Norden hin ist etwa Tikrit am Tigris). Am mittleren Euphrat fand sie sich nur im Süden (Der ez-Zor). In der syrischen Wüstensteppe hat die Oase Palmyra ihren Namen von den dortigen ausgedehnten Dattelpalmkulturen. Neben den Datteln wurden auch alle anderen Teile der Dattelpalme verarbeitet, z. B. zu Körben, Seilen oder Möbeln: sie war wirklich der „Baum des Reichtums", wie es in einem babylonischen Keilschrifttext heißt.[56] Das sumerisch und akkadisch überlieferte Rangstreitgespräch „Dattelpalme und Tamariske"[57] bietet zahlreiche Informationen zur Verwendung beider Bäume.

Andere Obstbäume sind z. B. Apfel (Pyrus malus, sumerisch ḫašḫur, akkadisch *ḫašḫūru*), Feige (Ficus carica, sumerisch *pèš(še)*, akkadisch *tittu*), Wein (Vitis vinifera, sumerisch ĝeštin, akkadisch *karānu*) und Granatapfel (Punica granatum, sumerisch *nu-úr-ma*, akkadisch *nurmû* und *lurimtu*).

---

55   Ich verdanke diese Information W. Sallaberger.
56   Siehe das Motto dieses Kapitels.
57   Zu den Rangstreitgesprächen s. Kap. 3.1.1, S. 66.

3. Die Altorientalistik und die Rekonstruktion der altorientalischen Umwelt

Abbildung 3.1: *Assyrische Soldaten fällen im Verlauf eines Kriegszuges in Babylonien Dattelpalmen mit Früchten. Dadurch fügen sie dem Feind großen wirtschaftlichen Schaden zu. Laut Keilinschrift rechts unten findet das Ereignis bei der Stadt Dilbat statt. Südwestpalast des assyrischen Königs Sin-ache-eriba (704–681 v. Chr.) in Ninive.*[58]

3.5.3. Bäume als Holzlieferanten

Holz war in Mesopotamien knapp. Einheimische Holzlieferanten waren die Pappel (Populus alba oder nigra?, akkadisch ṣarbatu), Buchsbaum (Buxus sp., akkadisch *taskarinnu*), Wacholder (Juniperus excelsus oder oxycedrus?, akkadisch *burāšu*) und Tamariske (Tamarix sp., akkadisch *bīnu*). Lange Hölzer guter Qualität mussten von weit her importiert werden, insbesondere Zedern (Cedrus libani, akkadisch *erēnu*) und Zypressen (Cupressus sp., akkadisch *šurmēnu*) aus dem Libanon und anderen Gebieten der östlichen Mittelmeerküste.[59]

---

58 Nach A. H. Layard, The Monuments of Nineveh. From Drawings Made on the Spot (London 1853; Nachdruck New York 2004) volume 1 plate 73. Vgl. E. Bleibtreu, Die Flora der neuassyrischen Reliefs = Wiener Zeitschrift für die Kunde des Morgenlandes, Sonderband 1, Wien 1980) 128–130; R. D. Barnett/E. Bleibtreu/G. Turner, Sculptures from the Southwest Palace of Sennacherib at Nineveh (London 1998) Volume 1 p. 55 Nr. 45 und Volume 2 plate 49.

59 Zum Import von Bauhölzern aus dem Amanus und Libanon s. Kap. 2.2.2 mit Text 2.9, S. 46, Kap. 9.4.3 mit Text 9.9, S. 212f.

3.6. Mineralische Rohstoffe

3.6.1. Die Rohstoffarmut Mesopotamiens und Rohstoffimporte

Mesopotamien ist arm an mineralischen Rohstoffen. Einer der wenigen einheimischen Rohstoffe ist Ton (akkadisch *ṭiṭṭu*), aus dem Ziegel für Gebäude, Gefäße und der für die Keilschrift typische Beschreibstoff, die Tontafel[60], angefertigt wurden. Auch Bitumen zum Abdichten von Booten und Gebäuden wurde in Mesopotamien selbst gewonnen.

Alle anderen Rohstoffe mussten dagegen importiert werden, was Mesopotamien früh zu einem ausgedehnten Fernhandel (oft allerdings über Zwischenstationen) zwang. Steine wurden daher nur in besonderen Fällen in Tempeln oder Palästen verbaut; dies ist der Grund dafür, dass aus Mesopotamien im Gegensatz zum Hethiterreich, dem Alten Ägypten oder Griechenland so wenige Monumentalbauten bis heute sichtbar erhalten sind. Der Import von Bauhölzern wurde schon erwähnt.[61]

Die wichtigsten Importrohstoffe sind in historischer Zeit die Metalle, die für Waffen, Werkzeuge und Schmuck benötigt wurden. Die folgende Tabelle stellt die in Mesopotamien verwendeten Metalle zusammen:

Übersetzung	Akkadisch (Babylonisch-Assyrisch)	Sumerisch
Kupfer	*werī'u*	*urudu*
Zinn	*annaku*	*an-na*
Bronze	*siparru*	*zabar*
Blei	*abāru*	*a-gar$_5$*
Silber	*kaspu*	*kù-babbar*
Gold	*ḫurāṣu*	*kù-sig$_{17}$*
Eisen	*parzillu*	*an-bar*

Tabelle 3.3: Metalle in Mesopotamien

Herkunftsquellen waren Kleinasien (Kupfer, Eisen, Silber, Blei), Iran (Kupfer, Eisen, Blei), Oman (Kupfer), Ägypten (Gold), Sinai (Kupfer) und Zypern (Kupfer, der Name „Zypern" geht auf die lateinische Bezeichnung für Kupfer, *cuprum*, zurück). Alte Zinnlagerstätten fanden sich auf dem Balkan, in Kleinasien und in Iran; Blei-Isotopen-Analysen legen jedoch nahe, dass eine der Hauptquellen für Zinn Ost-Kasachstan war und Zinn über weite Strecken Eurasiens transportiert wurde.

---

60 Zu Tontafeln als Beschreibstoff s. Kap. 7.3.1, S. 145.
61 Siehe Kap. 3.5.3, S. 82.

Auch zu Statuen und Schmuck verarbeitete Mineralien wurden importiert. Gu-dea von Lagasch (ca. 2122–2102 v. Chr.) ließ den für seine Statuen verarbeiteten Olivingabbro (meist als „Diorit bezeichnet, sumerisch *esi*) aus Oman bringen.[62] Der blaue Lapislazuli (akkadisch *uqnû*) kam aus Afghanistan, der rote Karneol (akkadisch *sāmtu*) aus dem Industalgebiet.

Die wichtigsten Exportprodukte Mesopotamiens, die gegen die Rohstoffimporte getauscht wurden, waren Wolle, Leder Textilien, Getreide, Sesamöl und zeitweilig auch aus Iran stammendes Zinn; letzteres wurde in altassyrischer (19./18. Jh. v. Chr.) und altbabylonischer Zeit (18. Jh. v. Chr.) nach Anatolien und Syrien verhandelt.

3.6.2. Die Identifizierung von Mineraliennamen

Die Identifizierung von Mineraliennamen kann sich nur selten auf Etymologien stützen wie bei *uqnû* „Lapislazuli", das mit griechisch *kyanos* verwandt ist. Herkunft und Gebrauch der Mineralien sind Identifikationshinweise, etwa wenn der *esi*-Stein für die Gu-dea-Statuen[63] laut Inschriften aus dem Land Magan stammt, das aus vielerlei Gründen ungefähr mit dem heutigen Oman identifiziert wird, wo wiederum Olivingabbro-Lagerstätten gefunden wurden. Die beste Methode zur Identifikation eines Mineralnamens sind archäologische Artefakte, die Inschriften tragen, welche das Material, aus dem sie hergestellt sind, erwähnen; wieder kann der *esi*-Stein der Gu-dea-Statuen als Beispiel dienen, da diese Statuen Inschriften trugen, auf denen von der Beschaffung eben dieses Statuensteins die Rede war.

3.7. Zusammenfassung

- In Babylonien (Südmesopotamien) gab es Bewässerungsfeldbau, in Assyrien (Nordmesopotamien) Regenfeldbau.
- Die bedeutendsten mesopotamischem Landschaftstypen waren die Flüsse Euphrat und Tigris (und ihre Nebenflüsse), Marschen, Steppe, Gebirge und Meere.
- Die wichtigsten Haustiere sind Schaf und Ziege.
- Esel, Pferd und Kamel dienten (in dieser chronologischen Reihenfolge) als Zug- und Reittiere.
- Der wichtigste mesopotamische Obstbaum war die Dattelpalme.
- Die wichtigste mesopotamische Feldfrucht war die Gerste.
- Mesopotamien war rohstoffarm und daher auf Rohstoffimporte angewiesen (z. B. Metallimporte). Deshalb entstand früh ein weit gespannter Fernhandel.

---

62 Siehe Kap. 9.4.2 mit einer Inschrift Gu-deas (Text 9.8, S. 210).
63 Siehe zum *esi*-Stein Kap. 3.6.1, S. 84.

3.8. Bibliografie zu Kapitel 3

- *Allgemeines:* Alle Überblicksdarstellungen zur Geschichte des Alten Orients, die in Kap. 1.5 genannt sind, bieten auch ein landeskundliches Kapitel. Besonders empfehlenswert sind die entsprechenden Abschnitte in Postgate, Early Mesopotamia S. 1–21 und von U. Rösner in Hrouda, Der Alte Orient S. 11–32.
- *Irak und Syrien im 20. Jh.:* Wirth E. 1962: Agrargeografie des Irak. Hamburg. – Wirth E. 1971: Syrien. Eine geografische Landeskunde. Darmstadt.
- *Klima und Wetter:* Streck M. P./Otto A. 2006–2008: Regen, RlA 11, 288–293. – Streck M. P. 2016–2018: Wetter, RlA 15, 68f.
- *Euphrat und Tigris:* Blaschke T. 2018: Euphrat und Tigris im Alten Orient (= Leipziger Altorientalistische Studien 6). Wiesbaden.
- *Steppe/Wüste:* Streck M. P. 2011: Steppe, Wüste, RlA 13, 146–149.
- *Fauna allgemein:* Landsberger B., unter Mitwirkung von I. Krumbiegel 1934: Die Fauna des Alten Mesopotamien nach der 14. Tafel der Serie ḪAR-RA-ḫubullu. Leipzig. – Collins B. J. 2002: A History of the Animal World in the Ancient Near East (= Handbuch der Orientalistik 64; S. 48–75 Liste von Säugetieren und Vögeln im Vorderen Orient). – Streck M. P. 2014: Tierwelt, RlA 14, 16–19.
- *Schaf:* Postgate N. 2009–2011: Schaf. A. In Mesopotamien, RlA 12, 115–120.
- *Rind:* Waetzoldt H./Weszeli M./Bawanypeck D./von den Driesch A. 2006–2008: Rind, RlA 11, 375–410.
- *Schwein:* Weszeli M./Hutter M./von den Driesch A.: Schwein, RlA 12, 319–332.
- *Pferd und Reiten von Equiden:* Weszeli M./Van den Hout T./ Seidl U./von den Driesch A./Raulwing P.: Pferd, RlA 10, 469–503. – Weszeli M./van den Hout T.: 2007: Reiten, RlA 11, 303–308.
- *Dattelpalme:* Streck M. P. 2004: Dattelpalme und Tamariske in Mesopotamien nach dem akkadischen Streitgespräch, Zeitschrift für Assyriologie 94, 250–290. – Volk K. 2003–2005: Palme, RlA 10, 283–292.
- *Schilfrohr:* Streck M. P. 2009: Schilf, RlA 12, 183–189.
- *Flora des Irak im 20. Jh.:* Guest E. 1966: Flora of Iraq I. Glasgow.
- *Degradation der Flora:* Cordova C. E. 2005: The Degradation of the Ancient Near Eastern Environment, in: D. C. Snell (ed.), A Companion to the Ancient Near East (Malden etc.) 109–125.
- *Obst und Gemüse:* Powell M./Frantz-Szabó G./Nesbitt M. 2003: Obst und Gemüse, RlA 10, 13–30.
- *Getreide:* Powell M. 1984: Sumerian Cereal Crops, Bulletin of Sumerian agriculture 1, 48–72.
- *Sesam:* Bedigian D. 1985: Is še-giš-ì sesame or flax, Bulletin of Sumerian agriculture 2, 159–178. – Stol M. 2009–2011: Sesam, RlA 12, 400–404.

3. Die Altorientalistik und die Rekonstruktion der altorientalischen Umwelt

- *Bäume*: Postgate N. 1992: Trees and Timber in the Assyrian Texts, Bulletin of Sumerian agriculture 6, 177–192. – Heimpel W. 2011: Twenty-eight Trees Growing in Sumer, in: D. I. Owen (ed.), Garšana studies (= Cornell University Studies in Assyriology and Sumerology 6) 75–152.
- *Identifikation von Mineralien*: Postgate N. 1997: Mesopotamian Petrology: Stages in the Classification of the Material World, Cambridge Archaeological Journal 7, 205–224.
- *Mineralische Rohstoffe nach archäologischen Quellen:* Moorey P. R. S. 1994: Ancient Mesopotamian Materials and Industries. The Archaeological Evidence. Oxford.
- *Metalle*: Joannès F./Muhly J. D. 1993–97: Metalle und Metallurgie, RlA 8
- 8, 96–136.
- *Handel*: Leemans W. F. 1972–5: Handel, RlA 4, 76–90.

4. Die Altorientalistik, der Kodex Hammu-rapi und die altorientalische Rechtsgeschichte

> *Le Code de Ḫammurabi est un des monuments les plus importants, non seulement de l'histoire des peuples d'Orient, mais encore de l'histoire universelle.*
>
> Vincent Scheil

Der französische Archäologe Jaques de Morgan traute seinen Augen kaum, als er im Winter 1901/2 auf der Akropolis der Stadt Susa in Südwestiran den Spaten ansetzte.[1] Er wäre nicht überrascht gewesen, wenn er in der uralten Hauptstadt des Reiches Elam, des Nachbarn und Erzrivalen Babylons, elamische Paläste und Tempel, elamische Statuen und Gefäße der Erde entrissen hätte. Doch nun das: eine babylonische Landschenkungsurkunde nach der anderen, jeweils auf großen, mit Reliefs verzierten Stelen niedergelegt; eine Stele, die den legendären König Naram-Sin von Akkade zeigt, wie er mit seinen Mannen gegen zipfelmützen-bedeckte Lullubäer kämpft; Statuen verschiedener mesopotamischer Könige; schließlich drei Bruchstücke einer gewaltigen, schwarzen Basaltstele, die zusammengesetzt ein 2,25 m hohes Monument ergaben! Die Spitze dieses Monuments war von einem Relief bekrönt, während der gesamte Unterteil über und über mit babylonischer Keilschrift in einem altertümlichen, wie Chinesisch von oben nach unten zu lesenden Schriftduktus bedeckt war.

Das Rätsel, wie all das aus Babylonien nach Elam gelangt war, löste sich, als man die quer über die Naram-Sin-Stele gemeißelte Inschrift übersetzte. 1158 v. Chr. hatte der elamische König Schutruk-Nahhunde mit seinem Kriegsheer Babylonien überrollt und der Jahrhunderte regierenden Kassitendynastie[2] den Todesstoß versetzt. Der Elamer ließ alles, was nicht niet- und nagelfest war, aus babylonischen Palästen, Tempeln und Marktplätzen mitgehen und in seinem heimatlichen Palast in Susa zum eigenen Ruhme aufstellen.

Jedes der babylonischen Fundstücke auf fremden Boden war hochinteressant, die Basaltstele jedoch war eine Sensation. Denn der Keilschrifttext offenbarte sich dem keilschriftkundigen Bearbeiter, Vincent Scheil, Professor an der École pratique des Hautes Études in Paris, als der bis dahin mit Abstand älteste bekannte Gesetzestext der Welt und einer der umfangreichsten der Antike: der Kodex Hammu-rapi.

---

[1] Einige Teile dieses Kapitels wurden vom Autor bereits publiziert in M. P. Streck, Der Kodex Hammurapi. Ein Monument früher Rechtsgeschichte", Damals 7 (2008) 20–25. Online: https://uni-leipzig.academia.edu/MichaelPStreck.
[2] Zur Kassitendynastie s. Kap. 2.3.1, S. 55.

4. Die Altorientalistik und die altorientalische Rechtsgeschichte

Scheil muss nach der Entdeckung des Kodex Tag und Nacht über der Edition gebrütet haben, denn bereits im Jahr 1902 erschien aus seiner Feder der vierte Band der Mémoires de la Délégation en Perse, der offiziellen Publikationsreihe der französischen Ausgrabungen in Persien, in dem Scheil auf 151 Seiten eine Transkription und französische Übersetzung des Textes vorlegte. Die Einleitung lässt uns an der Begeisterung Scheils teilhaben: „Seitdem das Zeitalter der Ausgrabungen eröffnet worden ist, ist weder in Ägypten noch in Assyrien noch in Babylonien, um nur die wichtigsten Forschungsfelder zu nennen, ein aufgrund seiner moralischen Tragweite und seines umfassenden Inhalts bedeutsameres Dokument ans Licht befördert worden als der Kodex der Gesetze des Hammurabi... Ohne Zögern können wir sagen, dass der Kodex Hammurabi eines der wichtigsten Monumente ist, nicht nur der Geschichte der Völker im Orient, sondern auch der Universalgeschichte."[3]

4.1. Altorientalische Gesetzessammlungen

Inzwischen kennt die Altorientalistik weitere und auch noch ältere Gesetzessammlungen, die in der folgenden Tabelle zusammengestellt sind:

Gesetzessammlung	*Datierung*	*Sprache*
(Reformtexte des Uru-ka-gina)	2316–2307 v. Chr.	Sumerisch
Kodex Ur-namma	2102–2085 v. Chr.	Sumerisch
Kodex Lipit-Ischtar	1926–1916 v. Chr.	Sumerisch
Kodex Esch-nuna	Anfang 18. Jh. v. Chr.	Akkadisch
Kodex Hammu-rapi	1784–1742 v. Chr.	Akkadisch
Hethitische Gesetze	17./16. v. Chr.	Hethitisch
Mittelassyrische Gesetze	12./11. Jh. v. Chr.	Akkadisch
Neubabylonische Gesetze	7./6. Jh. v. Chr.	Akkadisch

Tabelle 4.1: Gesetzessammlungen aus dem Alten Orient

Die bislang ältesten Gesetze[4] wurden vom Begründer des Reiches von Ur III, Ur-Namma (2102–2085 v. Chr.), in sumerischer Sprache verfasst.[5] Ein Vorläufer waren die Reformtexte des Königs Uru-ka-gina von Lagasch (2316–2307 v. Chr.), laut derer früher herrschende Missstände durch neue Regelungen abgeschafft wurden.[6] Sumerisch war auch der Kodex Lipit-Ischtar (1926–1916 v. Chr.), eines Herrschers aus der babylonischen Stadt Isin. Aus

---

3 V. Scheil, Texte Élamites – Sémitiques (Mémoires de la Délégation en Perse 4, Paris 1902) 11.
4 Ob es noch ältere Gesetzestexte aus Ebla (2. Hälfte 24. Jh. v. Chr.) gibt (Archivi Reali di Ebla Testi 16,1), ist aufgrund der Verständnisschwierigkeiten des Textes noch unklar.
5 Zu Ur-namma s. Kap. 2.3.1, S. 53.
6 Zu Uru-ka-gina s. Kap. 2.3.1, S. 53.

der altbabylonischen Periode stammen des Weiteren die akkadischsprachigen Gesetze aus der osttigridischen Stadt Esch-nuna. Die mittelassyrischen Gesetze sind die einzigen aus Assyrien erhaltenen. Aus dem 1. Jt. v. Chr. ist nur das neubabylonische Gesetzesfragment gefunden wurden. Schließlich hat man auch im kleinasiatischen Hethiterreich keilschriftliche, in hethitischer Sprache abgefasste Gesetze entdeckt.

Zusammen mit den Tausenden Rechtsurkunden aus allen Perioden Mesopotamiens, weiteren Textgattungen wie Edikten und Instruktionen sowie Informationen aus anderen Texten wie z. B. Briefen stellen die Rechtssammlungen so reichhaltige Quellen zum Recht in Mesopotamien dar, dass sich eine altorientalistische Subdisziplin des Keilschriftrechtes entwickelt hat, die eine große Zahl rechtshistorischer Studien hervorgebracht hat. Wir konzentrieren uns in diesem Kapitel jedoch weitgehend auf den Kodex Hammu-rapi, einen der berühmtesten Keilschrifttexte überhaupt.

4.2. Die Legitimation des Rechts

Wie wurde das Recht im Alten Mesopotamien legitimiert? Lesen wir dazu den Anfang des Kodex Hammu-rapis:

> Als der erhabene Gott Anum, der König der A-nunaku-Götter, (und) der Gott, En-lil, der Herr des Himmels und der Erde, der die Schicksale des Landes bestimmt, dem Gott Marduk, dem erstgeborenen Sohn des Gottes Ea, die En-lil-Würde über alle Menschen bestimmten, ihn unter den Igigu-Göttern groß werden ließen, Babylon mit seinem erhabenen Namen nannten, es in den Weltgegenden hervorragend werden ließen, in ihm ein ewiges Königtum, dessen Fundament wie Himmel und Erde fest verwurzelt ist, einrichteten,
>
> – damals haben mich, Hammu-rapi, den frommen Fürsten, der die Götter fürchtet, um Gerechtigkeit (*mīšāru*) im Land erscheinen zu lassen, den Bösen und Üblen zu vernichten, damit der Starke dem Schwachen keine Gewalt antue, um wie der Gott Schamasch über die Schwarzköpfigen aufzugehen und das Land zu erleuchten, der Gott Anum und der Gott En-lil, um für das Wohl der Leute zu sorgen, mit meinem Namen genannt.

Text 4.1: Kodex Hammu-rapi Prolog i 1–49[7]

Die beiden obersten Götter des sumerischen Pantheons, der Himmelsgott Anum, Herr über die Gesamtheit der als A-nunnaku bezeichneten Götter, und sein Sohn En-lil, der die Schicksalstafeln verwaltete, auf denen die Schicksale jedes Menschen verzeichnet waren, beriefen Marduk, den Stadtgott von Babylon, Sohn des Gottes der Weisheit Ea, zur En-lil-Würde, der Stellung des obersten Gottes unter den großen, Igigu geheißenen, Göttern. En-lil gab seine Herrschaft freiwillig an Marduk ab und Babylon wurde berufen, die Welt zu beherrschen. Die irdischen politischen Geschehnisse, die Eroberung Babylo-

---

[7] Für genauere bibliographische Angaben hier und im Folgenden s. die in der Bibliografie Kap. 4.10, S. 102 unter „Editionen und Übersetzungen" genannte Literatur bzw. Webseiten.

4. Die Altorientalistik und die altorientalische Rechtsgeschichte

niens durch Hammu-rapi und der Aufstieg Babylons zur beherrschenden Stadt Babyloniens, spiegelten sich somit auf theologischer Ebene wider.[8]

Hammu-rapi selbst wurde dazu ermächtigt, Gerechtigkeit im Land walten zu lassen. Mit dem Wort „Gerechtigkeit" (babylonisch *mīšāru*), das wie das deutsche Wort „Recht"[9] im Babylonischen die Grundbedeutung „gerade sein" (akkadische Wurzel JŠR) besaß, verwies der Text auf eine der traditionellen Aufgaben mesopotamischer Könige und auf den Gesetzestext der Stele. Hammu-rapi sollte wie der Sonnengott Schamasch, der zugleich der göttliche Richter war,[10] das Land und seine „schwarzköpfigen" Bewohner erleuchten, die Bösen vernichten und die Schwachen vor den Starken schützen. Ähnliche Aussagen fanden sich auch im Kodex Ur-namma und Kodex Lipit-Ischtar.

Abbildung 4.1: *Kodex Hammu-rapi, Relief an der Spitze der heute im Louvre (Paris) stehenden Stele. Hammu-rapi stand links mit Breitrandkappe und einem die rechte Schulter freilassenden Gewand, die rechte Hand zum Gruß erhoben. Vor ihm thronte der Sonnengott mit Hörnerkrone, dem Kennzeichen mesopotamischer Götter, Strahlen aus den Schultern, Falbelgewand, die Füße auf stilisierten Bergen stehend.[11]*

---

8 Zu den genannten Göttern s. Kap. 5.5.1, S. 109f.
9 Indogermanische Wurzel *h₃reĝ-* „gerade richten".
10 Siehe Kap. 5.5.1, S. 109.
11 Nach W. H. Ward, The Seal Cylinders of Western Asia (Washington 1910) 368.

Die enge Verbindung von oberstem irdischem und göttlichem Richter war im Relief der Gesetzesstele des Hammu-rapi auch bildlich dargestellt (Abbildung 4.1). Hammu-rapi und der Sonnengott, der die Herrschaftssymbole von Ring und Stab in der Hand hielt,[12] standen sich dort gegenüber, weil das vom König gestiftete Recht göttlich legitimiert war und Hammu-rapi von den Göttern zur Herrschaft berufen wurde.

4.3. Formulierung der Rechtssätze

Die Gesetze des Kodex Hammu-rapi und der anderen Gesetzessammlungen waren fast immer in als Konditionalsätze (Bedingungssätze) formuliert wie etwa § 1 des Kodex Hammu-rapi:

> Wenn ein Mann (*awīlum*) einen Mann bezichtigt und ihm Mord vorgeworfen, ihn jedoch nicht überführt hat, soll der, der ihn bezichtigt hat, getötet werden.

Text 4.2: Kodex Hammu-rapi § 1

Diese Konstruktion von Gesetzen wird kasuistisch genannt, nach lateinisch Kasus „Fall"; gemeint ist der Rechtsfall, aus dem sich die Strafe oder Bestimmung ergab. Die gleiche Konstruktion kennen wir auch aus der Vorzeichenliteratur und aus medizinischen Texten:

> *Vorzeichen*: Wenn das Joch oben umgeschlagen ist: Der Fürst wird ein fremdes Land erobern.
>
> *Medizin*: Wenn der Leib eines Menschen voll Pockennarben ist, sein Fleisch ihn stechend schmerzt und die schuppige Flechte ihn immer wieder befällt: ḫarasu ist der N[ame] (der Krankheit).

Text 4.3: Die Bedingungssatzkonstruktion in der Vorzeichenliteratur und in medizinischen Texten[13]

Die Konditionalsatzkonstruktion war neben der einfachen Wortliste eine gängige Textform, in der im Alten Orient gelehrte Literatur formuliert wurde.[14] In den Gesetzestexten nannte der „Wenn"-Satz (die Protasis) den Rechtsfall, der Hauptsatz (die Apodosis) die Rechtsfolge. Nie wurden im Alten Mesopotamien Gesetze apodiktisch formuliert, wie etwa in den Zehn Geboten der Bibel („Du sollst nicht töten!").

---

12 Es handelte sich nicht um Messleine und Messstab, und die Herrschaftssymbole wurden dem König nicht überreicht, s. F. M. Wiggermann, Ring und Stab, RlA 11 (2007) 414–421.
13 R. Leiderer, Anatomie der Schafsleber im babylonischen Leberorakel (München 1990) 142 Nr. 665. – N. Heeßel, Babylonisch-assyrische Diagnostik (Münster 2000) 360 Zeile 21.
14 Siehe zu Konditionalsätzen in der gelehrten Literatur Kap. 9.5.2, S. 217f.

4. Die Altorientalistik und die altorientalische Rechtsgeschichte

4.4. Inhalt, Systematik und Rechtsterminologie des Kodex Hammu-rapi

Der § 1 des Kodex Hammu-rapi zeigt auch, wie Personen bezeichnet wurden: in der Regel war von „Mann, Mensch" (akkadisch *awīlu*) die Rede. Dieser Begriff schloss Frauen nicht ein (zumindest nicht im Kodex Hammu-rapi). Die meisten Rechtsfälle betrafen nur Männer; nur wenn Rechtsfälle behandelt wurden, in denen es spezifisch um Frauen ging, war von akkadisch *sinništu* „Frau" oder *aššatu* „Ehefrau" die Rede. Mit dem Terminus *awīlu* verband sich eine weitere Problematik: im Kodex Hammu-rapi bezeichnete er nicht nur den „Mann" allgemein, sondern bisweilen spezifischer einen Angehörigen der Klasse der Großbürger im Gegensatz zum Kleinbürger und Sklaven.[15] Der Terminus war somit im Kodex Hammu-rapi zweideutig.

Die Einteilung der Gesetze in 282 Paragraphen war nicht antik, sondern modern. Allerdings gab es einige Abschriften des Gesetzestextes auf Tontafeln, die durch Leerzeilen oder Trennstriche Textabschnitte markierten, die nicht immer mit der modernen Paragrapheneinteilung der Altorientalistik übereinstimmten. Die Rechtsmaterie des Kodex Hammu-rapi war breit: Mord, Raub, Diebstahl, Körperverletzung und Korruption; Brautpreis, Mitgift, Scheidung, Adoption und Erbrecht; Flucht, Kauf und Freilassung von Sklaven, Anfechtung der Sklaveneigenschaft; Probleme bei der Bewässerung, beim Hüten von Vieh und der Arbeit im Dattelpalmgarten; Handelsunternehmen, Zins, Miettarife usw. Trotz aller Vielfältigkeit zeigt sich bei der Lektüre jedoch schnell, dass keine erschöpfende Regelung des Rechts intendiert war.

Die Anordnung der Gesetze folgte nur teilweise einer Rechtssystematik, wie wir sie kennen. Wie in lexikalischen Listen[16] waren für die Anordnung bisweilen gemeinsame Stichwörter verantwortlich. Ein Beispiel:

> § 6: Wenn ein Mann Eigentum von Gott oder Palast gestohlen hat (*šarāqum*), soll dieser Mann getötet werden. Und der, der das gestohlene Gut (*šurqum*) aus seiner Hand empfangen hat, soll getötet werden.
>
> § 7: Wenn ein Mann Silber oder Gold oder einen Sklaven oder eine Sklavin oder ein Rind oder ein Schaf oder einen Esel oder sonst irgendetwas aus der Hand eines „Sohnes" (= Angehörigen) eines Vornehmen oder eines Sklaven eines Großbürgers ohne Zeugen und Vertrag gekauft hat oder zur Aufbewahrung empfangen hat, ist dieser Mann ein Dieb (*šarrāqu*); er soll getötet werden.

---

15 Siehe zu den Gesellschaftsklassen im Kodex Hammu-rapi Kap. 4.5, S. 93f.
16 Zu lexikalischen Listen s. Kap. 6.2, S. 128f und 9.5.1, S. 216f.

> § 8: Wenn ein Mann ein Rind oder ein Schaf oder ein Schwein oder ein Schiff gestohlen (*šarāqu*) hat, wenn es (etwas) des Palastes ist, soll er 30fach zahlen. Wenn es (etwas) eines Kleinbürgers ist, soll er 10fach ersetzen. Wenn der Dieb nichts zu zahlen hat, soll er getötet werden.

Text 4.4: Diebstahl und Hehlerei im Kodex Hammu-rapi, §§ 6–8

§ 6 behandelte Diebstahl von Eigentum von Palast oder Tempel. Im folgenden § 7 ging es um einen Tatbestand, der in unserem Rechtssystem „Hehlerei" genannt wird. Der Hehler wurde allerdings akkadisch mit demselben Wort *šarrāqu* bezeichnet, das auch den „Dieb" meinte; terminologisch wurde somit nicht zwischen Diebstahl und Hehlerei in unserem juristischen Sinn differenziert. Das Wort *šarrāqu* war von derselben Wurzel abgeleitet wie die Wörter „stehlen" (*šarāqu*) und „gestohlenes Gut" (*šurqu*) aus dem vorangehenden § 6. Hier lag der Grund für den Anschluss des § 7 an den § 6. Zusätzlich unterstützt wurde die Abfolge der Paragraphen auch dadurch, dass bereits der zweite Satz des § 6 von Hehlerei sprach. § 8 führte dann das Thema Diebstahl weiter.

Die §§ 6–8 zeigen ein Problem, vor der die altorientalistische Rechtsgeschichte oft steht: wie sind Schlüsselbegriffe richtig zu übersetzen? Ist es korrekt, das Wort *šarrāqu* in § 7 mit „Hehler" wiederzugeben? Eine solche Übersetzung stellt zwar eine Verbindung zu unserer modernen Rechtssystematik her, gibt aber dafür die altorientalische Rechtssystematik preis, in der zwischen dem Dieb und dem Hehler nicht unterschieden wurde. Ein weiteres Beispiel für diese Problematik: das akkadische Verb *dâku* bedeutete „schlagen, erschlagen, töten". Dieses Verb wurde für die Ermordung eines Menschen ebenso gebraucht wie für die Hinrichtung als Strafe bei Kapitaldelikten. Man kann hier in der Übersetzung zwischen „morden" und „töten" oder „hinrichten" wechseln, um diese unterschiedlichen Bedeutungen wiederzugeben. Dem akkadischen Sprachgebrauch entspricht jedoch in beiden Fällen besser die Übersetzung „töten".

4.5. Gesellschaftsklassen im Kodex Hammu-rapi

Der Kodex Hammu-rapi differenzierte drei Gesellschaftsklassen, die „Großbürger" (babylonisch *awīlu*), die Kleinbürger (babylonisch *muškēnu*) sowie die Sklaven (babylonisch *wardu*). Noch immer ist die genaue Definition von *awīlu* und *muškēnu* umstritten. Die hier angewandte Übersetzung „Großbürger" für *awīlu* und „Kleinbürger" für *muškēnu* folgt der Ansicht, erstere seien hochgestellte, meist mit dem Palast verbundene Personen mit Immobilienbesitz und letztere nicht mit dem Palast verbundene, niedriggestellte, aber freie Bürger gewesen. Die Strafen waren bisweilen je nach Beteiligung dieser Gesellschaftsklassen an der Tat abgestuft wie im folgenden Beispiel:

> § 196: Wenn ein Großbürger (*awīlu*) ein Auge eines Angehörigen der Großbürgerklasse (*mār awīli*) geblendet hat, soll man ein Auge von ihm blenden.
>
> § 198: Wenn er ein Auge eines Kleinbürgers (*muškēnu*) geblendet hat oder einen Knochen eines Kleinbürgers gebrochen hat, soll er eine Mine Silber abwiegen.
>
> § 199: Wenn er ein Auge eines Sklaven eines Großbürgers (*warad awīli*) geblendet hat oder einen Knochen eines Sklaven eines Großbürgers gebrochen hat, soll er die Hälfte seines Kaufpreises abwiegen.

Text 4.5: Gesellschaftsklassen im Kodex Hammu-rapi, §§ 196, 198, 199

Während im ersten Fall die Talion (Vergeltung nach dem Grundsatz „Gleiches mit Gleichem")[17] angewandt wird, wurden in den beiden anderen Fällen Geldstrafen verhängt.

Während die Unterscheidung zwischen *awīlu* und *muškēnu* typisch für die altbabylonische Periode (1. Hälfte 2. Jt. v. Chr.) war, fanden sich Sklaven durch die ganze altorientalische Geschichte hindurch. Sklaven rekrutierten sich aus Kriegsgefangenen oder in Schuldknechtschaft geratenen Personen. Der Sklavenstatus war nicht notwendigerweise von Dauer, sondern Sklaven konnten freigelassen werden. Der dem marxistischen Geschichtsbild entlehnte Begriff der „Sklavenhaltergesellschaft" beschreibt die altorientalischen Verhältnisse dennoch nicht zutreffend; die altorientalische Wirtschaft war nicht so stark von Sklaven bestimmt wie z. B. die des antiken Rom, sie ruhte nicht primär auf Sklavenarbeit.

4.6. Die Frau im Kodex Hammu-rapi

Die altmesopotamische Gesellschaft war wohl zu allen Zeiten patriarchal[18] strukturiert: der Familienvater, allgemeiner der Mann hatte eine beherrschende gesellschaftliche Stellung. Zwar fand sich in den Reformtexten des Herrschers Uru-ka-gina von Lagasch (2316–2307 v. Chr.) die Aussage, die Frauen „von früher" hätten zwei Männer gehabt, eine Situation, die Uru-ka-gina abgeschafft habe; doch ist diese Textstelle singulär und ihre Bedeutung unklar. Die patriarchale Gesellschaftsordnung resultierte in einer rechtlich schwächeren, jedoch nicht rechtlosen Stellung der Frau bei Heirat, Scheidung und Ehebruch. So regelte § 129 Ehebruch von seiten der Frau, einen entsprechenden Paragraphen für den Ehemann gab es dagegen nicht:

---

17 Zur Talion s. Kap. 4.7.2 mit Text 4.16, S. 100.
18 Die wörtliche Bedeutung von „patriarchal" ist „von Vätern beherrscht".

> Wenn die Ehefrau eines Mannes beim Liegen mit einem anderen Mann erwischt worden ist, soll man sie binden und in das Wasser werfen. Wenn der Herr der Ehefrau seine Ehefrau am Leben lassen will, soll der König auch seinen Diener am Leben lassen.

Text 4.6: Ehebruch im Kodex Hammu-rapi, § 129

Der Paragraph ist auch deshalb interessant, weil er den König als oberste Rechtsinstanz nannte; weitere, untere Rechtsinstanzen waren lokale Richter, die oft in einem Kollegium agierten, Verwaltungsbeamte und das „Stadtviertel".[19]

§ 143 regelte den Fall einer verschwenderischen, den Haushalt nicht ordentliche führende und offenbar zudem fremdgehende Ehefrau (wenn der Ausdruck „herausgehen" so zu verstehen ist):

> Wenn (eine Ehefrau) nicht umsichtig ist und „herausgeht" und ihr Haus „verstreut" und ihren Ehemann schädigt, soll man diese Frau ins Wasser werfen.

Text 4.7: Verschwenderische Frau im Kodex Hammu-rapi, § 143

Die starke Stellung des Ehemannes verhinderte jedoch nicht die Entstehung eines Eherechts, bei dem auch die Ehefrau Rechte geltend machen konnte, wie §§ 142 und 148 zeigen:

> § 142: Wenn eine Frau ihre Ehemann hasst und „Du sollst mich nicht anfassen" sagt, soll man ihre Angelegenheit in ihrem Stadtviertel untersuchen und, wenn sie umsichtig war und keine Schuld hat und ihr Mann „herausgeht" und sie sehr verachtet, dann erhält diese Frau keine Strafe. Sie soll ihre Mitgift nehmen und in ihr Vatershaus gehen.
>
> § 148: Wenn eine Mann eine Frau geheiratet hat und sie Aussatz befallen hat und er beabsichtigt, eine Andere zu heiraten, so darf er heiraten. Von seiner Ehefrau, die der Aussatz befallen hat, soll er sich nicht scheiden. Im Haus, das er gebaut hat, soll sie wohnen und er soll sie unterhalten, solange sie lebt.

Text 4.8: Eherecht im Kodex-Hammu-rapi, §§ 142, 148

§ 142 behandelte den Fall einer erloschenen Liebe zwischen den Eheleuten. Wenn der Ehemann fremdging („herausging"), durfte die Ehefrau den Geschlechtsverkehr verweigern und samt ihrer Mitgift in ihr Vatershaus zurückkehren. Das „Stadtviertel" (*bābtu*), in dem die Familie lebte, war hier die Rechtsinstanz.[20] Die Ehe diente vorrangig der Kinderzeugung; war diese wegen einer schweren Krankheit nicht möglich, durfte der Ehemann laut § 148 eine zweite Frau nehmen, musste aber die erste Ehefrau weiterhin

---

19 Zum Stadtviertel als Rechtsinstanz s. Text 4.8, S. 95.
20 Siehe zur Rolle des Stadtviertele M. Liverani, Stadt, RlA 13 (2011) 50–74, besonders S. 67 § 5.4.

unterhalten. Dies war eine der wenigen Ausnahmen von der sonst weithin üblichen – den König und seinen Harem ausgenommen – Einehe.[21]

4.7. Die Strafen im Kodex Hammu-rapi

4.7.1. Straf- und Zivilrecht

Unser Recht unterscheidet zwischen Straf- und Zivilrecht. Ersteres regelt Strafen als „Ausgleich ... einer Rechtsverletzung",[22] die von Staats wegen verfolgt wird. Im Zivilrecht erfolgt eine Ausgleichszahlung des Schadens; der Staat tritt als Richter zwischen den Prozessparteien auf.

Inwieweit eine solche Differenzierung im Alten Orient existierte, ist jedoch umstritten. So wird der staatliche Verfolgungsanspruch diskutiert: waren Delikte wie Mord oder Raub nicht vielmehr private Delikte, die nicht staatlich sanktioniert waren und deshalb auch nicht vom Staat verfolgt wurden? So gab es weder in den Gesetzessammlungen noch in den zahlreichen Rechtsurkunden Hinweise auf den Strafvollzug; Wörter für Strafvollzugsorgane wie Polizisten oder Henker fehlten. Stattdessen lieferten mittelassyrische Texte Hinweise auf die Strafgewalt des Verletzten bzw. Geschädigten. Andererseits, so die Überlegung, hatte auch der altorientalische Staat ein „Interesse ... an der Aufrechterhaltung der gegebenen Ordnung". Deshalb habe es einen gesellschaftlichen Konsens über die „Strafbarkeit bestimmter (gesellschaftsbedrohender) Handlungen bzw. Delikte" gegeben, „sodass mindestens bei den Kapitaldelikten" – also solchen, die mit der Todesstrafe bedroht sind – „von einem staatlichen Verfolgungsanspruch auszugehen"[23] sei. Staatliche Sanktionen sollten abschreckend wirken, konnten aber durch Kompensationsleistungen ersetzt werden, was den Übergang zwischen Straf- und Zivilrecht dokumentiert.

4.7.2. Arten von Strafen

Der Kodex Hammu-rapi kannte eine Vielzahl unterschiedlicher Strafen: Todesstrafe, Verstümmelung, körperliche Züchtigung, Ehrenstrafen, Verbannung, Geldstrafe, spiegelnde Strafe und Talion. Zwar existierte auch die Untersuchungshaft und der Gewahrsam von Schuldnern; ob darüber hinaus auch Gefängnisstrafen vorkamen, ist jedoch umstritten. Andere Gesetzessammlungen nannten als weitere Strafen die Versklavung und den Zwangsdienst, die im Kodex Hammu-rapi jedoch nicht bezeugt sind.

---

21 Eine weitere Ausnahme fand sich in altassyrischer Zeit (20.–18. Jh. v. Chr.): die in Kleinasien tätigen, von ihrer assyrischen Heimat monate-, manchmal jahrelang abwesenden Kaufleute durften neben ihrer in Assyrien zurückgebliebenen Ehefrau eine weitere Ehefrau in den kleinasiatischen Handelskolonien haben.
22 H. Neumann/S. Paulus, RlA 13 (2012) 197.
23 H. Neumann/S. Paulus, RlA 13 (2012) 197.

4.7. Die Strafen im Kodex Hammu-rapi

Im Kodex Hammu-rapi wurden ca. 40 Kapitaldelikte behandelt, wobei die Angabe der Todesart meist fehlte; gegenüber den älteren Gesetzessammlungen hat man dabei eine Verschärfung der Strafen und eine Ausweitung der Kapitaldelikte feststellen können. Im Folgenden sind exemplarisch einige Kapitaldelikte genannt:

> *Falsche Anschuldigung § 3*: Wenn ein Mann in einem Prozess zu einem falschen Zeugnis aufgetreten ist und die Aussage, die er gesagt hat, nicht bewiesen hat, wenn dieser Prozess ein „Prozess des Lebens" (d. h. ein Prozess zu einem Kapitaldelikt) ist, soll dieser Mann getötet werden.
>
> *Einbruch § 21*: Wenn ein Mann in ein Haus eingebrochen ist, soll man ihn vor dieser Einbruchsstelle töten und aufhängen.
>
> *Raub § 22*: Wenn ein Mann einen Raub begangen hat und ergriffen worden ist, soll dieser Mann getötet werden.
>
> *Diebstahl beim Löschen eines Brandes § 25*: Wenn ein Feuer im Haus eines Mannes ausgebrochen ist und ein Mann, der zum Löschen gegangen ist, sein Auge auf den Besitz des Herrn des Hauses geworfen und den Besitz des Herrn des Hauses genommen hat, soll dieser Mann in dieses Feuer geworfen werden.
>
> *Konspiration bei einer Schankwirtin § 109*: Wenn sich im Haus einer Wirtin Verbrecher zusammengerottet haben und sie diese Verbrecher nicht ergriffen und zum Palast geführt hat, so soll diese Wirtin getötet werden.
>
> *Betreten eines Wirtshauses durch Priesterinnen § 110*: Wenn eine *nadītu*-Priesterin oder eine *ugbabtu*-Priesterin, welche nicht im Kloster wohnt, das Haus einer Wirtin geöffnet hat oder zum Bier(trinken) in das Wirtshaus eingetreten ist, soll man diese Frau verbrennen.
>
> *Vergewaltigung § 130*: Wenn ein Mann die Gattin eines Mannes, die noch keinen Mann kennt (d. h. die noch Jungfrau ist), im Haus ihres Vaters geknebelt und in ihrem Schoß gelegen hat und man ihn ergreift, soll dieser Mann getötet werden. Diese Frau wird freigelassen werden.

Text 4.9: Kapitaldelikte im Kodex Hammu-rapi, §§ 3, 21, 22, 25, 109, 110, 130

Das Wirtshausverbot für Priesterinnen im § 110 hängt damit zusammen, dass Wirtshäuser zugleich Stätten der Prostitution waren und die genannten Priesterinnen sexuell enthaltsam leben mussten. § 130 betraf eine Frau, die schon zur Ehe versprochen war und deshalb „Gattin eines Mannes" genannt wurde; die Ehe selbst war jedoch noch nicht vollzogen und die Frau hatte noch nicht aus ihrem Vatershaus in das Haus ihres Mannes gewechselt. Verstümmelung als Strafe kam z. B. in den beiden folgenden Fällen vor:

4. Die Altorientalistik und die altorientalische Rechtsgeschichte

> Wenn ein Sklave eines Mannes die Backe eines Angehörigen der Großbürgerklasse geschlagen hat, soll man sein Ohr abschneiden.
>
> Wenn ein Arzt einem Mann mit einem Bronzemesser eine schwere Wunde gemacht hat und er den Mann hat sterben lassen, oder wenn er die Schläfe eines Mannes mit einem Bronzemesser geöffnet hat und das Augen des Mannes geblendet hat, soll man seine Hand abschneiden.

Text 4.10: Verstümmelung im Kodex Hammu-rapi, §§ 205, 218

§ 218 ist kaum so zu verstehen, dass der Arzt bei jeder misslungenen Heilung mit der Verstümmelung der Hand bestraft wurde. Vielmehr dürfte diese Strafe nur bei grober Fahrlässigkeit angewandt worden sein; zudem bestand vermutlich die Möglichkeit einer Abwendung der Verstümmelung durch eine Ausgleichszahlung. Ein Beispiel für eine körperliche Züchtigung bietet § 202:

> Wenn ein Mann die Wange eines Mannes, der größer (d. h. höhergestellt) ist als er, geschlagen hat, so soll man ihn öffentlich 60mal mit einem Ochsenziemer schlagen.

Text 4.11: Körperliche Züchtigung im Kodex Hammu-rapi, § 202

Eine Ehrenstrafe folgte auf eine falsche Anschuldigung:

> Wenn ein Mann gegen eine *ugbabtu*-Priesterin oder die Ehefrau eines Mannes den Finger ausgestreckt hat und es (ihr) nicht bewiesen hat, so soll man diesen Mann vor den Richtern peitschen und eine (Kopf)hälfte rasieren.

Text 4.12: Ehrenstrafe im Kodex Hammu-rapi, § 127

Das Finger Ausstrecken bezog sich auf die Anschuldigung einer sexuellen Verfehlung. Die Strafe der Verbannung wurde bei Inzest verhängt:

> Wenn ein Mann seine Tochter „erkannt hat", soll man diesen Mann aus der Stadt vertreiben.

Text 4.13: Verbannung im Kodex Hammu-rapi, § 154

„Erkennen" war ein Euphemismus[24] für sexuellen Verkehr.

Geldstrafen waren nie Zahlungen an den Staat, sondern wurden stets als Schadensersatz an den Geschädigten geleistet.[25] Die Summe konnte fix sein wie in § 259, ein Mehrfaches betragen wie in § 265, nicht weiter festgelegt sein wie in § 206 oder so viel wie der angerichtete Schaden betragen wie in § 245:

---

24 D. h. eine schön klingende Umschreibung.
25 Zur mangelnden Differenzierung von Straf- und Zivilrecht in Mesopotamien s. Kap. 4.7.1.

> § 259: Wenn ein Mann einen Pflug auf dem Feld gestohlen hat, soll er 5 Schekel Silber an den Herrn des Pfluges geben.
>
> § 265: Wenn ein Hirte, dem Kühe oder Kleinvieh zum Hüten gegeben worden sind, Betrug verübt und die Viehmarke verändert und (das Vieh) verkauft hat, soll man es ihm nachweisen und er soll 10fach, was er gestohlen hat, Kühe und Kleinvieh ihren Herren ersetzen.
>
> § 206: Wenn ein Mann einen Mann in einer Rauferei geschlagen hat und ihm eine Wunde beigebracht hat, so soll dieser Mann schwören „Ich habe nicht absichtlich geschlagen" und den Arzt zahlen.
>
> § 245: Wenn ein Mann ein Rind gemietet und es durch Nachlässigkeit oder durch Schlagen hat sterben lassen, soll er Rind für Rind dem Eigentümer des Feldes ersetzen.

Text 4.14: Geldstrafen und Schadensersatz im Kodex Hammu-rapi, §§ 259, 265, 206, 245

Von „spiegelnder Strafe" spricht man, wenn der Körperteil bestraft wurde, mit dem die Tat begangen wurde, wie im Fall der Anstiftung zum Gattenmord in § 153 (Bestrafung des weiblichen Geschlechtsteils), dem Vergehen einer Amme in § 194 (Bestrafung der Brust) sowie im Fall, dass der Sohn seinen Vater schlägt in § 195 (Bestrafung der Hand):

> § 153: Wenn die Ehefrau eines Mannes wegen eines anderen Mannes ihren Gatten hat töten lassen, soll man diese Frau auf den Pfahl setzen.
>
> § 194: Wenn ein Mann seinen Sohn einer Amme gegeben hat und dieses Kind in der Hand der Anne gestorben ist (und) die Amme ohne (Wissen) seines Vaters und seiner Mutter ein anderes Kind angelegt hat, soll man es ihr nachweisen und ihr, weil sie ohne (Zustimmung) seines Vaters und seiner Mutter ein anderes Kind angelegt hat, ihre Brust abschneiden.
>
> § 195: Wenn ein Sohn seinen Vater geschlagen hat, soll man seine Hand abschneiden.

Text 4.15: Spiegelnde Strafen im Kodex Hammu-rapi, §§ 153, 194, 195

Berühmt geworden sind die Talionsgesetze des Kodex Hammu-rapi. Der Ausdruck „Talion" ist von lateinisch *talis* „derartig, beschaffen wie" abgeleitet. Gemeint ist eine Vergeltung nach dem Grundsatz „Gleiches mit Gleichem". Wir kennen die Talion auch aus dem alttestamentlichen Buch Exodus 21: 23–25, wo es heißt: „Ist weiterer Schaden entstanden, dann musst du geben: Leben für Leben, Auge für Auge, Zahn für Zahn, Hand für Hand, Fuß für Fuß, Brandmal für Brandmal, Wunde für Wunde, Strieme für Strieme".[26] Im Kodex Hammu-rapi wurden Talionsstrafen bei Mord und Körperverletzung verhängt:

---

26 Einheitsübersetzung 2016. www.bibleserver.com.

4. Die Altorientalistik und die altorientalische Rechtsgeschichte

> § 196: Wenn ein Großbürger ein Auge eines Angehörigen der Großbürgerklasse geblendet hat, soll man ein Auge von ihm blenden.
>
> § 197: Wenn er einen Knochen eines Großbürgers gebrochen hat, soll man einen Knochen von ihm brechen.
>
> § 200: Wenn ein Großbürger einen Zahn eines ihm gleichgestellten Großbürgers ausgehauen hat, soll man einen Zahn von ihm aushauen.
>
> §§ 209: Wenn ein Großbürger eine Tochter eines Großbürgers geschlagen hat und sie das ihres Inneren hat werfen lassen (d. h. bei ihr eine Fehlgeburt verursacht hat), soll er zehn Sekel Silber für das ihres Inneren abwiegen.
>
> § 210: Wenn diese Frau gestorben ist, soll man eine Tochter von ihm töten.

Text 4.16: Talionsstrafen im Kodex Hammu-rapi, §§ 196, 197, 200, 209, 210

Bemerkenswert war der Fall in § 210, bei dem die Talion auf die nicht an der Tat beteiligte Tochter ausgeweitet wurde. Die ist unserem Rechtsempfinden nach ungerecht; man hat vermutet, dass die Strafe in der Praxis gar nicht verhängt, sondern durch eine Geldzahlung kompensiert wurde.

Neben Strafen und der Festsetzung von Schadensersatz wurden im Kodex Hammu-rapi auch Tarife festgelegt:

> Wenn ein Mann ein Rind/einen Esel/einen Ziegenbock zum Dreschen gemietet hat, so beträgt die Miete dafür 20 Liter/10 Liter/1 Liter Getreide.

Text 4.17: Tarife im Kodex Hammu-rapi, §§ 268–270

Die Tiere wurden zum Dreschen über das auf der Tenne aufgeschüttete Getreide getrieben und zogen dabei teilweise einen Dreschschlitten. Dadurch lösten sich die Körner aus den Ähren.

4.8. Entstehung, Zweck und Anwendung der Gesetze

Der Kodex Hammu-rapi und die anderen altorientalischen Gesetzessammlungen haben in der Forschung drei miteinander zusammenhängende Fragen aufgeworfen: Wie sind die Gesetze entstanden? Zu welchem Zweck wurden sie verfasst und aufgeschrieben? Wurden die Gesetze in der Praxis auch angewandt?

Die Frage der Entstehung wurde oft dahingehend beantwortet, dass ursprünglich richterliche Einzelentscheidungen verallgemeinert in den Gesetzestext eingegangen seien. Allerdings lässt sich auch beobachten, dass der Kodex Hammu-rapi Gesetze fast wortwörtlich aus der vorangehenden Tradition der Gesetzessammlungen übernahm. Schließlich hat man beobachtet, dass Gesetzessammlungen vor allem von den Herrschern tradiert sind, die zuvor ein größeres Reichsgebiet unter ihrem Zepter vereinten, am sichtbarsten bei

Ur-Namma (2102–2085 v. Chr.), dem Begründer des Reiches dritten Dynastie von Ur, und bei Hammu-rapi, dem Beherrscher ganz Babyloniens; dies lässt vermuten, dass die schriftlich veröffentlichten Gesetze aus dem Bemühen entstanden, die vielen lokalen, mündlich überlieferten Gewohnheitsrechte in den strittigen Punkten zu vereinheitlichen.

Was die Frage des Zwecks betrifft, so hat man in den Gesetzessammlungen teilweise nur Propaganda der Könige gesehen, die sich als Hüter des Rechts hätten zeigen wollen. Dies hat man daraus geschlossen, dass die Gesetzessammlungen zum einen nicht das gesamte Gebiet des Rechts, wie wir es aus der Rechtspraxis kennen, vollständig aufzeichneten und dass sie zum anderen in rechtspraktischen Texten, den „Rechtsurkunden",[27] nie erwähnt wurden. Jedoch schließt die propagandistische Wirkung der Gesetzessammlungen die Absicht, tatsächlich geltendes Recht zu stiften, nicht aus. Eine vollständige schriftliche Niederlegung des gesamten, überwiegend mündlich überlieferten Gewohnheitsrechtes war auch gar nicht notwendig und beabsichtigt; vielmehr könnten die Gesetzessammlungen, wie soeben gesagt, nur die in den lokalen Gewohnheitsrechten strittigen Fragen geklärt haben. Schließlich weist die Sprache der Gesetze auf die Absicht des Gesetzgebers hin, effektives Recht zu schaffen; denn im Unterschied zum Prolog und Epilog des Kodex Hammu-rapi, die in einer literarischen, den Hymnen[28] nahestehenden Sprache abgefasst wurden, waren die Gesetze selbst im üblichen, in der Verwaltung angewandten administrativen Altbabylonisch gehalten, wie wir es auch in Briefen, Rechts- und Verwaltungsurkunden finden. Bei einem rein propagandistischen Text ergäbe dies keinen Sinn.

Zur Frage der praktischen Anwendung der Gesetzessammlungen lässt sich zwar feststellen, dass bisher kein Keilschrifttext gefunden wurde, in dem eine richterliche Entscheidung mit dem „Paragraphen soundso des Kodex Hammu-rapi" begründet wurde, doch gibt es aus Babylonien und Assyrien verschiedentlich Hinweise auf Stelen, die für Rechtsfragen konsultiert wurden.[29] Der Kodex Hammu-rapi selbst sagte im Epilog:

> Ein geschädigter Mann, der eine Rechtssache bekommt, möge vor meine Statue „König der Gerechtigkeit" treten, meine beschriftete Stele möge er lesen, meine Stele möge ihm die Rechtssache klären, seinen Richterspruch möge er ersehen. Er möge sein Herz aufatmen lassen und sagen: „Hammu-rapi ist der Herr, der wie ein leiblicher Vater für die Leute da ist."

Text 4.18: Kodex Hammu-rapi Epilog xlviii 3–24

So dürfen wir letztlich doch davon ausgehen, dass der Kodex Hammu-rapi und die anderen Gesetzessammlungen nicht nur schöne, aber nie angewand-

---

27 Zu Rechtsurkunden s. Kap. 9.3.2, S. 202f.
28 Zu Hymnen s. Kap. 9.6.4 mit Text 9.14, S. 224f.
29 M. P. Streck, RlA 11 (2007) 283 § 5 mit Literatur.

te Propaganda der Könige, sondern tatsächlich großartige Beispiele für effektives Recht im Alten Orient gewesen sind.

4.9. Zusammenfassung

- Im Alten Orient ermächtigten die Götter den Herrscher zur Rechtssetzung.
- Rechtssätze wurden fast ausschließlich als Bedingungssätze („Wenn…, dann …") formuliert.
- Die patriarchale Struktur altorientalischer Gesellschaften spiegelte sich in einer rechtlich schwächeren Stellung der Frau.
- Es gab im Alten Orient keine Trennung zwischen Straf- und Zivilrecht.
- „Spiegelnde Strafen" waren Strafen, bei denen der Körperteil bestraft wurde, mit dem die Tat begangen wurde.
- „Talion" war die Bestrafung nach dem Grundsatz „Gleiches mit Gleichem".
- Der Kodex Hammu-rapi diente der Vereinheitlichung lokaler Gewohnheitsrechte. Er setzte effektives Recht.

4.10. Bibliografie zu Kapitel 4

- *Recht im Alten Orient*: Westbrook R. (ed.) 2003: A History of Ancient Near Eastern Law (= Handbuch der Orientalistik 72). – Streck M. P./Haase R. 2007: Recht, RlA 11, 280–288. – Faist B. 2020: Assyrische Rechtsprechung im 1. Jahrtausend v. Chr. (= dubsar 15). Münster (*Bibliografie mit neurer Literatur nicht nur zu Assyrien*).
- *Editionen und Übersetzungen* der Gesetzessammlungen: Borger R./Lutzmann H./Römer W. H. P./Von Schuler E. 1982: Rechtsbücher (= Texte aus der Umwelt des Alten Testaments I/1). – Roth M. 1995: Law Collections from Mesopotamia and Asia Minor (1995). – Oelsner J. 2022: Der Kodex Ḫammu-rāpi. Textkritische Ausgabe und Übersetzung (= dubsar 4). Münster. – *Online*: Streck M. P./Wasserman N., Sources of Early Akkadian Literature, https://seal.huji.ac.il no. 7520 (*Prolog und Epilog des Kodex Hammu-rapi*). – https://cdli.mpiwg-berlin.mpg.de/artifacts/249253 (*Kodex Hammu-rapi*). – Peled I.: http://oracc.museum.upenn.edu/lacost/corpus (*Kodex Ur-Namma, Lipit-Ischtar, Hammu-rapi*).
- *Rechtshistorischer Kommentar zu den Gesetzessammlungen*: Driver G. R. / Miles J. C. 1952: The Babylonian Laws.
- *Allgemeines über die Gesetzessammlungen*: Petschow H./Cardascia G./Korošec V. 1957–1971: Gesetze, RlA 3, 243–297. – Ries G. 1983: Prolog und Epilog in Gesetzen des Altertums. München.
- *Gesellschaftsklassen im Kodex Hammu-rapi und in altbabylonischer Zeit*: Stol M. 1997: Muškēnu, RlA 8, 492f.
- *Sklaven in altorientalischer Zeit*: Molina M./Stol M./Radner K./Wunsch C./Wilhelm G. 2011: Sklave, Sklaverei, RlA 12, 562–576.

- *Strafen*: Ries G. 1976–1980: Kapitaldelikte, RlA 5, 391–399. – Neumann H./ Paulus S. 2012: S. Strafe, RlA 13, 197–206. /Hoffner H. A.:– Démare-Lafont S. 2012: Talion, RlA 13, 421f.
- *Uru-ka-gina von Lagasch und seine Reformtexte*: Schrakamp I. 2015: Urukagina, RlA 14, 494–497.
- *Richter*: Neumann H./Hoffner H. A. 2007: Richter, RlA 11, 346–354.

5. Die Altorientalistik und die altorientalische Religion

Gefallen, gefallen ist Babel,
und all ihre Götterbilder
hat man zu Boden geschmettert.

Jesaja 21,9

5.1. Vom Sinn einer altorientalischen Religionsgeschichte

Manche Darstellungen altorientalischer Religion beginnen mit dem Verdikt A. Leo Oppenheims „Why a ‚Mesopotamian Religion' Should not be Written".[1] Oppenheim nannte mehrere Gründe für seine Skepsis gegenüber einer systematischen Gesamtdarstellung mesopotamischer Religion, etwa dass die archäologischen und die schriftlichen Quellen, so zahlreich sie auch sind, dennoch nur bruchstückhaft und zudem oft schwer zu interpretieren seien. Manche Quellen würden nur die Vorstellungen bestimmter Bevölkerungsgruppen enthüllen, etwa der Schreiber, des Palastes oder der Priester, würden aber nichts über die komplexe religiöse Vorstellungswelt der Mehrheit altorientalischer Menschen preisgeben. Grundlegende religiöse Begriffe und Konzepte seien so andersartig, dass es keine Möglichkeit gäbe, sie wirklich zu verstehen; man denke nur an die Diskussionen über zentrale religiöse Begriffe wie sumerisch *nam-tar* und akkadisch *šīmtu*, die wir behelfsmäßig mit „Schicksal" übersetzen,[2] oder sumerisch *kù*, dessen verbreitete Übersetzung „heilig" von ebenso vielen Forschern angezweifelt wird.

Oppenheim hatte mit all dem recht; und dennoch hat sich die Altorientalistik seitdem nie davon abhalten lassen, mehr oder weniger ausführlich über altorientalische Religion zu schreiben. Die Altorientalistik kann ja auch nicht anders: jede Lebensfaser der altorientalischen Menschen ist, so scheint es uns zumindest, von Religion durchdrungen. Die archäologischen und schriftlichen Quellen, die Aufschluss über Religion geben, sind so zahlreich wie für kaum einen anderen Bereich altorientalischer Kultur. Schließlich darf man auch die Frage stellen, ob die Schwierigkeiten, denen der Altorientalist bei der Interpretation dieser Quellen gegenübersteht, tatsächlich so fundamental anders sind als in anderen Bereichen altorientalischer Geschichte und Kultur. Wenn wir zum Beispiel die politische Geschichte des Alten Orients behandeln, können wir oft nur die an der Oberfläche liegenden historischen Fakten beschreiben, die tieferen Gründe, die zu den historischen Geschehnissen geführt haben, sind uns jedoch bestenfalls schemenhaft erkennbar.[3] Die

---

1 A. L. Oppenheim, ²1977: Ancient Mesopotamia. Portrait of a Dead Civilization (Chicago) 172–183.
2 Zu dem sumerischen Begriff *nam-tar* s. Kap. 9.4.2, S. 211f.
3 Siehe Kap. 2.2.4, S. 47f. zur Aufgabe des Historikers, nach dem Grund zu fragen.

Schwierigkeit, grundlegende Termini adäquat zu verstehen und zu übersetzen, ist ebenfalls nicht auf die altorientalische Religionsgeschichte begrenzt; man denke etwa aus dem Bereich der Rechtsgeschichte an die akkadischen Begriffe *dīnu*, *mīšaru*[4] und *kīttu*, für die man Übersetzungen wie „Gesetz", „Recht", „Gerechtigkeit", „Wahrhaftigkeit" und mehr findet, oder aus dem Bereich der Gesellschaftsgeschichte den Ausdruck *muškēnu*, der eine Klasse von Personen bezeichnet, die zwischen den Sklaven und (hochgestellten?) Bürgern steht und mal mit „Höriger", mal mit „Kleinbürger" oder „Bürger" übersetzt wird.[5]

Auch wenn wir uns dieser zahlreichen Schwierigkeiten bewusst sind, nähern wir uns also in diesem Kapitel der altorientalischen Religion.

5.2. Die Vielfältigkeit der Schriftquellen zur altorientalischen Religion

Wie in anderen Bereichen altorientalischer (Kultur-)Geschichte, so gilt auch für die altorientalische Religion, dass kaum eine Quellengattung nichts zum Thema beizutragen hat. Die Vorderasiatische Archäologie bearbeitet architektonische Zeugnisse wie Tempelbauten und ikonographische Quellen wie Götterstatuetten, Rollsiegel und Reliefs, die wir nicht ausführlich besprechen können.

Unter den Schriftquellen sind die Alltagstexte voll von einschlägigen Informationen; so erlauben die administrative Texte[6] die Rekonstruktion des Kultes. Tausende theophore (d. h. mit einem Götternamen zusammengesetzte) Personennamen verraten etwas über die persönliche Frömmigkeit[7] des Namensträgers und seiner Familie; ihre statistische Auswertung lässt die chronologische und geografische Verbreitung der Verehrung bestimmter Götter erkennen. Königsinschriften berichten von der Sorge der Herrscher um den Bau und die Ausstattung von Tempeln.[8] Gebete, Götterhymnen[9] und Rituale beleuchten die Sphäre des Kults. Götterlisten geben Aufschluss über die Systematik der Götterwelt in den Augen altorientalischer Theologen. Mythen erhellen die Vorstellung der (oder sollen wir mit Oppenheim sagen: einiger?) altorientalischer Menschen von der Erschaffung der Welt und des Menschen durch die Götter.

---

4 Zum Begriff *mīšaru* s. Kap. 4.2, S. 90.
5 Zum Begriff *muškēnu* s. Kap. 4.5, S. 93f.
6 Zu administrativen Keilschrifttexten s. Kap. 9.3.3, S. 205f.
7 Zur persönlichen Frömmigkeit s. M. P. Streck, Persönliche Frömmigkeit, RlA 10 (2004) 424–429.
8 Siehe Kap. 9.4, S. 208f zu Bau- und Weihinschriften der Könige.
9 Zu Hymnen s. Kap. 9.6.4 mit der Ischtar-Hymne Text 9.13, S. 225f.

5.3. Religionshistorische Fragestellungen der Altorientalistik

Die religionshistorischen Fragestellungen und Themen der Altorientalistik sind so vielfältig wie die entsprechenden Quellen. Hier wird nur eine Auswahl prominenter Themen genannt.

Da ist zunächst die Beschreibung der Götterwelt und ihrer Beziehungen zu den Menschen. Über die großen Göttergestalten wissen wir so viel, dass jede von ihnen Stoff für eine oder mehrere Monographien bietet.

Parameter des „religiösen Lebensvollzugs"[10] sind Orte, Zeiten, Personen und Handlungen: Das „wo" dieses Vollzugs lässt sich besonders eindrucksvoll mit den Tempeln beantworten, aber es gibt auch andere Orte wie zum Beispiel Hausdächer, auf denen Rituale für Privatpersonen vollzogen werden. Das „wann" ist einerseits die Frage nach den kultischen Kalendern, nach denen sich zyklisch wiederkehrende Feste und Riten wie zum Beispiel das Neujahrsfest richten; doch es gab es auch „rites de passage", Übergangsrituale, in bestimmten Lebenssituationen wie Geburt und Tod. Religiöse Handlungen konnten von allen Personen vollzogen werden; besonders sichtbar werden in den Quellen jedoch die Priester und der König. Der Parameter „Handlungen" bezieht sich auf die Rekonstruktion des Ablaufs von Ritualen und Opfern.

Existentielle religiöse Fragen, die sich Menschen wohl überall in der Welt und ihrer Geschichte und auch im Alten Orient stellten und stellen, sind etwa: wie sind die Welt und der Mensch entstanden? Gibt es ein Leben nach dem Tod? Wie sieht ein den Menschen und Göttern wohlgefälliges Leben aus? Die Altorientalistik untersucht, wie die altorientalischen Menschen diese Fragen beantworten. Als Quellen stehen ihr dafür vor allem bestimmte literarische Textgattungen, nämlich Mythen erzählende Epen und verschiedene Untergattungen der Weisheitsliteratur zur Verfügung.[11]

Im Folgenden wollen wir uns auf die Götterwelt des Alten Mesopotamien konzentrieren, weil sie für den Leser, der einem monotheistischen kulturellen Hintergrund entstammt, besonders auffällig ist. Zuvor sollen jedoch einige Grundcharakteristika altorientalischer Religion hervorgehoben werden.

5.4. Grundcharakteristika altorientalischer Religion

Die Selbstverständlichkeit einiger Grundcharakteristika altorientalischer Religion – man darf hier tatsächlich den Singular verwenden, denn sie gelten im weiten Raum und der langen Zeit des Alten Orients überall – hat dazu geführt, dass die Altorientalistik sie zu selten bewusst nennt. Dabei zeigen gerade sie einen deutlichen Kontrast zu den monotheistischen Religionen.

---

10   Zu den Parametern des „religiösen Lebensvollzugs" s. A. Zgoll, RlA 11 (2007) 327f.
11   Zu diesen literarischen Genres s. Kap. 9.6.2, S. 220f. Zum Sintflutmythos s. Kap. 10, S. 245f.

5. Die Altorientalistik und die altorientalische Religion

Da ist zunächst der Polytheismus, der Glaube, dass es nicht nur einen einzigen Gott, sondern viele Götter gibt. Bereits das biblische Alte Testament sah hier den fundamentalen Unterschied zwischen seiner und der mesopotamischen Religion und stellte seinen Gott Jahwe den mesopotamischen „Götterbildern" entgegen.[12] Die große Zahl von Göttern zwang altorientalische Schreiber und Theologen, diese Götter in Listen zu sammeln und zu ordnen; die Götterlisten sind eine Fundgrube für die Rekonstruktion der altorientalischen Götterwelt. Wieviele Götter es im Alten Orient gab, lässt sich nicht genau beziffern. Die älteste Götterliste aus der Stadt Schuruppak (Fara) (26./25. Jh. v. Chr.) nannte ca. 500 Götter(namen), die große Götterliste mit dem Titel *An-Anum* aus dem 1. Jt. v. Chr. 2000 Götter(namen). Das Reallexikon der Assyriologie und Vorderasiatischen Archäologie enthält gar 2613 Einträge zu Götternamen. Allerdings repräsentierte nicht jeder Name zu allen Zeiten eine eigene Gottheit. Vielmehr verschmolzen im Lauf der langen altorientalischen Religionsgeschichte zahlreiche ursprünglich verschiedene Götter zu weniger Göttergestalten; die Frage, bis zu welchem Punkt diese Entwicklung ging, werden wir weiter unten in Kap. 5.5.8 beantworten.

Der altorientalische Polytheismus zog weitere Grundcharakteristika nach sich. Eine Welt mit so vielen Göttern konnte verschiedene Glaubensvorstellungen problemlos integrieren. Daher herrschte im Alten Orient religiöser Pluralismus. Eine für alle verbindliche heilige Schrift wie die Bibel oder den Koran kannte der Alte Orient nicht. Konfessionen gab es ebenso wenig wie die Notwendigkeit, durch Mission oder Krieg den eigenen Glauben zu verbreiten. Kriege wurden aus unterschiedlichen Gründen heraus angezettelt, nie aber aus religiösen Gründen; im Alten Orient führte man weder Kreuzzüge noch „Heilige Kriege".[13] Der bisweilen im Krieg vorkommende Raub von Götterstatuen hatte nichts damit zu tun, dass man dem Besiegten den eigenen Glauben hätte aufzwingen wollen; vielmehr beraubte man ihn dadurch seiner religiösen Identität und des Schutzes durch die eigene Gottheit, deren Existenz man nicht in Frage stellte.

---

12 Siehe zum Beispiel das Motto dieses Kapitels aus Jesaja 21,9.
13 Zum Fehlen von Kriegen aus religiösen Motiven s. auch Kap. 2.4.3.

5.5. Die Hauptgötter Mesopotamiens

5.5.1. Übersichtstabelle

Die folgende Tabelle nennt 14 Hauptgötter Mesopotamiens:

Sumerischer Name	Akkadischer Name	Geschlecht	Eltern	Ehemann/ Ehefrau	Kinder	Hauptkultort	Tempel	Charakter/ Funktion	Symbole, Attribute, Erscheinungsformen
An „Himmel"	Anu	M	(Urgötter)	Urasch „Erde", Antu	En-lil, Ischtar, Ischkur/ Adad	Uruk	E-ana „Haus des Himmels"	Himmel, urspr. oberster Gott, passiver Gott	Hörnerkrone
En-lil „Herr des Hauses(?)"	En-lil, Ellil	M	An	Nin-lil Herrin des Hauses(?)	Nin-urta, Nanna/ Sin, Nergal	Nippur	E-kur „Berghaus"	Oberster Gott, Schöpfer, legitimiert König	Hörnerkrone
En-ki „Herr der Erde(?)"	Ea „Leben"	M	Namma „Urmeer"	Damgal-nuna, Dam-ki-na, Nin-hursan-ga „Herrin des Gebirges"	Marduk, Nansche	Eri-du	E-abzu „Haus des unterirdischen Süßwassers"	Unterirdischer Süßwasserozean, Weisheit, Handwerkskunst, Beschwörung	Ziegenfisch
Dingir-mach „Große Göttin", Mam(m)a/i „Mama"	Belet-ili „Herrin der Götter"	F		Schul-pa'e „Strahlender Jüngling"		Adab, Kesch	E-mach „Großes Haus" (Adab)	Muttergöttin	„Omega" = (Kuh-) Uterus
Nanna	Su'en, Sin	M	En-lil	Nin-gal „Große Herrin"	Utu/ Schamasch, In-ana/ Ištar	Ur	E-kisch-nu-gal „?"	Mond, Fruchtbarkeit	Mondsichel
Utu „Sonne"	Schamasch „Sonne"	M	Nanna/Sin	Scherda „Morgenröte(?)"		Larsa, Sippar, Harran	E-babbar „Weißes Haus"	Sonne, Richter, Opferschau	Sonnenscheibe, Säge
In-ana <? Nin-Ana „Herrin des Himmels"	Ischtar	F	An, Nanna	Dumu-zi „Rechter Sohn"		Uruk, Akkad, Arbela, Ninive	E-ana „Haus des Himmels"	Venus, Krieg, Sexualität	Schilfringbündel, Löwe, Venusstern
Ischkur	Adad „Donner(?)"	M	An	Schala		Aleppo		Wetter, Opferschau	Stier

109

5. Die Altorientalistik und die altorientalische Religion

Sumerischer Name	Akkadischer Name	Geschlecht	Eltern	Ehemann/ Ehefrau	Kinder	Hauptkultort	Tempel	Charakter/ Funktion	Symbole, Attribute, Erscheinungsformen
Nin-urta „Herr der Erde"(?)	Nin-urta	M	En-lil			Nippur, Kalchu (= Nimrud =? Nin-urta)	E-schu-me-scha „?"	Ackerbau, Krieg, Jagd	Doppellöwenkeule
Marduk	Marduk	M	Ea	Zarpanitu	Nabu	Babylon	Tieftempel E-sang-il „Haus, welches das Haupt erhebt" und Tempelturm (Zikkurrat) E-temen-an-ki „Haus Fundament von Himmel und Erde"	Beschwörung, im 1. Jt. oberster Gott in Babylonien	Spaten (sumerisch *mar*), Schlangendrache, Jupiter
Nergal „Herr der großen Stadt"	Nergal	M	Enlil	Ereschki-gal „Herrin der großen Erde"		Kutha	E-meslam „Haus Aura"	Unterwelt, Krieg, Jagd	Doppellöwenkeule, Mars
(Nabu)	Nabu „Berufener"	M	Marduk			Borsippa	E-zida „Gutes Haus"	Schreiber	Schreibgriffel
Nin-isi-na „Herrin von Isin", Gula „Die Große"	Nin-isina, Gula	F		Pabilsang	Damu	Isin	E-galmach „Großer Palast"	Heilkunst	Hund
(Aschur)	Aschur	M		Nin-lil „Herrin des Hauses(?)"		Aschur	E-schara „Haus Universum"	„Assyrischer Enlil"	

Tabelle 5.1: Übersicht über die Hauptgötter des Alten Mesopotamien

5.5.2. Die Götternamen

Die ersten beiden Spalten der Tabelle 5.1 enthalten die Götternamen in sumerischer und akkadischer (babylonisch-assyrischer) Sprache. In manchen Fällen unterschieden sich der sumerische und der akkadische Name (En-ki–Ea, Nanna–Su'en); manchmal gab es aber nur einen einzigen Namen, der in identischer oder nur leicht abgewandelter Form in beiden Sprachen erschien (z. B. sumerisch En-lil, akkadisch auch Ellil mit Assimilation des *n* an das folgende *l*, sumerisch An, akkadisch Anu mit Anfügung der akkadischen Nominativendung). Äußerlich ganz unterschiedliche Namen konnten dieselbe Bedeutung haben wie beim Sonnengott, der auf sumerisch Utu, auf akkadisch Schamasch hieß, was beides „Sonne" bedeutete.

Manche Namen lassen sich übersetzen wie An, das mit dem sumerischen Wort für „Himmel" identisch war, oder Nabu „Berufener", das vom akkadischen Verb *nabû* „nennen, berufen" abgeleitet ist. Andere dagegen wie z. B. Marduk oder Aschur haben für uns keine durchsichtige Etymologie (d. h. wir kennen ihren Ursprung nicht) und sind daher auch nicht übersetzbar. Der Name des assyrischen Hauptgottes Aschur war mit dem Namen seines Hauptkultortes, der alten assyrischen Hauptstadt Aschur identisch. Der nicht deutbare Name des Gottes von Babylon, Marduk, verleitete bereits die alten Mesopotamier zu sprachlicher Spekulation; sie leiteten das erste Namenselement „Mar" vom akkadischen Wort *marru* „Spaten" ab, weshalb der Spaten zum ikonographischen Symbol des Gottes wurde. Vom akkadischen Namen des Mondgottes, Su'en mit der Lautvariante Sin, hieß es schon beim Stadtfürsten Gu-dea von Lagasch (2122–2102? v. Chr.), dass er „nicht zu lösen",[14] d. h. nicht zu verstehen sei.

Der Sonnengott ist ein schönes Beispiel dafür, dass der Name Utu (sumerisch) bzw. Schamasch (akkadisch), was beides „Sonne" bedeutete, auf die wichtigste Charaktereigenschaft oder Zuständigkeit der Gottheit verwies; das ist auch beim Himmelsgott An der Fall. Einer der Namen der Muttergöttin lautete Mama, das auch uns bekannte universale Lallwort für „Mutter". Der Name des Gottes Nergal, „Herr der großen Stadt", spielte auf die Unterwelt an, die in seinen Zuständigkeitsbereich fiel. Der Name Nin-urta bedeutete vermutlich „Herr der Erde", was auf den alten Ackerbauaspekt des Gottes verwies. Andere Namen wie der Name Dingir-mach „Große Göttin" der Muttergöttin oder In-ana „Herrin des Himmels" bezeichneten die herausragende Stellung der Gottheit, der Name Nin-isina „Herrin von Isin" der Heilgöttin nannte ihren Hauptkultort.

In der Schrift wurden die Götternamen durch ein vorangestelltes Keilschriftzeichen, ⸱, das ursprünglich das Bild eines Sterns war, gekennzeichnet; die Altorientalistik bezeichnet es als Gottesdeterminativ.[15]

5.5.3. Die göttlichen Familien

Aus der überwiegend anthropomorphen (menschengestaltigen) Gestalt der Götter in Mesopotamien folgte ihre Geschlechtlichkeit. Götter waren ent-

---

14 Gudea Statue B viii 48, s. D. O. Edzard, Gudea and His Dynasty (= Royal Inscriptions of Mesopotamia, Early Periods 3/1, Toronto 1997) 37.
15 Zu keilschriftlichen Determinativen s. Kap. 7.6.3, S. 155.

weder männlich oder weiblich, sie hatten Ehepartner, Eltern, Kinder und Geschwister. Bei den Ehepaaren dominierte meist einer der Partner: der bedeutende Gott En-lil hatte eine unbedeutendere Gemahlin Nin-lil, deren Name sogar dem ihres Ehemannes nachgebildet ist. Die Gemahlin des Gottes En-ki, Dam-gal-nuna, verblasste völlig neben ihrem Ehemann. Der wichtige Mondgott Nanna hatte eine unwichtigere Gattin Nin-gal. Bei der Muttergöttin Dingir-mach und der Göttin der Sexualität und des Krieges In-ana war es umgekehrt: ihre jeweiligen Männer Schul-pa'e und Dumuzi waren ihnen untergeordnet.

Die göttlichen Stammbäume waren drei bis fünf Generationen tief. So war En-lil der Vater des Mondgottes Nanna und dieser wiederum der Vater des Sonnengottes Utu, der somit der Enkel des En-lil war. En-ki war der Vater des Gottes von Babylon, Marduk, und dieser wiederum der Vater des Gottes der benachbarten Stadt Borsippa, Nabu.

Nicht immer waren die Vorstellungen über die Verwandtschaft der Götter zu allen Zeiten und Orten in Mesopotamien jedoch einheitlich. Vielmehr lassen sich bisweilen unterschiedliche Traditionen beobachten wie etwa bei der Göttin In-ana, als deren Vater entweder der Himmelsgott An oder der Mondgott Nanna galt.

5.5.4. Hauptkultorte und Tempel

Im Prinzip konnten alle Götter überall in Mesopotamien verehrt werden. Dennoch zeichnete sich wenigstens für die großen Götter mindestens ein Hauptkultort ab. Dieser blieb in der Regel über die drei Jahrtausende mesopotamischer Geschichte konstant. Die Hauptkultorte der großen Götter lagen oft im alten sumerischen Süden Mesopotamiens, so wie die Stadt Uruk für den Himmelsgott An, die Stadt Eri-du für den Gott des unterirdischen Süßwasserozeans En-ki oder die Stadt Nippur für den obersten sumerischen Gott En-lil. Der assyrische Gott Aschur hatte dagegen seinen Hauptkultort in der gleichnamigen assyrischen Hauptstadt. Nin-urta, Sohn des En-lil, wurde einerseits wie sein Vater im sumerischen Nippur verehrt, hatte aber später auch im assyrischen Kalchu, der assyrischen Hauptstadt seit dem 9. Jh. v. Chr., einen bedeutenden Kultort; der arabische Name des Ruinenhügels von Kalchu, Nimrud, geht vermutlich auf den Namen des Gottes Nin-urta zurück.[16] Der Wettergott Ischkur/Adad spielte im Bewässerungsland Babylonien, wo es kaum regnete,[17] dagegen keine große Rolle; sein Hauptkultort lag schon außerhalb Mesopotamiens im nordsyrischen Aleppo in der Regenfeldbauzone. Besonders viele bedeutende Kultorte besaß die Göttin In-ana: sie wurde im sumerischen Süden, in der Stadt Uruk, verehrt, dann in der noch nicht genau lokalisierten, wohl im

---

16 Vgl. „Nimrod", den gewaltigen Jäger, im biblischen Buch Genesis (Gen 10,8); Nin-urta war bei den Assyrern auch Gott der Jagd (s. Kap. 3.4.3 mit Text 3.4, S. 79).
17 Zum Regen in Babylonien s. Kap. 3.2, S. 73.

nördlichsten Babylonien oder seiner Nähe gelegenen Stadt Akkad sowie in den assyrischen Städten Arbela und Ninive.

Alle bedeutenden Städte Mesopotamiens besaßen wenigstens eine Hauptgottheit, mit der sie besonders verbunden waren und die den Mittelpunkt ihres religiösen Lebens darstellte darstellte. So war die Stadt Ur in der ganzen altorientalischen Geschichte die Stadt des Mondgottes, der in der sumerischen Epoche Nanna, in der babylonischen Su'en oder Sin hieß. Sippar war die Stadt des Sonnengottes Utu bzw. Schamasch. Babylon verehrte seit alters den Gott Marduk, der hier seinen wichtigsten Tempel besaß. In der uralten Stadt Uruk fanden sich mit An und In-ana zwei Hauptgottheiten.

Die Tempel besaßen alle Eigennamen, und zwar durchwegs in sumerischer Sprache. Das Element „E", mit dem die Tempelnamen begannen, war das sumerische Wort für „Haus". Die Tempelnamen verwiesen bisweilen auf den Namen und Charakter der dort verehrten Gottheit: der Name E-ana „Haus des Himmels" enthielt den Namen des Himmelsgottes. Der Name Ea-abzu des Tempel des Gottes En-ki in Eri-du bezog sich auf dessen Herrschaft über den sumerisch *abzu* genannten unterirdischen Süßwasserozean. Der Name der Sonnengotttempel in Larsa und Sippar, E-babbar „Weißes Haus", spielte offenbar auf das Sonnenlicht an. Für den Gott Marduk von Babylon gibt die Tabelle zwei Tempelnamen an: der Tempel E-sang-il „Haus, welches das Haupt erhebt" war der Name seines Tieftempels in Babylon. Neben dem Tieftempel befand sich der berühmte mehrstufige Tempelturm (akkadisch *zikkurratu*) des Marduk, der biblische „Turm zu Babel", mit Namen E-temen-an-ki „Haus Fundament von Himmel und Erde".

5.5.5. Charakter und Funktionen der Götter

Alle Elemente der Welt und des menschlichen Lebens lagen in der Zuständigkeit der Götter. Umgekehrt waren jeder Gottheit bestimmte Aufgaben zugeordnet. Das begann mit den kosmischen Größen: der Himmel fiel in die Zuständigkeit des Himmelsgottes An. Der unterirdische Süßwasserozean, aus dem sich die Quellen und Flüsse speisten, gehöret in den Aufgabenbereich des Gottes En-ki/Ea. Über die Unterwelt herrschten die Götter Nergal und seine Frau Ereschki-gal, deren Name „Herrin der großen Erde" ihren Herrschaftsbereich nannte. Die Himmelskörper Mond, Sonne und Venus waren dem Mondgott Nanna/Su'en, dem Sonnengott Utu/Schamasch und der Göttin In-ana/Ischtar zugeordnet. Für das Wetter war der Gott Ischkur/Adad verantwortlich.

Die Götter waren auch für Tiere und Pflanzen zuständig. Der Gott En-ki/Ea, Gebieter über den unterirdischen Süßwasserozean, herrschte auch über die ausgedehnten Schilfsümpfe, die sich im Süßwasser bildeten.[18] Sein Hauptkultort Eri-du war die südlichste Stadt Babyloniens, wo sich ausgedehnte Schilf-

---

18 Zu den Sümpfen als charakteristischem Landschaftstyp Mesopotamiens s. Kap. 3.3.2, S. 75.

marschen befanden. Das Rind war dem Mondgott Nanna/Su'en zugeordnet, weil die in Mesopotamien fast waagerecht am Himmel stehende Mondsichel an seine Hörner erinnerte. Der Löwe war mit der kriegerischen Göttin In-ana/Ischtar assoziiert. Zur Heilgöttin Gula gehörte der Hund – so wie auch zum griechischen Heilgott Asklepios –, vermutlich weil Hunde ihre Wunden lecken und so desinfizieren.

Auch für alle Aspekte menschlichen Lebens waren die Götter verantwortlich. Die Muttergöttin sorgte für eine gute Schwangerschaft und Geburt; im Mythos erschuf sie den Menschen.[19] Sexualität und Fruchtbarkeit war Aufgabe der Göttin In-ana/Ischtar, die zugleich einen kriegerischen Aspekt besaß. Beide Aspekte waren jedoch auch mit weiteren Göttern verbunden, so der Krieg mit Nergal und Nin-urta und die Fruchtbarkeit der Herden mit dem Mondgott. Die Heilkunst gehörte zur Heilgöttin Gula, die Krankheit und der Tod dagegen zu Eresch-ki-gal, der Gemahlin des Unterweltsgottes Nergal. Der Sonnengott Utu/Schamasch, der das Tun der Menschen von oben sah, war zugleich Richtergott.[20] Götter der Beschwörung waren En-ki/Ea und sein Sohn Marduk. Für die Opferschau waren der Sonnengott Utu/Schamasch und der Wettergott Ischkur/Adad zuständig. En-ki/Ea war auch Gott der Weisheit[21] und der Handwerkskunst. Für einzelne Handwerkskünste gab es zudem eigene Götter untergeordneter Bedeutung, so etwa für die Ziegelei der Gott Kulla und für die Weberei die Göttin Uttu. Nin-urta war auch Gott des Ackerbaus. En-lil, selbst Götterkönig,[22] legitimierte den irdischen König; im Mythos war er der Schöpfergott. Nabu war im 1. Jt. v. Chr. der Gott der Schreibkunst; in den älteren Perioden vertrat diese Rolle die Göttin Nissaba.

5.5.6. Hofstaatliche Strukturen im Pantheon

Der Hofstaat des irdischen Palastes wurde im Pantheon nachgebildet. Um den jeweiligen Hauptgott gruppierten sich ihm untergeordnete göttliche Wesire, Minister, Boten, Ammen, Musiker, Friseure und andere Hofämter. So hatte Gott En-lil einen göttlichen Wesir namens Nuska, während der Wesir des Gottes En-ki/Ea der Gott Isimu war; als der Gott, welcher den Zugang zu seinem Chef regelte, hatte letzterer wie der römische Gott Janus zwei Gesichter, mit denen er nach außen und innen blickte.

Der Götterkönig wechselte im Lauf der mesopotamischen Geschichte. Bei den sumerischen Göttern des 3. Jt. v. Chr. gab es wie im heutigen politischen System Deutschlands einen Präsidenten und einen Kanzler: der Himmelsgott An nahm die Rolle des Präsidenten ein; er galt zwar als oberster Gott, war aber eher passiv.

---

19 Zur Rolle der Muttergöttin im Sintflutmythos s. Kap. 10.7, S. 254f. und 10.11, S. 257f.
20 Deshalb ist er im Relief an der Spitze des Kodex Hammu-rapi zu sehen, s. Kap. 4.2, S. 90.
21 Im Sintflutmythos verriet Ea dem babylonischen Noah Uta-napischti den Beschluss der Götter zur Sintflut, s. Kap. 10.2, S. 248f.
22 Zur Stellung En-lils s. Kap. 5.5.6, S. 115.

Kanzler war sein Sohn En-lil; er führte die göttlichen Regierungsgeschäfte und war deshalb zwar nicht protokollarisch, aber in der Praxis der bedeutendste sumerische Gott. En-lil wurde in der altbabylonischen Zeit (1. Hälfte 2. Jt. v. Chr.) von Marduk, dem Stadtgott Babylons, abgelöst; laut Prolog des Kodex Hammu-rapi übergaben An und En-lil dem Marduk die En-lil-Würde, d. h. die Würde des obersten Gottes.[23] In Assyrien war stets Aschur, der Stadtgott der gleichnamigen assyrischen Hauptstadt, oberster Gott; assyrische Theologen setzten ihn dem sumerischen Götterkönig En-lil gleich. Bei den Hethitern in Kleinasien war der Wettergott der oberste Gott des Pantheons.

5.5.7. Erscheinungsformen der Götter

Die mesopotamischen Götter stellte man sich in der Regel anthropomorph (menschengestaltig) vor. Sie trugen eine Hörnerkrone, an der wir in der Ikonographie eine Gottheit in Mesopotamien erkennen können.[24] Im Tempel stand eine Götterstatue, welche für die Mesopotamier – anders als für die Bibel[25] – mehr als nur ein Götterabbild war. Durch Rituale wurde nämlich aus der leblosen Materie eine Erscheinungsform der Gottheit selbst; diese war mit der Statue jedoch nicht eins-zu-eins identisch, denn es gab in vielen Fällen mehrere Kultbilder einer Gottheit.

Anders als im Alten Ägypten waren die mesopotamischen Götter nur selten tiergestaltig. Es gab jedoch Ausnahmen wie die mungogestaltige Gottheit Nin-kilim, welche Feldschädlinge vertrieb. Niedrigere Gottheiten waren oft Mischwesen; die Kindbettdämonin Lamaschtu etwa besaß einen Löwenkopf, Adlerkrallen und Eselsohren.

---

23 Zur Übergabe der En-lil-Würde an Marduk im Kodex Hammu-rapi s. Kap. 4.2, S. 89.
24 Siehe Abbildung 4.1, S. 90.
25 Siehe das Motto dieses Kapitels aus Jesaja 21,9.

5. Die Altorientalistik und die altorientalische Religion

Abbildung 5.1: Kudurru (Landschenkungsurkunde) des kassitischen Königs Melischipak (1186–1182 v. Chr.).

Die Stele wurde vom elamischen König Schutruk-Nahhunde 1158 v. Chr. bei seinem Raubzug durch Babylonien, u. a. zusammen mit dem Kodex Hammu-rapi,[26] in die elamische Hauptstadt Susa (Südwest-Iran) verschleppt und befindet sich heute im Louvre (Paris). Die folgenden Göttersymbole sind in fünf Registern auf der einen Seite des Kudurru abgebildet (die anderen Seiten tragen eine Keilschrift): 1) Mondsichel: Sin (Mondgott). 2) Achtzackiger Stern: Ischtar (Venusgöttin). 3) Sonnenscheibe: Schamasch (Sonnengott). 4 und 5) Zwei (Symbol-)Sockel mit Hörnerkronen: Anu (Himmelsgott) und En-lil (sein Sohn). 6) Sockel mit Widderstab und davor liegendem Ziegenfisch: Ea (Gott des Süßwassers). 7) Sockel mit Uterus und Messer: Nin-hursanga (Muttergöttin). 8) Löwendrache mit Doppellöwenkeule: Nin-urta oder Nergal. 9) Adlerstab: Zababa. 10) Vogel: Harba (kassitischer Gott). 11) Löwenstab: Nin-urta oder Nergal. 12) Löwendrache: ? 13) Spaten (akkadisch marru) auf Sockel mit davor liegendem Schlangendrachen: Marduk. 14) Sockel mit keilförmigem Griffel und (Ton-)Tafel: Nabu (Schreibergott). 15) Sockel mit Frauenbüste und davor sitzendem Hund: Gula (Heilgöttin). 16) Sockel mit Blitzen und davor liegendem Kalb: Adad (Wettergott). 17) Sockel mit Ähre und davor liegendem Widder: Schala (Gattin des Adad). 18) Lampe: Nuska (Lichtund Feuergott). 19) Pflug: Nin-girsu (Gott des Ackerbaus). 20) Gehender Vogel: Pap-sukkal. 21) Vogel auf Stange: Schuqamuna und Schimalija (kassitisches Götterpaar). 22) Sockel mit Bündel: ?. 23) Schlange: Ischtaran. 24) Skorpion: Ischchara.[27]

Götter konnten auch durch Symbole und Attribute vertreten sein, die oft klar erkennbar mit ihrem Charakter zusammenhingen. Besonders schön waren die Symbole großer Gottheiten auf mittelbabylonischen (2. Hälfte

---

26 Zur Verschleppung des Kodex Hammu-rapi nach Susa s. Kap. 4, S. 87.
27 Nach U. Seidl, in: W. Orthmann (ed.), Der Alte Orient (= Propyläen Kunstgeschichte 18, Berlin 1975) 306. Vgl. auch die Beschreibung in U. Seidl, Die babylonischen Kudurru-Reliefs. Symbole mesopotamischer Gottheiten (= Orbis Biblicus et Orientalis 87, Freiburg (Schweiz/Göttingen 1989) 74.

2. Jt. v. Chr.) Landschenkungsurkunden (babylonisch *kudurru*) dargestellt (Abbildung 5.1). Diese Symbole konnten Tiere sein wie der Löwe für die kriegerische In-ana/Ischtar, der Stier für den Mondgott Nann/Su'en oder der Hund für die Heilgöttin Nin-isina/Gula.[28] Das Symbol von En-ki/Ea war das MischwesenZiegenfisch, das auf die Domäne „Wasser" des Gottes verwies. Die Doppellöwenkeule Nergals repräsentierte seinen kriegerischen Charakter. Die Muttergöttin wurde durch einen (Kuh-)Uterus symbolhaft dargestellt, der Mondgott Nanna/Su'en durch die Mondsichel, der Sonnengott Utu/Schamasch durch die Sonnenscheibe, der Schreibergott Nabu durch den Schreibgriffel. Die Hörnerkrone als Symbol der beiden Götter An und En-lil stand für ihre hohe Stellung in der Götterhierarchie.[29] Das Symbol des Gottes Marduk, der Spaten, entstand durch etymologische Spekulation.[30] Wie die Göttin In-ana zu ihrem Symbol „Schilfringbündel" kam, das auch ihrem Schriftzeichen in der Keilschriftzugrunde liegt, ist dagegen unbekannt.

Neben Mond und Sonne waren auch andere Gestirne den Göttern zugeordnet, eine Entwicklung, die sich im 1. Jt. v. Chr. in Mesopotamien verstärkte. Dabei bezeugten konstante Zuordnungen einiger in Mesopotamien bekannter Planeten zu bestimmten Göttertypen in der Mittelmeerwelt ein Weiterwirken altorientalischer Vorstellungen: der Planet Venus war mit der Göttin der Sexualität und Liebe In-ana/Ischtar, in Griechenland Aphrodite und in Rom Venus, verbunden. Jupiter gehörte zu den Götterkönigen Marduk, in Griechenland zu Zeus und in Rom zu Jupiter, Mars zu den Kriegsgöttern Nergal, in Griechenland zu Ares und in Rom zu Mars.

5.5.8. Monotheistische Tendenzen in Mesopotamien

Das alte Israel brachte mit dem jüdischen Glauben im Alten Testament einen Monotheismus (Glaube an einen einzigen Gott) hervor, der an das Christentum und den Islam weitergegeben wurde. Damit stellte sich die Altorientalistik immer wieder die Frage, ob diese Entwicklung bereits zuvor im Alten Orient angebahnt wurde. In der Tat hat man bereits für Mesopotamien monotheistische Tendenzen festgestellt.

So war bereits die Ausrichtung auf eine höchste Göttergestalt[31] eine solche Tendenz. Bereits im 2. Jt. v. Chr. gewannen in Babylonien der Gott Marduk und in Assyrien der Gott Aschur eine hohe Popularität und Stellung. Im 1. Jt. v. Chr. stiegen die Götter Nin-urta und Nabu auf. Der letzte babylonische König Nabu-na'id (555–539 v. Chr.) bevorzugte den Mondgott Sin von

---

28 Zum Zusammenhang zwischen Stier und Mondgott sowie Hund und Heilgöttin s. Kap. 5.5.5, S. 114.
29 Zu An und En-lil als Präsident und Kanzler s. Kap. 5.5.6, S. 114f.
30 Siehe zum spekulativen Zusammenhang zwischen dem Namen *Marduk* und dem akkadischen Wort *marru* „Spaten" Kap. 5.5.2, S. 111.
31 Siehe zu den im Lauf der Geschichte wechselnden Götterkönigen Kap. 5.5.6, S. 114f.

5. Die Altorientalistik und die altorientalische Religion

Harran und geriet damit möglicherweise in Konflikt mit der Marduk-Priesterschaft in Babylon.[32]

Die persönliche Frömmigkeit in Mesopotamien kannte Beispiele für Henotheismus, d. h. die situationsbedingte Fixierung auf eine Gottheit, sowie die Monolatrie, bei der diese Fixierung von Dauer war. Eine Inschrift des Statthalters Bel-tarsi-ilumma für das Leben des assyrischen Königs Adadnararis II. (810–783 v. Chr.) und seiner Mutter Sammu-ramat (die dem Weltwunder der „Hängenden Gärten der Semiramis" den Namen spendete) dient als Beispiel:

An den Gott Nabu, den Mächtigen, erhabenen Sohn des E-sang-il, Weiser, Prächtiger, starker Fürst, Erbe des Gottes Nu-dim-mud (= Ea) ... (es folgen Epitheta), Geliebter des Gottes En-lil (es folgen weitere Epitheta):

Für das Leben des Adad-nararis, Königs von Assyrien, seinen Herrn, und das Leben der Sammu-ramat, der Palastfrau, seiner Herrin:

Hat Bel-tarsi-ilumma, Statthalter von Kalchu (diese Statue) gemacht ...

Wer immer nach mir (folgt): Vertraue in den Gott Nabu! Vertraue auf keinen anderen Gott!

Text 5.1: Eine Inschrift Bel-tarsi-ilummas mit henotheistischer/monolatrischer Fixierung auf Nabu[33]

Bel-tarsi-ilumma vertraute nur auf den Gott Nabu, leugnet aber nicht die gleichzeitige Existenz anderer Götter, nämlich dessen Vaters Marduk in seinem babylonischen Tempel E-sang-il, seines Großvaters Ea und des alten Götterkönigs En-lil.

Bereits die mesopotamischen Theologen kämpften mit der außerordentlichen Vielzahl ihrer Götter. Sie kamen daher bereits in frühester Zeit auf die Idee, dass ähnliche Gottheiten in Wirklichkeit dieselbe Gottheit mit unterschiedlichen Namen seien. Die Verschmelzung von Gottheiten ähnlicher Funktion bezeichnet die Altorientalistik als Synkretismus oder Gleichsetzungstheologie. So verschmolz der sumerische Gott En-lil im Gebiet des obermesopotamischen Euphrats mit dem Gott Dagan und in Assyrien mit dem Gott Aschur. Die ursprünglich unterschiedlichen Muttergott-Gestalten wuchsen zu einer einzigen Gestalt mit unterschiedlichen Namen zusammen. Die große Götterliste An = Anum aus dem 1. Jt. v. Chr.[34] reduzierte das Pantheon durch Gleichsetzungen auf wenige große Göttergestalten. So wurden z. B. mit dem bedeutenden Gott der Handwerkskünste En-ki/Ea inTafel II der Liste verschiedene ursprünglich selbständige, zweitrangige Handwerksgötter gleichgesetzt, etwa der Gott des Zimmermannshandwerk Nin-duluma

---

32 Zu Nabu-naʾid und den Gründen für seinen langen Aufenthalt in Arabien s. Kap. 2.2.4.
33 A. K. Grayson, Royal Inscriptions of Mesopotamia, Assyrian Periods 3 (Toronto 1996) 226f.
34 Zur Götterliste An-Anum s. auch Kap. 5.4, S. 108.

5.5. Die Hauptgötter Mesopotamiens

(II 157) oder der Gott des Ziegelhandwerks Nun-ura (II 159). Noch weiter ging eine Hymne an den Gott Nin-urta (1. Jt. v. Chr.), in der die anderen Götter als seine Körperteile bezeichnet wurden:

> Nin-urta, Krieger ...
>
> Dein Gesicht ist Schamasch (Sonnengott), deine Locken sind [Nissaba] (Getreidegöttin),
>
> deine Augen, Herr, sind En-lil (Götterkönig) und [Nin-lil] (Gemahlin des En-lil),
>
> deine Augäpfel sind Gula (Heilgöttin) und Belet-il[i] (Muttergöttin),
>
> deine Augenlider, Herr, sind die Zwillinge Sin (Mondgott) [und Schamasch],
>
> deine Augenbrauen sind die Korona der Sonne ...
>
> Die Gestalt deines Mundes, Herr, ist der Abendstern (Ischtar),
>
> deine Lippen sind Anu (Himmelsgott) und Antu (Gemahlin des Anu),
>
> deine sprechende Zunge(?) ist Pabil-sang (Gemahl der Heilgöttin) ...
>
> Deine Ohren sind Ea (Gott der Weisheit) und Dam-kina (Gemahlin des Ea), die Weisen mit Verstand ...
>
> Dein Kopf ist Adad (Wettergott), der Himmel und Erde wie eine Schmiede (ertönen lässt),
>
> deine Braue ist Schala, geliebte Gattin, die [das Herz Adads] befriedigt,
>
> dein Hals ist Marduk, Richter von Himmel [und Erde], ...,
>
> deine Kehle ist Zarpanitum (Gemahlin des Marduk) ...

Text 5.2: Synkretistische Hymne an Nin-urta[35]

Eine neuassyrische Prophezeiung für den König Aschur-acha-iddina (681–669 v. Chr.) lautete:

> Fürchte dich nicht, Aschur-acha-iddina! Ich (Gott Aschur) bin Bel (Marduk) ... Erhebe deine Augen, schau mich an! Ich bin die Göttin Ischtar von Arbela ... Ich bin Nabu, der Herr des Schreibgriffels. Preise mich!

Text 5.3: Neuassyrische Prophezeiung mit synkretistischer Aussage[36]

Marduk, sein Sohn Nabu und sogar die Göttin Ischtar von Arbela (das heutige Erbil in Irakisch-Kurdistan) waren hier mit Aschur verschmolzen. Ein ähnliches Zeugnis war der neuassyrische Personenname *Gabbi-ilāni-Aššur* „Aschur ist die Gesamtheit der Götter".

Löst man die beiden letzten Belege aus ihrem religionshistorischen Kontext, so könnte man aus ihnen den Schluss ziehen, in neuassyrischer Zeit

---

35 B. R. Foster, Before the Muses (Bethesda 2005) 713f.
36 S. Parpola, Assyrian Prophecies (= State Archives of Assyria 9, Helsinki 1997) S. 6 ii 16–39.

119

(9.–7. Jh. v. Chr.) habe sich eine Religion entwickelt, in der nur noch der Gott Aschur unter verschiedenen Namen verehrt worden sei; ein oberflächlicher Polytheismus hätte dann eine im Kern monotheistische Aschur-Religion verdeckt. Die weitere Annahme läge nahe, dass ein Aschur-Monotheismus im Zuge der Ausbreitung des assyrischen Reiches und der assyrischen Eroberung Israels im Jahr 722 v. Chr. bei der Entstehung des jüdischen Monotheismus Pate gestanden habe.[37] Allerdings hat die altorientalistische Forschung[38] diesen Annahmen zu Recht mit den Argumenten widersprochen, dass ähnliche Aussagen ja nicht nur von Aschur, sondern auch von anderen Göttern gemacht wurden;[39] außerdem gab es neben diesen „monotheistischen" Aussagen gleichzeitig viele Zeugnisse für echten Polytheismus in Mesopotamien.

Zusammenfassend lässt sich feststellen, dass es in Mesopotamien zwar vielfältige monotheistische Tendenzen gab; allerdings waren diese chronologisch, geografisch und auf

verschiedene Ebenen der Religiosität verteilt und führten nie zu einer völligen Verdrängung des alten Polytheismus.

5.6. Zusammenfassung

- Die mesopotamische Religion war polytheistisch und pluralistisch.
- Es gab in Mesopotamien keine heilige Schrift, keine Mission, keine Konfessionen und keine Religionskriege.
- Die große Zahl der mesopotamischen Götter war lokal, genealogisch, hofstaatlich, hierarchisch und funktional strukturiert.
- Götter stellte man sich überwiegend anthropomorph vor.
- Götter konnten durch Symbole und Sterne repräsentiert werden.
- Es gab verschiedene monotheistische Tendenzen in Mesopotamien (Ausrichtung auf eine höchste Göttergestalt, Gleichsetzungstheologie, Henotheismus/Monolatrie), aber keinen Monotheismus wie im alten Israel.

5.7. Bibliografie zu Kapitel 5

- *Überblick über religionshistorische Fragestellungen der Altorientalistik*: Zgoll A./Beckman G. 2007: Religion, RlA 11, 323–338.
- *Religiöser Lebensvollzug*: Renger J./Seidl U. 1980-1983: Kultbild, RlA 6, 307-319. – Sallaberger W. 1993: Der kultische Kalender der Ur III-Zeit.

---

37 Diese Thesen wurden von S. Parpola, Assyrian Prophecies (= State Archives of Assyria 9, Helsinki 1997) S. XXI vertreten.
38 Besonders E. Frahm, Wie „christlich" war die assyrische Religion?, Welt des Orients 31 (2001) 31–45.
39 Siehe bereits oben die Texte 5.1, S. 118 und 5.2, S. 119 mit ähnlichen Aussagen zu den Göttern Nabu und Nin-urta.

Berlin/New York. – Sallaberger W./Pongratz-Leisten B./Haas V. 1999: Neujahrsfest, RlA 9, 291–298. Sallaberger W./Mayer W. R./Seidl U./Beckman G./Schachner A. 2003: Opfer, RlA 10, 93–113. – Sallaberger W./Huber Vulliet F./Klinger J./Seidl U./Herbordt S. 2005: Priester, RlA 10, 617–648. – Sallaberger W./Haas V. 2007: Ritual, RlA 11, 421–438. – Janowski B./Wilhelm G. (ed.) 2008: Omina, Orakel, Rituale und Beschwörungen (= Texte aus der Umwelt des Alten Testaments, Neue Folge 4, Gütersloh) (*von verschiedenen Fachwissenschaftlern übersetzte Texte*). – Sallaberger W./ Beulieu P.-A./Van den Hout T./Miglus P. A./Werner P. 2013: Tempel, RlA 13, 519–580.

- *Mythologie*: Heimpel. W./Beckman G./Green A./Van Loon M. N. 1993–97: Mythologie, RlA 8, 537–589. – Hoffner H. A. 2009: Schöpfung, Schöpfungsmythen. B. Bei den Hethitern, RlA 12, 243–246. – Horowitz W. ²2011: Mesopotamian Cosmic Grafy (= Mesopotamian Civilizations 8). Winona Lake.

- *Tod*: Katz D./Van den Hout T. 2014: Tod, RlA 14, 70–79.

- *Götterwelt*: 2613 Götter sind im Reallexikon der Assyriologie und Vorderasiatischen Archäologie unter ihren Namen behandelt. – Van Dijk J./Lambert W. G./Hinz W./Steiner G.: Gott, RlA 3 (1957–1971) 532–575. – Black J./Green A. 1992: Gods, Demons and Symbols of Ancient Mesopotamia. Austin – Sallaberger W./Beckman G./Seidl U. 2004: Pantheon, RlA 10, 294–319. – Krebernik M. ²2019: Götter und Mythen des Alten Orients. München.

- *Götterwelt online*: Ancient Mesopotamian Gods and Goddesses, http://oracc.museum.upenn.edu/amgg/index.html.

- *Tempelnamen*: George A. R. 1993: House Most High. The Temples of Ancient Mesopotamia. Winona Lake.

- *Ikonographie der Götter*: Hrouda B./Krecher J.: Göttersymbole und -attribute, RlA 3 (1957–1971) 483–498.

- *Monotheistische Tendenzen in Mesopotamien*: Krebernik M. 2002: Vielzahl und Einheit im altmesopotamischen Pantheon, in: M. Krebernik/J. van Oorschot (ed.), Polytheismus und Monotheismus in den Religionen des Vorderen Orients (= Alter Orient und Altes Testament 298, Münster) 33–51.

6. Die Altorientalistik und das altorientalische Gelehrtentum

> *Deine Weisheit und dein Wissen*
> *verleiteten dich, in deinem Herzen zu denken:*
> *Ich und keine sonst!*
>
> *Jesaja 47, 10*

6.1. Gibt es eine altorientalische „Wissenschaft"?

Als der biblische Prophet Jesaja den Untergang Babylons vorhersagte, warf er den Babyloniern vor:

> Du hast dich auf deine bösen Taten verlassen und gedacht: Es sieht mich ja keiner. Deine Weisheit und dein Wissen verleiteten dich, in deinem Herzen zu denken: Ich und keine sonst! Doch es wird ein Unheil über dich kommen, das du nicht mildern kannst. Ein Verderben wird dich überfallen, das du nicht zu bannen vermagst. Und plötzlich wird dein Untergang kommen, an den du niemals gedacht hast Stell dich doch hin mit deinen beschwörenden Formeln und mit deinen vielen Zaubersprüchen, mit denen du dich seit deiner Jugend abgemüht hast! Vielleicht kannst du dir helfen, vielleicht das Unglück verscheuchen. Du hast dich geplagt um deine vielen Berater; sollen sie doch auftreten und dich retten, sie, die den Himmel deuten und die Sterne betrachten, die dir an jedem Neumond verkünden, was über dich kommt.

Text 6.1: Jesaja 47, 10–13[1]

Wenn hier der Prophet auch mesopotamische Weisheit und Gelehrtentum gering schätzte, so wird aus diesen Versen doch klar, dass sie im Alten Orient und darüber hinaus in der gesamten Antike als Charakteristikum des Zweistromlandes galten. Zauberei, Magie und Astrologie waren dort hochgeschätzte gelehrte Disziplinen.

Allerdings sind die Differenzen zwischen dem, was eine moderne Gesellschaft unter „Wissenschaft" versteht – zumindest eine Gesellschaft, die vernünftig genug ist, um Wissenschaft zu betreiben und sich ihrer Erkenntnisse zu bedienen –, und der altorientalischen Wissensproduktion so groß, dass es dem Altorientalisten schwer fällt, letzteres als altorientalische „Wissenschaft" zu bezeichnen; wir sprechen deshalb lieber von einem altorientalischen „Gelehrtentum". Im Folgenden nennen wir einige grundlegende Charakteristika dieses Gelehrtentums, bevor wir einige gelehrte Disziplinen etwas detaillierter vorstellen.

6.1.1. Die Formulierung vor Ursache und Wirkung

Während im antiken Griechenland und Rom Aristoteles, Plinius und viele weitere Autoren Texte verfassten, in denen sie verschiedene Wissenschafts-

---

1 https://www.bibleserver.com.

zweige mehr oder weniger ausführlich auf dem damaligen Wissensstand beschrieben, nach Ursachen für Phänomene suchten, Schlussfolgerungen ableiteten und begründeten sowie Regeln formulierten, kennen wir aus dem Alten Orient solche Texte nicht. Ursachen und ihre Wirkung wurden fast ausschließlich in „Wenn–dann-Sätzen" formuliert, wie wir sie auch aus den Rechtssammlungen kennen;[2] die gelehrten Disziplinen der Omenkunde[3] und der Medizin[4] bedienten sich dieser Konstruktion.

6.1.2. Die fehlende Formulierung von Gesetzmäßigkeiten

Wir wissen, dass die Geltung des berühmten Satzes des Pythagoras, $a^2 + b^2 = c^2$, in der Praxis der mesopotamischen Mathematik bekannt war. Dies geht unter anderem aus dem folgenden mathematischen Aufgabentext der hellenistischen Zeit (nach 300 v. Chr.) hervor:

> [4 ist die Lä]nge und 5 die Diagonale. Was ist die Breite?
> Weil du es nicht weißt:
>
> 4 mal 4 ist 16.
> 5 mal 5 ist 25.
> Du ziehst 16 von 25 ab und der Rest ist 9.
> Was muss ich mit wem multiplizieren, um 9 zu erhalten?
> 3 mal 3 ist 9.
> 3 ist die Breite.

Text 6.2: Ein mathematischer Aufgabentext mit Anwendung des Satzes des Pythagoras[5]

Geometrisch umgesetzt sieht der Aufgabentext wie folgt aus:

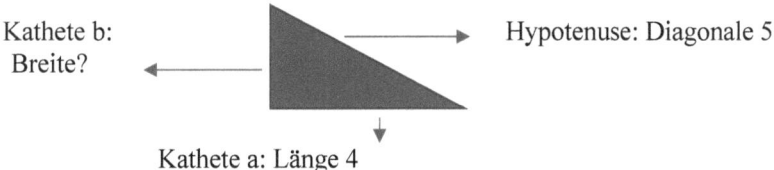

Kathete b: Breite?   Hypotenuse: Diagonale 5

Kathete a: Länge 4

---

2 Zur kasuistischen Formulierung von Rechtssätzen s. Kap. 4.3, S. 91.
3 Zu Omentexten s. Kap. 6.5.3, S. 139 und 9.5.2, S. 217.
4 Zu medizinischen Texten s. Kap. 6.3.2, S. 132 und 6.3.3, S. 133.
5 O. Neugebauer, Mathematische Keilschrifttexte 3 (Berlin 1935) 14 BM 34568: 6–8 und Übersetzung ebd. S. 17; J. Høyrup, Lengths,Widths, Surfaces. A Portrait of Old Babylonian Algebra and Its Kin (New York 2002) 392.

Doch es ist vergebliche Hoffnung, jemals diesen Satz auch abstrakt formuliert in einem Keilschrifttext wiederzufinden.[6] Die Frage, ob man solche abstrakten Erkenntnisse mündlich weitergab und nur nicht aufschrieb oder ob das altorientalische Denken noch gar nicht zu solcher Abstraktion fähig war, ist umstritten. Für ersteres ließe sich ins Feld führen, dass die Dominanz der Listen von einzelnen Wörtern oder von Konditionalsätzen unter den gelehrten Texten die Entstehung ausformulierter und abstrakt erörternder gelehrter Texte verhindert habe. Dagegen könnte jedoch sprechen, dass die Listen einschließlich der Sammlungen von Konditionalsätzen die zwar dominante, aber doch nie die einzige Textgattung altorientalischen Gelehrtentums waren. Bereits der soeben genannte mathematische Aufgabentext gehörte einer anderen Textgattung an. Im Lauf der mesopotamischen Geschichte kamen auch bisweilen neue gelehrte Textgattungen hinzu wie etwa die astronomischen Tagebücher.[7] Hätte man nicht auch, wenn man dazu intellektuell imstande gewesen wäre, den Satz des Pythagoras und andere abstrakte Erörterungen in neue keilschriftliche Textgattungen fassen können? Gegen eine mangelhafte Abstraktionsfähigkeit der altorientalischen Menschen spricht freilich, dass sie evolutionsbiologisch mit uns Heutigen identisch waren: sie waren Homa sapiens sapiens wie wir.

6.1.3. Eine altorientalische „Ordnungswissenschaft"?

Die altorientalischen lexikalischen Listen[8] waren großartige Zeugnisse der Beschäftigung mit Sprache und Schrift. Sie dienten der Schreiberausbildung und wurden von Schreiberschülern und Schreibern gebraucht, um die eigene und fremde Sprachen schreiben zu lernen. Man kann sie als die ersten Wörter„bücher" der Menschheit ansehen.

Auch wenn viele Fachwissenschaftler zu Recht diesen primären praktischen Zweck der keilschriftlichen lexikalischen Tradition betont haben, ist sie jedoch mehr als nur ein Zeugnis der altorientalischen Philologie. Die Anordnung der Wörter in vielen dieser lexikalischen Listen nach Sachgebieten und innerhalb dieser nach verschiedenen Kriterien setzte eine mehr oder weniger systematische Erfassung von Teilen der realen Welt voraus. Wenn etwa die 14. Tafel der lexikalischen Liste mit dem antiken Namen Harra-hubullu[9] die Wörter für die wilden Tiere anführte und diese nach verschiedenen Kriterien gliederte, so lässt sich dahinter eine Konzeption dieses Ausschnitts aus der realen Welt erkennen: die Wildfauna wurde gedanklich als solche aus der Fauna insgesamt ausgegliedert, die Tiere nach morphologischer Ähnlichkeit sortiert usw.

---

6 Ein anderes Beispiel ist Grammatik, die im Alten Orient nur in Listenform gelehrt wurde und keine abstrakt formulierten Regeln kannte, s. Kap. 6.2.4, S. 131f.
7 Zu den astronomischen Tagebüchern s. Kap. 3.2 mit Text 3.3, S. 72.
8 Zu lexikalischen Listen s. Kap. 6.2, S. 128f. und 9.5.1, S. 216f.
9 Siehe Kap. 3.1.1 mit einem Überblick über diese Liste.

Daher erlauben die lexikalischen Listen der heutigen Wissenschaft nicht nur die systematische Rekonstruktion altorientalischer Realien, sondern geben auch einen Einblick in das altorientalische Denken. Dennoch fällt es schwer, sie als Zeugnisse einer altorientalischen „Ordnungswissenschaft"[10] anzusehen: die systematische Erfassung von Ausschnitten der realen Welt entsprang nicht so sehr dem Wissensdurst der altorientalischen Gelehrten, die Welt zu verstehen, als vielmehr der Notwendigkeit oder dem Wunsch, möglichst alle Wörter zu sammeln. Mit anderen Worten: sie war nicht selbst Gegenstand, sondern nur Arbeitsmittel des altorientalischen Gelehrtentums.

6.1.4. Die Anonymität altorientalischen Gelehrtentums

In unserer Gesellschaft sind wissenschaftliche Erkenntnisse fest mit bestimmten Personen, den Wissenschaftlern, verknüpft. Es gehört zur „guten wissenschaftlichen Praxis", nichts als eigene Erkenntnis zu bezeichnen, was bereits jemand anderer gedacht und aufgeschrieben hat. Bedient man sich der Erkenntnisse anderer Wissenschaftler, zitiert man sie; nicht zu zitieren heißt plagiieren.

Im Alten Orient waren die Urheber gelehrter Erkenntnisse unbekannt. Wir kennen zwar einige Gelehrte, etwa am neuassyrischen Königshof, mit Namen,[11] gelehrte Texte wurden aber in der Regel nicht namentlich durch Autoren gekennzeichnet.[12] Dementsprechend gab es auch kein Plagiat: abschreiben, was andere vorher gedacht und geschrieben hatten, war im Alten Orient nicht verpönt, sondern geradezu eine der vornehmsten Aufgaben der Gelehrten, wie aus den Kolophonen[13] hervorgeht.

6.1.5. Das altorientalisches Gelehrtentum und seine Disziplinen

Wichtige gelehrte Disziplinen im Alten Mesopotamien, die ungefähre und teilweise Entsprechungen in der modernen Wissenschaft besitzen und gelehrte Texte produzierten, waren Philologie, Medizin, Astronomie und Mathematik. Die Medizin war jedoch eng mit magischen Praktiken verknüpft. Die Beobachtung der Gestirne diente in erster Linie der Astrologie, so dass man besser von Astrologie/Astronomie[14] spricht. Überhaupt war die Vorzeichen- oder Omenkunde in altorientalischen Augen eine bedeutsame gelehrte Disziplin. Hier offenbaren sich weitere Differenzen zu unserem Wissenschaftsverständnis: nach unseren wissenschaftlichen Maßstäben kann aus den Innereien eines Schafes oder den Bewegungen der Gestirne die Zukunft nicht vorhergesagt werden.

---

10 Diesen Ausdruck verwendete W. von Soden, Leistung und Grenze sumerischer und babylonischer Wissenschaft, Die Welt als Geschichte 2 (1936) 411–464; 509–557.
11 Siehe für den Astrologen/Astronomen Akkullanu Kap. 6.4.2, S. 135.
12 Genauso verhält es sich mit den Autoren literarischer Texte, s. Kap. 9.6.3, S 223f.
13 Schreibervermerke am Ende eines Textes.
14 In der Altorientalistik findet sich auch der Begriff „Astralwissenschaften".

6.1. Gibt es eine altorientalische „Wissenschaft"?

Wir dürfen aber nicht ausschließlich unsere Maßstäbe anlegen, wenn wir das altorientalische Gelehrtentum beschreiben wollen. Seine adäquate Erfassung bedarf zugleich der emischen, kulturimmanenten Sichtweise, welche die altorientalische Perspektive einnimmt.

Das altorientalische Gelehrtentum erschöpfte sich nicht in den genannten Disziplinen. Weitere Ansätze gelehrten Denkens sind in verschiedenen Quellen greifbar. So lassen sich zum Beispiel einige geografische Vorstellungen durch die berühmte babylonische Weltkarte fassen (Abbildung 6.1).

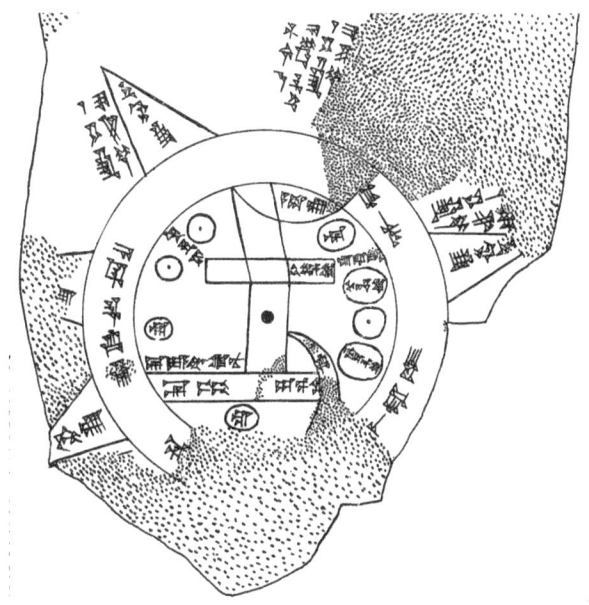

Abbildung 6.1: Weltkarte auf einer Keilschrifttafel aus der Stadt Borsippa(?), 7.(?) Jh. v. Chr.

Die annähernd nach unserer Windrose orientierte Karte zeigte die Erde als Scheibe, die von einem kreisförmigen „bitteren" (d. h. salzigen) Gewässer umgeben war. Der Euphrat war ein doppelter, von oben nach unten laufender Strich. Der obere Querbalken markierte die Stadt Babylon; weitere Städte wie Aschur, die alte Hauptstadt Assyriens, und Susa, die Hauptstadt Elams, waren als kleine Kreise eingezeichnet. Aus dem Gewässer ragten ursprünglich acht dreieckige Inseln hervor, die nur z. T. erhalten sind; die nördliche Insel trägt die Beischrift „wo die Sonne nicht gesehen wird", vielleicht ein Hinweis darauf, dass die Sonne von Mesopotamien aus gesehen nie über den nördlichen Himmel zog.[15]

---

15 Nach R. C. Thompson, Cuneiform Texts from Babylonian Tablets, & C., in the British Museum. Part XXII (London 1906) plate 48. Vgl. W. Röllig, Landkarten, RIA 6 (1980–83) 466f.; W. Horowitz, Mesopotamian Cosmic Geography (Winona Lake 1998) 20–42 und 402 (neue Kopie) sowie 406 (Foto).

6. Die Altorientalistik und das altorientalische Gelehrtentum

Das altorientalische Gelehrtentum lässt sich übrigens nicht nur aus den gelehrten Texten selbst, sondern auch aus Briefen und literarischen Texten rekonstruieren. Unter ersteren stechen die Briefe von Gelehrten an den assyrischen König aus dem 7. Jh. v. Chr. hervor,[16] unter letzteren sumerische Schulsatiren, die über den Schulbetrieb in altbabylonischer Zeit (erste Hälfte 2. Jt. v. Chr.) berichteten.

6.2. Die Philologie des Alten Orients

Der Alte Orient kann sich rühmen, die erste Philologie der Menschheit entwickelt zu haben; aus dem Alten Ägypten oder Alten Griechenland kennen wir nichts in vergleichbarer Komplexität und Menge. Die altorientalische Philologie entstand als Hilfe für die Schreiber, welche das komplexe Keilschriftsystem meisterten, unterschiedliche Textgattungen verfassten und von einer in die andere Sprache, besonders vom Sumerischen in das Babylonisch-Assyrische (= Akkadische), übersetzten.[17]

Im Folgenden werden einige Beispiele für unterschiedliche Typen lexikalischer Listen besprochen.[18]

6.2.1. Die lexikalische Liste Proto-Aa

Eine lexikalische Liste, die zur Elementarausbildung der Schreiber in altbabylonischer Zeit gehörte, hat den modernen Titel Proto-Aa. Sie bestand aus drei Textspalten: die mittlere Spalte nannte ein sumerisches Keilschriftzeichen. Die Spalte links davon enthielt, ebenfalls in Keilschrift, eine Angabe, wie dieses Zeichen im Sumerischen auszusprechen war. Die Spalte ganz rechts bot eine oder mehrere Übersetzungen in das Babylonisch-Assyrische (Akkadische). Die Liste kann daher als zweisprachiges Wörter„buch" samt Ausspracheangaben bezeichnet werden. Hier folgt ein Beispiel für das Keilschriftzeichen ⌑:

---

16 Siehe Kap. 6.4 für einen neuassyrischen Brief eines Astrologen/Astronomen.
17 Für diese beiden Sprachen s. Kap. 8.3 und 8.4. Zur Schreiberausbildung s. Kap. 7.4, S. 149f.
18 Siehe auch Kap. 3.1.1, S. 66f. zur Tierliste Harra-hubullu Tafel XIV und Kap. 9.5.1, S. 216f. zur lexikalischen Liste Proto-Lu.

zu-ú : 𒍪 : *lamādu* „lernen"

šūdûm „wissen lassen"

edû „wissen"

wu[d]dû „deutlich machen"

[*aḫā*]*zu* „lernen"

[-*k*]*a* „dein".

Text 6.3: Auszug aus der lexikalischen Liste Proto-Aa[19]

Das sumerische Keilschriftzeichen 𒍪, das wir in Lateinbuchstaben ZU umschreiben, hatte im Sumerischen auch die Aussprache *zu*, wie die linke Spalte angibt: diese wiederholte das Zeichen *zu* und setzt ein Zeichen -*ú* hinzu, um den *u*-Vokal zu bezeichnen. Im Sumerischen besaß ZU, wenn es als Verb (genauer als verbale Basis)[20] gebraucht wurde, die Bedeutung „wissen". Dieses Verb wurde in das Akkadische mit fünf verschiedenen, sich semantisch (der Bedeutung nach) nahestehenden Verben übersetzt. Die sechste Übersetzung „dein" wich davon deutlich ab. Denn im Sumerischen konnte das Zeichen ZU nicht nur zur Schreibung der verbalen Basis „wissen" gebraucht werden, sondern war, an Nomina angehängt, auch das Possessivsuffix[21] „dein". Dieses wurde ins Akkadische ebenfalls mit dem dort entsprechenden Possessivsuffix -*ka* übersetzt.

Die Liste demonstriert eines der wichtigsten Fächer von akkadischsprachigen Schreiberschülern in der altbabylonischen Zeit (1. Hälfte 2. Jt. v. Chr.): die Erlernung der damals bereits ausgestorbenen sumerischen Sprache, die – ähnlich wie Latein bis weit in die Neuzeit hinein – jedoch weiterhin für Gelehrtentum, Kult und Literatur gebraucht wurde.[22]

6.2.2. Die lexikalische Liste Ugu-mu

Andere Listen enthielten Wörter nach semantischen Feldern, d. h. nach Bedeutung, zusammengestellt. Sie waren entweder einsprachig sumerisch oder zweisprachig sumerisch mit akkadischer Übersetzung. Die mit dem modernen Titel Ugu-mu bezeichnete Liste enthielt Wörter für Körperteile. Ein kleiner Auszug aus der einsprachig sumerischen Version dieser Liste, die in die altbabylonische Zeit (1. Hälfte 2. Jt. v. Chr.) datierte, lautete:

---

19 Siehe A. Cavigneaux, RlA 6 (1980–1983) 620 § 11.
20 Zu den sumerischen Wortbasen s. Kap. 8.3.5, S. 172.
21 Besitzanzeigendes Fürwort, an das Wort angehängt.
22 Zum Aussterben des Sumerischen und seiner Weiterverwendung s. Kap. 8.3.4, S. 171.

6. Die Altorientalistik und das altorientalische Gelehrtentum

> te-ĝu_{10} „meine Backe"
>
> te-te-ĝu_{10} „meine Backen"
>
> sa te-ĝu_{10} „Sehne meiner Backe"
>
> $^{giš\text{-}túg}$PI-ĝu_{10} „mein Ohr"
>
> $bùru$ $^{giš\text{-}túg}$PI-ĝu_{10} „mein Ohrloch"

Text 6.4: Auszug aus der lexikalischen Liste Ugu-mu[23]

Die Körperteile dieser Liste waren von Kopf bis Fuß angeordnet; der Titel Ugu-mu bezog sich auf den ersten Eintrag der Liste, der im Sumerischen „mein Schädel" bedeutete. Die Körperteile wurden stets mit dem Possessivsuffix -ĝu_{10} (frühere Umschrift -mu) „mein" versehen, was nur bedeuten kann, dass die Schreiberschüler und Lehrer beim Lernen und Aufsagen der Ausdrücke zugleich auf den entsprechenden Körperteil zeigten.

6.2.3. Die lexikalische Liste Nabnitu

Aus späteren Perioden Mesopotamiens stammten Listen, die von einer vermehrten Beschäftigung der Schreiber mit ihrer eigenen Muttersprache Akkadisch zeugten. Die mit dem modernen Titel Nabnitu bezeichnete, auf 32 Tafeln aufgeteilte umfangreiche Liste (ab der mittelbabylonischen Zeit bezeugt, nach 1500 v. Chr.) ordnete akkadische Wörter entweder nach Bedeutung oder lautlicher Ähnlichkeit; letztere beruhte auf ähnlichen Konsonanten, welche die Schreiber aus dem kontinuierlichen Lautstrom zu abstrahieren verstanden. Zusätzlich wurden die Wörter in das Sumerische übersetzt, das der alten Tradition folgend in der linken Spalte stand. Im folgenden Auszug aus der Liste wird die sumerische Spalte als hier nicht weiter interessierend nicht mitangegeben:

amātum	„Wort"
amâtum	„Wörter"
...	
amtum	„Sklavin"
emēdu	„sich anlehnen"
ummātum	„Hitze"
ummat erî	„Mühlstein"
...	
ummānātum	„Truppen"

---

23 Siehe A. Cavigneaux, RlA 6 (1980–1983) 630 § 18.3.

emu rabû	„Schwiegervater" (wörtl. „großer Schwager")
emu ṣeḫrum	„Schwiegersohn" (wörtl. „kleiner Schwager")
*em*ē*tum*	„Schwiegermutter"
emû	„werden"
...	
ummânu	„Gelehrter"
imnu	„rechte Seite"
emittum	„rechte Seite"

Text 6.5: Auszug aus der lexikalischen Liste Nabnitu[24]

Der Textauszug stellte Wörter zusammen, die mit Vokal begannen und in denen die Konsonanten *m* sowie bisweilen zusätzlich *t* oder *d* folgten. Die lautliche Ähnlichkeit war eine Gedächtnisstütze beim Auswendiglernen der Liste. Deutlich wird, dass man den Zusammenhang zwischen dem Singular *amātum* „Wort" und dem Plural *amâtum* „Wörter" oder zwischen dem Maskulin *emu* „Schwiegervater" und dem Femininum *emētum* „Schwiegermutter" oder zwischen *imnu* und *emittum*, beide „rechte Seite" erkannte. Ob die Schreiber darüber hinaus an eine aus heutiger wissenschaftlicher Sicht nicht vorhandene etymologische Verwandtschaft aller dieser Wörter glaubten, lässt sich allerdings nicht mehr feststellen.

6.2.4. Liste sumerischer Verbalformen

Grammatik wurde ebenfalls in Listenform gelehrt und gelernt. Eine Liste aus altbabylonischer Zeit (1. Hälfte 2. Jt. v. Chr.) bot sumerische Verbalformen (links), teilweise mit akkadischen Übersetzungen (rechts) versehen, wie im folgenden Textauszug:

---

24 Siehe A. Cavigneaux, RIA 6 (1980–1983) 637 § 21.3.

kas₄ du₁₁-ga-ab: lu-súm	„laufe!"
kas₄ g[a-a]b-du₁₁	„ich will laufen".
kas₄ [ḫ]é-éb-du₁₁	„er soll laufen".
[kas₄ d]u₁₁-ga-àm : lu-us-ma-am	„laufe her!"
...	
kas₄ du₁₁-ga-bí-íb : šu-ul-si-im	„lass laufen!"

Text 6.6: Auszug aus einer altbabylonischen „grammatischen" Liste mit Verbalformen[25]

Ausformulierte Erläuterungen, etwa grammatische Regeln, zu dieser Liste, wie wir sie in unseren Grammatiken finden, gab es allerdings nicht.[26]

6.3. Die Medizin des Alten Orients

6.3.1. Empirie und Magie in der altorientalischen Medizin

In der altorientalischen Medizin griffen eine empirisch-praktische Richtung und eine magische Richtung ineinander. Demensprechend wurden Kranke von Gelehrten zweier verschiedener Professionen behandelt, dem Arzt (akkadisch *asû*) und dem Beschwörer (*āšipu*), die aber oft nicht voneinander getrennt waren. Der magischen Richtung der Medizin lag der Glaube zugrunde, dass Leiden durch Dämonen oder menschliche Zauberei verursacht wurden. Magische Rituale und Beschwörungsformeln beseitigten mesopotamischer Vorstellung nach diese Übel; in manchen Fällen dürften sie tatsächlich diesen Zweck durch den wirkmächtigen Placebo-Effekt erreicht haben.

6.3.2. Medizinische Keilschrifttexte und ihre Interpretation

Formal waren medizinische Keilschrifttexte überwiegend kasuistisch, d. h. in Konditionalsatzgefügen formuliert.[27] Inhaltlich lassen sich diese Texte in drei große Gruppen aufteilen: Heilmittelempfehlungen, bei denen auf eine Symptombeschreibung eine Rezeptur folgte; diagnostische Texte, bei denen auf die Symptombeschreibung die Krankheit benannt, der Verursacher der Krankheit bestimmt und der weitere Verlauf der Krankheit prognostiziert wurde; schließlich pharmakologische Handbücher, in denen Heilmittel zusammengestellt und beschrieben wurden. Die Heilmittel wurden innerlich in Form von Getränken und Einläufen oder äußerlich in Gestalt von Salben, Pflastern und Räucherungen verabreicht.

---

25 Siehe D. O. Edzard, RlA 3 (1957–1971) 612.
26 Siehe Kap. 6.1.2, S. 124f. zur fehlenden Formulierung von Gesetzmäßigkeiten.
27 Zur „Wenn–dann"-Formulierung von Ursache und Wirkung s. Kap. 6.1.1 und Kap. 9.5.2.

Die Probleme bei der Interpretation medizinischer Keilschrifttexte sind beträchtlich. Oft waren Symptombeschreibungen und Krankheitsnamen zu vage, um eine exakte Gleichsetzung mit modernen Diagnosen zu ermöglichen. Die angewandten Heilmittel, etwa pflanzliche oder mineralische Drogen, lassen sich heute bestenfalls grob, oft aber gar nicht identifizieren. Zudem waren die Heilmittel in manchen Fällen offensichtlich nicht durch ihre medizinische Wirkung, sondern durch ihre magische Kraft bedingt. Bisweilen wurden auch Decknamen für die Arzneien gebraucht, die das Wissen des Heilenden geheim hielten. Die Wirksamkeit medizinischer Behandlungen lässt sich daher in vielen Fällen nicht einschätzen.

6.3.3. Ein Keilschrifttext zu Harnwegserkrankungen

Der folgende Auszug eines Textes der mittelbabylonischen Zeit (2. Hälfte 2. Jt. v. Chr.) handelte von Harnwegserkrankungen:

> Wenn ein Mensch an tröpfelndem Harn leidet, soll er regelmäßig 1 Liter Asche von der Klaue eines Widders (und) 1 Liter Asche von einer männlichen Alraune(?) (akkadisch *pillû*) mit Wasser auf nüchternen Magen 5 Tage lang trinken. Er soll es den ganzen Tag lang trinken und er wird genesen ...
>
> Wenn ein Mensch mit *Schaschituna*-Krankheit daliegt und nachts ständig aufsteht, zerstößt du Tamariskensamen, Samen der Hundszungen-Pflanze (und) Bitterkraut und legst es in erstklassiges Bier. Du lässt es über Nacht unter den Sternen stehen. Am Morgen trinkt er es auf nüchternen Magen und wird genesen ...
>
> Wenn einem Menschen die Nieren schmerzen, sein Leib ständig weh tut und sein Harn weiß wie Eselsharn ist und später sein Harn Blut zeigt, leidet dieser Mann an Ausfluss. Du kochst zusammen in einem Topf 2 Schekel Bitterkraut, 2 Schekel Galbanharz(?) und 2 Liter Essig. Du lässt es erkalten und mischt es zu gleichen Teilen in gepresstem Öl. Du gießt eine Hälfte durch ein kupfernes Rohr in seinen Harnweg ein. Die (andere) Hälfte mischt du mit erstklassigem Bier, lässt es über Nacht [unter den Sternen] stehen; er trinkt es auf nüchternen Magen und wird genesen.

Text 6.7: Medizinischer Text zu Harnwegserkrankungen[28]

Die erste Symptombeschreibungen deutet[29] auf Harninkontinenz hin, die zweite möglicherweise auf Prostatahyperplasie (vergrößerte Prostata), die zu nächtlichem Harndrang führt (natürlich auch tagsüber; da fällt es aber nicht so auf). Am interessantesten ist die dritte Krankheit: schmerzende Nieren zusammen mit weißem (durch weiße Blutkörperchen verursacht) und blutigem Harn passen gut zu einer Nierenbeckenentzündung. Der Vergleich des Aus-

---

28 M. J. Geller, Texte aus der Umwelt des Alten Testaments, Neue Folge 5 (Gütersloh 2010) 64; die Übersetzung folgt fast ganz der Gellers. Wissenschaftliche Edition: Geller, Babylonisch-Assyrische Medizin 7 (Berlin 2005) 32f. Foto und Umschrift der Keilschrifttafel: https://cdli.mpiwg-berlin.mpg.de no. P270002.
29 Für die folgende Interpretation des Textes danke ich Dr. med. Eva-Maria Streck.

flusses mit weißem Eselsharn findet sich übrigens auch bei dem berühmten griechischen Arzt Hippokrates.

Die Identifikation der *pillû*-Pflanze mit der Alraune beruht auf der Qualifikation als „männlich", der sich wie im alten Griechenland auf die großen Blätter der Art Mandragora autumnalis beziehen dürfte. Das Bitterkraut (akkadisch *murru*) wird oft mit der etymologisch verwandten, aus Südarabien stammenden „Myrrhe" gleichgesetzt, was für die meisten Perioden der mesopotamischen Geschichte jedoch ausgeschlossen scheint.[30] Was es mit der Widderklaue auf sich hat, ist schleierhaft; vermutlich handelt es sich um einen Decknamen für eine andere Droge. Das Einführen der Medikation in die Harnröhre wäre bei einer Nierenbeckenentzündung ebenso sinnvoll wie die Einnahme der Medikation, sofern diese antientzündliche Wirkung hätte; denn die Nierenbeckenentzündung geht von der Harnröhre aus und greift auf die Niere über. Das nächtliche Aussetzen der Medizin hatte die „Besternung" zum Ziel, bei der die göttliche Wirkkraft vom Himmel in die Medizin hinabsteigen sollte.

6.4. Die Astrologie und Astronomie des Alten Orients

Die biblische Erzählung von den Magiern, die zur Geburt Jesus einen Stern aufgehen sahen und darauf aus dem Osten nach Jerusalem und Betlehem zogen,[31] belegt eindrucksvoll das Renommee babylonischer Astrologie und Astronomie in der Antike: denn mit den Magiern sind wahrscheinlich babylonische Gelehrte gemeint.

6.4.1. Die Entwicklung der mesopotamischen Astrologie/Astronomie

Bereits in der altbabylonischen Periode (1. Hälfte 2. Jt. v. Chr.) registrierte man Sonnenfinsternisse und beobachtete den Mond und die Planeten. Ein astrologisches Venusomen dieser Zeit lautete:

> [Wenn im Monat Schabat Venus am 15./25. Tag] im Westen unsichtbar wird (und) sie 3 Tage vom Himmel abwesend ist (und) sie im Monat Schabat am 18./28.Tag im Osten sichtbar wird, wird Adad (Wettergott) seinen Regen (und) Ea (Gott des Süßwassers) seine Quellen bringen. Ein König wird dem (anderen) König eine Versöhnung(sbotschaft) senden.

Text 6.8: Altbabylonisches Venusomen[32]

Seit Ende des 2. Jt. v. Chr. entstand eine umfangreiche Sammlung von Himmelsvorzeichen auf einer Serie aus ca. 70 Keilschrifttafeln mit dem akkadi-

---

30 Dass Pflanzenbezeichnungen von einer zur anderen Sprache bisweilen etwas leicht Verschiedenes bezeichnen, wurde in Kap. 3.1.1, S. 68f. erörtert.
31 Matthäus 2.
32 E. Reiner/D. Pingree, Babylonian Planetary Omens: Part One. The Venus Tablet of Ammiṣaduqa (= Bibliotheca Mesopotamica 2/1, Malibu 1975) 58: 57.

schen Namen *Enūma Anu Enlil* „Als die Götter Anu und Enlil". Sie enthielt Beobachtungen von Mond, Sonne, Wetter, Erdbeben, Fixsternen und Planeten. Diese Tafelserie war das wichtigste Handbuch der auf Astrologie und Astronomie spezialisierten Schreiber, die auf Akkadisch *tupšar Enūma Anu Enlil* „Tafelschreiber von Enuma Anu Enlil" genannt wurden. Im 1. Jt. v. Chr. gelang in Babylonien die Weiterentwicklung zur rechnenden Astronomie, welche auch die Bewegungen von Himmelskörpern voraussagen konnte.

6.4.2. Der Brief des Akkullanu an Aschur-bani-apli

Am neuassyrischen Königshof des 7. Jh. v. Chr. spielten Astrologen/Astronomen eine große Rolle. Bedeutsame Beobachtungen meldeten sie dem König. Der Astrologe/Astronom Akkullanu schrieb im Jahr 657 v. Chr. an den König Aschur-bani-apli (668–631? v. Chr.):

> [An] den König, meinen Herrn. [Dein Diener] Akkullanu. Heil [sei] dem König, meinem Herrn. [Die Götter Nabu] und Marduk mögen den König, meinen Herrn segnen.
>
> [M]ars zeigte sich auf dem Weg der En-lil-Sterne zu Füßen des [Sternbildes] "Alter Mann" (Perseus). Er war nur schwach sichtbar und von weißer Farbe. Ich beobachtete ihn am 26. des Monats Ajjaru, als er höher stand. Danach (nun) habe ich an den König, meinen Herrn, die Deutung davon gesandt:
>
> „[Wenn] sich Mars Perseus nähert, wird ein Aufstand im Westland sein. Ein Bruder wird seinen Bruder erschlagen. Der Palast des Herrschers wird geplündert werden. Der Schatz des Landes wird zu einem anderen Land hinausgehen. Das [Emb]lem des Landes wird schlecht werden. Die Götter werden den König der Welt seinem Feind ausliefern.""
>
> Das Übel betrifft das Westland. Bei deinen Göttern schwöre ich: Aschur, dein Gott, wird die Macht der Kimmerier, die sie ausüben, wegnehmen und dem König meinem Herrn [ge]ben."...

Text 6.9: Aus dem Brief des Astrologen/Astronomen Akkullanu an den assyrischen König Aschur-bani-apli[33]

Mit dem Weg der En-lil-Sterne in der Beobachtung ist eines der drei Segmente gemeint, in die der Sternenhimmel bei den mesopotamischen Astrologen/Astronomen aufgeteilt war. Die Deutung, welche Akkullanu zitiert, stammt aus der 16. Tafel der Serie *Enūma Anu Enlil*.[34] Die historische Implikation des Textes ist unklar: die Kimmerier sind ein Reitervolk aus dem Inneren Asiens, das den Assyrern bisweilen Schwierigkeiten bereitete. Dass ihr König als „König der Welt" bezeichnet wird – ein Titel, der sonst dem assyrischen König zustand – und auch ihre Verbindung mit dem Westland – von Assyrien aus gesehen Syrien –, obwohl man sie eher an der assyrischen Ostflanke erwarten würde, sind jedoch schwer einzuordnen.

---

33 S. Parpola, Letters from Assyrian and Babylonian Scholars (= State Archives of Assyria 10, Helsinki 1993) 76–78 no. 100.

34 Zu der Tafelserie *Enuma Anu Enlil* s. Kap. 6.4.1, S. 134f.

6.4.3. Babylonische Tierkreiszeichen und Horoskope

Die späte babylonische Astrologie/Astronomie wurde im Altertum berühmt und von den Nachbarkulturen rezipiert. Unsere noch heute verwendeten zwölf Tierkreiszeichen zu je 30 Grad Länge gehen über griechische Vermittlung auf babylonische Vorbilder aus dem 4. Jh. v. Chr. zurück.[35] Selbst die babylonischen Namen sind teilweise mit den bei uns gebräuchlichen identisch:

Babylonischer Name	Heutiger Name
Lohndiener	Widder
Sterne	Stier
Zwillinge	Zwillinge
Krebs	Krebs
Löwe	Löwe
Gerstenhalm	Jungfrau
Waage	Waage
Skorpion	Skorpion
Pabil-sang (bogenschießender Kentaur)	Schütze
Ziegenfisch	Steinbock
Riese	Wassermann
Schwänze	Fische

Tabelle 6.1: Babylonische Sternbilder und ihr Weiterleben

Die babylonischen Horoskope ab dem 5. Jh. v. Chr. verwendeten die Tierkreiszeichen, um die Stellung von Mond, Sonne und Planeten zur Zeit der Geburt des Kindes anzugeben. Im folgenden Horoskop auf einer Tafel vom 29. April 409 v. Chr. wurden auch das Geburtsdatum und der Vaters-, Großvaters- und Familiennamen des Neugeborenen genannt sowie eine Prognose für sein Leben abgegeben:

> Monat Nissan, Nacht des 14., der …, Sohn von Schuma-usur, Sohn des Schuma-iddin, Nachkomme des Deke, ist geboren worden. Zu dieser Zeit stand der Mond unterhalb vom Horn des Skorpions, Jupiter in den Fischen, Venus im Stier, Saturn im Krebs, Mars in den Zwillingen, Merkur, der unterge[gangen war, war unsichtbar]. Es wird günstig sein für dich.

Text 6.10: Babylonisches Horoskop[36]

---

35 H. Hunger, Tierkreis, RlA 14 (2014) 9f.
36 F. Rochberg, Babylonian Horoscopes, Transactions of the American Philosophical Society 88/1 (1998) 56f.

6.5. Die altorientalische Omenkunde

Vergleicht man babylonische Schafslebermodelle mit etruskischen, ist die Ähnlichkeit deutlich zu sehen. Die Omen-, Orakel- oder Vorzeichenkunde einschließlich der Astrologie/Astronomie[37] war eine altorientalische Errungenschaft, die durch die klassische Antike und das orientalische Mittelalter rezipiert wurde. Die altorientalische Vorzeichenkunde brachte eine Fülle von Keilschrifttexten hervor; nimmt man die Textmenge als Maßstab, ist die Vorzeichenkunde die wichtigste Disziplin altorientalischer Gelehrsamkeit.

6.5.1. Die altorientalische Omenkunde als Strategie zur Bewältigung der Zukunft

Der Vorzeichenkunde lag die Annahme zugrunde, dass alle natürlichen Phänomene Ausdruck göttlichen Willens seien. Ihr Zweck bestand für den altorientalischen Menschen nicht primär in der Vorausschau in die Zukunft. Vielmehr glaubte er, eine durch Vorzeichen vorausgesagte schlechte Zukunft durch entsprechende „Löserituale" abwenden zu können. Stefan Maul hat dies „Zukunftsbewältigung" genannt und auf die psychologisch stabilisierende Wirkung hingewiesen, die dies für den altorientalischen Menschen gehabt haben muss.[38]

Diese emische Perspektive[39] auf die altorientalische Vorzeichenkunde kann jedoch nicht verhindern, dass unser wissenschaftlicher Verstand sich schwer tut, das altorientalische Denken in Bezug auf Funktionsweise und Sinn dieser Disziplin altorientalischer Gelehrsamkeit nachzuvollziehen. Muss es nicht unzählige Male vorgekommen sein, dass ein vorhergesagtes Ereignis, egal ob positiv oder negativ, nicht eintrat? Hat deshalb niemand jemals Verdacht geschöpft, dass das Aussehen eines Leberlappens oder die Bewegung eines Planeten vielleicht doch nicht so aussagekräftig ist wie geglaubt? Die Keilschrifttexte berichten jedenfalls nirgendwo von einem grundsätzlichen Zweifel an der Sinnhaftigkeit der altorientalischen Omenkunde; man bezweifelte aber manchmal durchaus die Kompetenz einzelner Vorzeichendeuter.

Vor Überheblichkeit gegenüber den altorientalischen Menschen sollten wir uns übrigens hüten: vergessen wir nicht, dass selbst in unserer aufgeklärten Gesellschaft Horoskope in Illustrierten abgedruckt werden, der auf einen 13. Monatstag fallende Freitag als unglückbringender Tag gilt oder Teile unserer Bevölkerung immer wieder auf abstruse Verschwörungstheorien hereinfallen.

---

37 Zur Astrologie/Astronomie s. Kap. 6.4, S. 134f.
38 S. Maul, Zukunftsbewältigung (= Bagdader Forschungen 18, Mainz 1994).
39 D. h. eine Perspektive von innen heraus. Zur emischen Beurteilung altorientalischen Gelehrtentums s. auch Kap. 6.1.5, S. 127.

6. Die Altorientalistik und das altorientalische Gelehrtentum

6.5.2. Techniken der altorientalischen Omenkunde

Den altorientalischen Gelehrten standen viele unterschiedliche Verfahren zur Ergründung der Zukunft zur Verfügung. Die folgende Tabelle nennt die wichtigsten; sie gibt außerdem den Beobachtungsgegenstand an sowie die wichtigsten Serien von Keilschrifttexten für die jeweilige Omentechnik.

Omentechnik	Beobachtungsgegenstand	Wichtige keilschriftliche Omenserien
Astrologie	Finsternis, Bewegungen und Aussehen von Mond, Sonne, Planeten und Fixsternen; Wetter; Erdbeben	*Enūma Anu Enlil* „Als Anu (und) Enlil" *Sîn ina tāmartišu* „Wenn Sin (Mondgott) bei seinem Erscheinen" (Kommentar zu *Enūma Anu Enlil*)
Tagewählerei	Günstige und ungünstige Tage/Monate	*Iqqur īpuš* „Er riss ein (und) baute"
Terrestrische (auf der Erde befindliche) Omina	Erscheinungen in Stadt, Haus, Ländereien, Flüssen; Zeichen bei Feuer, Licht und Gebet; Verhalten von Tieren und Menschen	*Šumma ālu* "Wenn eine Stadt"
Geburtsomina (Teromantie)	Totgeburten und Missbildungen bei Neugeborenen von Mensch und Tier	*Šumma izbu* „Wenn eine Missgeburt"
Physiognomische Omina	Aussehen, Verhalten, Äußerungen von Menschen	*alamdimmû* „Ausgeformte Gestalt"
Traumomina (Oneiromantie)	Träume	*Iškar Zaqīqu* „Serie des Zaqiqu (Traumgott)"
Eingeweideschau (Extispizin, (Opferschau), besonders Leberschau (Hepatoskopie)	Leber, Gallenblase, Darm, Lunge eines Schafes	*Iškar bārûti* „Serie des Opferschauers" *Mukallimtu* „Darstellung" (Kommentar zu *Iškar bārûti*)
Inspektion von Opfervögeln	Leib eines toten Vogels	
Ölomina (Lekanomantie)	Figuren von Öl in Wasser	
Rauchomina (Libanomantie)	Gestalt des Feuers und des Rauches bei der Verbrennung von Räucherwerk	

Omentechnik	Beobachtungsgegenstand	Wichtige keilschriftliche Omenserien
Mehlomina (Aleuromantie)	Figuren von ausgestreutem Mehl	
Vogelflugomina	Fliegende Vögel	

Tabelle 6.2: Omentechniken und dazugehörige Tafelserien in Mesopotamien

6.5.3. Leberomina

Leberomina wurden wie die meisten altorientalischen Omina kasuistisch, d. h. in Konditionalsatzgefügen[10] formuliert wie im folgenden Beispiel, in dem ein „Färbbottich" genannter, rot gefärbter Teil des linken Leberlappens beobachtet wurde:

> Wenn der „Färbbottich" rechts und links gleichmäßig umgeschlag[en] ist, werdet ihr, du und dein Feind, euch treffen, ihre werdet [Fried]en schließen und euch zusammen tun.
>
> Wenn der „Färbbottich" rechts umgeschlagen ist, Erfolg! Du wirst bei deinem Feind eindringen und Beute herausholen.
>
> Wenn der „Färbbottich" links umgeschlagen ist, wird dein Feind eindringen und Beute herausholen.

Text 6.11: Leberomina[41]

Das Textbeispiel demonstriert eine der grundlegenden hermeneutischen Regeln[42] der altorientalischen Omenkunde, die rechts-links-Regel: rechts war gut, links war schlecht. Ein guter Befund auf der rechten Seite war gut für den Befragenden, in dem Fall den babylonischen König, derselbe Befund auf der linken Seite war gut für den Feind. Im ersten der drei zitierten Omina war der Befund rechts und links vorhanden und und das Ergebnis somit zwischen babylonischem König und Feind ausgeglichen. Leider sind uns viele andere Regeln, die zur Vorhersage eines Omens im Alten Orient führten, noch unbekannt.[43]

6.6. Die altorientalische Mathematik und das sexagesimale Zahlensystem

Buchhaltung und Vermessungen erforderten, dass die Schreiber mathematische Kenntnisse besaßen und die komplexen Maßsysteme des Alten Orients

---

40 Zur kasuistischen Formulierung von Omina s. Kap. 6.1.1, S. 123f. und Kap. 9.5.2, S. 217f.
41 A. R. George, Babylonian Divinatory Texts Chiefly in the Schøyen Collection (= Cornell University Studies in Assyriology and Sumerology 18, Bethesda 2013) no. 8: 1–5.
42 D. h. Regeln der Interpretation.
43 Zur Hermeneutik altorientalischer Omina s. auch Kap. 9.5.2, S. 217f.

beherrschten. Die Kenntnis des „Satzes des Pythagoras" im Alten Orient wurde schon erwähnt.[44] Im Folgenden wollen wir einzig das sexagesimale, auf der Zahl 60 basierende Zahlensystem behandeln, das über griechische Vermittlung auch wir in Europa aus dem Alten Orient übernommen haben: man denke nur an die Stunde zu 60 Minuten und die Minute zu 60 Sekunden oder den Kreisbogen zu 6 x 60 = 360° und den Winkelgrad zu 60 Winkelminuten.

Die mesopotamischen Zahlen von 1 bis 9 wurden durch senkrechte (manchmal auch waagerechte) Keile geschrieben: ⊺ 1, ⊺⊺ 2, ⊺⊺⊺ 3, ... ⁑ 8, ⁂ 9. Für die Zahl 10 gab es ein eigenes Zeichen, das wir als „Winkelhaken" bezeichnen: ⟨. Die Zahlen von 11 bis 59 stellten Kompositionen der Zeichen für 10 und 1 bis 9 dar: ⟨⊺ 11 (10 + 1), ⟨⊺⊺ (10 + 2), ⟨⟨ 20 (10 + 10), ⟨⟨⟨ 30 (10+10+10), ⟨⟨⟨ ⊺ 31 (30 + 1) usw. Die Zahl 60 wurde aber nicht 10+10+10+10+10+10 notiert, sondern wieder mit demselben senkrechten Keil wie die Zahl 1 geschrieben: ⊺. Der Wert dieses Keils, nämlich 1 oder 60, ergab sich in zusammengesetzten Zahlen nur aus der Position, wobei links die Potenzen von 60 und rechts die Einer standen:

⊺ ⊺⊺   60 + 2   = 62
⊺⊺ ⊺   2 x 60 + 1   = 121
⊺⊺ ⊺ ⊺ 2 x 60^2 + 60 + 1   = 7261
⊺ ⟨   60 + 10   = 70

Dies ist vergleichbar mit dem Wert der Zahlen in unserem Dezimalsystem: bei der Zahl 21 hat die Ziffer 1 den Wert 1, in der Zahl 12 dagegen den Wert 10, in der Zahl 103 den Wert 100, in der Zahl 2,1 den Wert 1/10. usw. Anders als bei unseren Zahlen gab es im keilschriftlichen Sexagesimalsystem jedoch nie ein Komma und meist auch keine Null. Dies hatte zur Folge, dass ein und dieselbe keilschriftliche Zahl unterschiedliche Zahlenwerte ausdrücken konnte:

⊺ ⊺⊺ = 60^2 + 2 x 60 + 0   = 3720
        60^2 + 0 x 60 + 2   = 3602
        1 + 2/60 = 1 1/30   = 1,033333

Eindeutigkeit ließ sich nur durch Berücksichtigung des Kontextes erzielen. Der folgende Text spielte mit den unterschiedlichen Werten der Ziffern im Sexagesimalsystem:

---

44 Zum „Satz des Pythagoras" s. Kap. 6.1.2, S. 124.

> Er hatte 70 Jahre als Zahl ihres (der Stadt Babylons) Verlassenseins aufgeschrieben. Doch dann beruhigte sich der barmherzige Gott Marduk plötzlich wieder, er vertauschte oben nach unten die Ziffern und befahl ihre (Wieder)besiedlung nach 11 Jahren.

Text 6.12 Aus einer Inschrift des assyrischen Königs Aschur-acha-iddinas[45]

Die Stadt Babylon war im Jahr 689 v. Chr. vom assyrischen König Sin-ache-eriba (704–681 v. Chr.) zerstört worden, was in den assyrischen Inschriften als Auftrag des babylonischen Gottes Marduk dargestellt wurde. 679 begann Sin-ache-eribas Nachfolger Aschur-acha-iddina (680–669 v. Chr.) Babylons Wiederaufbau und stellt dies wieder als den Willen des Gottes Marduk dar, der die Ziffern der festgesetzten Zahl vertauschte: 𒁹 ‹ 60 + 10 = 70, aber ‹ 𒁹 10 + 1 = 11.

6.7. Zusammenfassung

- Das altorientalische Gelehrtentum kennt keine schriftlich formulierten Gesetzmäßigkeiten.
- Das altorientalische Gelehrtentum ist weitgehend anonym.
- Keilschriftliche lexikalische Listen sind Zeugnisse der ersten Philologie der Welt.
- Altorientalische Medizin basiert auf Empirie und Magie.
- Die Vorzeichenkunde war eine altorientalische gelehrte Disziplin; die wichtigsten Omentechniken waren die Eingeweideschau und die Astrologie.
- Unsere Tierkreiszeichen gehen auf die babylonischen zurück.
- Die altorientalische Mathematik basierte auf dem Sexagesimalsystem (Grundzahl 60); über die Vermittlung der Griechen gelangt es nach Europa (Kreisbogen zu 360 Grad, Stunde zu 60 Minuten).

6.8. Bibliografie zu Kapitel 6

- *Gelehrtentum allgemein:* Rochberg F. 2016: Before Nature. Cuneiform Knowledge and the History of Science. Chicago. – Van de Mieroop M. 2016: Philosophy before the Greeks. Princeton/Oxford. – Janowski B./ Schwemer D. 2020 (ed.): Texte zur Wissenskultur (= Texte aus der Umwelt des Alten Testaments, Neue Folge 9, Gütersloh) (*von verschiedenen Fachwissenschaftlern übersetzte Texte*).
- *Philologie:* Edzard D. O. 1957–1971: Grammatik, RlA 3, 610–616 (*Listen mit Verbalformen u. ä.*). – Cavigneaux A. 1980–83: Lexikalische Listen, RlA 6,

---

45 E. Leichty, The Royal Inscriptions of Esarhaddon, King of Assyria (680–669 BC) (= The Royal Inscriptions of the Neo-Assyrian Period Volume 4, Winona Lake 2011) 196 ii 2–9. – http://oracc.museum.upenn.edu/rinap/rinap4/corpus/ Esarhaddon 104.

609–641. – Veldhuis N. 2014: History of the Cuneiform Lexical Tradition (= Guides to the Mesopotamian Textual Record 6). – Veldhuis N.: http://oracc.museum.upenn.edu/dcclt/corpus (*Online-Edition lexikalischer Listen*). – Krebernik M.: Zur Entwicklung von Sprachbewusstsein im Alten Orient, in: C. Wilcke (ed.), Das geistige Erfassen der Welt im Alten Orient (Wiesbaden 2007) 39–61 (*u. a. zur Liste Nabnitu*).

- *Medizin*: Janowski B./Schwemer D. (ed.) 2010: Texte zur Heilkunde (= Texte aus der Umwelt des Alten Testaments, Neue Folge 5, Gütersloh) (*von verschiedenen Fachwissenschaftlern übersetzte Texte*). – Biggs R. D./Beckman G. 1990: Medizin, RlA 7, 623–631.
- *Astrologie/Astronomie*: Hunger H./Pingree D. 1999: Astral Sciences in Mesopotamia (= Handbuch der Orientalistik 44). – Rochberg F. 2004: The Heavenly Writing. Divination, Horoscopy, and Astronomy in Mesopotamian Culture. Cambridge. – Hunger H. 2011: Stern, Sternkunde, RlA 13, 150–161. – Hunger H. 2014: Tierkreis, RlA 14, 9f.
- *Omenkunde*: Maul S. M./Van den Hout T. 2003: Omina und Orakel, RlA 10, 45–90. – Maul S. M. 2013: Die Wahrsagekunst im Alten Orient. München.
- *Mathematik:* Friberg J. 1990: Mathematik, RlA 7, 531–585. – Robson E. 2008: Mathematics in Ancient Iraq. Princeton.

7. Die Altorientalistik und die Keilschrift[1]

Am Anfang der Schriftkunde steht der Keil.
Er ist nur Einer,
[seine Lesung(en) aber sind [sech]s.

„Examenstext A"[2]

Die Keilschrift war die unvorstellbar lange Zeit von 3.000 Jahren das wichtigste Schriftsystem des Alten Orients. Die meisten altorientalischen Sprachen wurden ausschließlich mit der Keilschrift geschrieben, auch wenn es neben ihr andere Schriften von lokal und/oder chronologisch begrenzter Bedeutung gab.[3] Die Keilschrift war daher eines der Charakteristika des Alten Orients und ist ein Definitionskriterium der Altorientalistik.[4] Um die Zeitenwende herum kam sie außer Gebrauch und ihre Kenntnis war anscheinend für viele Jahrhunderte vollkommen vergessen, so dass sie im 19. Jh. n. Chr. im Zuge der Wiederentdeckung des Alten Orients entziffert werden musste.[5] Für den Altorientalisten sind Kenntnisse der Keilschrift von grundlegender Bedeutung, denn die meisten und wichtigsten Quellen für die Rekonstruktion der altorientalischen Geschichte und Kultur sind Keilschrifttexte.[6] Bevor wir uns mit einigen Aspekten der Keilschrift befassen, lohnt es sich kurz darüber nachzudenken, was „Schrift" eigentlich ist.

7.1. Was ist Schrift?

Schrift ist ein Medium zur dauerhaften Aufzeichnung und zum Transport sprachlicher Kommunikation. Kommunikation kann zwar auch nichtsprachlich erfolgen (man denke an Zeichensprache, Verkehrsschilder und vieles mehr), allerdings ist Sprache das mit Abstand vielseitigste und wichtigste Kommunikationsmittel.

Viele Sprachen werden durch eigene Schriften geschrieben. Zum Chinesischen gehört die chinesische Schrift, zum Altgriechischen das griechische Alphabet, zur altägyptische Sprache gehören die ägyptischen Hieroglyphen. Letztere wurden nie für eine andere Sprache als das Altägyptische gebraucht. Es gibt jedoch viele Schriften, mit denen mehr als nur eine Sprache geschrieben wird. Das beste Beispiel ist dafür unsere eigene Schrift, mit der bereits

---

1 Die Kap. 7.2.2, 7.3, 7.6 und 7.7 folgen in Teilen wörtlich M. P. Streck, Keilschrift, in: M. P. Streck (ed.), Sprachen des Alten Orients (Darmstadt 2021) 16–30.
2 Å. W. Sjöberg, Zeitschrift für Assyriologie 64 (1974) 140: 12. Die Aussage bezieht sich auf den einzelnen senkrechten Keil, das Zeichen DIŠ, s. Sjöberg, ebd. S. 152.
3 Siehe Kap. 8.2, S. 164f. für einen Überblick über die altorientalischen Sprachen und die Schriftsysteme, in denen sie geschrieben wurden.
4 Zu den die Altorientalistik definierenden Charakteristika Keilschrift und Rollsiegel s. Kap. 1.1.3, S. 20f.
5 Zur Entzifferung der Keilschrift s. Kap. 1.2, S. 23f.
6 Zu Keilschrifttexten s. Kap. 9, S. 197f.

das antike Latein geschrieben wurde, von dem aus die Schrift auf zahlreiche Sprachen übertragen wurde: Deutsch, Englisch, Französisch, Italienisch, Spanisch, Dänisch, Finnisch und viele mehr. Die Sprachen sind unterschiedlich, die Schrift jedoch dieselbe (sieht man von ein paar Sonderzeichen ab, welche der Lateinschrift für manche Sprachen mit besonderen Lauten hinzugefügt wurden).

Genauso verhält es sich mit der Keilschrift: sie bleibt im Prinzip immer gleich, auch wenn im Verlauf der altorientalischen Geschichte ganz unterschiedliche Sprachen mit ihr geschrieben wurden.

7.2. Die Entstehung der Keilschrift

7.2.1. Die Keilschrift als Gedächtnisstütze

Die ältesten Keilschrifttexte datierten in die 2. Hälfte des 4. Jt. v. Chr. Sie wurden in der Stadt Uruk im südlichsten Mesopotamien gefunden, der alten Landschaft Sumer, in der die Sumerer lebten.[7] Uruk war damals die bevölkerungsreichste Siedlung des Alten Orients. Der bedeutendste Tempel der Stadt, E-ana, besaß ausgedehnte Ländereien, große Herden und zahlreiche Bedienstete. Seine immer komplexere Administration wurde durch die Schrift erleichtert: Die Verwalter mussten sich Einnahmen und Ausgaben, Rationen und Abgaben, Vorräte und Herden nicht mehr merken, sondern konnten sie mit Hilfe der Schrift dauerhaft aufzeichnen. Aus diesem Grund waren die früheste Textgattungen, soweit wir die archaischen Uruk-Texte verstehen, neben lexikalischen Listen für die Schreiberausbildung[8] Wirtschaftstexte.[9]

Uruk war nicht nur die Stadt der Schrifterfindung, sondern auch die Stadt, in der über 3.000 Jahre später der letzte datierte Keilschrifttext im Jahr 79/80 n. Chr. geschrieben wurde.[10] Damit war Uruk in einzigartiger und eigenartiger Weise mit der Keilschrift verbunden wie keine andere Stadt des Alten Orients.

7.2.2. Tonmarken als Vorläufer der Keilschrift

Die Idee, das Gedächtnis durch schriftliche Aufzeichnungen zu entlasten, fiel allerdings nicht plötzlich vom Himmel. Als Vorläufer der Keilschrift gelten vielmehr Tonmarken bzw. (auf Englisch) clay tokens, die dem Zählen von Tieren und Waren dienten und mit der Entstehung des Ackerbaus im neoli-

---

7 Es wird noch diskutiert, ob die ältesten Keilschrifttexte tatsächlich die sumerische Sprache wiedergaben oder eine andere Sprache; ersteres ist allerdings wahrscheinlicher, s. Kap. 8.3.4, S. 170.
8 Zu lexikalischen Listen s. Kap. 6.2, S. 128f.
9 Zur nach Uruk benannten „Uruk-Zeit" s. Kap. 2.3.1, S. 52.
10 Zum letzten Keilschrifttext s. Kap. 2.3.1, S. 56.

thischen Fruchtbaren Halbmond zu verbinden sind.[11] Dieses Zählsystem war von 7500 v. Chr. bis zum Ende des 4. Jt. v. Chr. im gesamten Vorderen Orient, von Anatolien im Westen über Syrien und Palästina bis Mesopotamien und Iran, in Gebrauch. Äußerlich lassen sich unterschiedliche Typen von Tonmarken differenzieren: Kegel, Kugel, Scheibe, Zylinder, Tetraeder, Rechteck, Dreieck und weitere Formen. Die Tonmarken wurden teilweise mit Linien oder Punkten versehen und waren in unterschiedlichen Größen vorhanden. Die Anzahl der Marken entsprach der Menge des gezählten Gutes: eine bestimmte Marke stand für ein bestimmtes gezähltes Gut.

Die Marken wurden in einer Tonbulle (Tonkugel) aufbewahrt. Teilweise wurden zusätzlich auf der Oberfläche der Bulle Zahlzeichen angebracht. Von hier war der Schritt zum Weglassen der Tonmarken und zur Beschränkung auf diese zunächst zusätzlich angebrachten Zeichen, vermehrt um Zeichen für das gezählte Gut selbst, nicht mehr weit: die Schrift, wie wir sie kennen, war geboren. Dass die Entwicklung von der Tonmarke zum ersten Schriftzeichen nicht nur hypothetisch ist, lässt sich daran ablesen, dass einige der ältesten Zeichen den früheren Tonmarken sehr ähnlich sahen und vermutlich von diesen abgeleitet waren.

7.3. Die Schreibtechnik der Keilschrift

7.3.1. Tontafel und Griffel

Keilschrift wurde auf und mit den überall im Alten Orient leicht verfügbaren Materialien Ton und Schilfrohrgriffel geschrieben. Der Ton wurde meist zu kleinen, kissenförmigen Tafeln geformt, die sumerisch *dub* genannt wurden; das Wort wurde in das Akkadische als *tuppu* und von dort in weitere altorientalische Sprachen entlehnt. Der Schreibgriffel hieß sumerisch *gi dub-ba*, akkadisch *qan tuppi*, wörtlich „Schilfrohr der Tafel". Er konnte aber auch aus Holz und Knochen bestehen.

Die Mehrheit von Tontafeln war rechteckig im Längs- oder Querformat. Ihre Größe variierte von ganz kleinen Stücken von 0,8 x 0,8 cm zu großen Texten bis zu 45 x 30 cm. Die mittlere Größe rechteckiger Tafeln war etwa 10 x 7 cm. Nicht nur die Größe der Tafeln, sondern auch die der Schrift variierte. Bei einem altbabylonischen Brief betrug die durchschnittliche Höhe der Keilschriftzeichen 4–5 mm. Es gab aber auch Tafeln mit kleineren Schriftzeichen.

Meist wurden Vorder- und Rückseite einer Keilschrifttafel beschrieben (Abbildung 7.1). Dabei wurde die Tafel normalerweise nicht wie eine Buchseite umgewendet, sondern um ihre untere Achse gedreht. Die Vorderseite der Tafel war gewöhnlich flach und die Rückseite leicht konvex. Der Grund dafür

---

11 Zum Ackerbau in Mesopotamien s. Kap. 3.5.1, S. 80f.

7. Die Altorientalistik und die Keilschrift

war vermutlich, dass der Schreiber, wenn er die Rückseite beschrieb, die Tafel auf die Vorderseite legte und dadurch etwas flach drückte; das galt besonders für große, schwere Tafeln. Der rechte Tafelrand wurde oft beschrieben, wenn die von links nach rechts beschriebene Zeile nicht ausreichte. Auch der untere und obere Rand konnten beschrieben werden. Größere Tafeln enthielten Kolumnen wie unsere Zeitungen, die auf der Vorderseite von links nach rechts, auf der Rückseite dagegen von rechts nach links angeordnet waren. Die Zahl der Kolumnen reichte von zwei, wie etwa häufig bei zweisprachigen lexikalischen Texten, bis zu Tafeln mit sechs und mehr Kolumnen pro Seite.

Abbildung 7.1: *Auf allen Seiten beschriebene Tontafel mit einem altbabylonischen (1. Hälfte des 2. Jt. v. Chr.) Brief. Originalgröße 7 x 4,7 x 2,5 cm. Die Schrift lief in von links nach rechts beschriebenen Zeilen. Der Text von 24 Zeilen begann auf der Vorderseite links oben. Nachdem die Vorderseite beschrieben war, wurden auf dem unteren Rand zwei Zeilen hinzugefügt. Dann wurde die Tafel um die untere Achse gedreht und auf der Rückseite erneut von links oben bis rechts unten beschrieben. Die abschließende Zeile befand sich am oberen Rand.*[12]

---

12 M. P. Streck (ed.), Leipziger Altorientalistische Studien 1 (2011) Text Nr. 49. Altorientalisches Institut der Universität Leipzig.

7.3.2. Die Änderung der Schriftrichtung

Eine bedeutende Entwicklung beim Beschreiben der Tontafel war die Änderung der Schriftrichtung im Verlauf des 3. Jt. v. Chr. Man hat beobachtet, dass die ältesten, noch bildhaften Formen mancher Keilschriftzeichen, etwa Fisch, Vogel, Rinderkopf, um 90° nach rechts gedreht werden müssen, damit die Bilder erkennbar sind.[13] Oder anders gesagt: die Zeichen wurden im Lauf der Schriftgeschichte aus ihrer ursprünglichen Position um 90° nach links gedreht. Bis etwa ins 24. Jh. v. Chr., dem Beginn der altakkadischen Periode,[14] wurde in Kästchen geschrieben, die von rechts nach links und in Zeilen untereinander angeordnet waren. Innerhalb der Kästchen war die Zeichenanordnung prinzipiell frei und folgte dem verfügbaren Platz.

Ab etwa dem 24. Jh. v. Chr. wurde der Text von links nach rechts gelesen und die Kästchen wurden zugunsten von Zeilen aufgegeben. Während auf Tontafeln der Wechsel der Schriftrichtung bereits im 24. Jh. v. Chr. erfolgte, konnten Monumente noch ein paar Jahrhunderte länger in der archaischen Schriftrichtung beschrieben und anscheinend auch gelesen werden. Berühmtes Beispiel dafür war der Kodex Hammu-rapi aus der Mitte des 18. Jh. v. Chr., in dem der Text senkrecht in von rechts nach links angeordneten Kolumnen angebracht war.[15] Der Grund für den Schriftrichtungswechsel dürfte in der Rechtshändigkeit der meisten Schreiber liegen: es war von Vorteil, wenn die Schreibhand nicht über die bereits beschriebene Fläche der Tafel wischte.

7.3.3. Worttrenner

Die Zeichen wurden in den Zeilen in der Reihenfolge ihrer Lesung geschrieben, allerdings meist ohne Worttrenner; nur in altassyrischen Texten kam ein kleiner senkrechter Keil als Worttrenner vor.

7.3.4. Vom Bild zum Keil

Während man im ältesten Stadium der Schrift den Griffel in den feuchten Ton ritzte und auf diese Weise noch vielfach bildhafte Zeichen erzielte,[16] ging man bald dazu über, den Griffel in den Ton zu drücken. Diese Technik war schneller als Ritzen und vermied die Entstehung von Tonwülsten vor dem Griffelkopf. Durch den Querschnitt des aus dem Rohr geschnittenen Griffels entstand so das typische keilförmige Grundelement der Keilschriftzeichen; das Wort für den einzelnen Keil im Sumerischen und Akkadischen, *santag* bzw. *santakku*, bedeutete in mathematischen Keilschrifttexten passenderweise Dreieck.

---

13 Siehe Kap. 7.3.4. mit Tabelle 7.1, S. 148 erste und vierte Spalte von links.
14 Siehe zur Periodisierung der altorientalischen Geschichte Kap. 2.3, S. 49f.
15 Zum Kodex Hammu-rapi s. Kap. 4, S. 87f. S. a. die Statue des Gudea Abbildung 9.1, S 211.
16 Siehe Tabelle 7.1, S. 148 erste Spalte von links.

7. Die Altorientalistik und die Keilschrift

Die Zeichen, die zu Beginn aus noch zahlreichen und in verschiedenen Richtungen angeordneten Keilen bestanden, wurden im Verlauf der Schriftentwicklung vereinfacht, wobei auch zahlreiche regionale Ausprägungen der Keilschrift entstanden. Die Veränderungen der Schriftzeichen im Lauf der Zeit (die „Paläographie") und auch ihre geografischen Varianten waren beträchtlich. Sie werden von der Altorientalistik in Zeichenlisten dokumentiert. Die folgende Tabelle zeigt einige wenige Beispiele für die Entwicklung der Keilschriftzeichen:

Bildhaftes Zeichen	*Bildinhalt*	*Sumerische Lesung*	*Zeichen um 90 °gedreht*	*Zeichenform des Kodex Hammu-rapi (Mitte 18. Jh. v. Chr.)*	*Altbabylonische kursive Zeichenform (1. Hälfte 2. Jt. v. Chr.)*	*Neuassyrische Zeichenform (1. Jt. v. Chr.)*
	Vogel	mušen				
	Eselskopf	anše				
	Aufgehende Sonne	ud				
	Sprießende Pflanzen	kiri₆				
	Wurfholz	šub				

Tabelle 7.1: Die Entwicklung der Keilschriftzeichen

7.3.5. Andere Schriftträger aus Ton

Neben Tontafeln gibt es auch andere Schriftträger aus Ton. Mengenmäßig am bedeutendsten waren Ziegel, auf denen eine kurze Bauinschrift entweder per Hand, überwiegend aber per Ziegelstempel angebracht wurde. Für monumentale Texte, für lexikalische Texte und auch für manche literarische Texte gab es große Tonzylinder oder Tonprismen, die öffentlich zur Schau gestellt waren. Tonnägel enthalten in der Hauptsache Bauinschriften; sie wurden in die Mauer eingelassen und dokumentierten die Übereignung des Gebäudes durch den Herrscher an die Gottheit.

7.3.6. Schriftträger aus anderen Materialien

Der an der Luft getrocknete Ton war ein unverwüstlicher Beschreibstoff. Er ist der Grund dafür, dass aus dem Alten Orient im Gegensatz zu manchen anderen alten Schriftkulturen mit anderen Beschreibunterlagen eine große Fülle von Original-Schriftzeugnissen überliefert ist. Noch dauerhafter waren gebrannte Tafeln, die als Gründungsbeigaben oder für offizielle Bibliotheken bestimmt waren. Manche Tontafeln wurden auch durch eine Feuersbrunst sekundär gebrannt.

Neben Ton gab es allerdings auch andere Schriftträger. Wachsbeschichtete Holz- oder Elfenbeintafeln (Akkadisch *lē'u*) waren seit dem Ende des 3. Jt. v. Chr. in den Keilschrifttexten belegt, zunächst allerdings eher spärlich, was mit der geringen Verfügbarkeit von Bienenwachs zusammenhängen dürfte. In Mode kamen sie seit dem Ende des 2. Jt. v. Chr., sind jedoch aufgrund des ungünstigen Klimas Mesopotamiens, in dem sich organische Materialien schlecht über die Jahrtausende erhalten, nur in kärglichen Resten bei Ausgrabungen wiederentdeckt worden. Es ist anzunehmen, dass auf Wachstafeln teilweise andere Texte geschrieben wurden als auf Tontafeln; für Rechtsurkunden[17] waren sie etwa weniger geeignet, da der Text auf einer Wachstafel leichter nachträglich geändert werden konnte als auf einer Tontafel. Erwähnt sind in den Keilschrifttexten z. B. Wachstafeln mit umfangreichen literarischen Texten wie etwa dem Astrologenhandbuch *Enūma Anu Enlil*[18] oder Abschnitten des Gilga-mesch-Epos;[19] andere enthielten Teile der Korrespondenz der assyrischen Könige mit babylonischen Gelehrten (7. Jh. v. Chr.) oder administrative Texte (ab dem 6. Jh. v. Chr.).

Ein weiterer Beschreibstoff war Stein. Könige ließen Inschriften an Felswänden anbringen. Landschenkungsurkunden wurden auf steinerne Stelen gemeißelt. Statuen, Reliefs, Türangelsteine, Gewichte, Weihplatten und Gefäße wurden beschriftet. Die Schriftform auf Steinmaterialien wich in der Regel von der Form auf Tontafeln ab und war weniger kursiv. Steininschriften wurden wohl von schriftunkundigen Steinmetzen geschrieben, die nach Vorlage arbeiteten.

Selten waren Inschriften auf Metall wie etwa metallene Tafeln für Königsinschriften oder Staatsverträge, Waffen oder Bronzestatuen.

7.4. Wie wurde Keilschrift im Alten Orient gelernt?

7.4.1. Die mesopotamische Schreiberausbildung

Die Ausbildung zum Schreiber erfolgte wie bei Handwerksberufen entweder im Hause eines Schreibermeisters, der seinen eigenen Sohn und gelegentlich auch die Söhne anderer Leute unterrichtete, oder in einer dem Palast oder Tempel angegliederten Verwaltungseinheit, die auf sumerisch *é-dub-ba-a* „Haus, in dem Tafeln zugeteilt werden", auf akkadisch einfacher *bit tuppim* „Tafelhaus" hieß. Wir assoziieren mit diesen Begriffen meist das deutsche Wort „Schule". Es gab jedoch weder eine allgemeine Schulpflicht für alle

---

17 Zu Rechtsurkunden s. Kap. 9.3.2, S. 202f.
18 Zu diesem Handbuch s. Kap. 6.4.1, S. 134f.
19 Zum Gilga-mesch-Epos s. Kap. 10, S. 245f.

Kinder noch ein spezielles Schulgebäude, weshalb man besser von „Schreiberausbildung" spricht.

Dass der Schreiberberuf wie andere Berufe auch oft vom Vater auf den Sohn vererbt wurde, zeigte etwa ein neuassyrischer Brief an den König Aschur-acha-iddina (680–669 v. Chr.), in dem ein babylonischer Astrologe des Königs seinen Herrn auf einen jungen Schreiber aufmerksam machte:

> Der Herr der Könige möge ... hören, was er zu sagen hat. [We]il er ein tüchti[ger] Schreiber ist, [desh]alb soll man ihm die 2 Schreibgriffel seines Vaters aushändigen. Der Herr der Könige möge den Oberschreiber [fragen(?)] ... [Wenn es dem König], meinem Herrn genehm ist, soll man ihm das Amt des Schreibers des Hauses [gebe]n und der König [soll] ihn mit dem Dienst [betrauen].

Text 7.1: Ein fähiger Schreiber[20]

7.4.2. Das Curriculum in der mesopotamischen Schreiberausbildung

Für das 3. und frühe 2. Jt. v. Chr. wurde der folgende Ausbildungsbetrieb rekonstruiert. Bei Eintritt in die Schreiberausbildung war der Schüler fünf oder sechs Jahre, beim Verlassen 14 oder 15 Jahre alt. Der Unterricht dauerte vom Morgen bis in den Nachmittag. Bei der Ausbildung herrschte Disziplin: Schläge und Fesseln drohten dem Schüler, der zu spät kam oder seine Aufgaben schlecht erledigt hatte. Dass dies öfter vorkam, zeigen Schülertafeln, die nicht fertig geschrieben oder in derartig schlechter Schrift abgefasst waren, dass der Lehrer die Schreibübung abbrach.

Die Ausbildungszeit war in drei Abschnitte gegliedert, den „Elementarunterricht", die „Oberstufe" und die „Famulatur". Für den „Elementarunterricht" wurden linsenförmige Tafeln gebraucht, die der kindlichen Hand gut angepasst waren. Auf diese Tafeln schrieben die Lehrer vor oder diktierten, was die Schüler dann darunter oder auf der Rückseite nachschreiben mussten. Der Unterricht begann mit den einfachen Keilen, aus denen die Keilschriftzeichen zusammengesetzt waren; dies war der „Anfang der Schreibkunst", wie es in einem keilschriftlichen literarischen Text heißt.[21] Es folgten einzelne Silbenzeichen, die dann mit anderen kombiniert wurden. Anschließend lernte man Personen- und Wörterlisten.[22] Höchsten Stellenwert besaß neben dem Schreiben die Erlernung der sumerischen Sprache, die für die Schreiber ab der 1. Hälfte des 2. Jt. v. Chr. eine tote Fremdsprache war.[23] Zum Curriculum

---

20 S. Parpola, State Archives of Assyria 10 (Helsinki 1993) 116 r. 3–10. Vgl. K. Radner, State Archives of Assyria, Studies 6 (Helsinki 1997) 87.
21 Zu diesem Text s. das Motto dieses Kapitels, S. 143.
22 Zu den Wörterlisten, den lexikalischen Listen, s. Kap. 6.2, S. 128f. und 9.5.1, S. 216f.
23 Zum Sumerischen s. Kap. 8.3, S. 167f., zu seinem Aussterben und der Weiterverwendung als Sprache von Gelehrtentum und Kult Kap. 8.3.4, S. 171.

gehörte u. a. auch Mathematik,[24] die Kenntnis von Formularen verschiedener Rechtsurkunden,[25] Sprichwörter und seltsamerweise auch Beleidigungen. Alle diese Stoffe wurden auswendig gelernt.

Die „Oberstufe" in der Schreiberausbildung wurde nur von dem Teil der Schüler besucht, der für den höheren Verwaltungsdienst vorgesehen war. Einfache Schreiber konnten bereits nach dem Elementarunterricht eine „Famulatur" antreten. In der Oberstufe wurden bestimmte sumerische, selten auch akkadische Texte in bestimmter Reihenfolge durchgenommen, d. h. auswendig gelernt. Dazu gehörten neben literarischen Kompositionen auch Briefe, Verwaltungstexte und Rechtsurkunden.

In der „Famulatur" lernte der Schüler, seine theoretisch erworbenen Kenntnisse unter Anleitung eines ausgebildeten Schreibers praktisch anzuwenden. Hier erwarb er alle Spezialkenntnisse, um einen bestimmten Beruf auszuüben. Die Schreiberausbildung wurde mit einer Prüfung im Kreise mehrerer Gelehrter abgeschlossen.

Für die Schreiberausbildung im 1. Jt. v. Chr. wurde ein Curriculum rekonstruiert, das mit Übungen zum Umgang mit Schriftträgern und Schreibgerät begann, dann über zwei Ausbildungsstufen führte und mit einer Fachausbildung zum Beschwörer, Klagepriester, Musiker, Omenkundigen, Mathematiker, Astrologen/Astronomen oder zum Schreiber von Wirtschaftstexten und Rechtsurkunden endete. Das Sumerische spielte nun keine so große Rolle mehr wie früher. Im British Museum in London fand sich jedoch ein neubabylonischer Schultext,[26] dessen erste beiden Kolumnen das aramäische Alphabet[27] in Keilschrift gaben, was auf die Erlernung des Aramäischen und des Alphabets in der babylonischen Schule hinweist. Eine didaktische Errungenschaft dieser Periode war die Einteilung der oft langen Texte, die der Schreiberschüler zu schreiben und auswendig zu lernen hatte, in kurze Abschnitte; diese begannen mit nur drei Zeilen und wurden dann mit fortschreitendem Alter des Schülers immer länger.

---

24 Zur altorientalischen Mathematik s. Kap. 6.6, S. 139f.
25 Zu Rechtsurkunden s. Kap. 9.3.2, S. 202f.
26 F. Moore Cross/J. Huehnergard, The Alphabet on a Late Babylonian Cuneiform School Tablet, Orientalia 72 (2003) 223–228.
27 Zum Alphabet s. Kap. 8.8, S. 188f.

7. Die Altorientalistik und die Keilschrift

7.5. Welchen Stellenwert besaß Schriftkundigkeit in der mesopotamischen Kultur?

7.5.1. Die Wertschätzung der Schreibkunst unter Gelehrten

Literarische Texte rühmten die Schriftkundigkeit. Ein altbabylonisches Rätsel lautete:

> Ein Haus, das Fundament wie der Himmel fest gegründet. Ein Haus, das einer wie einen Tafelbehälter mit einem Leintuch bedeckt hat … Blind trat einer ein, mit geöffnetem Auge kam er heraus. Die Lösung: Das Haus, in dem die Tafeln zugeteilt werden.

Text 7.2: Das Haus, in dem die Tafeln zugeteilt werden[28]

Die Schreibkunst machte aus Blinden Sehende. Eine solche Aussage, der gelehrten Sphäre angehörig, verdeutlicht, dass im Alten Orient Gelehrtentum[29] und Schriftkundigkeit untrennbar miteinander verknüpft waren.

7.5.2. Die Schriftbeherrschung von Königen

Selten rühmten sich Könige ihrer Schriftbeherrschung. Schul-gi, der zweite König der 3. Dynastie von Ur (2084–2037 v. Chr.), behauptete von sich, Schreiben und Mathematik gelernt zu haben:

> Als ich klein war, war ich im Haus, in dem die Tafeln zugeteilt werden. Dort habe ich auf den Tafeln von Sumer und Akkad die Schreibkunst gelernt. Keiner der Bürger beschrieb den Ton so (gut) wie ich … Subtrahieren, Addieren, Zählen, Abrechnung vollendete ich. Die schöne Nan-ibgal und Nissaba (zwei Namen der sumerischen Schreibergöttin) haben mir Verstand und Einsicht großzügig verliehen. Ich bin ein erfahrener Schreiber, der nichts vernachlässigt.

Text 7.3: Schul-gis Schreibkunst[30]

1400 Jahre später brüstete sich in ähnlicher Weise der assyrische König Aschur-bani-apli (668–631? v. Chr.), dem wir eine umfangreiche Bibliothek von Keilschrifttafeln verdanken:

---

28 M. Civil, Aula Orientalis 5 (1987) 19f. Vgl. K. Volk, Zeitschrift für Assyriologie 90 (2000) 1.
29 Zum altorientalischen Gelehrtentum s. Kap. 6, S. 123f.
30 Schulgi B 13–20. Online unter https://etcsl.orinst.ox.ac.uk no. 2.4.2.2.

> Nabu, der Schreiber von Allem, hat mir das Erlernen seiner Weisheit geschenkt. Das Werk des Weisen Adapa, das verborgene Geheimnis der gesamten Schreibkunst habe ich gelernt. Ich kenne die Vorzeichen von Himmel und Erde, diskutiere sie in der Versammlung der Gelehrten ... Ich löse komplexe Kalkulationen, die keine offensichtliche Lösung haben. Ich habe kunstvolle Tafeln gelesen, deren Sumerisch dunkel, deren Akkadisch schwer zu interpretieren ist. Ich habe die Schriftzeichen in Stein von vor der Sintflut geprüft.

Text 7.4: Aschur-bani-aplis Schreibkunst[31]

Aschur-bani-apli beherrschte das Schreiben in den beiden Sprachen Sumerisch und Akkadisch. Uralte Texte, älter als die Sintflut, konnte er lesen. Er verstand sich auf die gelehrten Disziplinen der Vorzeichenkunde[32] und Mathematik.[33] Damit war er weise wie Nabu, der Schreibergott, und wie Adapa, einer der mythischen Weisen Mesopotamiens.

Aussagen wie die von Schul-gi und Aschur-bani-apli waren nicht ganz ohne weitere Parallelen, aber dennoch nicht weit verbreitet, weshalb sie wohl der Wahrheit entsprachen. Die meisten Könige schwiegen jedoch über die Frage, ob sie lesen und schreiben konnten. Sie mussten es ja auch nicht, denn sie hatten professionelle Schreiber, die das mühsame Geschäft des Lesens und Schreibens für sie erledigten. Ähnliches galt wahrscheinlich auch für viele hohe Beamte.

7.5.3. Literalität in Mesopotamien

Die Literalität der nicht-gelehrten und nicht-königlichen Bevölkerung außerhalb der Institutionen von Tempel und Palast ist schwer einzuschätzen. Man hat argumentiert, dass die städtische Oberschicht die für ihren Beruf, z. B. den Handel, notwendige Korrespondenz und administrativen Texte selbst lesen und in geringerem Maß auch schreiben konnte. Dies würde erklären, warum z. B. die Korrespondenz der altassyrischen Kaufleute mit besonders wenigen Schriftzeichen auskam. Weite Teile der Bevölkerung, die nicht dieser städtischen Oberschicht angehörten, waren jedoch nicht schriftkundig. Sie konnten im Bedarfsfall die Dienste professioneller Schreiber in Anspruch nehmen.

7.6. Die Zeichentypen der Keilschrift und die Zahl der Keilschriftzeichen

Die voll entwickelte Keilschrift besaß drei verschiedene Zeichentypen: Logogramme, Phonogramme und Determinative.

---

31 State Archives of Assyria, Cuneiform Texts 10, 18: 16–23; K. Volk, Saeculum 47 (1996) 209f.
32 Zur Vorzeichenkunde s. Kap. 6.5, S. 137f.
33 Zur Mathematik s. Kap. 6.6, S. 139f.

7.6.1. Logogramme

Logogramme, auch Wortzeichen oder Ideogramme genannt, standen für ein Wort oder mehrere Wörter aus demselben semantischen Feld. So stand z. B. das Zeichen ⸗ (konventioneller Zeichenname AN, hier in Großbuchstaben wiedergegeben) für die Begriffe „Himmel", „Himmelsgott" und „Gott". Welcher Begriff gemeint war, ergab sich nur aus dem Kontext.

Logogramme waren sprachunabhängig und je nach Sprache des Schreibers unterschiedlich zu lesen: ⸗ (AN) für „Gott" war in einem sumerischen Text *dingir*, in einem akkadischen Text *ilu*, in einem hethitischen Text *šiu(ni)*- usw. zu lesen. Die in akkadischen Texten vorkommenden Logogramme waren fast alle aus dem Sumerischen übernommen, weshalb man auch von Sumerogrammen spricht. Das Hethitische kannte neben Sumerogrammen auch Akkadogramme, syllabisch geschriebene akkadische Wörter, die in einem hethitischen Text hethitisch zu lesen waren: z. B. die Zeichenfolge ⸗ ⸗ BE-EL (akkadisch *bēl* „Herr von") stand in einem hethitischen Text für das Wort *išḫā*- „Herr".

7.6.2. Phonogramme

Phonogramme, auch Lautzeichen oder Syllabogramme genannt, standen für Silben oder Vokale. So stand z. B. das Zeichen ⸗ (NA) für die Silbe *na*, das Zeichen ⸗ (UM) für die Silbe (ʾ)*um*, das Zeichen ⸗ (A) für den Vokal *a*.

Die älteste Gruppe von keilschriftlichen Phonogrammen wurde durch phonetische Abstraktion (Rebusprinzip genannt) aus sumerischen Lesungen der Logogramme abgeleitet: so wurde z. B. der Lautwert *a* des Zeichens ⸗ (A) aus dem sumerischen Wort (ʾ)*a* „Wasser" gewonnen, der Lautwert *kur* des Zeichens ⸗ (KUR) aus dem sumerischen Wort *kur* „Berg, Land".

Eine zweite, jüngere Gruppe von Phonogrammen wurde aus den akkadischen Lesungen der Logogramme abgeleitet: das Zeichen ⸗ (KUR) wurde akkadisch *šadû* „Berg" oder *mātu* „Land" gelesen. Daraus entwickelten sich die Lautwerte *šad* und *mat*.

Viele Keilschriftzeichen vereinten so im Lauf der Zeit mehrere Lautwerte unterschiedlicher Herkunft auf sich, wie das Zeichen ⸗ (KUR), das je nach Kontext die Lautwerte *kur*, *mat* oder *šat* (und noch weitere) besaß.

Bei der Übertragung der Keilschrift auf weitere Sprachen wurden meist die aus dem Sumerischen und Akkadischen stammenden Lautwerte der Zeichen weiter verwendet und nur vereinzelt neue Lautwerte entwickelt, wie im Falle des Zeichens ⸗ (GEŠTIN) „Wein", dessen hethitische Lesung *wiyanaš* ist, woraus der in hethitischen Texten gebräuchliche Lautwert wi_5 abgeleitet wurde, oder der Lautwert *mak* des Zeichens ⸗ (KUR) in der elamischen Keilschrift.

7.6.3. Determinative

Determinative, auch Deutezeichen genannt, standen vor oder nach einem meist logographisch geschriebenen Wort und kennzeichneten es entweder als zu einem bestimmten Wortfeld gehörig oder als im Plural stehend. So stand z. B. das Zeichen 𒀭 (AN) auch als Determinativ vor Götternamen, wie in 𒀭𒂗𒆠 d*En-ki* „Gott Enki", oder das Zeichen 𒈨𒌍 (MEŠ) nach Wörtern im Plural: 𒈗𒈨𒌍 LUGAL^meš „Könige". Determinative waren nur graphische Hinweise auf die Lesung und wurden nicht mitgesprochen, weshalb sie in der lateinischen Umschrift der Altorientalistik[34] gerne hochgestellt werden.

Determinative, die die Zugehörigkeit zu einem Wortfeld kennzeichneten, gab es für verschiedene Typen von Eigennamen (männliche und weibliche Personennamen, Götternamen, Ortsnamen, Ländernamen, Flussnamen, Sternnamen), Tiere (Vögel, Fische), Pflanzen (Bäume, Schilfrohr, wilde Pflanzen, Gartenpflanzen, Aromata) und die wichtigsten Materialien sowie die aus ihnen gefertigten Gegenstände (Stein, Kupfer, Bronze, Ton, Stoff).

7.6.4. Die Polyphonie der Keilschrift

Die meisten Zeichen waren gleichzeitig Logogramm, Phonogramm und mitunter auch Determinativ. So stand z. B. das Zeichen 𒀀 (A) als Logogramm für das Wort *a* (sumerisch) bzw. *mû* (akkadisch) „Wasser" und als Phonogramm für den Vokal *a*, das Zeichen 𒆠 (KI) als Logogramm für das Wort *ki* (sumerisch) bzw. *erṣetu* (akkadisch) „Erde", als Phonogramm für die Silbe *ki* und als Determinativ ^ki nach Ortsnamen. Berücksichtigt man zudem, dass viele Zeichen nicht nur je eine logographische und phonographische Lesung besaßen, sondern mehrere, ergab sich ein kompliziertes Schriftsystem; die Keilschrift wird daher als polyphones („viellautiges") Schriftsystem bezeichnet, in dem ein Zeichen viele mögliche Lesungen besaß.

Doch trügt dieses Bild zum Teil: die Altorientalistik überblickt ja sämtliche Sprachen, Textperioden, Regionen und Textgenres zugleich. Die Sprache, die Zeit, der Ort und das Genre des Textes reduzierten die Komplexität des Schriftsystems im konkreten Fall beträchtlich. Außerdem gab auch der Kontext des Zeichens Hinweise auf seine richtige Lesung. Die richtige phonographische Lesung des Zeichens 𒆳 (KUR) in einem akkadischen Text konnte wie im folgenden Beispiel näher bestimmt werden: die Zeichenfolge 𒆳𒊒 konnte nur sinnvoll *kur-ru* „Kor (ein Hohlmaß)" gelesen werden, eine Lesung *mat-ru* oder *šad-ru* ergab dagegen keinen Sinn.

---

34 Zur altorientalistischen Umschrift s. Kap. 7.7, S. 156f.

7.6.5. Die Zahl der Keilschriftzeichen

Die verschiedenen Zeichenwerte und die äußeren Zeichenformen erfasst die Altorientalistik in Zeichenlisten. Sie gehören zu den grundlegenden Arbeitsmitteln jedes Studierenden der Altorientalistik. Die am weitesten verbreitete Zeichenliste von R. Borger[35] verzeichnet 907 akkadische Zeichen. Das ist der Gesamtbestand für alle Zeiten und Perioden. Schließt man die sumerischen Zeichen mit ein, liegt die Zahl noch etwas höher, aber nicht sehr weit über 1.000. Im 2. und 1. Jt. v. Chr. reduzierte sich die Gesamtzahl auf etwa 600 Zeichen. Allerdings verteilten sich diese Zeichen auf verschiedene Perioden, Regionen und vor allem Textgenres. Im konkreten Fall brauchte man viel weniger Zeichen: ein altbabylonischer Brief etwa kam mit ca. 110 Silbenzeichen und knapp 60 Logogrammen, also insgesamt ca. 170 Zeichen aus.

7.7. Die Publikation von Keilschrifttexten

Altorientalisten verwenden bei der Publikation von Keilschrifttexten zwei Techniken: die bildliche Wiedergabe der Keilschrift und die Umschrift der Keilschrift in Lateinbuchstaben.

7.7.1. Die bildliche Wiedergabe von Keilschrifttexten

Die bildliche Wiedergabe der Keilschrift erfolgt meist entweder im Foto und/oder in der Autografie bzw. Handkopie. Digitale Fotografie erleichtert nicht nur das Arbeiten an den Texten, sondern ist auch eine effektive Methode der Publikation im Internet; verschiedene Webseiten von Museen und Universitäten stellen neben Textbearbeitungen digitale Fotos zahlreicher Keilschrifttexte online.[36] Von Hand angefertigte Autographien oder Kopien bieten eine möglichst originalgetreue zweidimensionale Wiedergabe der dreidimensionalen Keilschrift.

7.7.2. Die Lateinumschrift von Keilschrifttexten

Die Polyphonie der Keilschriftzeichen führte seit Beginn der ersten Editionen von Keilschrifttexten in der Mitte des 19. Jh. n. Chr. dazu, Keilschrift in Lateinschrift zu umschreiben, um zu verdeutlichen, welche Lesung der wissenschaftliche Bearbeiter annimmt. Dabei unterscheidet man zwischen Transliteration und (gebundener) Transkription.

Die besonders in Texteditionen verwendete Transliteration gibt Zeichen für Zeichen den Keilschrifttext wieder. Zu einem Wort gehörige Zeichen werden durch Bindestriche (manchmal auch durch Punkte) miteinander verbunden.

---

35 Mesopotamisches Zeichenlexikon (= Alter Orient und Altes Testament 305, Münster 2010).
36 Siehe zu Webseiten mit digitalen Photos von Keilschrifttexten die Bibliographie in Kap. 9.9.

So wird z. B. die akkadische, phonographische Zeichenfolge 𒁹 𒀭 𒌝 mit den Kleinbuchstaben *i-lu-um* „Gott" transliteriert. Man differenziert Keilschriftzeichen gleichen phonographischen Wertes durch Akzente oder Indizes, damit die Transliteration genaue Information über das im Keilschrifttext gebrauchte Zeichen enthält. So gibt es z. B. für den Vokal /u/ die drei unterschiedlichen Keilschriftzeichen 𒌋, 𒌑 oder 𒅇, die mit *u* (= u_1), *ú* (= u_2) und *ù* (= u_3) transliteriert werden.

Logogramme werden je nach Sprache unterschiedlich transliteriert. In sumerischen Texten werden die meist logographisch geschriebenen Wortbasen[37] wie phonographische Zeichen mit Kleinbuchstaben wiedergegeben: 𒈗 𒂊 𒉈 *lugal-e-ne* "Könige" statt LUGAL-*e-ne*. In akkadischen Texten dagegen erscheinen Logogramme in Großbuchstaben oder Kapitälchen mit ihrer sumerischen Lesung: 𒈗 wird LUGAL transliteriert, zu lesen als akkadisch *šar-ru* „König". Akkadogramme in hethitischen Texten[38] werden mit kursiven Großbuchstaben oder Kapitälchen transliteriert, z. B. 𒁁 𒂖 = *BE-EL* (von akkadisch *bēl(u)* „Herr") mit der hethitischen Lesung *išḫā-*.

Determinative schließlich werden in der Transliteration ebenfalls mit der sumerischen Lesung hochgestellt (manchmal auch auf derselben Zeilenhöhe mit Trennungspunkt): 𒀭 𒎌 DINGIR^meš oder DINGIR.MEŠ mit der Lesung *ilū* „Götter".

Die Transkription oder gebundene Umschrift ist eine phonemische Rekonstruktion, d. h. eine Wiedergabe der Lautgestalt des Wortes (wenn auch nicht immer der ganz genauen Aussprache) unabhängig davon, wie es im Keilschrifttext geschrieben wird. Die Transkription wird vor allem in der Grammatik und im Lexikon gebraucht. Die akkadische Zeichenfolge 𒁹 𒀭 𒌝 (Transliteration *i-lu-um*) wird *ilum* „Gott" transkribiert. Die Transkription enthält auch Informationen über Vokallängen und Doppelkonsonanzen, die keilschriftlich nicht immer notiert werden: so wird der akkadische Plural 𒁹 𒀭 (Transliteration *i-lu*) *ilū* „Götter" mit einem die Vokallänge bezeichnenden Strich über dem *u* transkribiert, und die akkadische Verbalform 𒄷 𒋛 𒅖 (Transliteration *ḫu-sí-is*) erscheint in Transkription als *ḫussis* „denk nach!" mit Doppel-*ss*.

7.8. Zusammenfassung

- Die Keilschrift war das wichtigste Schriftsystem des Alten Orients.
- Mehrere unterschiedliche Sprachen wurden in Keilschrift geschrieben.
- Das primäre Schreibmaterial waren Tontafel und Schilfrohrgriffel.
- Die Schriftzeichen entwickelten sich vom Bild zum Keil.

---

37 Zur Schreibung des Sumerischen s. Kap. 8.3.5, S. 172.
38 Zu Akkadogrammen s. Kap. 7.6.1, S. 154.

- Es gab keine mesopotamische „Schule", sondern eine Schreiberausbildung wie bei Handwerksberufen.
- Lese- und Schreibkenntnisse waren wenig verbreitet.
- Die Keilschrift kannte die Zeichentypen Logogramme (Wortzeichen), Phonogramme (Silben- und Vokalzeichen) und Determinative (Deutezeichen).
- Insgesamt gab es ca. 1000 verschiedene Keilschriftzeichen.
- Die Altorientalistik transkribiert Keilschrift in Lateinschrift.

7.9. Bibliografie

- *Keilschrift allgemein*: Walker C. B. F. 1990: Cuneiform, in: Reading the Past. Ancient Writing from Cuneiform to the Alphabet (Berkeley) 14–73. – Wilcke C. 1994: Die Keilschriftkulturen des Vorderen Orients, in: H. Günther/O. Ludwig (ed.), Schrift und Schriftlichkeit 1/1 (Berlin/New York) 491–503. – Krebernik M./Nissen H. 1994: Die sumerisch-akkadische Keilschrift, in: H. Günther/O. Ludwig (ed.), Schrift und Schriftlichkeit 1/1 (Berlin/New York) 274–288. – Streck M. P. 2021: Keilschrift, in: M. P. Streck (ed.), Sprachen des Alten Orients (Darmstadt) 16–30.
- *Vorläufer der Keilschrift*: Schmandt-Besserat D. 1992: Before Writing. Austin. – Schmandt-Besserat 2014 Token: RlA 14, 87–89.
- *Aussterben der Keilschrift*: Geller M. 1997: The Last Wedge, Zeitschrift für Assyriologie 87, 43–95.
- *Schreibtechnik und Paläografie:* Edzard D. O. 1976–80: Keilschrift, RlA, 544–568. – Powell M. A. 1981: Three Problems in the History of Cuneiform Writing: Origins, Direction of Script, Literacy, Visible Language 15/4, 419–440. – Volk K. 2009: Schreibgriffel, RlA 12, 280–286. – Volk K./Seidl U./Waal W. J. I. 2016: Wachstafel, RlA Bd. 14, 609–614. – Sallaberger W. 2014: Ton. A. Philologisch, RlA 14, 89–91. – Walker C. B. F./Beckman G. 2014: Tontafel, Tontafelhülle, RlA 14, 101–106.
- *Schreiberausbildung:* Waetzoldt H. 1989: Der Schreiber als Lehrer in Mesopotamien, in: J. G. Prinz von Hohenzollern/M. Liedtke (ed.), Schreiber, Magister, Lehrer. Zur Geschichte und Funktion eines Berufsstandes (= Schriftenreihe zum Bayerischen Schulmuseum Ichenhausen 8, Bad Heilbrunn) 33–50. – Gesche P. D. 2000: Schulunterricht in Babylonien im ersten Jahrtausend v. Chr. (= Alter Orient und Altes Testament 275). Münster. – Volk K. 1996: Methoden altmesopotamischer Erziehung nach Quellen der altbabylonischen Zeit, Saeculum 47, 178–216. – Volk K. 2000: Edubba'a und Edubba'a-Literatur: Rätsel und Lösungen, Zeitschrift für Assyriologie 90, 1–30. – Waetzoldt H./Charpin D./ Hunger H./Van den Hout T. 2009: Schreiber, RlA 12, 250–280. – Waetzoldt H./Cavigneaux A. 2009: Schule, RlA 12, 294–309.

- *Literalität*: Radner K. 1997: Die neuassyrischen Privatrechtsurkunden als Quelle für Mensch und Umwelt (= State Archives of Assyria, Studies 6, Helsinki) 83–85. – Wilcke C. 2000: Wer las und schrieb in Babylonien und Assyrien. Überlegungen zur Literalität im Alten Zweistromland (= Bayerische Akademie der Wissenschaften, Philologisch-Historische Klasse, Sitzungsberichte 6). München. – Charpin D. 2004: Lire et écrire en Mésopotamie: une affaire de spécialistes?, Comptes rendus de l'Académie des Inscriptions et Belles Lettres 481–501. – Veldhuis N. 2011: Levels of Literacy, in: K. Radner/E. Robson (ed.), The Oxford Handbook of Cuneiform Culture (Oxford) 68–89. – Frahm E. 2011: Keeping Company with Men of Learning: The King as Scholar, in: K. Radner/E. Robson (ed.), The Oxford Handbook of Cuneiform Culture (Oxford) 508–556.
- *Zeichenlisten*: von Soden W./Röllig W. ^{4}1991: Das akkadische Syllabar (= Analecta Orientalia 42). Rom. – Borger R. 2010: Mesopotamisches Zeichenlexikon (= Alter Orient und Altes Testament 305). Münster. – Rüster C./Neu E. 1989: Hethitisches Zeichenlexikon (= Studien zu den Boghazköy-Texten Beiheft 2). Wiesbaden. – Stève M.-J.1992: Syllabaire élamite: histoire et paléographie. Neuchâtel/Paris.
- *Digitale Fotos von Keilschrifttafeln:* Webseite des British Museum: https://www.britishmuseum.org/collection – Cuneiform Digital Library Initiative: https://cdli.mpiwg-berlin.mpg.de. – Hethithologie Portal Mainz. https://www.hethport.uni-wuerzburg.de/HPM/index.php – Sources of Early Akkadian Literature: https://seal.huji.ac.il.

8. Die Altorientalistik und die Sprachen des Alten Orients

Daher wird diese Stadt Babel genannt, denn dort hat der Herr die Sprache der Menschen verwirrt und von dort aus die Menschen über die ganze Erde zerstreut.

Genesis 11, 9

Das biblische Buch Genesis deutete in dem als Motto dieses Kapitels zitierten Vers den Namen der Stadt Babylon durch die hebräische Wurzel *bbl* „mischen". Die heutige Wissenschaft weiß, dass diese Deutung falsch ist. Die Bedeutung des uralten Namens der berühmten mesopotamischen Stadt ist etymologisch (d. h. von seiner Herkunft her) unklar, sicher aber lässt er sich nicht von einer hebräischen Wurzel ableiten. Der Bibelvers zeigt jedoch, dass man sich bereits damals der zahlreichen Sprachen auf der Welt bewusst war. Nie, bis heute nicht, gab es in ganz Vorderasien nur eine einzige Sprache. Vielmehr herrschte im Alten Orient ein Gewirr teilweise ganz unterschiedlicher Sprachen. Diejenigen von ihnen, die niedergeschrieben wurden und von denen Texte erhalten sind, wurden und werden von der Altorientalistik wieder gewonnen. Von anderen Sprachen, die nie geschrieben wurden, kennen wir dagegen oft nur Fragmente, von manchen sogar nur die Namen; sie sind für immer verloren.

In vorliegendem Kapitel werden die wichtigsten altorientalischen Sprachen vorgestellt, ohne dabei Grammatik und Lexikon im Detail auszubreiten; vielmehr stehen auch hier, wie in den vorangegangenen Kapiteln, methodische und allgemeine Fragen im Mittelpunkt.

8.1. Die Erforschung altorientalischer Sprachen

8.1.1. Schrift und Sprache

Bereits im vorangehenden Kapitel wurde darauf hingewiesen, dass Schrift- und Sprachebene zu differenzieren sind.[1] Die Keilschrift diente wie unsere Lateinschrift dazu, unterschiedliche Sprachen zu schreiben; so verschieden die Sprachen auch waren, die zu ihrer Schreibung verwendete Keilschrift war vom System her grundsätzlich überall ähnlich, wenn auch mit mancherlei Unterschieden im Detail.

Dies gilt auch für das Alphabet, das im 2. und 1. Jt. v. Chr. für verschiedene, eng verwandte nordwestsemitische Sprachen gebraucht wurde.[2] Die

---

1 Zur Frage „Was ist Schrift?" s. Kap. 7.1, S. 143f. S. auch Kap. 8.2, S. 164f. zu den Schriften und Sprachen des Alten Orients.
2 Zum Alphabet s. Kap. 8.8, S. 188f.

luwischen Hieroglyphen wurden für das Luwische,[3] vereinzelt aber auch für das Urartäische[4] gebraucht. Mit dem Keilalphabet (Langalphabet) wurde das Ugaritische, in einer Variante mit weniger Zeichen („Kurzalphabet") jedoch das Phönizische oder eine diesem nahestehende Sprache geschrieben; vom System her waren die Keilalphabete mit den linearen Alphabeten identisch.[5] Die altpersische Keilschrift wurde ausschließlich für das Altpersische verwendet.[6]

8.1.2. Die fehlenden Sprecher

Die altorientalischen Sprachen sind ausnahmslos tote Sprachen. Keine von ihnen wird heute mehr gesprochen. Sprecher altorientalischer Sprachen leben schon seit Jahrtausenden nicht mehr. Daraus folgt, dass wir die altorientalischen Sprachen nicht mehr hören, sondern, sofern sie geschrieben wurden, nur noch lesen können. Es ist allerdings nicht so, dass wir gar keine Vorstellung von ihrem Klang hätten: Der Vergleich mit noch lebenden verwandten Sprachen (etwa im Fall des Akkadischen mit den noch lebenden semitischen Sprachen)[7] oder zumindest besser bekannten toten Sprachen (da ist z. B. das Altgriechische zu nennen, weil einige sumerische und akkadische Texte mit griechischen Buchstaben umschrieben wurden)[8] sowie Beobachtungen der Schreibkonventionen geben wertvolle Hinweise dafür, wie altorientalische Sprachen ausgesprochen wurden; dennoch bleiben leider viele Detailfragen, die mit Hilfe von Sprechern leicht geklärt werden könnten, offen.

Dass lebende Sprecher, die befragt werden könnten, fehlen, ist auch über die Lautung hinaus für die Erschließung altorientalischer Sprachen ein Hindernis. Die Altorientalistik kann die Grammatik und das Lexikon altorientalischer Sprachen nur durch Texte und, sofern verwandte Sprachen existier(t)en, durch den Sprachvergleich rekonstruieren. Dies gilt auch für die geografische und chronologische Verbreitung der Sprachen: oft genug weiß die Altorientalistik nicht genau, in welchem Gebiet und zu welcher Zeit eine Sprache gesprochen wurde; die Verteilung von Texten gibt diesbezüglich zwar ungefähre, aber nicht exakte Informationen, weil sie vom Fundzufall abhängig ist. Außerdem bedeutet das Vorhandensein von Texten in einer bestimmten Sprache nicht immer, dass die Sprache auch zu einer gegebenen Zeit an einem gegebenen Ort gesprochen wurde; deshalb ist z. B. in der

---

3 Zum Luwischen und den luwischen Hieroglyphen s. Kap. 8.5.5, S. 182.
4 Zu Urartäisch in luwischen Hieroglyphen s. auch Kap. 8.7.2, S. 187.
5 Zu den Keilalphabeten s. Kap. 8.8.3, S. 190f.
6 Für die altpersische Keilschrift und ihre Entzifferung s. Kap. 1.2.2, S. 24f.
7 Zum Akkadischen als semitische Sprache s. Kap. 8.4.3, S. 174f.
8 Zu den sogenannten Graeco-Babyloniaca s. Kap. 1.1.3, S. 21.

Forschung umstritten, wann genau das Sumerische[9] oder das Akkadische[10] ausstarben.

8.1.3. Die Entzifferung und die Entschlüsselung altorientalischer Sprachen

Im Unterschied zum Altgriechischen und Lateinischen, deren Kenntnis auch nach dem Ende der Antike in Europa bewahrt blieb, wurden die Keilschriften und die altorientalischen Sprachen nach dem Ende des Alten Orients für viele Jahrhunderte vergessen. Sie mussten daher im 19. Jh. wieder entziffert und entschlüsselt werden.[11] Diese Erschließung dauert in unterschiedlichem Maß bis heute an. Noch immer sind die altorientalischen Sprachen nicht so gut und in allen Einzelheiten bekannt wie z. B. das Altgriechische oder Lateinische. Am besten kennen wir das Akkadische (Babylonisch-Assyrische), während unsere Kenntnis des Sumerischen und Hethitischen und noch mehr des Ugaritischen, Hurritischen oder Elamischen lückenhaft ist. Der Historiker auf dem Gebiet des Alten Orients muss daher immer auch zugleich Philologe sein, um die Interpretation seiner Quellen zu überprüfen und vorantreiben zu können. Die Altorientalistik ist deshalb zugleich eine (kultur-)historische und philologische Disziplin.[12]

8.1.4. Die Erschließung altorientalischer Sprachen definierende Faktoren

Die Tabelle 8.1[13] nennt Schätzungen und Zählungen der Größe altorientalischer Textkorpora (d. h. der Summen der Texte in den jeweiligen Sprachen). Die Größe eines Textkorpus ist ein Faktor, der die Tiefe unserer Kenntnis der jeweiligen Sprache mit definiert. Im Allgemeinen sind Sprachen mit größerem Textkorpus besser bekannt als Sprachen mit einem kleineren. Je mehr sprachliches Material zur Verfügung steht, desto detaillierter lassen sich gewöhnlich Grammatik und Lexikon der Sprache beschreiben.

Ein weiterer Faktor, der unsere Möglichkeiten, die altorientalischen Sprachen zu rekonstruieren, bestimmt, sind die geografische und chronologische Verteilung der Texte und die Existenz unterschiedliche Textgattungen. Geografisch auf einen größeren Raum verteilte Texte bieten eine bessere Chance, Dialekte innerhalb der Sprachen zu erkennen. Chronologisch über einen längeren Zeitraum verteilte Texte erlauben meist, eine historische Entwicklung der Sprache zu fassen. Unterschiedliche Textgattungen[14] schließlich erlauben eine breitere Kenntnis von Lexikon und Grammatik, als wenn nur eine einzige Textgattung (wie etwa beim Urartäischen, in dem fast nur Königsinschriften geschrieben wurden) überliefert sind.

---

9   Zum Aussterben des Sumerischen s. Kap. 8.3.4, S. 171.
10 Zum Aussterben des Akkadischen s. Kap. 8.4.4, S. 178.
11 Zur Entzifferung der Keilschriften s. Kap. 1.2, S. 23f.
12 Zu dieser doppelten Aufgabe der Altorientalistik s. Kap. 1.1.4, S. 22f.
13 Siehe Kap. 8.2, S 164f.
14 Zu den verschiedenen keilschriftlichen Textgattungen s. Kap. 9, S. 197.

Schließlich ist die Zugehörigkeit zu einer bekannten Sprachfamilie für die Rekonstruktion altorientalischer Sprachen von Vorteil, weil dann durch den Sprachvergleich Erkenntnisse gewonnen werden können.[15] Dies trifft auf die semitischen Sprachen des Alten Orients (Akkadisch, Amurritisch, Ugaritisch, Phönizisch, Biblisch-Hebräisch, Alt- und Reichsaramäisch) und für die indoeuropäischen Sprachen (anatolische und indo-iranische Zweige) zu, die zur semitischen Sprachfamilie bzw. zur großen indoeuropäischen Sprachfamilie gehören. Zur semitischen Sprachfamilie gehören noch gut bekannte lebende Sprachen wie das Arabische oder Amharische (eine in Äthiopien gesprochene Sprache), zur indoeuropäischen Sprachfamilie gehören u. a. die meisten europäischen Sprachen. Andere altorientalische Sprachen (z. B. Sumerisch, Elamisch, Hurritisch-Urartäisch) sind dagegen isoliert, d. h. wir kennen weder verwandte lebende noch tote Sprachen; der Sprachvergleich scheidet bei ihnen als Informationsquelle aus.

8.2. Überblick über die altorientalischen Sprachen

Die folgende Tabelle bietet einen Überblick über die wichtigsten altorientalischen Sprachen. Die Reihenfolge der Sprachen folgt den Sprachfamilien:

Sprache	Sprachfamilie	Geografie	Chronologie	Schrift	Größe des Textkorpus in Wörtern Text
Akkadisch (Babylonisch, Assyrisch, Eblaitisch)	Ostsemitisch	Babylonien, Assyrien, bermesopotamien, als *lingua franca* im ganzen Alten Orient	2600 v. Chr.– 1. Jh. n. Chr.	Keilschrift	10.200.000
Amurritisch	Nordwestsemitisch	Obermesopotamien, Nordsyrien, Babylonien	2000–1200 v. Chr.	–	12.000 (nur Wörter und Namen)
Ugaritisch	Nordwestsemitisch	Gebiet von Ugarit in Nordsyrien	1400–1200 v. Chr.	Keilalphabet	40.000
Phönizisch (einschließlich Punisch)	Nordwestsemitisch	Byblos, Tyros, Sidon in Nordsyrien	11. Jh. v. Chr.– 2. Jh. n. Chr.	Alphabet, (Keilalphabet?)	10.000
Biblisch-Hebräisch	Nordwestsemitisch	Israel/Palästina	1000–2. Jh. v. Chr.	Alphabet	305.000
Alt-, Reichsaramäisch	Nordwestsemitisch	Mesopotamien, Nordsyrien	9.–4. Jh. v. Chr.	Alphabet	30.000

---

15 Zur Rolle des Sprachvergleichs s. auch Kap. 8.1.2, S. 162. Die Zugehörigkeiten zu Sprachfamilien sind in der Tabelle 8.1. (Kap. 8.2) in der zweiten Spalte angegeben.

8.2. Überblick über die altorientalischen Sprachen

Sprache	Sprachfamilie	Geografie	Chronologie	Schrift	Größe des Textkorpus in Wörtern Text
Sumerisch	Isoliert	Südbabylonien	3200– 1. Jh. n. Chr.	Keilschrift	2.900.000
Proto-Elamisch	Isoliert	Südwestiran	3100–2900 v. Chr.	Proto-elamische Schrift	20.000
Elamisch	Isoliert	Südwestiran	2100– 4. Jh. v. Chr.	Keilschrift	100.000
Gutäisch	Isoliert	Babylonien	Ende 3. Jt. v. Chr.	–	? (nur Wörter und Namen)
Kassitisch	Isoliert	Babylonien	1400–1200 v. Chr.	–	? (nur Wörter und Namen)
Hurritisch	Hurro--Uratäisch	Anatolien, Nordsyrien, Obermesopotamien, Osttigrisgebiet	2000–1200 v. Chr.	Keilschrift	13.000
Urartäisch	Hurro--Uratäisch	Ostkleinasien	9.–7. Jh. v. Chr.	Keilschrift, (luwische Hieroglyphen, urartäische Hieroglyphen)	10.000
Hattisch	Isoliert	Anatolien	1600– 1200 v. Chr.	Keilschrift	500
Hethitisch	Anatolisch	Anatolien	1600–1200 v. Chr.	Keilschrift	700.000
Luwisch	Anatolisch	Anatolien, Nordsyrien	1600–8. Jh. v. Chr.	Keilschrift, Luwische Hieroglyphen	28.000
Palaisch	Anatolisch	Anatolien	1600–1200 v. Chr.	Keilschrift	2.000
Lykisch	Anatolisch	Südwestanatolien	5.–4. Jh. v. Chr.	Alphabet	6.000
Lydisch	Anatolisch	Westanatolien	5.–4. Jh. v. Chr.	Alphabet	1.700
Altphrygisch	Indo-Iranisch?	Westanatolien	9.–3. Jh. v. Chr.	Alphabet	300
Mittanisch	Indo-Iranisch	Nordmesopotamien	16.–14. Jh.	–	? (nur Wörter und Namen)
Altpersisch	Indo-Iranisch	Südwestiran	6.–4. Jh. v. Chr.	Altpersische Keilschrift	6.700
Medisch	Indo-Iranisch	Westiran	9.–4. Jh. v. Chr.	–	? (nur Wörter und Namen)

Tabelle 8.1: Überblick über die altorientalischen Sprachen[16]

---

16 Diese Tabelle wurde mit kleinen Abweichungen bereits in M. P. Streck, RIA 13 (2011)17f. und erneut in Sprachen des Alten Orients ([4]2021)12f. publiziert.

8. Die Altorientalistik und die Sprachen des Alten Orients

In der zweiten Spalte wird die Zugehörigkeit zu einer Sprachfamilie genannt. Die semitischen Sprachen, zu denen auch das Arabische, Aramäische oder Hebräische gehören, gliedern sich in verschiedene Zweige; für den Alten Orient sind nur das Ostsemitische (= Akkadische) und das Nordwestsemitische (Amurritisch, Ugaritisch, Phönizisch-Punisch, Biblisch-Hebräisch, Alt- und Reichsaramäisch) relevant.

Die Sprachen Kleinasiens gehörten fast alle (Hethitisch, Luwisch, Palaisch, Lykisch, Lydisch, Altphrygisch) der anatolischen Gruppe der indo-europäischen Sprachen an. Eine weitere Untergruppe der indo-europäischen Sprachen ist das Indo-Iranische, zu der im Bereich des Alten Orients das Mittanische, Altpersische und Medische gehörten.

„Isoliert" bedeutet, dass keine lebenden oder tote Verwandte der Sprache bekannt sind. Dies trifft auf das Sumerische, Proto-Elamische, Elamische, Gutäische, Kassitische und Hattische zu. Das Hurritische und Urartäische bildeten zusammen eine Sprachfamilie, das Hurro-Urartäische, von der ebenfalls keine weiteren Sprachen bekannt sind.

Die Spalte „Geografie" beschreibt das Gebiet, aus dem wir Textzeugnisse der jeweiligen Sprache besitzen. Dieses Gebiet ist nicht in allen Fällen mit dem zu vermutenden Sprachraum identisch; Akkadisch z. B. wurde weit über das Gebiet hinaus, in dem es gesprochen wurde (Babylonien und Assyrien, die beiden Landschaften Mesopotamiens), als Schriftsprache verwendet.

Die Spalte „Chronologie" nennt den Zeitraum, aus dem wir schriftliche Zeugnisse über die Sprache besitzen; dieser Zeitraum ist nicht identisch mit dem Zeitraum, in dem die Sprache gesprochen wurde, der größer, aber, wie im Fall des Sumerischen, das zu Beginn des 2. Jt. v. Chr. als gesprochene Sprache ausstarb, auch kleiner sein kann.

Die Spalte „Schrift" nennt das Schriftsystem, mit dem die Sprache geschrieben wurde. Dies waren für die meisten Sprachen entweder die Keilschrift[17] oder eine Variante des linearen Alphabets.[18] Das Ugaritische und einig wenige Texte in Phönizisch(?) wurden mit einem Keilalphabet geschrieben.[19] Das Proto-Elamische wurde mit der ihm eigenen, noch weitgehend nicht entzifferten proto-elamischen Schrift geschrieben.[20]. Für das Luwische wurde eine eigene Schrift, die luwischen Hieroglyphen entwickelt.[21] Es gibt auch ganz wenige Zeugnisse für urartäische Hieroglyphen.[22] Das Altpersische wurde mit einer eigenen Keilschrift geschrieben.

---

17 Zur Keilschrift s. Kap. 7, S. 143.
18 Zum Alphabet s. Kap. 8.8, S 188f.
19 Zum ugaritischen Keilalphabet s. Kap. 8.8.3, S. 190f.
20 Zum Proto-Elamischen s. Kap. 8.6.1, S. 184.
21 Zu den luwischen Hieroglyphen s. Kap. 8.5.5, S. 182f.
22 Siehe zu den urartäischen Hieroglyphen auch Kap. 8.7.2, S. 187.

Einige Sprachen, von deren Existenz wir wissen, wurden nie selbst verschriftet: Amurritisch, Gutäisch, Kassitisch, Mittanisch und Medisch. Von ihnen gibt es nur Zeugnisse in Form von Fremd- und/oder Lehnwörtern und Personennamen in Texten anderer altorientalischer Sprachen.[23]

Die letzte Spalte der Tabelle schätzt – in einigen Fällen zählt – die Größe des Textkorpus in Wörtern Text: gemeint ist die Zahl an Wörtern, die sich ergibt, wenn man sämtliche Texte einer Sprache nebeneinander legt und jedes Wort mit all seinen Vorkommen zählt. Die Größen reichen von über zehn Millionen für das Akkadische bis zu wenigen Hundert für das Hattische und Altphrygische.

8.3. Sumerisch

8.3.1. Der Name „Sumerisch"

Der heute gebräuchliche Name „Sumerisch" für die Sprache wurde in der zweiten Hälfte des 19. Jh. von J. Oppert geprägt.[24] Er leitet sich von dem akkadischen Begriff für die Sumerer und das von ihnen bewohnte Gebiet ab: *Šumeru* „Sumer", *māt Šumeri* „Land von Sumer"; die Etymologie dieser geografischen und ethnischen Bezeichnung ist unbekannt. Die Sumerer selbst nannten ihr Land *ki-en-gi(r)*, ein Begriff, dessen Bedeutung ebenfalls nur teilweise klar ist: *ki* bedeutet „Land" und *gi(r)* „vornehm(?)", doch der Ausdruck als Ganzes ist unübersetzt.

8.3.2. Die geografische Verbreitung des Sumerischen

Die Sumerer und damit auch die gesprochene sumerische Sprache waren in der Südhälfte Babyloniens, dem südlichsten Viertel Mesopotamiens zu Hause. Die südliche Grenze ihrer Verbreitung war die Küste des damals weiter als heute nach Norden reichenden Persischen Golfs[25] mit den Städten Eridu, Ur und Uruk, die nördliche ungefähr die zentralbabylonische Stadt Nippur, die Kultstadt des sumerischen Hauptgottes En-lil.[26] Im Südosten begrenzten ausgedehnte Sümpfe[27] und das Reich Elam das sumerische Sprachgebiet; der wichtigste sumerische Stadtstaat dort besaß die beiden Hauptorte Lagasch und Girsu.

---

23 Siehe zum Amurritischen Kap. 8.9.1, S. 191.
24 Zum Namen „Sumerisch" s. Kap. 1.2.5, S. 29.
25 Siehe Kap. 3.1.3, S. 71 zur weiter nach Norden reichenden Küste des Persischen Golfs.
26 Zu Nippur als Kultstadt des Gottes En-lil s. Kap. 5.5.1, S. 109.
27 Zu den südmesopotamischen Schilfsümpfen s. Kap. 3.3.2, S. 75.

8.3.3. Das Sumerische als isolierte Sprache und seine Erschließung durch die akkadische „Brille"

Sumerisch ist eine isolierte Sprache; wir kennen keine lebenden oder schon ausgestorbenen verwandte Sprachen. Die seit der Entschlüsselung des Sumerischen[28] bis heute anhaltende Suche nach Schwestersprachen ist erfolglos geblieben: Türkisch, Ungarisch, Finnisch, Etruskisch, Baskisch, verschiedene Kaukasussprachen oder Dravidasprachen (Sprachen im frühen Indien) waren diesbezüglich untersuchte Kandidaten. Da alle diese Sprachen mehr oder weniger weit vom sumerischen Sprachgebiet[29] entfernt gesprochen wurden bzw. werden, hat man in der Forschung auch immer wieder eine frühzeitliche Einwanderung der Sumerer nach Mesopotamien angenommen, etwa aus dem Industalgebiet im heutigen Pakistan (womit dann eine Verwandtschaft mit Dravidasprachen zumindest historisch schlüssiger wäre); doch auch dafür sind bislang keine Beweise erbracht worden, so dass ein autochthoner Ursprung (d. h. eine bis in die Vorzeit zurückreichende Anwesenheit) in Mesopotamien oder, vor der Besiedlung der Schwemmlandebene, ein Ursprung aus den direkt benachbarten östlichen Bergregionen des Zagros (wie bei den späteren Gutäern im 22. Jh. v. Chr. und den Kassiten ab dem 18. Jh. v. Chr.) am wahrscheinlichsten bleibt.

Die sprachliche Isolation des Sumerischen hat zur Folge, dass der Sprachvergleich als Mittel zur Erschließung der Sprache ausscheidet.[30] Auch deshalb sind uns viele Details von Grammatik und Lexikon des Sumerischen noch unklar. Einen wichtigen Ersatz für den Sprachvergleich bietet jedoch die mesopotamische Schreiberausbildung, in der die Erlernung der sumerischen Sprache durch akkadischsprachige Schreiberschüler ein wichtiges Fach war,[31] und die mesopotamische Philologie, die zum Zweck der Erlernung und der Arbeit mit der sumerischen Sprache zweisprachige Wörterlisten (lexikalische Listen)[32] und zweisprachige Texte schuf, in denen das Sumerische in das uns besser bekannte Akkadisch übersetzt wurde. So wurden z. B. die sumerischen Wörter *dub* und *gi* in lexikalischen Listen mit den Aussprachengaben *du-ub* und *gi-i* versehen und in das Akkadische mit *tuppu* „Tontafel" (ein aus Sumerisch *dub* entlehntes Wort) und *qanû* „Schilfrohr" übersetzt, für die sumerische Verbalform *in-ĝen* findet sich die akkadische Übersetzung *illik* „er ging" usw.

Das Sumerische wird deshalb von der Altorientalistik zu großen Teilen durch die akkadische „Brille" rekonstruiert, worin eine Chance, aber auch eine Gefahr liegt: die Altorientalistik benutzt zwar dankbar die Übersetzungen

---

28 Zur Entschlüsselung des Sumerischen s. Kap. 1.2.5, S. 29.
29 Zum sumerischen Sprachgebiet s. Kap. 8.3.2, S. 167.
30 Siehe dazu bereits Kap. 8.1.4, S. 164.
31 Zur Rolle des Sumerischen in der Schreiberausbildung s. Kap. 7.4.2, S. 150.
32 Zu den lexikalischen Listen s. Kap. 6.2, S. 128f. und 9.5.1, S. 216f.

der mesopotamischen Philologen, muss sie jedoch möglichst durch sprachinterne, aus den einsprachigen sumerischen Texten gewonnene Beobachtungen ergänzen und kontrollieren. Trotz aller Bemühungen der Altorientalistik ist jedoch der modernen Wissenschaft noch Manches in der Grammatik und im sumerischen Wörterbuch unklar. Die mesopotamischen Philologen übersetzten zum Beispiel die sumerischen Verbalformen *bí-ib-gub* und *mi-ni-íb-gub* beide mit *ušzīz* „er stellte hin"; damit ist der ungefähre Sinn klar, doch wo liegt der Unterschied zwischen den vor der verbalen Basis *gub* „stehen" stehenden Präfixketten *bí-ib-* und *mi-ni-íb-*? Und ein Blick in die sumerischen Wörterbücher zeigt, dass bei vielen Wörtern immer noch statt Übersetzungen Fragezeichen stehen.

8.3.4. Geschichte der sumerischen Sprache

Das sumerische Textkorpus war mit ca. 2.900.000 Wörtern Text nach dem Akkadischen das zweitgrößte des Alten Orients und nach dem Altgriechischen, Akkadischen, Lateinischen und Ägyptisch-Demotischen das viertgrößte der Antike. Die Zahl der heute bekannten sumerischen Keilschrifttexte beläuft sich auf über 100.000. Die folgende Tabelle nennt die Perioden der sumerischen Sprachgeschichte mit den wichtigsten Fundorten und den Textgenres (sofern nicht anders angegeben, verstehen sich alle Daten als „v. Chr."):

Periode	*Zeit*	*Ort*	*Textgenres*
Archaisch Uruk	3400–3000	Uruk	Verwaltungstexte, lexikalische Listen. Wohl Sumerisch zu lesen
Archaisch Ur	2700	Ur	Verwaltungstexte
Frühdynastisch	26./25. Jh.	Schuruppak (= Fara), Abu Salabich (= Eresch?)	Wirtschafts- und Rechtsurkunden, erste literarische Texte
Präsargonisch	2475–2300	Girsu/Lagasch	Bau- und Weihinschriften der 1. Dynastie von Lagasch. Verwaltungstexte aus dem Baba-Tempel
	2. Hälfte 24. Jh.	Ebla	lexikalische Listen Eblaitisch-Sumerisch
Akkadzeit/ Sargonisch	2316–2134	Babylonien	Verwaltungstexte; zweisprachige sumerisch-akkadische Königsinschriften
Neusumerisch	2122–2102?	Girsu/Lagasch	Inschriften des Herrschers Gudea. Tempelbauhymne (Zylinder A und B, zusammen 1366 Verse).
Neusumerisch (Ur III-Zeit)	2102–1995	Puzrisch-Dagan (= Drehem), Nippur, Umma, Girsu, Ur	Verwaltungstexte, Königsinschriften

8. Die Altorientalistik und die Sprachen des Alten Orients

Periode	*Zeit*	*Ort*	*Textgenres*
Altbabylonisch	2011–1750	Isin, Larsa	Königsinschriften. Sumerisch stirbt als gesprochene Sprache aus und wird zum „Latein" des Alten Orients
Altbabylonisch	2000–1750	Nippur	Umfangreiche Verschriftung der sumerischen Literatur
Kassitenzeit	16. Jh.–1155		Königsinschriften der Kassitenherrscher
Erstes Jahrtausend	1000 v. Chr.– 1. Jh. n. Chr.		Beschwörungen, Sprichwörter, Klagen, lexikalische Texte

Tabelle 8.2: Sumerische Sprachgeschichte

Die vermutlich fast vollständig logographische, d. h. mit Wortzeichen ohne Phonogramme[33] erfolgende Schreibweise der archaischen Uruk-Texte aus der 2. Hälfte des 4. Jt. v. Chr. erlaubte im Prinzip ihre Lesung in jeder beliebigen Sprache; dies lässt sich mit internationalen Verkehrszeichen wie dem allgemeinen Gefahrenkennzeichen (das rot umrandete Dreieck mit Ausrufezeichen in der Mitte) vergleichen, die überall verstanden werden, egal welche Sprache der Autofahrer spricht. Deshalb ist in der Altorientalistik immer wieder die Frage gestellt worden, ob die archaischen Uruk-Texte überhaupt sumerisch zu lesen sind oder ob sie nicht eine ganz andere Sprache (oder gar mehrere Sprachen) wiedergeben. Allerdings hätte eine andere Sprache auch Spuren in späterer Zeit, in der die Keilschrifttexte mehr und mehr phonographisch geschrieben wurden, hinterlassen müssen; eindeutige solche Spuren fehlen jedoch. Zudem haben sich in der Forschung die Hinweise auf die sumerische Sprache in den archaischen Uruk-Texten immer mehr verdichtet. Wir können also davon ausgehen, dass Sumerisch wahrscheinlich, neben dem Altägyptischen, die älteste verschriftliche Sprache der Welt war.

Die frühesten Textgenres waren Verwaltungstexte und lexikalische Listen für die Schreiberausbildung.[34] Erst in der frühdynastischen Periode kamen literarische Texte hinzu, in der präsargonischen Periode (d. h. der Periode, die dem König Sargon von Akkad, 2316–2277 v. Chr., vorausgeht) die Inschriften der Könige der ersten Dynastie von Lagasch.[35] Zweisprachige Listen Sumerisch-Akkadisch kennen wir aus der 2. Hälfte des 24. Jh. v. Chr. aus Ebla. In der Akkadzeit (2316–2334 v. Chr.) verfassten die Herrscher zweisprachige, sumerisch-akkadische Königsinschriften. Die folgende neusumerische ist die best bezeugte in der sumerischen Sprachgeschichte. Aus Lagasch stammen zahlreiche Bau- und Weihinschriften der dortigen Herrscher, darunter die

---

33 Zu den Zeichentypen der Keilschrift s. Kap. 7.6, S. 153f.
34 Zu den archaischen Uruk-Texten s. Kap. 7.2.1, S. 144.
35 Zu einigen dieser Inschriften s. Kap. 2.3.1 mit Tabelle 2.2, S. 52f.

Bauhymne des Gu-dea (2122–2102? v. Chr.), mit 1366 Versen auf zwei Tonzylindern der längste sumerische Text.[36] Aus der Ur-III-Zeit (2102–1995 v. Chr.) kennen wir über 90.000 Alltagstexte, meist Verwaltungstexte, aber auch Rechtsurkunden und einige Briefe.

In der folgenden altbabylonischen Periode verlagerte sich vermutlich der Tigris. Viele vormals am Fluss gelegene sumerische Städte, besonders Lagasch im Südosten des sumerischen Sprachgebiets, verödeten. Innerhalb von zwei Jahrhunderten verschwand mit den Sumerern auch die sumerische Sprache; Alltagstexte aus Isin bis etwa 1850 v. Chr. und sumerische Personennamen sind wohl die letzten Hinweise auf einen gesprochenen Hintergrund sumerischer Texte. Das Babylonische, das sich bereits vorher im Norden Babyloniens ausgebreitet hatte, stieß in das entstehende Vakuum nach Süden vor und eroberte sich den gesamten Sprachraum im Süden Mesopotamiens. Dies ist das wahrscheinlichste Szenario für die Aussterben der sumerischen Sprache; einige Forscher nahmen allerdings einen längeren, bereits in der Akkadzeit im 3. Jt. v. Chr. – die Zeit, in der das Akkadische erstmals in großem Umfang verschriftet wurde[37] – beginnenden Prozess an.

Das Aussterben des gesprochenen Sumerischen war zugleich der Motor für eine Verschriftung und damit Konservierung der sumerischen Literatur in der altbabylonischen Zeit (ca. 2000–1750 v. Chr.). Die meisten sumerischen literarischen Texte stammten aus dieser Zeit, besonders aus der Stadt Nippur, der zentralen Kultstadt der Sumerer.[38] Sumerisch blieb in Mesopotamien auch ohne Muttersprachler eine wichtige Sprache der Gelehrten und des Kultes und wurde so zum „Latein" des Alten Orients, welches die akkadischsprachigen Schreiberschüler während ihrer Ausbildung lernten.[39] Mesopotamische Gelehrte schufen zu diesem Zweck zweisprachige sumerisch-akkadische lexikalische Listen, die ersten Wörterbücher der Menschheit.[40]

In der Kassitenzeit (16. Jh.–1155 v. Chr.) wurden noch Königsinschriften im altehrwürdigen Sumerischen abgefasst. Literarische und lexikalische Texte in sumerischer Sprache gab es sogar bis zum Ende der keilschriftlichen Überlieferung um die Zeitenwende herum.

---

36 Eine kurze Statueninschrift des Herrschers Gu-dea findet sich Kap. 9.4.2. als Text 9.8, S. 210.
37 Siehe zur Bedeutung der Akkadzeit für die Geschichte der akkadischen Sprache Kap. 8.4.4, S. 177.
38 Zu Nippur als Kultstadt des obersten sumerischen Gotts En-lil s. Kap. 5.5.1. und 5.5.4, S 112.
39 Zur Rolle des Sumerischen in der Schreiberausbildung s. Kap. 7.4.2, S. 150f.
40 Zu den lexikalischen Listen s. Kap. 3.1.1 mit Text 3.1, S. 66f. (zweisprachige Liste wilder Tiere), Kap. 6.2, S. 128f. und Kap. 9.5.1, S. 216f.

8.3.5. Schreibung und Sprachstruktur des Sumerischen

Sumerisch wurde mit Keilschrift geschrieben.[41] Die ältesten sumerischen Texte waren vermutlich fast ganz logographisch verfasst.[42] Logogramme (Wortzeichen)[43] wurden nebeneinander gesetzt, ohne grammatische Flexionselemente zu schreiben. So schrieb man z. B. 𒂍𒀭 *é dingir* „Haus Gott" und ließ offen, ob man *é dingir-ra* „Haus des Gottes", *é dingir-ra-ka* „im Haus des Gottes", *é dingir-ra-šè* „zum Haus des Gottes" usw. meinte.

Doch schon sehr früh ergab sich die Notwendigkeit, Eigennamen und logographisch schwer darstellbare Begriffe phonographisch zu schreiben. Durch phonetische Abstraktion, das sogenannte Rebusprinzip,[44] wurden daher im Lauf der sumerischen Sprach- und Schriftgeschichte mehr und mehr Phonogramme aus Logogrammen abgeleitet. Die agglutinierende Struktur der sumerischen Sprache begünstigte eine Schreibweise, bei der die Basis eines Wortes, der semantische Nukleus (der Bedeutungskern), logographisch geschrieben wurde, grammatische Präfixe und Suffixe dagegen phonographisch. So wurde das Wort „Könige" im Sumerischen, dessen Lautung ungefähr *lugalene* war, typischerweise 𒈗 𒂊 𒉈 LUGAL-*e-ne* geschrieben: LUGAL war das Logogramm für „König", *e* und *ne* waren Silbenzeichen, welche die Pluralendung *-ene* wiedergaben; rein phonographisch hätte man dagegen *lu-ga-le-ne* geschrieben. Das Verb „Er hat ihm gegeben" (Lautung ungefähr *munanšum*) schrieb man 𒈬 𒈾 𒀭 𒋧 *mu-na-an-*ŠUM mit ŠUM als Logogramm für „geben" und der phonographisch geschriebenen Präfixkette *munan-*. Die Altorientalistik gibt in der Umschrift allerdings die Logogramme des Sumerischen anders als die des Akkadischen nicht mit Großbuchstaben wieder[45] und schreibt vereinfacht *lugal-e-ne* und *mu-na-an-šúm*.

Sumerisch war eine agglutinierende Sprache, bei der der semantische Nukleus,[46] die sogenannte Basis, bei der Flexion[47] nicht oder nur wenig verändert wurde und die grammatischen Elemente in einer Kette vor oder hinter diese Basis „geklebt" wurden: in der Nominalphrase *lugal-e-ne-ra* „den Königen" war *lugal* „König" die unveränderte Basis, an die die grammatischen Elemente *ene* für den Plural und *ra* für den Kasus Dativ angehängt wurden. Beim Verb *mu-na-an-šúm* „er hat (zu) ihm gegeben" war *šúm* die Basis „geben", vor die eine Präfixkette mit den grammatischen Elementen *mu* (sogenannter

---

41 Die ersten beiden Absätze dieses Kap. folgen fast wörtlich M. P. Streck, Keilschrift, in: Streck (ed.), Sprachen des Alten Orients (Darmstadt ⁴2021) 24f.
42 Zur logographischen Schreibweise der ältesten sumerischen Texte s. auch Kap. 8.3.4.
43 Zu Logogrammen in der Keilschrift s. Kap. 7.6.1, S. 154.
44 Zum Rebusprinzip s. Kap. 7.6.2, S. 154.
45 Zur Lateinumschrift der Keilschrift s. Kap. 7.7.2, S. 156f.
46 D. h. der Kern des Wortes, der die Bedeutung trägt.
47 Die Beugung des Wortes, die Bildung seiner verschiedenen Formen.

Ventiv, der eine Bewegung zu einem Ziel hin ausdrückt: „zu"), *na* (Dativ „ihm") und *n* „er" trat. Ein ähnliches Strukturmerkmal besitzt z. B. das Türkische, weshalb es bei der Suche nach einem Verwandten des Sumerischen[48] von einigen wenigen Forschern in Betracht gezogen wurde.

Ein zweites Strukturkennzeichen des Sumerischen war seine ergative Struktur. Deutsch ist eine Nominativ-Akkusativ-Sprache, d. h. sie besitzt einen Kasus Nominativ (der „wer"-Fall) für das Subjekt und einen Kasus Akkusativ (der „wen"-Fall) für das direkte Objekt: in den Sätzen „Der Mann hob den Kopf" und „Der Mann trat ein" ist „Der Mann" jeweils Subjekt im Nominativ und „den Kopf" im ersten Satz Objekt im Akkusativ. Im Sumerischen dagegen stand das Subjekt eines transitiven Satzes (d. h. eines Satzes mit einem direkten Objekt) im Kasus Ergativ, während das Objekt im Kasus Absolutiv stand; das Subjekt eines intransitiven Satzes (d. h. eines Satzes ohne Objekt) stand ebenfalls im Absolutiv. Der Ergativ war durch die Endung -e gekennzeichnet, der Absolutiv hatte keine Endung (-0, Nullkasus):

Transitiver Satz: *lú-e* (Ergativ) *saĝ-0* (Absolutiv) *mu-un-zi* „Der Mann hob den Kopf". Intransitiver Satz: *lú-0* (Absolutiv) *ì-ku$_4$* „Der Mann trat ein".

8.4. Akkadisch

8.4.1. Der Name „Akkadisch"

Die heute übliche Bezeichnung „Akkadisch" für Babylonisch, Assyrisch und andere Varietäten derselben Sprache geht auf die noch nicht genau lokalisierte (im äußersten Norden Babyloniens liegende?) Stadt Akkad, die Hauptstadt der Dynastie von Akkad (2316–2134 v. Chr.)[49] zurück; sie fand sich auch in Keilschrifttexten selbst unter der Bezeichnung *Akkadû/Akkadītu*. Früher sprach die Altorientalistik von „Assyrisch", weil die ersten umfangreichen Zeugnisse der Sprache in Assyrien entdeckt wurden.[50] Der Begriff „Assyrisch" findet sich immer noch in einem der wichtigsten Arbeitsmittel der Altorientalistik, dem „Assyrian Dictionary of the Oriental Institute of the University of Chicago".[51]

8.4.2. Die geografische Verbreitung des Akkadischen

Die geografische Heimat des Akkadischen war Mesopotamien mit Babylonien im Süden und Assyrien im Norden. In Babylonien stieß das Akkadische bereits im 3. Jt. v. Chr. auf das im südlichsten Viertel Mesopotamiens heimi-

---

48 Zu dieser (ergebnislosen) Suche s. Kap. 8.3.3, S. 168.
49 Zur Dynastie von Akkad s. Kap. 2.3.1, S. 53 mit Tabelle 2.2.
50 Zur „Eroberung" Assyriens s. Kap. 1.2.3, S. 25f.
51 A. L. Oppenheim/E. Reiner/M. T. Roth 1956–2019: The Assyrian Dictionary of the Oriental Institute of the University of Chicago. Chicago.

sche Sumerische[52] und verdrängte es spätestens zu Beginn der altbabylonischen Zeit.[53]

Von Mesopotamien aus breitete sich das Akkadische, in der Regel mehr als Schriftsprache denn als im Alltag gesprochene Sprache, in alle Teile des Alten Orients aus: nach Elam in Südwestiran, nach Obermesopotamien, Syrien und die Levante sowie bereits mit den altassyrischen Kaufleuten[54] und später im Hethiterreich nach Kleinasien.

In der mittelbabylonischen Zeit, genauer der Amarna-Zeit (14 Jh. v. Chr.) gebrauchte man das Akkadische als internationale Sprache der Korrespondenz zwischen den Herrscherhäusern der damaligen Mächte. Der ägyptische Pharao verkehrte damals nicht nur mit den Königen Babyloniens und Assyriens in der akkadischen, mit Keilschrift geschriebenen Sprache,[55] sondern auch die Korrespondenz mit dem hethitischen König oder dem König des hurritischen Mittanireiches war oft in Akkadisch, manchmal auch in Hethitisch oder Hurritisch, nie aber in Altägyptisch abgefasst. Auch die Fürsten Syriens und Palästinas, die an ihren ägyptischen Oberherrn in Amarna in Ägypten schrieben, verwendeten Akkadisch in Keilschrift auf Tontafeln als Kommunikationsmedium.[56] Man hat in der Altorientalistik deshalb in Anlehnung an das Französische als Diplomatensprache im 19. Jh. vom Akkadischen als der „lingua franca" des Alten Orients gesprochen. Im Verlauf des 1. Jt. v. Chr. gewann das Aramäische eine ähnliche Verbreitung wie das Akkadische in den früheren Perioden.[57]

8.4.3. Das Akkadische als semitische Sprache

Akkadisch gehörte der Familie der semitischen Sprachen an und bildete den östliche Zweig dieser Familie (das „Ostsemitische"). Zu dieser Familie zählten auch weitere altorientalische, dem nordwestsemitischen Zweig zuzurechnende Sprachen:[58] das Amurritische, Ugaritische, Phönizische, Hebräische und Altaramäische. Zu dieser Familie gehören aber auch heute noch lebende Sprachen wie das Arabische, einige Sprachen Äthiopiens (z. B. Amharisch) oder Sprachen aus dem Süden der arabischen Halbinsel. Abbildung 8.1. bietet ein Diagramm mit einem vereinfachten Stammbaum der semitischen Sprachen (Sprachen des Alten Orients kursiv):

---

52 Zum sumerischen Sprachgebiet s. Kap. 8.3.2, S. 167.
53 Zum Aussterben des Sumerischen und der darauffolgenden Ausbreitung des Akkadischen s. Kap. 8.3.4, S. 171.
54 Zu den assyrischen Handelskolonien in Kleinasien s. Kap. 2.3.1, S. 55 mit Tabelle 2.2.
55 Siehe den Brief des Pharaos Amen-hotep III. an den babylonischen König Kadaschman-Enlil I., Text 9.3 in Kap. 9.3.1, S. 201.
56 Zum Amarna-Archiv s. Kap. 2.3.2, S. 58 mit Tabelle 2.3.
57 Zum Aramäischen s. Kap. 8.9.4, S. 192.
58 Zu den nordwestsemitischen Sprachen s. Kap. 8.9, S. 191f.

8.4. Akkadisch

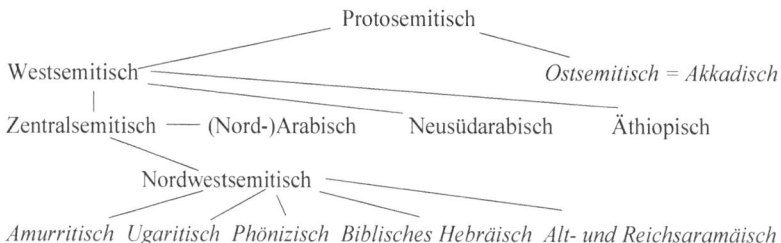

Abbildung 8.1: Stammbaum der semitischen Sprachen

Wir beobachten in den semitischen Sprachen einen gemeinsamen Grundwortschatz, regelmäßige Lautentsprechungen und zahlreiche grammatische Übereinstimmungen. Die Zugehörigkeit des Akkadischen zu den semitischen Sprachen spielte bei der Entzifferung der mesopotamischen Keilschrift und der Entschlüsselung des Akkadischen durch Edward Hincks eine große Rolle.[59] Der Sprachvergleich ist auch heute noch eine wichtige Quelle für die fortschreitende Erschließung des Akkadischen. Wie nah sich die semitischen Sprachen stehen, soll die folgende kleine Gegenüberstellung von Wörtern im Akkadischen, Hebräischen und Arabischen verdeutlichen:

Akkadisch	Hebräisch	Arabisch	Übersetzung
kalb-um	keleb	kalb-un	Hund
rēš-um	rōš	ra's-un	Kopf
'il-um	'el	'ilāh-un	Gott
šalāš-um	šalōš	ṯalāṯ-un	drei

Auch ohne tiefere Sprachkenntnis ist der etymologische Zusammenhang zwischen den Wörtern erkennbar. Die Endung *-um* bei den akkadischen Wörtern ist die Endung des Kasus Nominativ (des „Wer"-Falls); im Arabischen entspricht ihr die Endung *-un*, während das hebräische Nomen keine Kasusendungen mehr besitzt.

8.4.4. Geschichte der akkadischen Sprache

Das akkadische Textkorpus zählte ca. 10.200.000 Wörter Text, die sich auf 150.000 – 200.000 Keilschrifttexte verteilten. Damit war das Akkadische die mit Abstand am besten belegte Sprache des Alten Orients. Das akkadische Textkorpus übertraf das altägyptische um rund 4 Millionen Wörter Text und kam in der Größe dem des antiken Latein gleich. Nur das altgriechische Textkorpus war noch größer als das akkadische. Die folgende Tabelle nennt

---

59 Zur Entzifferung der mesopotamischen Keilschrift und Entschlüsselung des Akkadischen durch Hincks s. Kap. 1.2.4, S. 27f.

8. Die Altorientalistik und die Sprachen des Alten Orients

die Perioden und Dialekte der akkadischen Sprachgeschichte mit den wichtigsten Fundorten und Textgenres (sofern nicht anders angegeben, verstehen sich alle Daten als „v. Chr."):

Periode/Dialekt	Zeit	Gebiet	Textgenres
Präsargonisches Akkadisch	27.–24. Jh.	Schuruppak (= Fara), (Abu Salabich (Eresch?), Mari, Nagar (= Tell Baydar)	Lehnwörter, Personennamen, Hymnen
Eblaitisch	2. Hälfte 24. Jh.	Ebla (Nordsyrien)	administrative Texte, Briefe, lexikalische Texte, literarische Texte
Sargonisches Akkadisch	ca. 2316–2134	Babylonien, Diyalagebiet, Elam	administrative Texte, Briefe, Königsinschriften, Beschwörungen
Altbabylonisch einschließlich des Akkadischen der Ur III-Zeit	2102–1587/9	Babylonien, Diyalagebiet, Obermesopotamien, Elam	administrative Texte, Briefe, Königsinschriften, Gesetze, gelehrte Texte (Omina etc.), Epen, Hymnen, Beschwörungen etc.
Mittelbabylonisch	14. Jh.–11. Jh.	Babylonien, bes. Nippur	administrative Texte, Briefe, Grenzsteine (*kudurrus*)
„Peripheres" Akkadisch	16. Jh.–1200	Nuzi, Emar, Ugarit, Amarna, Hattusa	administrative Texte, Briefe
Neu-/Spätbabylonisch	1000 v. Chr. – 1. Jh. n. Chr.	Babylonien	administrative Texte, Briefe
Altassyrisch	20.–18. Jh.	Kleinasien (Kanesch, Hattuscha, Alişar Höyük), Aschur	administrative Texte, Briefe, Königsinschriften, Beschwörungen
Mittelassyrisch	16.–11. Jh.	Assyrien, Obermesopotamien (Dur-Katlimmu, Harbe, Tell Sabi Abjad)	administrative Texte, Briefe, Gesetze, Edikte
Neuassyrisch	10. Jh.– 600	Assyrien	administrative Texte, Briefe, selten literarische Texte
(Literarisches Akkadisch, „Jungbabylonisch")	3.–1. Jt. v. Chr. (Jungbab. 1500–2. Jh. v. Chr.)		

Tabelle 8.3: Akkadische Sprachgeschichte[60]

---

[60] Die Tabelle folgt weitgehend M. P. Streck, Altbabylonisches Lehrbuch (⁴2021) § 3.

8.4. Akkadisch

Die ersten Sprachzeugnisse des Akkadischen waren Lehnwörter und Personennamen in sumerischen Texten aus Schuruppak und Abu Salabich (Eresch?, 27.-24. Jh. v. Chr.). Der erste akkadische Text stammte ebenfalls aus Abu Salabich und war ein literarischer Text, eine Hymne an den Sonnengott Schamasch.

Aus dem nordsyrischen Ebla (ca. 60 km südlich von Aleppo) stammten mehrere tausend Keilschrifttexte, die in die 2. Hälfte des 24. Jh. v. Chr. datieren; bereits in dieser frühen Zeit hatte sich das Akkadische also dorthin ausgebreitet. Zu Beginn ihrer Entdeckung in den 70er Jahren des 20. Jh. hat die Altorientalistik die Sprache von Ebla teilweise als eigenständige semitische Sprache angesehen, doch mittlerweile geht die Mehrzahl der Forscher davon aus, dass wir es mit einem frühen akkadischen Dialekt zu tun haben.

Ungefähr zur selben Zeit wurde in Mesopotamien von Sargon von Akkad (2316–2277 v. Chr.) das erste Großreich auf mesopotamischem Boden gegründet.[61] Erstmals diente das Akkadische nicht nur als Sprache administrativer Texte, sondern auch der Königsinschriften. Nach Sargons Hauptstadt Akkad wurde die akkadische Sprache benannt.[62] Damals breitete sich das Akkadische auch nach Elam in Südwestiran aus.

Der ganze Reichtum akkadischer Textgenres zeigte sich in altbabylonischer Zeit (2017–1587/9 v. Chr.): administrative Texte, Briefe, Königsinschriften, Gesetze wie der Kodex Hammu-rapi,[63] gelehrte Texte,[64] Epen, Hymnen, Beschwörungen und andere Gattungen literarischer Texte.[65] Altbabylonisch schrieb man in Babylonien, in Obermesopotamien, im osttigridischen Gebiet, in Nordsyrien, in Israel-Palästina und in Elam.

Aus der Zeit zwischen dem 20. und 18. Jh. v. Chr. stammten die ersten Zeugnisse des assyrischen Dialektes des Akkadischen. Altassyrische Texte wurde nur zum kleineren Teil in Assyrien selbst, in der Hauptstadt Aschur, gefunden. Der größere Teil fand sich in den Kolonien assyrischer Händler in Kleinasien, vor allem in der Stadt Kanesch. Die assyrischen Händler hinterließen vor allem administrative Texte und Briefe.

Assyrisch und Babylonisch unterschieden sich in allerlei Details; ein phonologisch (lautlicher) charakteristischer Unterschied zwischen Babylonisch und Assyrisch ist die assyrische Vokalharmonie, bei der ein kurzes unbetontes *a* dem folgenden Vokal angeglichen wird, was zum Beispiel zu folgendem Unterschied in der Kasusflexion führte:

---

61 Zum Reich von Akkad s. Kap. 2.3, S. 53 mit Tabelle 2.2.
62 Zur Namensnennung „Akkadisch" s. Kap. 8.4.1, S. 173.
63 Zum Kodex Hammu-rapi s. Kap. 4, S. 87f.
64 Zu den gelehrten Texten s. Kap. 6, S. 123f. und 9.5, S. 215f.
65 Zu den Gattungen literarischer Texte s. Kap. 9.6.2, S. 220f.

8. Die Altorientalistik und die Sprachen des Alten Orients

Kasus	Babylonisch	Assyrisch	Übersetzung
Nominativ	*aššat-um*	*aššut-um*	die Gattin
Genitiv	*aššat-im*	*aššit-im*	der Gattin
Akkusativ	*aššat-am*	*aššat-am*	die Gattin

Trotz dieser Unterschiede waren Babylonisch und Assyrisch im 2. und 1. Jt. v. Chr. stets gegenseitig weitgehend verständlich; nie war in den Keilschrifttexten von Verständigungsproblemen oder der Notwendigkeit von Dolmetschern die Rede. Aus dem Grund sieht die Altorientalistik Babylonisch und Assyrisch als zwei Dialekte derselben akkadischen Sprache und nicht als zwei unterschiedliche Sprachen an.

Aus der mittelbabylonischen Periode zwischen dem 14. und dem 11. Jh. v. Chr. gab es Texte aus Babylonien, aber auch aus vielen Gebieten außerhalb Mesopotamiens: Nuzi im Osttigrisgebiet, Ugarit an der Mittelmeerküste, Amarna in Ägypten[66] oder aus der hethitischen Hauptstadt Hattusa. Der assyrische Dialekt dieser Zeit wurde in Assyrien und Obermesopotamien (wichtige Fundorte sind Dur-Katlimmu, Harbe und Tell Sabi Abjad) gebraucht.

Im neuassyrischen Reich zwischen dem 10. Jh. und 600 v. Chr. wurde der assyrische Dialekt neben dem sich ausbreitenden Aramäischen[67] für Alltagstexte wie Briefe, Rechts- und Verwaltungstexte verwendet. Neuassyrische Königsinschriften wurden dagegen überwiegend im babylonischen Dialekt abgefasst, ebenso literarische Texte. Mit dem Untergang des assyrischen Reiches 609 v. Chr. verschwand der assyrische Dialekt von der Weltbühne, zumindest als geschriebene Sprache; die letzten assyrischen Texte wurden 603–600 v. Chr. geschrieben.

Neu- und Spätbabylonisch wurde dagegen noch Jahrhunderte länger für administrative Zwecke gebraucht. In den Jahrhunderten vor Christi Geburt konzentrierte sich die Verwendung des Babylonischen auf die noch lange intakten babylonischen Tempel. Das Aramäische gewann immer mehr an Boden und verdrängte das Babylonische, bis es schließlich ausstarb. Der letzte sicher datierte Keilschrifttext, ein astronomischer Text, stammte aus dem Jahr 79/80 n. Chr.

Neben den Perioden und Dialekten lassen sich für das Akkadische auch verschiedene Sprachstile differenzieren. Zu allen Zeiten hoben sich gelehrte Texte, Personennamen, Königsinschriften, Epen, Mythen, Hymnen, Beschwörungen und andere Textgattungen (die in obiger Tabelle in der letzten Zeile erfasst sind) in unterschiedlich starkem Maß stilistisch von der Sprache der

---

66 Zum keilschriftlichen Archiv in Amarna s. Kap. 8.4.2, S. 174.
67 Zum Aramäischen s. Kap. 8.9.4, S. 192.

Alltagstexte (Briefe, Rechtsurkunden und administrativen Texte) ab.[68] Die gehobene literarische Sprache lehnte sich an den babylonischen und nicht an den assyrischen Dialekt des Akkadischen an. Für die literarische Sprache ab 1500 v. Chr. gebraucht die Altorientalistik die Begriffe „Jungbabylonisch" oder „Standard Babylonian".

8.4.5. Schreibung und Sprachstruktur des Akkadischen

Anders als beim Sumerischen mit seinen weitgehend unveränderlichen Wortbasen[69] begünstigte die flektierende Struktur des Akkadischen, bei der die Wörter je nach Form leicht verschiedene Gestalten annehmen, eine grundlegend phonographische Schreibweise, d. h. durch eine Verwendung von keilschriftlichen Silbenzeichen.[70] Daher wurde das phonographische Zeicheninventar nach der Übertragung der Keilschrift vom Sumerischen auf das Akkadische im 3. Jt. v. Chr. immer weiter vervollständigt. Das voll entwickelte akkadische Syllabar besaß Lautwerte des Typs K(onsonant)V(okal) (z. B. *ba*), VK (z. B. *ab*), KVK (z. B. *bab*) und V (z. B. *u*). Wenn auch Akkadisch bevorzugt phonographisch geschrieben wurde, so bediente man sich tatsächlich aber immer auch einer gewissen Anzahl von Logogrammen.[71] Der folgende Passus zeigte ein typisches Nebeneinander von mehreren Phonogrammen und einem Logogramm: 𒋳𒈠𒀀𒉿𒈝 *šum-ma a-wi-lum* GUD *i-gur-ma* „wenn ein Mann ein Rind gemietet hat". Hier war das Wort für Rind (akkadisch *alpum*) logographisch GUD (hier durch Großbuchstaben wiedergegeben), alle anderen Wörter waren phonographisch (syllabisch, hier kursiv) geschrieben.[72]

Eines der Charakteristika akkadischer Keilschriftorthographie war die Wiedergabe geschlossener Silben[73] durch eine Kombination von KV und VK-Zeichen wie in akkadisch *ú-da-ab-ba-ab-ka* für *udabbabka* „er wird dich belästigen": die Kombination *da-ab* steht für die Silbe /dab/ (und nicht etwa für /da'ab/). Dieses orthographische Prinzip hatte den Vorteil, die große Zahl von KVK-Zeichen zu begrenzen, die für eine Notation des Silbenschlusses sonst notwendig gewesen wäre.

Wie in allen semitischen Sprachen waren auch im Akkadischen die Wurzelkonsonanten (Radikale, von lateinisch *radix* „Wurzel") in einer festen Reihenfolge die Träger der Bedeutung eines Wortes. Die Flexion geschah mittels Prä- und Suffixen sowie unterschiedlicher Vokalisierung um diese Radikale

---

68 Zu den verschiedenen keilschriftlichen Textgattungen s. Kap. 9, S. 197f.
69 Zur Schreibung und Sprachstruktur des Sumerischen s. Kap. 8.3.5, S. 172.
70 Zur phonographischen Schreibweise s. Kap. 7.6.2, S. 154. Dieser und der folgende Absatz folgen fast wörtlich M. P. Streck, Keilschrift, in: Streck (ed.), Sprachen des Alten Orients (Darmstadt [4]2021) 25f.
71 Zu den keilschriftlichen Logogrammen s. Kap. 7.6.1, S 154.
72 Zur lateinischen Umschrift der Keilschrift s. Kap. 7.7.2, S. 156f.
73 D. h. Silben des Typs „Konsonant–Vokal–Konsonant".

herum. So wurden z. B. von den Radikalen *mgr* der Infinitiv *magārum* „zustimmen", das Präsens *imaggar* „er stimmt zu", das Präteritum *imgur* „er stimmte zu", das Nomen *migrum* „Einwilligung" und das Partizip *māgirum* „gefällig" gebildet.

8.5. Hethitisch und Luwisch

8.5.1. Der Name „Hethitisch"

Der Name „Hethiter" ist vom biblischen *Hittîm* abgeleitet, mit dem die Bibel die spät-„hethitischen", besser spät-luwischen Kleinstaaten Nordsyriens im 1. Jt. v. Chr. bezeichnete;[74] das große Hethiterreich des 2. Jt. v. Chr. in Anatolien[75] war damit nicht gemeint. Die Babylonier nannten die Hethiter und ihr Reich „Hatti", die alten Ägypter „Heta".

8.5.2. Die geografische Verbreitung des Hethitischen

Hethitisch wurde in Anatolien, dem zentralen Teil Kleinasiens, der heutigen Türkei, gesprochen und geschrieben. Der wichtigste Fundort hethitischer Texte ist die hethitische Hauptstadt Hattusa (Boghazköy), 160 km östlich von Ankara gelegen. Weitere Textfunde stammen aus Sapinuwa (Ortaköy), Tapikka (Masat) und Sarissa (Kusakli) und Schamucha (Kayalipinar). Auch im obermesopotamischen Emar am Euphrat wurden hethitische Texte entdeckt.

8.5.3. Hethitisch als indoeuropäische Sprache

Hethitisch wurde wie viele andere altorientalische Sprachen mit der letztlich aus Mesopotamien entlehnten Keilschrift geschrieben.[76] Das Schriftsystem war der Altorientalistik bereits vor der Kenntnis der ersten hethitischen Texte bekannt, nicht jedoch die Sprache, bis sie 1915 von Bedrich Hrozný entschlüsselt wurde.[77]

Der entscheidende Satz bei der Entschlüsselung lautete in lateinischer Transliteration:[78] *nu* NINDA-*an e-ez-za-at-te-ni wa-a-tar-ma e-ku-ut-te-ni*. NINDA war ein Logogramm (Wortzeichen),[79] das in sumerischen und akkadischen Texten für „Brot" stand. Was macht man mit Brot? Essen! Im phonographisch[80] geschriebenen Teil des Satzes stand ein Wort *ezzan*, das verdächtig wie das Wort für „essen" aussah. Zu Brot passte „Wasser", das sich in *watar*, deutsch „Wasser" und englisch „water", wiederfand. Wasser trinkt

---

74 Zu diesen Kleinstaaten s. auch Kap. 8.5.5, S. 182f.
75 Zum Hethiterreich s. Tabelle 2.3. in Kap. 2.3.2, S. 57.
76 Zur Keilschrift s. Kap. 7, S. 143f.
77 S. zur Entschlüsselung des Hethitischen bereits kurz in Kap. 1.2.5.
78 Zur Transliteration von Keilschrifttexten s. Kap. 7.7.2, S. 156f.
79 Zu Logogrammen s. Kap. 7.6.1, S. 154.
80 Zur phonographischen Schreibung der Keilschrift s. Kap. 7.6.2, S. 154.

man; das hethitische Verb *ek-* hängt mit lateinisch *aqua* „Wasser" zusammen. Die Endung *-an* am Logogramm NINDA war die Akkusativendung, entsprechend griechisch *-on*, die Endung *-teni* die der 2. Person Plural, *nu* und *-ma* zwei Partikeln der Bedeutung „und".

Der Satz ließ sich damit wie folgt übersetzen: „Nun esst ihr Brot, dann trinkt ihr Wasser". Der indoeuropäische Charakter des Hethitischen, der sich in diesem Satz zeigte, war unerwartet, aber nicht zu bezweifeln.

Zu der großen Familie der indoeuropäischen Sprachen gehören die folgenden Sprachzweige: Anatolisch (z. B. Hethitisch usw.),[81] Indo-Iranisch (z. B. Sanskrit, die alte Sprache Indiens, oder Persisch), Slawisch (z. B. Russisch), Baltisch, Italisch (z. B. Latein, Französisch, Spanisch), Germanisch (z. B. Deutsch, Englisch), Keltisch, Griechisch, Tocharisch, Armenisch, Phrygisch und Albanisch. Der Vergleich mit den indoeuropäischen Sprachen ist für die Erforschung des Hethitischen von ähnlicher Bedeutung wie der Vergleich des Akkadischen mit den semitischen Sprachen.[82] Die folgende kleine Zusammenstellung von Wörtern zeigt auch dem Laien die Verwandtschaft des Hethitischen mit Deutsch, Englisch oder Latein:

Hethitisch	Vergleichssprachen
ūk „ich"	deutsch *ich*, lateinisch *ego*
wēš „wir"	deutsch *wir*, englisch *we*
kuiš „wer"	lateinisch *quis*
teri- „drei"	deutsch *drei*, lateinisch *trēs*
gēnu- „Knie"	deutsch *Knie*
ḫaššu-š „König"	lateinisch *de-us* „Gott"

Das Wort *ḫaššu-š* „König" hat die Endung *-š* für Nominativ Singular, was sich mit der Endung *-us* in lateinisch *deus* vergleichen lässt usw.

8.5.4. Geschichte der hethitischen Sprache

Das hethitische Textkorpus war mit 700.000 Wörtern das drittgrößte des Alten Orients.

Hethitische Sprachzeugnisse gab es aus der Zeit zwischen der Mitte des 18. und dem Ende des 13. Jh. v. Chr. Meist werden drei Sprachstufen unterschieden: Althethitisch bis König Teli-pinu im 16. Jh. v. Chr.; Mittelhethitisch bis zum Beginn des 14. Jh. v. Chr.; Junghethitisch von Suppi-luliuma I., ca. 1380 v. Chr., bis zum Untergang des hethitischen Reiches um 1200 v. Chr. Die

---

81 Zu den anatolischen indoeuropäischen Sprachen s. die Übersicht in Kap. 8.2 mit Tabelle 8.1, S. 165.
82 Siehe Kap. 8.4.3, S. 174f. zum Akkadischen als semitische Sprache.

ältesten Zeugnisse des Hethitischen waren Lehnwörter und Eigennamen in altassyrischen Texten (20.–18. Jh. v. Chr.) aus Kleinasien.[83] Das Ende der hethitischen Überlieferung kam ähnlich abrupt wie das des Neuassyrischen;[84] für die Zeit nach dem Untergang des hethitischen Reiches fehlen schriftliche Zeugnisse völlig.

Hethitische Keilschrifttexte gehörten ganz unterschiedlichen Textgattungen an: Annalen und Tatenberichte der Könige; diplomatische Korrespondenz, sofern diese nicht in akkadischer Sprache verfasst wurde,[85] und einige andere Briefe; Rechtstexte wie die Hethitischen Gesetze,[86] Gerichtsprotokolle, Schenkungsurkunden (es gibt aber sonst kaum Rechtsurkunden, anders als in Mesopotamien)[87] und Staatsverträge; gelehrte Texte wie Rituale und Omina; literarische Texte wie Hymnen, Gebete und Mythen; lexikalische Listen. Die große Zahl an administrativen Texte aus Mesopotamien[88] hat im hethitischen Schrifttum kein Gegenstück.

8.5.5. Luwisch und die luwischen Hieroglyphen

Das Luwische, in verschiedenen Teilen des Hethiterreiches gesprochen, war die wichtigste der anatolischen Schwestersprachen des Hethitischen. Anders als das Hethitische[89] überlebte es das Ende des hethitischen Reiches; wichtige Textzeugnisse stammen aus der ersten Hälfte des 1. Jt. v. Chr. Das luwische Textkorpus zählte über 28.000 Wörter Text und war damit nach dem Akkadischen, Sumerischen, Hethitischen, Elamischen und Ugaritischen das sechstgrößte des Alten Orients.

Luwisch wurde wie das Hethitische mit Keilschrift geschrieben. Zusätzlich entwickelte man jedoch eine eigene Hieroglyphenschrift für das Luwische. Die Zeichen waren abstrakte Darstellungen von Menschen, Tieren oder Gegenständen. Vom System her waren die luwischen Hieroglyphen wie die Keilschrift eine Mischung aus Logogrammen, Phonogrammen und Determinativen. Die Lautwerte wurden wenigstens teilweise nach dem akrophonischen Prinzip[90] aus luwischen Wörtern abgeleitet: das Zeichen der ausgestreckten Hand erhielt den Lautwert *pi-* nach der ersten Silbe des luwischen Verbs *piya* „geben". Die meisten hieroglyphenluwischen Texte waren monumentale Inschriften auf Reliefs, Stelen und Felswänden, datierten in das 9.

---

83 Zum Altassyrischen s. Kap. 8.4.4, S. 177 mit Tabelle 8.3.
84 Zum Abbrechen der neuassyrischen Überlieferung nach dem Untergang des assyrischen Reichs s. Kap. 8.4.4, S. 178.
85 Zu Akkadisch als Diplomatensprache s. Kap. 8.4.2, S. 174.
86 Vgl. die Übersicht über die altorientalischen Gesetzessammlungen in Kap. 4.1 mit Tabelle 4.1, S. 88.
87 Zu mesopotamischen Rechtsurkunden s. Kap. 9.3.2, S. 202f.
88 Zu administrativen Texten in Mesopotamien s. Kap. 9.2 mit Tabelle 9.1 und Kap. 9.3.3.
89 Zum abrupten Ende der hethitischen Textüberlieferung s. Kap. 8.5.4, S. 182.
90 Akrophonisch = „von den Lauten an der Spitze/dem Anfang (des Wortes)".

und 8. Jh. v. Chr. und stammten aus ehemaligen hethitischen Vasallenstaaten Nordsyriens wie z. B. Karkemisch. Die Schriftrichtung hieroglyphenluwischer Texte war frei: von links nach rechts oder umgekehrt von rechts nach links oder auch wechselnd; letzteres bezeichnet man als „bustrophedon" („wie der Ochse pflügt").

Selten wurde die luwische Hieroglyphenschrift auch für urartäische Inschriften gebraucht.[91]

8.6. Elamisch

8.6.1. Geschichte der elamischen Sprache

Das Elamische wurde ungefähr vom 23. Jh. v. Chr. bis zum 4. Jh. mindestens in Südwestiran geschrieben und gesprochen. Damit grenzte das elamische Verbreitungsgebiet im Westen an Sumer bzw. Babylonien. Die östliche Grenze des elamischen Sprachgebietes ist jedoch unklar. Wichtige Fundorte mit elamischen Texten sind Susa, Dur-Untasch (Tschora Zanbil), Anschan (Tall-i-Malyan) und Persepolis. Felsinschriften kennt man aus Mal-amir, Naqsch-i-Rustam und Bisutun. Dazu kommen zahleiche Einzelfunde aus ganz Iran.

Das Textkorpus beträgt ca. 100.000 Wörter Text und ist damit das viertgrößte des Alten Orients nach dem des Akkadischen, Sumerischen und Hethitischen. Die folgende Tabelle fasst die elamische Sprachgeschichte zusammen (alle Zahlen verstehen sich als „v. Chr."):

Periode	Zeit	Sprachzeugnisse
Proto-Elamisch	3100–2900	Elamisch?
Akkadzeit	2316–2134	(Einführung der Keilschrift für sumerische und akkadische Texte)
Altelamisch	23. Jh.	Erster elamischer Keilschrifttext: Vertrag mit Naram-Su'en von Akkad aus Susa. (Verwaltungstexte akkadisch)
	18. Jh.	Beschwörungen aus Mesopotamien (Verwaltungstexte in Akkadisch). Weihinschrift des Siwe-palar-huhpak
Mittelelamisch	13.–12. Jh.	Bauinschriften aus Susa und Dur-Untasch. Verwaltungstexte aus Anschan (Tepe Malyan).
Neuelamisch		Bauinschriften, Verwaltungstexte, Briefe, Rechtsurkunden und (ganz wenige) literarische Texte vor allem aus Susa

---

91 Zur Schreibung des Urartäischen s. Kap. 8.7.2, S. 187.

8. Die Altorientalistik und die Sprachen des Alten Orients

Periode	Zeit	Sprachzeugnisse
Achämenidisches (perserzeitliches) Elamisch	550–359	Drei- und zweisprachige Königsinschriften (Altpersisch-)Akkadisch-Elamisch. Mehrere 1000 Verwaltungstexte aus Persepolis. Altpersischer Einfluss
Nach-achämenidisches (perserzeitliches) Elamisch?	125	Astronomisches Tagebuch: Elamischer Anführer mit Namen „Pittit"

Tabelle 8.4: Elamische Sprachgeschichte

Zwischen 3100 und 2900 v. Chr. verwendete man in Iran die von der Keilschrift zu unterscheidende proto-elamische Schrift. Sie ist nicht voll entziffert; es gibt keine Hinweise darauf, dass die mit ihr geschriebene Sprache eine frühe Form des Elamischen darstellte. Der Vergleich mit den frühesten mesopotamischen Keilschrifttexten legt nahe, dass es sich bei den proto-elamischen Texten um Verwaltungstexte handelte.

In der Akkadzeit (2316–2134 v. Chr.) wurde in Susa die Keilschrift aus Mesopotamien eingeführt, um sumerische und akkadische Texte zu schreiben. Aus der altelamischen Periode gab es nur vereinzelte Texte: der älteste bekannte elamische Text war der Vertrag eines elamischen Herrschers mit Naram-Su'en von Akkad aus Susa (23. Jh. v. Chr.). Wir kennen außerdem einige elamische Beschwörungen aus dem altbabylonischen Mesopotamien (18. Jh. v. Chr.); offenbar sah man die elamische Sprache ebenso wie die hurritische[92] als geeignet für magische Texte an; in mesopotamischen Ohren klang sie wohl wie „Abrakadabra". Ungefähr gleichzeitig war die Weihinschrift des elamischen Herrschers Siwe-palar-huhpak.

Die Bauinschriften aus mittelelamischer Zeit (1300–100 v. Chr.) waren die ältesten elamischen Texte, welche eine etwas detailliertere Beschreibung der elamischen Sprache erlauben.

Das größte und wichtigste elamische Textkorpus datierte in die achämenidische (altpersische) Periode (550–359 v. Chr.). Die Perserkönige bis Artaxerxes II. (405–359 v. Chr.) hinterließen drei- oder zweisprachige Königsinschriften, die bei der Entschlüsselung des Elamischen im 19. Jh. eine entscheidende Rolle spielten.[93] Auch die große Bisutun-Inschrift des Königs Darius I.[94] (521–486 v. Chr.) war dreisprachig Altpersisch, Elamisch und Akkadisch abgefasst. Außerdem stammten aus Persepolis, der Hauptstadt des Perserreiches, mehrere tausend elamische Verwaltungstexte. Das Lexikon und die Syntax des Elamischen dieser Periode war vom Altpersischen beeinflusst.

---

92 Zu hurritischen Beschwörungen aus Mesopotamien s. Kap. 8.7.1, S. 186.
93 Zu den mehrsprachigen Inschriften der Perserkönige s. auch Kap. 1.2.4, S. 27.
94 Zur Bisutun-Inschrift s. Kap. 1.2.4, S. 29.

Über das Elamische in der nach-achämenidischen Zeit ist nichts Sicheres bekannt. Ein astronomisches Tagebuch[95] erwähnte für das Jahr 125 v. Chr. einen Anführer mit dem elamischen Namen „Pittit"; es könnte also sein, dass man zu dieser Zeit noch Elamisch in Südwestiran sprach.

8.6.2. Verwandtschaft und Struktur der elamischen Sprache

Elamisch war wie Sumerisch eine isolierte Sprache; weder tote noch lebende verwandte Sprachen wurden identifiziert. Dies erschwert die sprachliche Forschung; die mehrsprachigen Inschriften der Perserzeit[96] bieten einen gewissen Ersatz für die fehlende Sprachverwandtschaft, allerdings längst nicht in dem Ausmaß wie die akkadische „Brille" für das Sumerische.[97] Das elamische Textkorpus war zudem deutlich kleiner als das des Akkadischen, Sumerischen oder Hethitischen.[98] Daher sind viele Details der elamischen Grammatik und des Lexikons noch unbekannt.

Elamisch ist wie Sumerisch eine agglutinierende Sprache.[99] Charakteristisch sind die Kongruenzmorpheme, mit denen Nominalphrasen wiederaufgenommen werden, wie das suffigierte -r für die 3. Person Singular und das -k für die 1. Person Singular in den folgenden Beispielen: Personenname *sunki-r hatamti-r* „Personenname, der König (*sunki*)+er (*r*) von Elam (*ḫatamti*)+er (*r*)", „Personenname, der König von Elam", und *u sunki-k hatamti-k* „ich (*u*), der König+ ich (*k*) von Elam+ich (*k*)", „ich, der König von Elam".[100]

8.7. Hurritisch und Urartäisch

8.7.1. Geschichte der hurritischen Sprache

Das Hurritische ist von ca. 2250 v. Chr. bis in das 8. Jh. v. Chr. belegt. Die sprachlichen Zeugnisse stammten aus einer weitgespannten Region vom Osttigrisland über Obermesopotamien und Nordsyrien bis Anatolien. Daraus lässt sich rekonstruieren, dass Hurritisch ursprünglich im nördlichen Obermesopotamien[101] und den nördlich und östlich angrenzenden Bergregionen gesprochen wurde und sich zeitweise weiter nach Süden ausbreitete. Das Hurritische Textkorpus war mit ca. 13.000 Wörtern Text das siebtgrößte des Alten Orients. Die folgende Tabelle fasst die hurritische Sprachgeschichte zusammen (alle Daten verstehen sich als „v. Chr."):

---

95 Zu den astronomischen Tagebüchern s. Kap. 3.2 mit Text 3.3, S. 74.
96 Zu den zwei- und dreisprachigen Inschriften der Perserkönige s. Kap. 1.2.4 und 8.6.1.
97 Zum Sumerischen als isolierte Sprache und seine Erschließung durch die akkadische „Brille" s. Kap. 8.3.3, S. 168.
98 Für die Größe des Textkorpus als Faktor, der den Grad der Erschließung einer Sprache definiert, s. Kap. 8.1.4, S. 163.
99 Zur agglutinierenden Struktur des Sumerischen s. Kap. 8.3.5, S. 172.
100 Für diese Beispiele s. M. Krebernik, in: M. P. Streck (ed.), Sprachen des Alten Orients ([4]2021) 197f.
101 Zum Begriff „Obermesopotamien" s. Kap. 1.1.2, S. 19.

8. Die Altorientalistik und die Sprachen des Alten Orients

Ort/Region	Zeit	Sprachzeugnisse
Mesopotamien	ab 2250	Personennamen, Toponyme
Urkesch (Tell Mozan)	Anfang 2. Jt.	Inschrift des Tisch-atal
Mari, Tuttul, Babylonien	18. Jh.	Beschwörungen
Hattusa	1400–1200	Mythen und andere Epen, Weisheitsliteratur, Omina, Gebete, rituelle Sprüche
Amarna	Mitte 14. Jh.	Brief des Königs Tusch-ratta von Mittani an den Pharao Amen-hotep III.
Ugarit	1400–1200	Religiöse Texte, Weisheitsliteratur, lexikalische Listen (bis zu viersprachig: Sumerisch, Akkadisch, Ugaritisch, Hurritisch)
Emar	1400–1200	Lexikalische Liste, Omina, Weisheitsliteratur
Nuzi, Qatna	1400–1200	Akkadisch mit starkem hurritischen Einfluss für Verwaltungstexte und Rechtsurkunden
Obermesopotamien	–8. Jh.	Personennamen, Toponyme

Tabelle 8.5: Hurritische Sprachgeschichte

Die ältesten hurritischen Sprachzeugnisse waren Personennamen und Toponyme in Mesopotamien aus dem letzten Drittel des 3. Jt. v. Chr. Der älteste hurritische Text ist die Inschrift des Königs Tisch-atal von Urkesch (heute Tell Mozan) in Obermesopotamien vom Beginn des 2. Jt. v. Chr. Aus etwas späterer Zeit (18. Jh. v. Chr.) stammen aus verschiedenen Orten Mesopotamiens (Mari, Tuttul, Babylonien) hurritische Beschwörungen; das Hurritische galt anscheinend in Mesopotamien wie das Elamische[102] bisweilen als eine für magische Texte geeignete „Abrakadabra"-Sprache.

Die Hauptmasse hurritischer Texte verschiedener literarischer Genres wurde in der hethitischen Hauptstadt Hattusa gefunden und datiert in die Zeit zwischen 1400 und 1200 v. Chr. Aus derselben Periode stammt das wichtigste und längste Dokument in hurritischer Sprache, der sogenannte Mittani-Brief, den König Tusch-ratta von Mittani an den ägyptischen Pharao Amen-hotep III. nach Amarna in Ägypten sandte.[103] Auch in Ugarit an der Mittelmeerküste und in Emar am obermesopotamischen Euphrat wurden verschiedene Gattungen gelehrter Texte in hurritischer Sprache gefunden, welche in diese Zeit datieren. Im osttigridischen Nuzi und im mittelsyrischen Qatna schrieb man in dieser Periode Verwaltungstexte und Rechtsurkunden in einem stark hurritisch beeinflussten Akkadisch.

---

102 Zur Verwendung des Elamischen in Beschwörungen aus Mesopotamien s. Kap. 8.6.1.
103 Meist wurde in der Korrespondenz dieser „Amarna"-Periode das Akkadische als internationale Verkehrssprache verwendet, s. Kap. 8.4.4, S. 178.

Mit den großen Veränderungen im Alten Orient um 1200 v. Chr., bei denen unter anderem die Hethiterhauptstadt Hattusa und die syrische Hafenstadt Ugarit untergingen,[104] verschwanden auch hurritische Texte aus dem Alten Orient. Bis etwa ins 8. Jh. v. Chr. sind, wie zu Beginn der hurritischen Sprachgeschichte, nur noch hurritische Personennamen und Toponyme belegt.

8.7.2. Geschichte der urartäischen Sprache

Urartäische Texte, zusammen etwa 10.000 Wörter Text, stammten aus der Zeit vom Ende des 9. bis 7. Jh. v. Chr. aus dem Reich von Urartu (Armenien, Osttürkei, Nordwestiran). Die wichtigste Textgattung waren Königsinschriften in einer aus Assyrien übernommenen Variante der Keilschrift. Es gab aber auch aus verschiedenen Orten bislang nur schwer verständliche Verwaltungstexte. Einige kurze Inschriften waren in der luwischen Hieroglyphenschrift verfasst,[105] einige kurze Gefäßaufschriften in einer eigenen urartäischen Hieroglyphenschrift.

8.7.3. Verwandtschaft des Hurritischen und Urartäischen

Hurritisch und Urartäisch waren wie das Sumerische[106] agglutinierende und ergative Sprachen. Agglutinierend war ferner auch das Elamische.[107] Hurritisch und Urartäisch waren miteinander verwandt, aber weitere ausgestorbene oder lebende Verwandte wurden nicht identifiziert. Beide Sprachen sind deshalb heute nur unzureichend bekannt.

Die Verwandtschaft von Hurritisch und Urartäisch zeigte sich z. B. bei den Pronomina: „ich" im Absolutiv heißt in beiden Sprachen *ište*, „er" *mane*. Auch im Kasussystem: in beiden Sprachen hatte der Kasus Absolutiv keine Endung, der Kasus Ergativ[108] endete Hurritisch im Singular auf *-š*, Urartäisch auf *-š(e)*, der Kasus Direktiv endete Hurritisch im Singular auf *-da*, Urartäisch auf *-(e)di* usw.

Auch Wörter des Grundwortschatzes lassen die Verwandtschaft erkennen: „Mensch" ist *tarše* (Hurritisch) und *taršuani* (Urartäisch), „Berg" *paba* (Hurritisch) und *baba* (Urartäisch), „geben" und „tun" in beiden Sprachen *ar* und *tan*.

---

104 Zum Ende des Hethiterreichs und des Stadtstaates von Ugarit s. Kap. 2.3, S. 58f. mit Tabelle 2.3.
105 Zur luwischen Hieroglyphenschrift s. Kap. 8.5.5, S. 182.
106 Zur Sprachstruktur des Sumerischen s. Kap. 8.3.5, S. 172f.
107 Zur elamischen Sprache s. Kap. 8.6.2, S. 185.
108 Zu den Kasus Absolutiv und Ergativ s. Kap. 8.3.5, S. 173.

8.8. Das Alphabet

Neben der mesopotamischen Keilschrift,[109] der proto-elamischen Schrift,[110] den luwischen Hieroglyphen,[111] den urartäischen Hieroglyphen[112] und der altpersischen Keilschrift[113] brachte der Alte Orient mit dem Alphabet ein weiteres Schriftsystem hervor, das im Lauf der Geschichte sämtliche anderen Schriftsysteme des Alten Orients verdrängte, sich nach Europa und schließlich von dort aus über große Teile der Welt verbreitete.

Wie die Keilschrift[114] diente das Alphabet im Lauf der Zeit dazu, verschiedene Sprachen zu schreiben. Erfunden wurde es allerdings für eine semitische, genauer vermutlich eine nordwestsemitische Sprache.[115]

8.8.1. Die Geschichte der linearen Alphabete

Die ältesten Zeugnisse des Alphabets waren vermutlich proto-sinaitische Inschriften. Dabei handelte es sich um Inschriften aus der ägyptischen Türkismine Serabit-el-Khadem auf dem Sinai. Sie datieren in die Zeit zwischen ca. 1800 und 1500 v. Chr. (18. bis 12. ägyptische Dynastie) und gaben vermutlich eine nordwestsemitische Sprache wieder. Das Alphabet entstand wahrscheinlich unter Einfluss der altägyptischen Schrift; denn diese verwendete bereits Einkonsonantenzeichen zur Wiedergabe von nicht-ägyptischen Eigennamen.

Das älteste heute ohne Probleme lesbare lineare Alphabet war das phönizische (10./9. Jh. v. Chr.). In vielen Fällen ließen sich die phönizischen Zeichenformen auf Formen älterer Alphabete zurückführen.[116] Vom phönizischen Alphabet wurde das aramäische Alphabet abgeleitet und aus diesem das hebräische und arabische.

Die Phönizier vermittelten das Alphabet auch an die Griechen, die damit seit dem 8. Jh. v. Chr. schrieben. Die äußeren Zeichenform und die griechischen Buchstabennamen lassen den semitischsprachigen und speziell phönizischen Ursprung des griechischen Alphabets erkennen.[117]

---

109 Zur Keilschrift s. Kap. 7, S. 143.
110 Zur protoelamischen Schrift s. Kap. 8.6.1, S. 184.
111 Zu den luwischen Hieroglyphen s. Kap. 8.5.5, S. 182.
112 Zu den urartäischen Hieroglyphen s. Kap. 8.7.2, S. 187.
113 Zur altpersischen Keilschrift s. Kap. 1.2.2, S. 24.
114 Zur Keilschrift als Medium unterschiedlicher Sprachen s. Kap. 7.1, S. 144.
115 Zur semitischen Sprachfamilie s. Kap. 8.4.3, S. 174f.
116 Zu den Zeichenformen der linearen Alphabete s. Kap. 8.8.2, S. 189.
117 Zum Zusammenhang zwischen griechischem Alphabet und den älteren semitischen Alphabeten s. Kap. 8.8.2, S. 189.

8.8.2. Die Lautwerte des semitischen Alphabets und die Buchstabennamen

Wie die Lautwerte der ägyptischen Einkonsonantenzeichen wurden auch die Lautwerte der semitischen Alphabetzeichen nach dem akrophonischen Prinzip abgeleitet: das Zeichen bekam den ersten Laut des Wortes, der durch das Zeichen abgebildet wird. So stellte z. B. das zweite Zeichen des Alphabets ursprünglich einen Hausgrundriss dar. Haus heißt in den semitischen Sprachen *bayt-*, *bēt-* oder *bīt-*; das Zeichen erhielt den ersten Laut dieses Wortes, nämlich b. Weil alle Wörter in den semitischen Sprachen mit einem Konsonanten beginnen, bezeichnen die semitischen Alphabete bis heute primär nur Konsonanten und vernachlässigen die Vokalschreibung. Die folgende Tabelle zeigt die Entwicklung einiger Alphabetzeichen:

Proto-sina-itisches Zeichen	*Phönizisches Zeichen*	*Bildinhalt*	*Zugrunde-liegendes semitisches Wort*	*Phönizischer Konsonantenwert*	*Hebräischer Buchstabenname*	*Griechischer Buchstabenname*	*Griechisches Zeichen*
		Rinderkopf	'alpu	'	Aleph	Alpha	A
		Hausgrundriss	baytu > bētu (phönizisch)	b	Beth	Betha	B
?		Krummholz	gamlu	g	Gimel	Gamma	Γ
		Fisch	(dagu) daltu „Tür"	d	De/aleth	Delta	Δ
		Unterarm mit Hand	jadu	j	Jōd < Jād < jad	Iota	I
		Geöffnete Hand	kappu	k	Kaph	Kappa	K
		Wellenlinie, Wasser	mû/ô	m	Mem	Mü, Mo	M
		Schlange	(naḥašu) nūnu „Fisch"	n	Nun	Nü < Nün (vgl. Mü)	N
		Auge	'aynu	'	'Ayin	Ou, Omikron	O
		Kopf	rāšu > rōšu (phönizisch)	r	Reš	Ro	P
		Kreuz	tawwu „Kennzeichen"	t	Taw	Tau	T

Tabelle 8.6: Die Entwicklung des Alphabets

Die beiden linken Spalten zeigen die Formen der proto-sinaitischen und phönizischen Zeichen. Die dritte Spalte nennt den Bildinhalt des Zeichens. Das dem Zeichen zugrundeliegende semitische Wort wird in Spalte vier angeführt; aus dem ersten Laut des Wortes wurde der in Spalte fünf angegebene Lautwert (angegeben ist hier Phönizisch) abgeleitet.

In der sechsten Spalte steht der hebräische Buchstabenname, der auf das Wort in Spalte vier zurückging; bei Delta und Nun wichen die Buchstabennamen jedoch von den Wörtern „Fisch" und „Schlange" ab, die den ursprünglich bildhaften Schriftzeichen zugrunde lagen; stattdessen gingen sie auf die semitischen Wörter für „Tür" und „Fisch" zurück. Bei den Buchstabennamen Betha und Ro wird deutlich, dass den Buchstabennamen vermutlich das Phönizische oder eine nahestehende Sprache zugrunde lag, in der sich die ursprünglichen Wörter *bayt-* und *rāš-* lautgesetzlich zu *bēt-* und *rōš-* weiter entwickelten.

Die griechischen Buchstabennamen in der vorletzten Spalte waren von den semitischen Buchstabennamen abgeleitet. Die griechischen Zeichen stehen in der letzten Spalte; ihre Formen und Lautwerte hingen eng mit den semitischen Alphabeten zusammen. Damit besteht eine Brücke von den uns geläufigen Zeichen des lateinischen Alphabets zu den jahrtausendealten Formen der semitischen Alphabete: man braucht z. B. nicht viel Fantasie, um den Zusammenhang zwischen unserem A und dem alten Zeichen eines Rinderkopf herzustellen usw.

Das erste Zeichen des Alphabets gibt in den semitischen Sprachen den „Knacklaut" wieder, den wir auch im Deutschen vor Vokalen am Silbenanfang sprechen (deutlich hörbar im Inneren des Wortes „be-achten"). Daraus wurde im Griechischen der Lautwert A. Der Lautwert des Zeichens ʿAyin, abgeleitet aus dem semitischen Wort für Auge, ist ein für die semitischen Sprachen typischer Laut; im Griechischen wurde er zum *O mikron*, dem „kleinen o".

8.8.3. Das ugaritische und phönizische(?) Keilalphabet

In Ugarit an der syrischen Küste des Mittelmeers und dem benachbarten Ort Ras-ibn-Hani wurden Tontafeln mit Texten in einem Keilalphabet gefunden. Sie datierten in die Zeit zwischen 1400 und 1200 v. Chr. Die ugaritische Sprache war eng mit dem Phönizischen[118] und Hebräischen[119] verwandt. Die Schreibtechnik, die Keile als Grundelemente der Zeichen und die Schriftrichtung von links nach rechts wurden von der mesopotamischen Keilschrift übernommen. Die Zeichenformen lehnten sich dagegen teilweise an die linearen Vorbilder an. Die ugaritische Schrift war damit ein Spiegelbild des kosmopolitischen Charakters der ugaritischen Kultur, in sich mesopotamische, ägyptische und nordwestsemitische Traditionen vermischten.

---

118 Zum Phönizischen s. Kap. 8.9.3, S. 192.
119 Zum Hebräischen s. Kap. 8.9.5, S. 193.

Das ugaritische Langalphabet hatte 30 Zeichen, acht mehr als das spätere phönizische Alphabet. Dies spiegelt den älteren Lautstand der ugaritischen Sprache wider. In Ugarit wurden Keilschrifttäfelchen gefunden, die sämtliche Zeichen des Alphabets in einer festen, von den Schreibern erlernten Reihenfolge festhielten. Diese Reihenfolge war im Großen und Ganzen dieselbe wie in den späteren hebräischen und griechischen Alphabeten, wobei die später fehlenden Zeichen eingegliedert oder zum Schluss angefügt waren. Damit lässt sich auch die im Deutschen gültige, von den Griechen vermittelte Reihenfolge des lateinischen Alphabets teilweise auf eine jahrtausendealte Tradition zurückführen.

Tabelle 8.7 zeigt die Zeichen des ugaritischen Keilalphabets in der damals meist üblichen Reihenfolge mit ihrer lateinischen Umschrift, wobei die im späteren phönizischen und hebräischen Alphabet fehlenden Zeichen durchgestrichen sind. Die dritte Zeile nennt die entsprechenden Zeichen des deutschen Alphabets.

Ugaritische Keilschrift														
Lateinische Umschrift	ʾa	b	g	ḫ	d	h	w	z	ḥ	ṭ	j	k	ś	l	m
Deutsches Alphabet	a	b...		d...		h...					j	k		l	m

Ugaritische Keilschrift												
Lateinische Umschrift	ḏ	n	ẓ	s	ʿ	p	ṣ	q	r	ṯ	ġ	t	ʾu	s̀
Deutsches Alphabet		n...				p		q	r	s		t...		

Tabelle 8.7: Das Ugaritische Keilalphabet

Neben dem ugaritischen keilschriftlichen Langalphabet gab es auch einige wenige Texte in einem aus vermutlich 22 Zeichen bestehenden Kurzalphabet, die vielleicht die phönizische oder eine ihr nahestehende kanaanäische Sprache wiedergaben.[120]

8.9. Die nordwestsemitischen Sprachen des Alten Orients

8.9.1. Amurritisch und andere frühe Zeugnisse

Die nordwestsemitischen Sprachen sind ein Zweig der semitischen Sprachen.[121] Die ihnen zugerechneten Sprachen sind eng miteinander verwandt. Bereits in den akkadischen Texten von Ebla um 2350 v. Chr.[122] fanden

---

120 Zum keilschriftlichen Kurzalphabet s. J. Tropper, Ugaritische Grammatik. Zweite, stark überarbeitete und erweiterte Auflage (= Alter Orient und Altes Testament 273, Münster 2012) 73–80.
121 Vgl. Abb. 8.1. in Kap. 8.4.4, S. 175 mit einem Stammbaum der semitischen Sprachen.
122 Zu Ebla s. auch Kap. 8.4.4, S. 177.

sich nordwestsemitische Personennamen und Lehnwörter. Aus der ersten Hälfte des 2. Jt. v. Chr. kennen wir tausende Personennamen und über 100 Lehnwörter in akkadischen Texten besonders aus Obermesopotamien und Babylonien; sie gehörten vermutlich verschiedenen Dialekten des Nordwestsemitischen an, die in den akkadischen Texten als „Amurritisch" bezeichnet wurde. Zwei rezent veröffentlichte zweisprachige amurritisch-akkadische Vokabulare[123] bieten Namen, Wörter und Phrasen in beiden Sprachen.

8.9.2. Ugaritisch

Das ugaritische, in einem Keilalphabet geschriebene[124] Textkorpus (1400–1200 v. Chr.) bestand aus ca. 2.000 Tontafeln mit zusammen 40.000 Wörtern Text: über 170 literarische Texte (Epen, Hymnen, Rituale, Opferlisten), ca. 800 Alltagstexte (über 700 Wirtschaftstexte, über 80 Briefe und einige Rechtsurkunden), 25 Alphabettafeln und andere Schreiberübungen sowie über 70 Inschriften auf Objekten. Neben den Altorientalisten befasst sich mit dem Ugaritischen auch oft die Alttestamentliche Theologie,[125] weil in Ugarit viele biblische Traditionen fassbar sind.

8.9.3. Phönizisch

Das Phönizische, geschrieben in einem linearen Alphabet[126], ist ab dem 11. Jh. v. Chr. in Inschriften aus der libanesischen Hafenstadt Byblos bezeugt. Zwei Jahrhunderte älter sind die Texte im „ugaritischen" Kurzalphabet, die vielleicht die phönizische Sprache (oder eine ihr nahestehende Sprache) wiedergaben (man könnte deshalb auch vom „phönizischen Keilalphabet" sprechen).[127] Ab dem 9. Jh. v. Chr. bis zum 1. Jh. n. Chr. gab es Inschriften aus Kleinasien, aber auch aus Zypern, Sizilien, Sardinien, Malta, Rhodos, Ägypten, Spanien und vielen weiteren Orten. Spätphönizische, punische Inschriften gab es aus Nordafrika vom 6. Jh. v. Chr. bis zum 2. Jh. n. Chr. Das Phönizische liegt damit an der Grenze der Arbeitsgebiete von Altorientalistik und Semitistik.[128]

8.9.4. Aramäisch im Alten Orient

Die Geschichte des Aramäischen begann bereits im Alten Orient, ging aber weit über ihn hinaus und reicht in Resten bis in die heutige Zeit. Die älteste Sprachstufe war das Altaramäische zwischen 900 und 600 v. Chr. Damit ist hauptsächlich das Aramäische verschiedener altorientalischer Kleinstaaten

---

123 A. R. George /M. Krebernik, Two Remarkable Vocabularies: Amorite-Akkadian Bilinguals!, Revue d'Assyriologie 116 (2022) 113–166.
124 Zum ugaritischen Keilalphabet s. Kap. 8.8.3, S. 191.
125 Zum Verhältnis von Altorientalistik zur alttestamentlichen Theologie s. Kap. 1.3, S. 31f.
126 Zum linearen Alphabet s. Kap. 8.8.1, S. 188.
127 Zum keilschriftlichen Kurzalphabet für das Phönizische s. Kap. 8.8.3, S. 191.
128 Zum Verhältnis der Altorientalistik zur Semitistik s. Kap. 1.3, S. 33.

in Obermesopotamien und Nordsyrien gemeint: Tell Halaf; eine aramäisch-assyrische Bilingue aus Tell Fecherije; Sfire, wo aramäisch geschriebene Verträge, Königs-, Gedenk- und Weihinschriften gefunden wurden; Sam'al (Zincirli); Hama in Mittelsyrien. Aus Tell Dan im Norden Israels stammte eine ins 9./8. Jh. v. Chr. datierende Inschrift, die das „Haus Davids" – gemeint ist der biblische David – nannte.

Das Reichsaramäische war die Sprachstufe zwischen 600 und 200 v. Chr. In dieser Zeit verdrängte in Babylonien das Aramäische immer mehr das Akkadische und wurde zur Umgangssprache.[129] Im Perserreich war es Verwaltungssprache – daher der Name „Reichsaramäisch". In Reicharamäisch waren auch Papyri aus Ägypten und die biblischen Bücher Esther und Daniel geschrieben; man spricht bei den letzteren auch vom Biblisch-Aramäischen.

Bei der Erforschung des Aramäischen überschneiden sich die Universitätsfächer Altorientalistik, Semitistik und Alttestamentliche Theologie.[130]

8.9.5. Althebräisch

Das Althebräische wird in Inschriften ab dem 10. Jh. v. Chr. greifbar. Die biblischen Bücher Genesis bis 2. Buch Könige wurden vor dem babylonischen Exil, d. h. vor dem 6. Jh., geschrieben,[131] während die Spätschriften des Alten Testaments aus der Zeit nach dem Ende des babylonischen Exils (nach 539 v. Chr.) stammen. Gesprochenes Hebräisch wurde ab der 2. Hälfte des 1. Jt. v. Chr. schrittweise vom Aramäischen und Griechischen verdrängt. (Kultur-)historisch gehört das Althebräische zwar in den Alten Orient. Dennoch ist es nicht eigentliches Arbeitsgebiet der Altorientalistik, sondern das der alttestamentlichen Theologie und der Semitistik.[132]

8.10. Zusammenfassung

- Altorientalische Sprachen werden nicht mehr gesprochen; ihre Erschließung wird dadurch behindert. Die meisten von ihnen waren seit der Antike vergessen und mussten im 19. und 20. Jh. wieder entschlüsselt werden.
- Sumerisch war die älteste geschriebene Sprache des Alten Orients (Ende 4. Jt. v. Chr.). Es wurde im südlichsten Viertel Mesopotamiens gesprochen, starb bereits zu Beginn des 2. Jt. v. Chr. aus und wurde zum „Latein" des Alten Orients. Sumerisch war eine isolierte, agglutinierende und ergative Sprache, deren Erschließung teilweise durch die akkadische „Brille" erfolgt.

---

129 Vgl. zur Verdrängung des Akkadischen durch das Aramäische auch Kap. 8.4.4, S. 178.
130 Zum Verhältnis der Altorientalistik zu diesen Fächern s. Kap. 1.3, S. 31f.
131 Zur Eroberung Jerusalems durch Nabu-kudurri-usur II. und dem babylonischen Exil s. Kap. 2.2.2 mit den Texten 2.6, S. 43, 2.8, S. 45 und 2.10, S. 46f.
132 Zum Verhältnis der Altorientalistik zu diesen Fächern s. Kap. 1.3, S. 31f.

- Akkadisch gehörte der Familie der semitischen Sprachen an, was ihre Erschließung erleichtert. Das akkadische Textkorpus war das umfangreichste des Alten Orients und entsprach in der Größe etwa dem des antiken Latein. Babylonisch und Assyrisch waren die beiden Hauptdialekte des Akkadischen. Akkadische Sprachzeugnisse gab es von der Mitte des 3. Jt. v. Chr. bis um Christi Geburt herum.
- Hethitisch war eine indoeuropäische Sprache. Gesprochen und geschrieben wurde sie in der zentralen Türkei zwischen 1750 und 1220 v. Chr.
- Luwisch war eine Schwestersprache des Hethitischen und wurde in Keilschrift sowie in luwischen Hieroglyphen geschrieben.
- Elamisch war eine isolierte Sprache. Sie wurde vom 24. bis zum 4. Jh. v. Chr. in Südwestiran gebraucht.
- Hurritisch und Urartäisch waren miteinander verwandt. Heimat der Hurritischen war Nordmesopotamien und die nördlich und östlich angrenzenden Bergregionen. Hurritische Sprachzeugnisse gab es vom 23. bis zum 8. Jh. v. Chr. Urartäisch wurde vom 9. bis zum 7. Jh. in Ostkleinasien geschrieben.
- Das Alphabet wurde in der ersten Hälfte des 2. Jt. v. Chr. im Alten Orient erfunden und zunächst für verschiedene nordwestsemitische Sprachen gebraucht. Von dort wurde es über Griechenland nach Europa vermittelt.
- Nordwestsemitische Sprachen des Alten Orients waren das Ugaritische (geschrieben mit einem Keilalphabet) sowie die mit linearen Alphabeten geschriebenen Sprachen Phönizisch, Alt- und Reichsaramäisch sowie Althebräisch.

8.11. Bibliografie

- *Altorientalische Sprachen allgemein*: Woodard R. D. 2004: World's Ancient Languages. Cambridge. – Gzella H. [2]2012 (ed.): Sprachen aus der Welt des Alten Testaments. Darmstadt. – Streck M. P. 2011: Sprache, RlA 13, 16–19. – Hasselbach R. 2020 (ed.): A Companion to Ancient Near Eastern Languages. – Streck M. P. [4]2021 (ed.): Sprachen des Alten Orients. Darmstadt.
- *Sumerisch*: Sallaberger W. 2004: Das Ende des Sumerischen. Tod und Nachleben einer altmesopotamischen Sprache, in: P. Schrijver/P.-A. Mumm (ed.), Sprachtod und Sprachgeburt (Bremen) 108–140. – Jagersma B. 2010: A Descriptive Grammar of Sumerian. Dissertation Leiden. – Cooper J. S. 2012: Sumer, Sumerisch, RlA 13, 290–297. – Zólyomi G. 2017: An Introduction to the Grammar of Sumerian. Budapest. – Keetman J. 2020: Sumerisch auf Tafeln der Schriftstufe Uruk III, in: I. Arkhipov/L. Kogan/N. Koslova (ed.), The Third Millennium. Studies in Early Mesopotamia and Syria in Honor of Walter Sommerfeld and Manfred Krebernik (Leiden/Boston) 341–376. – Attinger P. 2021: Glossaire sumérien-français. Wiesbaden.

- *Sumerisch online*: The Pennsylvania Sumerian Dictionary. http://psd.museum.upenn.edu.
- *Akkadisch*: von Soden W. 1958–81: Akkadisches Handwörterbuch. Wiesbaden. – Oppenheim A. L. et alii 1956–2010 (ed.): The Assyrian Dictionary of the Oriental Institute of the University of Chicago. Glückstadt. – Hackl J. 2018: Zur Sprachsituation im Babylonien des ersten Jahrtausends v. Chr. Ein Beitrag zur Sprachgeschichte des jüngeren Akkadischen, in: S. Fink/M. Lang/M. Schretter (ed.), Sprachsituation und Sprachpolitik – Mehrsprachigkeit im Altertum (= Dubsar 2) 209–238. (*Aussterben des Akkadischen*). – Vita J. P. 2021 (ed.): A History of the Akkadian Language. Leiden/Boston. – Streck M. P. ^{4}2021: Altbabylonisches Lehrbuch (= Porta Linguarum Orientalium, Neue Serie 23). Wiesbaden. – Streck M. P. 2022: Old Babylonian Grammar. Volume One. Leiden/Boston.
- *Akkadisch online:* https://www.gkr.uni-leipzig.de/altorientalisches-institut/forschung/supplement-to-the-akkadian-dictionaries.
- *Hethitisch*: Friedrich J./Kammenhuber A. et alii 1974ff: Hethitisches Wörterbuch. Zweite, völlig neubearbeitete Auflage auf der Grundlage der edierten hethitischen Texte. Heidelberg. – Güterbock H. G./Hoffner H. A. 1980ff.: The Hittite Dictionary of the Oriental Institute of the University of Chicago. Chicago.– Rüster C./Neu E. 1989: Hethitisches Zeichenlexikon. Wiesbaden. – Hoffner H. A. Jr./Melchert H. C. 2008: A Grammar of the Hittite Language (= Languages of the Ancient Near East 1).
- *Hethitisch online:* http://www.hethport.uni-wuerzburg.de/HPM/index.html.
- *Andere indoeuropäische Sprachen Anatoliens:* Laroche E. 1975: Hieroglyphen, hethitische, RlA 4, 394–399. – Laroche E. 1988: Luwier, Luwisch, Lu(w)iya, RlA 7, 181–184. – Melchert H. C. 1995: Indo-European languages of Anatolia, in: J. M. Sasson (ed.), Civilizations of the Ancient Near East IV 2151–2159. – Hawkins J. D. 2000: Corpus of Hieroglyphic Luwian Inscriptions. Berlin/New York. – Van den Hout T. 2004: Pala, Palaer, Palaisch, RlA 10, 191f.
- *Andere indoeuropäische Sprachen Anatoliens online:* Hackstein O./Miller J./Rieken E.: Digitales philologisch-etymologisches Wörterbuch der altanatolischen Kleinkorpussprachen. https://www.ediana.gwi.uni-muenchen.de.
- *Proto-Elamisch*: Englund R. 2006: Proto-Elamisch, RlA 11, 21–26.
- *Elamisch*: Hinz W./Koch H. 1987: Elamisches Wörterbuch. – Grillot-Susini F. 1987: Eléments de grammaire élamite. – Stève M.-J. 1992: Syllabaire élamite: Histoire et paléographie. Neuchâtel/Paris.
- *Hurritische und urartäische Grammatik*: Wegener I. ^{2}2007: Hurritisch. Eine Einführung. Wiesbaden. – Richter T. 2013: Bibliographisches Glossar des Hurritischen. Wiesbaden.

8. Die Altorientalistik und die Sprachen des Alten Orients

- *Urartäisch*: Von Schuler E. 1972–75: Hieroglyphen, urartäische, RlA 4, 400f. – Salvini M./Wegener I. 2014: Einführung in die urartäische Sprache. Wiesbaden.
- *Alphabet*: Sass B. 1991: Studia alphabetica. On the Origin and Early History of the Northwest Semitic, South Semitic and Greek Alphabets (= Orbis Biblicus et Orientalis 102). – Tropper J. 2001: Entstehung und Frühgeschichte des Alphabets, Antike Welt 32/4, 353–358. – Krebernik M. 2007: Buchstabennamen, Lautwerte und Alphabetgeschichte, in: R. Rollinger et alii (ed.), Getrennte Wege? Kommunikation, Raum und Wahrnehmung in der Alten Welt (Frankfurt) 108–175.
- *Amurritisch:* Streck M. P. 2000: Das amurritische Onomastikon der altbabylonischen Zeit. Die Amurriter. Die onomastische Forschung. Orthographie und Phonologie. Nominalmorphologie (= Alter Orient und Altes Testament 271/1). – Golinets V. 2018: Das amurritische Onomastikon der altbabylonischen Zeit. Verbalmorphologie des Amurritischen und Glossar der Verbalwurzeln (= Alter Orient und Altes Testament 271/2). – George A. R./Krebernik M. 2022: Two Remarkable Vocabularies: Amorite-Akkadian Bilinguals!, Revue d'Assyriologie 116, 113–166.
- *Ugaritisch*: Tropper J. ²2013: Ugaritische Grammatik (= Alter Orient und Altes Testament 273). – Del Olmo Lete G./Sanmartín J. ²2004: A Dictionary of the Ugaritic Language in the Alphabetic Tradition (= Handbuch der Orientalistik 67).
- *Ugaritisch online*: Müller R.: Ugarit-Portal Göttingen. https://uni-goettingen.de/de/431176.html.
- *Phönizisch*: Friedrich J./Röllig W./Guzzo Amadasi M. G. ³1999: Phönizisch-punische Grammatik. Rom.
- *Aramäisch im Alten Orient:* Gzella H. 2023: Aramäisch. Weltsprache des Altertums. München.

9. Die Altorientalistik und die Keilschrifttexte

Die Gottesschrift, die amtlich-heilige von Babel,
die Schrift des Gesetzes, der Lehre und der Mären,
für die es den Ton gab und den Griffel

Thomas Mann, Joseph und seine Brüder

9.1. Die Gattungen des Schrifttums in Keilschrift

Das keilschriftliche Schrifttum bestand aus zahlreichen unterschiedlichen Textgattungen. Es kann auf unterschiedliche Weisen weiter untergliedert werden. Im Folgenden werden die Keilschrifttexte in drei große Gattungen eingeteilt:

a) Alltagstexte:[1] Briefe, Rechtsurkunden und administrative Texte aller Art (auch „Wirtschaftsurkunden" genannt). Diese Texte dienten der Kommunikation, den Rechtsgeschäften und der Administration der großen Institutionen Tempel und Palast oder von Privathaushalten. Alltagstexte waren fast immer Unikate, die nur ein einziges Mal in einer gegebenen Situation verfasst wurden.

b) Monumentale Texte:[2] Texte, die primär nicht, wie die Alltagstexte, auf dem alltäglichen Schriftträger Tontafel, sondern auf anderen Schriftträgern angebracht waren, z. B. auf Stelen,[3] Reliefs und anderen „Monumenten". Die Autoren bzw. Auftraggeber monumentaler Texte waren fast immer Herrscher oder Mitglieder seiner Familie, weshalb die Altorientalistik meist von „Königsinschriften" spricht. Königsinschriften konnten in mehreren Kopien vorliegen (z. B. Ziegelinschriften), gehörten aber im Allgemeinen nicht zur immer wieder über die Zeiten hinweg abgeschriebenen Traditionsliteratur.

c) Traditionstexte:[4] gelehrte („wissenschaftliche") Texte[5] und literarische Texte.[6] Traditionstexte wurden im Lauf der mesopotamischen Geschichte immer wieder ab- und umgeschrieben, sukzessiv erweitert und in andere Sprachen übersetzt; der „Klassiker" ist die Übersetzung aus dem Sumerischen in das Akkadische. Viele Traditionstexte lagen daher in mehreren Abschriften vor. In der mittelbabylonischen Zeit (2. Hälfte 2. Jt. v. Chr.) begannen viele Traditionstexte, eine feste, nur noch marginal veränderbare Form anzunehmen, weshalb man sie auch „kanonisch" genannt hat.

---

1 Zu den Alltagstexten s. Kap. 9.3, S. 199f.
2 Zu den monumentalen Texten s. Kap. 9.4, S. 208f.
3 Wie etwa die Stele mit dem Kodex Hammu-rapi, s. Kap. 4, S. 87f.
4 Der Begriff „Traditionstexte" ist die Übersetzung des Ausdrucks „stream of tradtion", den A. L. Oppenheim, Ancient Mesopotamia. Portrait of a Dead Civilization (Chicago A. L. [2]1977) 7–23 in die Altorientalistik eingeführt hat.
5 Zu den gelehrten Texten s. Kap. 9.5, S. 215f. und Kap. 6, S. 123f.
6 Zu den literarischen Texten s. Kap. 9.6, S. 219f. und Kap. 10, S. 245f.

9. Die Altorientalistik und die Keilschrifttexte

Im Folgenden werden die Textgattungen der Keilschrift einzeln vorgestellt. Dabei werden nur die Hauptgattungen genannt; eine verfeinerte Typologie ist überall möglich. Die Beispiele beschränken sich auf Texte in akkadischer oder sumerischer Sprache.

9.2. Der relative Umfang der keilschriftlichen Gattungen

Die Gesamtzahl aller zur Zeit bekannten Keilschrifttexte beläuft sich auf ca. 600.000. Bereits in Kap. 8 wurde der Umfang des keilschriftlichen Schrifttums in den altorientalischen Sprachen in Wörtern Text angegeben. Die folgende Tabelle 9.1 bietet eine Übersicht über die großen Gruppen des keilschriftlichen Schrifttums mit ihren ungefähren relativen Anteilen in den beiden Hauptsprachen Mesopotamiens, dem Sumerischen und Akkadischen. Die entscheidende Größe ist nicht die Zahl der Keilschrifttexte, die ganz unterschiedlich lang sind, sondern der Umfang des Schrifttums in Wörtern Text. Dabei ist zu berücksichtigen, dass Traditionstexte, die oft in mehreren Kopien vorliegen (wir sprechen von „Parallelüberlieferung"), nur einmal gezählt wurden. Die Zahlen beruhen nicht auf exakten Zählungen, sondern auf Schätzungen.

Gattungen des Schrifttums	Sumerisch	Akkadisch
Alltagstexte: Briefe, Rechtsurkunden, administrative Texte (letztere auch „Wirtschaftsurkunden")	ca. 94 %	ca. 92 %
Monumentale Texte (auch „Königsinschriften")	ca. 1 %	ca. 2 %
Traditionstexte: gelehrte und literarische Texte	ca. 5 %	ca. 6 %

Tabelle 9.1: Die Gattungen des keilschriftlichen Schrifttums

Die Zahlen zeigen für beide Sprachen Sumerisch und Akkadisch nahezu übereinstimmend dasselbe Bild (die minimalen Unterschiede beruhen wahrscheinlich nur auf der Unschärfe der Schätzungen): Alltagstexte stellen mit über 90 % den Löwenanteil am mesopotamischen, in Keilschrift überlieferten Schrifttum. Traditionstexte machen nur ca. 5–6 % dieses Schrifttums aus und monumentale Texte nur ca. 1–2 %. Es zeigt sich, dass die schriftliche Überlieferung aus dem Alten Mesopotamien völlig anders zusammengesetzt ist als etwa aus der griechisch-römischen Antike, in der Texte, die den keilschriftlichen Traditionstexten entsprechen, den Hauptanteil stellen. Nur im hethitischen Schrifttum tritt der Anteil der Alltagstexte hinter den der Traditionstexte zurück, ohne dass dieser Eindruck hier mit Zahlen unterfüttert werden kann.

Aus den unterschiedlichen Anteilen der Gattungen an der schriftlichen Überlieferung folgt, dass der Fokus (kultur-)historischer Forschung in der Altorientalistik woanders liegt als in der sich mit der klassischen Antike beschäftigenden Geschichtsforschung und sich auch die Forschungsmethoden notwendigerweise teilweise unterscheiden: während unser Bild der klassischen Antike wesentlich von den antiken Historikern und der griechisch-lateinischen Literatur und damit von sekundären (kultur-)historischen Quellen geprägt ist, hat die Altorientalistik in erheblichem Umfang Primärquellen zur Verfügung.[7] Die Auswertung dieser Quellen ist zwar mit großen Anstrengungen verbunden und ergibt nicht überall ein vollständiges, sondern vielmehr in der Regel ein mit Lücken durchsetztes, mosaikartiges Bild der altorientalischen (Kultur-)Geschichte. Dafür erlauben die Quellen jedoch in höherem Maß, als das für das antike Griechenland und Rom möglich ist, die Rekonstruktion der Wirtschaft- und Rechtsgeschichte, der Administration von Palast und Reich auch unterhalb der Ebene des Herrschers, der Organisation des Kultes in den Tempeln und des Alltagslebens der Menschen besonders in der Stadt, aber bisweilen auch auf dem Land (letzteres z. B., wenn man an die Quellenlage zum altorientalischen Nomadismus denkt).

9.3. Alltagstexte

9.3.1. Briefe

Aus dem Alten Orient sind über 20.000 keilschriftliche Briefe überliefert. Die umfangreichsten Briefkorpora stammten aus Babylonien und Assyrien im 2. und 1. Jt. v. Chr. Die meisten Briefe gehörten zu Palast- und Tempelarchiven, besonders aus dem altbabylonischen Palast von Mari, den neuassyrischen Palästen in Ninive oder den neu-/spätbabylonischen Tempeln in Sippar und Uruk. Es gab aber auch Briefe aus Privatarchiven, vor allem aus altassyrischer Zeit. Die ganz überwiegende Zahl von Briefen aus Mesopotamien war in akkadischer Sprache abgefasst; sumerische Briefe aus dem 3. Jt. v. Chr. waren dagegen selten.

Zahlreiche Briefe gingen zwischen dem König und seinen Beamten hin und her.[8] Beamte in Palast oder Tempel schrieben sich aber auch untereinander.[9] Diplomatische Briefe wurden zwischen Herrschern verschiedener Reiche ausgetauscht. Briefe zwischen Privatleuten kamen ebenfalls vor, etwa die Briefe der in Kleinasien tätigen Kaufleute in der altassyrischen Periode (20.–18. Jh. v. Chr.).

Anders als Rechtsurkunden waren keilschriftliche Briefe nicht datiert. Die Briefeinleitung folgte einem Formular, das in den verschiedenen Perioden variierte. Dieses Formular nannte Adressat und Absender und meist auch Segenswünsche für ersteren. Der folgende Brieftext war dann frei formu-

---

7 Zur Differenzierung von Primär-, Sekundär- und Tertiärquellen siehe Kap. 2.2.2, S. 41f.
8 Siehe auch den Brief des Gelehrten Akkullanu an den assyrischen KönigAschur-bani-apli, Text 6.9 in Kap. 6.4.2, S. 135.
9 Vgl. den von einem hohen Beamten geschriebenen Text 2.5 in Kap. 2.2.2, S. 42.

9. Die Altorientalistik und die Keilschrifttexte

liert; ein formelhaftes Briefende gab es nicht. Briefe stellen das Rückgrat sprachlicher Forschung am Akkadischen dar. Die in akkadischen Briefen verwendete Sprache stand der Umgangssprache näher als die irgendeiner anderen Textgattung. In ihnen wurde eine größere Bandbreite an Formen und syntaktischen Konstruktionen eingesetzt als in anderen Textgattungen.

Neben der fehlenden Datierung stellt der manchmal nur mühsam rekonstruierbare Hintergrund der in den Briefen geschilderten Sachverhalte ein Problem für die (kultur-)historische Forschung dar. Absender und Adressat besaßen diesen Hintergrund und setzten ihn oft bei der Abfassung des Briefes voraus, der Historiker dagegen kann ihn nur erschließen.

Der folgende Brief wurde von Hammu-rapi (1784–1742 v. Chr.), König von Babylon, an Sin-iddinam, Verwalter des von Hammu-rapi eroberten Reiches Larsa geschrieben:

> [Zu] S[in]-iddinam sprich! Folgendermaßen Hammu-rapi: Mendibum, Enlilda-hetil und Parparum haben mir so geschrieben. Folgendermaßen sie: „Sin-iddinam hat uns 1000 Arbeiter zum Kleinvieh scheren gegeben. Die Arbeiter, die uns zum Kleinvieh scheren zur Verfügung stehen, sind angesichts (der Menge) des Kleinviehs zu wenig." So haben sie mir geschrieben. Setze (mehr) Arbeitskräfte ein, und die Schur soll schnell beendet werden!

Text 9.1: Ein altbabylonischer Brief Hammu-rapis an Sin-iddinam[10]

Der Brief zeigt, dass sich Hammu-rapi selbst um administrative Details in seinem Reich kümmerte. Die drei für die Schafschur Verantwortlichen wendeten sich direkt an den König, weil ihre Bitte um mehr Arbeiter von Sin-iddinam vermutlich abschlägig beschieden worden war. Die große Zahl von 1000 Arbeitern lässt auf eine gewaltige Menge Schafe schließen; sie belegt eindrucksvoll die ökonomische Bedeutung der mesopotamischen Schafzucht,[11] deren wichtigstes Produkt die Schafswolle und die daraus hergestellten Textilien waren.

Die Briefeinleitung nannte erst den Adressaten und dann den Absender. Die formelhafte Aufforderung „sprich!" richtete sich ursprünglich an den schriftkundigen Schreiber, der den Brief dem Adressaten vorlas, weil letzterer nicht in jedem Fall selbst lesen konnte. Sie wurde jedoch als traditionelle Formel auch dann beibehalten, wenn der Adressat des Lesens mächtig war. Segensformeln fehlten hier, weil ein Ranghöherer an einen Rangniedrigeren schrieb.

Der folgende kleine, ebenfalls altbabylonische Brief wurde von Schibtu, der Königin von Mari, an ihren Gemahl geschrieben:

---

10 R. Frankena, Altbabylonische Briefe Heft 2: Briefe aus dem British Museum (LIH und CT 2–33) (Leiden 1966) Text Nr. 25.
11 Zur Bedeutung der Schafzucht s. Kap. 3.4.1, S. 77f.

> [Zu meinem Herrn sprich! Folgendermaßen Schib]tum, deine Dienerin. Ich habe Zwillinge geb[or]en: einen Jungen und ein Mädchen. Mein Herr möge sich freuen.

Text 9.2: Ein altbabylonischer Brief Schibtus an Zimri-lim[12]

Schibtu teilte dieses Ereignis Zimri-lim (1767–1754 v. Chr.), dem König von Mari und Vater der Kinder, per Brief mit, weil er offensichtlich nicht im Palast weilte, sondern in politisch-militärischer Mission unterwegs war. Der Briefkopf, in dem Schibtu den König als „Herr" und sich selbst als seine „Dienerin" bezeichnete, verdeutlicht bei aller Wichtigkeit, die die Königin besaß, die Machtstrukturen innerhalb der Ehe: Er herrschte und sie diente.

Der folgende Briefauszug stammte aus der mittelbabylonischen Periode. Der ägyptische Pharao Amen-hotep III. schrieb an den babylonischen König Kadaschman-Enlil I. (1374–1360 v. Chr.). Thema waren Heiratsverhandlungen zwischen den beiden Herrschern:

> Sprich [z]u Kadaschman-Enlil, dem König von Karduni[asch] (Babylonien), meinem Bruder: So spricht Nibmuarea, der große König, der König von Ägypten, dein Bruder: Mir geht es gut. Möge es Dir gut gehen. Deinem Haus, deinen Frauen, deinen Söhnen, deinen Magnaten, deinen Pferden, deinen Wagen, deinen Ländern möge es sehr gut gehen. Mir geht es gut. Meinem Haus, meinen Frauen, meinen Söhnen, meinen Magnaten, meinen Pferden, Wagen, meinen Truppen geht es sehr gut und meinen Ländern geht es sehr gut.
>
> Ich habe nun die Angelegenheit gehört, über die du mir geschrieben hast: „Du ersuchst (mich) hier nach meiner Tochter zur Heirat mit dir, doch meine Schwester, die mein Vater dir gab, befindet sich schon bei Dir. Doch niemand hat gesehen, ob sie noch [le]bt oder tot ist." Dies sind deine Worte, die du mir in deiner Tafel geschrieben hast. Hast du jemals einen Würdenträger geschickt, der deine Schwester kennt, der ihr gesprochen hätte und sie identifizieren konnte? Möge doch (ein Würdenträger) mit ihr sprechen. Die Männer, die du geschickt hast, waren Nobodies … Warum kannst Du mir nicht einen deiner Würdenträger schicken, der dir die Wahrheit erzählen kann, (nämlich) das Wohlergehen deiner Schwester, die hier ist, und dann kannst du dem glauben, der eintritt, um ihr Haus und ihre Beziehung zum König zu sehen?
>
> Und dass du mir geschrieben hast: „Vielleicht war die, die mein Bote sah, die Tochter eines armen Mannes oder eines Kaschkäers oder eines Hanigalbatäers oder vielleicht eine von Ugarit! Wer kann ihnen glauben? Sie machte ja ihren Mund nicht [auf]! Man kann ih[nen] ja nicht glauben!" Das waren deine Worte. Doch wenn deine [Schwester] tot wäre, welchen Grund würde es geben, dass man [ihren] T[od] verheimlicht [und] wir eine ande[re] präsentieren? …

Text 9.3: Aus einem Brief Amen-hotep III. von Ägypten an Kadaschman-Enlil I. von Babylonien[13]

---

12 G. Dossin, Archives Royales de Mari 10: Correspondance Féminine (Paris 1978) Text Nr. 26. Weitere Übersetzungen und Kommentare: J.-M. Durand, Documents Épistolaires Du Palais De Mari III (Paris 2000) 306 Text Nr. 1128; https://www.archibab.fr/T8613.
13 C. Bezold/E. W. Budge, The Tell el-Amarna Tablets in the British Museum (London 1892) Text Nr. 1. Übersetzung: W. L. Moran, The Amarna Letters (Baltimore and London 1992) 1–5. Online: https://cdli.mpiwg-berlin.mpg.de Text Nr. P270887.

9. Die Altorientalistik und die Keilschrifttexte

Der Brief des ägyptischen Pharaos Nibmuraea (Amen-hotep III.) an den babylonischen König Kadaschman-Enlil I. wurde in Amarna (altägyptisch Achet-Aten), der damaligen ägyptischen Hauptstadt, wieder entdeckt. Er war bemerkenswerterweise in akkadischer Sprache und Keilschrift geschrieben, in ganz Vorderasien und Ägypten die Sprache internationaler Diplomatie dieser Zeit, die wir auch als „Amarna-Periode" bezeichnen:[14] die Herrscher Ägyptens, Babyloniens, Assyriens, des hurritischen Mittani-Reiches in Obermesopotamien und des Hethiterreiches in Kleinasien – sie alle schrieben sich untereinander in akkadischer Sprache und Keilschrift, ebenso wie die Fürsten Syriens, Israels und Palästinas, wenn sie sich an ihren Oberherrn in Ägypten wandten.[15] Es muss also in Ägypten am Königshof zu dieser Zeit keilschriftkundige und der akkadischen Sprache leidlich mächtige Schreiber gegeben habe – nur leidlich deshalb, weil das Akkadische der in Ägypten verfassten Briefe grammatisch und lexikalisch fehlerhaft war und deshalb auch der heutigen Altorientalistik einige Verständnisprobleme bereitet.

Die Briefeinleitung war im Vergleich zu Beamten- oder Privatbriefen außergewöhnlich ausführlich, was den diplomatischen Konventionen geschuldet war. Im Folgenden drehte sich der Brief um Angelegenheiten rund um die Verheiratung weiblicher Verwandter an den beiden Königshöfen: Amen-hotep III. wünschte sich eine Tochter Kadaschman-Enlils I. zur Frau, während dieser sich um seine Schwester sorgte, die bereits sein Vater und Vorgänger auf dem babylonischen Thron, Kuri-galzu I. (bis 1375 v. Chr.), an den Ägypter verheiratet hatte. Niemand wisse, ob es ihr gut gehe und ob sie überhaupt noch lebe. Ihre Identität habe nicht bewiesen werden können, da sie mit dem babylonischen Gesandten nie gesprochen habe: durch ihre babylonische Sprache wäre sie erkennbar gewesen. Die in diesem Zusammenhang genannten Länder sind Kaschka an der kleinasiatischen Schwarzmeerküste, Hanigalbat, eine Bezeichnung für das hurritische Mittani-Reich in Obermesopotamien, und Ugarit an der syrischen Mittelmeerküste,[16] Länder, in denen ganz andere Sprachen gesprochen wurden als in Babylonien. Diplomatische Heiraten waren neben dem Austausch von Geschenken wie Gold und Pferde das Hauptthema der internationalen Amarna-Korrespondenz.

9.3.2. Rechtsurkunden

Rechtsurkunden wurden im Alten Orient in großer Zahl gefunden und stellen neben den Gesetzessammlungen („Kodizes")[17] die bedeutendste Quelle für die Analyse des Rechts im Alten Orient dar. Rechtsgeschäfte, oft auch „Verträge" genannt, und Prozesse wurden zwecks späterer Beweisführung

---

14 Zur Amarna-Zeit s. auch Kap. 2.3.1, S. 55 mit Tabelle 2.2.
15 Zu Akkadisch als „lingua franca" s. Kap. 8.4.2, S. 174.
16 Zum Mittani-Reich und zu Ugarit s. Kap. 2.3.2, S. 57.
17 Zu den Gesetzessammlungen, besonders den Kodex Hammu-rapi, s. Kap. 4, S. 87f.

vor Zeugen aufgeschrieben; Rechtsurkunden enthielten daher immer eine Zeugenliste. Es gibt Hinweise dafür, dass darüber hinaus die Wirksamkeit wenigstens einiger Arten von Rechtsgeschäften an die Niederschrift gebunden war.[18]

Rechtsurkunden betrafen das Personen- und Familienrecht, das Obligationen- und Vermögensrecht sowie Prozesse. Zu ersten Gruppe gehörten z. B. Urkunden über Heirat, Mitgift, Adoption, Erbteilung und Nachlass sowie die Freilassung oder Weihung von Sklaven. Zur zweiten Gruppe zählten z. B. Urkunden über Kauf, Pacht, Miete, Pfand, Bürgschaft, Darlehen, Schuld, Tausch, Schenkung, Verwahrung, die Ausbildung von Lehrlingen und die Ablieferung eines Werks. Prozessurkunden betrafen Prozesse um Eigentum, den Status von Personen oder Verbrechen. Alle diese Typen von Rechtsurkunden besaßen Formulare, die örtlich und zeitlich variierten; die Analyse dieser Formulare ist eine Aufgabe der Keilschrift-Rechtsgeschichte.

Eine weitere Gattung von Rechtstexten waren Staatsverträge. Die ältesten Beispiele stammten bereits aus dem 3. und der 1. Hälfte des 2. Jt. v. Chr. Umfangreiche Korpora von Staatsverträgen fanden sich bei den Hethitern und im neuassyrischen Reich.

Das folgende Textbeispiel ist eine Heiratsurkunde aus spätbabylonischer Zeit:

> Qudaschu, Tochter des Balassu, Nachkommin des Sin-tabni, gab aus freiem Willen Immertu, ihre(!) Tochter, ein (junges?) Mädchen, dem Nabu-balassu-iqbi, Sohn des Marduk-scharrani, Nachkomme des Nannaja, zur Ehe.
>
> Als Mitgift gab sie dem Nabu-balassu-iqbi 1/3 Mine Silber (ca. 330 g) (in Form von) Ringen und Armreifen, gehörig der Immertu, ihrer(!) Tochter.
>
> Falls Nabu-balassu-iqbi Immertu (aus der Ehe) entlässt und eine andere Ehefrau nimmt, wird er 5 Minen Silber (ca. 2,5 kg) der Qudaschu geben.
>
> Falls Qudaschu Immertu dem Nabu-balassu-iqbi nicht gibt, wird Qudaschu 5 Minen Silber aus ihrer (eigenen) Mitgift dem Nabu-balassu-iqbi geben.
>
> Die Söhne, welche Nabu-balassu-iqbi und Immertu gemeinsam hervorbringen werden, die Hälfte ihres (Erb-)Teils wird von dem Anteil sein, den Nabu-balassu-iqbi zusammen mit seinen Brüdern aus der (Erb-)Teilung erhalten wird, und (die andere Hälfte?) von seinem (vom Vater vorab erhaltenen) Gunstbeweis(?).
>
> Wer diese Abmachung ändert, dessen Untergang sollen die Götter Marduk und Sarpanitum befehlen, der Gott Nabu, der Schreiber des Tempels E-sang-il, soll seine langen Tage kürzen, der starke Gott Nergal, der mächtige unter den Göttern, soll ihn nicht vor Seuche und Tod verschonen.
>
> Beim Siegeln dieses Dokuments (waren zugegen) vor: Marduk-scharrani, Sohn des Nabu-ache-iddin, Nachkomme von Nannaja; Bultaja, Sohn von Kalumu, Nachkomme von Iddin-

---

18 Zur Schriftlichkeit als Voraussetzung für die Wirksamkeit von Rechtsgeschäften s. G. Ries. Literalvertrag, RlA 7 (1987) 33–35.

Papsukkal; Nabu-zer-lischir, Sohn des Muschallim-Marduk, Nachkomme von Kanik-babi; Muranu, Sohn von Remut, Nachkomme des Schreibers-der-Göttin-Gula; und der Schreiber Dur-ili-Marduk, Sohn von Schamasch-zer-ibni, Nachkomme von Ba'iru.

Babylon, Monat Kislim, 11. Tag. Akzessionsjahr des Nabu-na'id (= 556 v. Chr.), Königs von Babylon.

Text 9.4: Eine spätbabylonische Heiratsurkunde[19]

Immertu wurde von ihrer Mutter Qudaschu dem Nabu-balassu-iqbi zur Frau gegeben. Der Vater der Immertu muss zu diesem Zeitpunkt bereits verstorben gewesen sein; das Formular der Urkunde war allerdings so gestaltet, dass normalerweise der Vater der Braut als Vertragspartner auftrat, weshalb der Text zweimal statt „ihr(r)" „seine" schreibt.

Der Text legte die Mitgift ebenso fest wie Zahlungen in den Fällen, dass entweder der Bräutigam sich scheiden ließ oder die Brautmutter vom Ehevertrag zurücktrat.

Der Text traf auch eine Abmachung bezüglich des Erbes der Kinder des Paares: sie erhielten ihr Erbe zum Teil aus dem regulären Erbteil des Vaters und zum Teil aus einem *nungurtu* genannten Teil, vielleicht einem bei der Heirat dem Bräutigam vom Vater gegebenen Geschenk.

Die folgende Klausel enthielt Flüche für den Fall einer Übertretung des Ehevertrags; die genannten Götter waren Marduk, der Stadtgott von Babylon und seine Gemahlin Sarpanitum, Nabu, Sohn des Marduks und Schreibergott (E-sang-il ist der Tempel seines Vaters Marduk in Babylon) sowie der Seuchen- und Unterweltsgott Nergal.

Der Vertrag wurde vor fünf Zeugen abgeschlossen. Der erstgenannte Zeuge unter ihnen war der Vater des Bräutigams, der letztgenannte wie üblich der Schreiber der Urkunde. Zum Schluss wurden der Ausstellungsort der Urkunde und das Datum genannt.[20]

Prozessurkunden waren seltener als Urkunden über Rechtsgeschäfte. Für die neuassyrische Zeit (9.–7. Jh. v. Chr.) lassen sich drei Untertypen von Prozessurkunden nennen:[21] „Urkunden über außergerichtliche Einigungen vor Zeugen", „Urkunden über einzelne Prozesshandlungen bzw. -abschnitte" und „Urkunden über Streitbeilegung vor Gericht". Die folgende Prozessurkunde gehört dem dritten Untertyp an:

---

19 M. Roth, Babylonian Marriage Agreements 7th–3rd Centuries B.C. (= Alter Orient und Altes Testament 222, Neukirchen-Vluyn 1989) 50–52 Nr. 8.
20 Zu Datierungen s. Kap. 2.1.1, S. 38f.
21 Nach B. Faist, Assyrische Rechtsprechung im 1. Jahrtausend v. Chr. (= dubsar 15, 2020, Münster) 43.

> Urteil, welches der Oberrichter dem Hanni auferlegt hat.
>
> 300 Schafe nebst der Strafe für sie, gehörig dem Kronprinzen, sind zu Lasten des Hanni. Das Blut(geld) für den Schafhirten ist 1 Mensch. 2 Talente (60 kg) Kupfer ist seine Strafe. Hanni nebst seinen Leuten und seinen Feldern wurde anstelle der 300 Schafe nebst der Strafe für sie (und) anstelle des Blut(gelds) für den(!) Schafhirten fortgetragen(!).
>
> Wer ihn (Hanni) wünscht, sei es sein Präfekt, sei es sein Truppenkommandeur oder irgendein (Verwandter) von ihm, der ihn wünscht (und) 300 Schafe nebst der Strafe für sie (und) dem Blut(geld) für den Schafhirten, 1 Menschen und 2 Talente Kupfer als Strafe gibt, wird den Hanni auslösen.
>
> <Vom> Ordal ist er zurückgekehrt.
>
> Vor Tabni, Schreiber; vor Salam-scharri-iqbi, vor Schamasch-kettu-iddina, vor Amsi.
>
> Monat Schabat (xi), 27. Tag, Eponym Dananu (680 v. Chr.).

Text 9.5: Eine neuassyrische Prozessurkunde[22]

Ein Mann, offenbar ein Soldat, wurde beschuldigt, 300 Schafe des Kronprinzen und späteren assyrischen Königs Aschur-acha-iddina (680–669 v. Chr.) gestohlen und dabei einen Hirten getötet zu haben. Weil der Kronprinz in den Fall involviert war, wurde der Oberrichter und nicht ein untergeordneter Richter tätig. Da es sich um eine ernste Straftat handelte, wurde dem Beschuldigten ein Ordal, ein Gottesurteil auferlegt. Wir wissen nicht, in welcher Form das Ordal in diesem Fall vollzogen wurde; eine gängige Form war das Flussordal, bei dem der Beschuldigte in den Fluss ging: tauchte er auf, war er unschuldig, tauchte er unter, war er schuldig. Nachdem die Schuld durch das Ordal erwiesen war, wurden dem Beschuldigten als Strafe der Ersatz der 300 Schafe und zusätzlich eine Zahlung von 60 kg Kupfer sowie ein in der Höhe nicht beziffertes Blutgeld für den getöteten Hirten auferlegt. Weil er die Strafe nicht zahlen konnte, wurde er samt seinen Leuten versklavt und gelangte samt seinen Feldern in den Besitz des geschädigten Kronprinzen; wir haben es also mit einer Kollektivhaftung zu tun. Zwei Offiziere, offenbar die Vorgesetzten des Beschuldigten, oder seine Verwandten hatten die Möglichkeit, die Verpflichtungen des Beschuldigten zu erfüllen und ihn auszulösen. Wie auch sonst in Rechtsurkunden, so zitierte auch diese Urkunde kein Gesetz als Begründung für die richterliche Entscheidung.

9.3.3. Administrative Texte

Administrative Texte werden in der Altorientalistik meist „Urkunden" genannt, in Unterscheidung von Rechtsurkunden auch Wirtschaftsurkunden

---

22 T. Kwasman/S. Parpola, Legal Transactions of the Royal Court of Nineveh, Part I (= State Archives of Assyria 6, Helsinki 1991) 212 Nr. 264. Online: https://cdli.ucla.edu Text Nr. P335115.

9. Die Altorientalistik und die Keilschrifttexte

oder Verwaltungsurkunden.[23] Sie stellen mit Abstand die häufigste Gattung in der keilschriftlichen Überlieferung.[24] Zugleich waren sie auch die älteste keilschriftliche Gattung, denn bereits die ersten Keilschrifttexte aus dem archaischen Uruk dürften administrativer Natur gewesen sein.[25]

Eine allgemeine, für alle Perioden gültige feinere Typologie administrativer Texte gibt es nicht. Wir beschränken uns hier exemplarisch auf die babylonischen Tempelarchive des 1. Jt. v. Chr.[26] Gewöhnlich behandelten die administrativen Texte dieser Archive den Transfer einer Sache oder der Verantwortung für eine Sache von einer Person oder Partei an eine andere. Genannt wurden die transferierte Sache, die Art des Transfers (gegeben, empfangen, erwartet usw.), die involvierten Personen oder Parteien und ein Datum; letzteres war allerdings nicht immer vorhanden.[27] Zeugen gab es in administrativen Texten nicht. Administrative Texte enthielten entweder eine einzige Transaktion oder mehrere. Es gab primäre Aufzeichnungen von Transaktionen, die typischerweise zum Zeitpunkt der Transaktion oder kurz danach verfasst wurden, und manchmal auf diesen primären Aufzeichnungen basierende sekundäre, in denen mehrere primäre Transaktionen addiert oder zusammengefasst wurden.

Der folgende Beispieltext[28] nennt den Transfer von Gold an Goldschmiede, die im Sonnengotttempel E-babbar in Sippar arbeiteten:

> 1 Schekel Gold für die Reparatur des Schmucks von Schamasch und der Götter von Sippar ist an Aplaja, Bel-uballit und die Goldschmiede gegeben worden. Monat Ajjaru, 3. Tag, 34. Jahr des Darius (= 484 v. Chr.), König der Länder.

Text 9.6: Ein spätbabylonischer administrativer Text über Transfer von Gold an Goldschmiede[29]

1 Schekel (ca. 8 g) Gold wurden aus dem Bestand des Tempels E-babbar an die Goldschmiede ausgegeben. Nur zwei von ihnen waren namentlich

---

23 Zur altorientalistischen Verwendung des Begriffs „Urkunde" s. M. P. Streck, Urkunde, RlA 11 (2015) 419.
24 Zur relativen Häufigkeit der keilschriftlichen Textgattungen s. Kap. 9.1.
25 Zur Schrifterfindung und den frühesten Textgattungen s. Kap. 7.2.1.
26 M. Jursa, Accounting in Neo-Babylonian Institutional Archives: Structure, Usage, Implications, in: M. Hudson/C. Wunsch (ed.), Creating Economic Order. Record-keeping, Standardization, and the Development of Accounting in the Ancient Near East (Bethesda 2004) 145–198. – M. Jursa, Neo-Babylonian Legal and Administrative Documents. Typology, Contents and Archives (= Guides to the Mesopotamian Textual Record 1, Münster 2005) 45.
27 Zu Datierungen s. Kap. 2.1.1.
28 Ein anderer administrativer Text aus dem Beginn des 6. Jh. v. Chr. wurde in Kap. 2.2.2 als Text 2.6 geboten.
29 A. C. V. M. Bongenaar: The Neo-Babylonian Ebabbar Temple at Sippar: Its Administration and its Prosopography (= Publications de l'Institut historique-archéologique néerlandais de Stamboul 80, Leiden 1997) 358.

genannt, die anderen blieben ohne Namen. Das Gold war für die Reparatur des Schmucks der Statuen des Sonnengottes Schamasch und anderer Götter bestimmt; die Götterstatuen waren reich bekleidet und trugen kostbaren Schmuck. Der Text war auf den Tag genau datiert.

Der folgende lange Text war eines der seltneren Beispiele für eine sekundäre Aufzeichnung, in der zahlreiche Transaktionen zusammengefasst waren. Er datierte in das Jahr 542 v. Chr. Der teilweise zerstörte Text wird nur in gekürzter Form wiedergegeben:

1	[Getreide], Tempel des Gottes Schamasch, Monat Nisan, 17. Tag,
2	[14. Jahr (542 v. Chr.) des Nabu-]na'id, Königs von Babylon.
i 1	127 Kor 4 Bariga (23.004 l) Nabu-silim, Bauer.
i 2	112 Kor 1 Bariga 1 Ban (20.202 l) Aplaja, Sohn des Schulum-achi.
i 3	60 [x?] Kor 5 Ban (10.830 l (+ x?)) Nabu-aplu-usur.
i 4	66 Kor 4 Ban (11.904 l) Schamasch-nasir.
i 5	53 Kor [x x] (9.540 l + x) Kalbaja, Sohn des Habbaschu.
i 6	113 Kor [x] Bariga (20.340 l + x) Schamasch-re'u'a.
i 7	80 Kor [x x x?] (14.400 l) Muschezib-Bel.
i 8	[x x] 2 Kor 2 Bariga (x + 432 l) Bel-zeru-ibni.
i 9	[x +] 2 Kor (x + 360 l) Schamasch-ibni.
i 10	[Zusammen:] 700 Kor (126.000 l) Nabu-silim.
i 11–19	(9 Personen mit Getreidemengen)
i 20	[Zusammen:] 715 Kor 2 Bariga (128.772 l) Kalbaja.
i 21	[Gesamtsumme: 1.415 Kor 2 Bariga (254.772 l)
i 22	[Abgabe?] der Bauern (des Ortes) Al-Schamasch.
i 23	[Getreide des Ortes Bit]-dichummu:
i 24–25	(2 Personen)
i 26	[x Kor] von der Rückseite des Damms.
i 27	[Zusammen: x Kor] Schamasch-upachir.
ii 1	Getreide, Halbpacht, Zehnt der Bauern des Ortes Al-Schamasch:
ii 2–27	(26 Personen mit Getreidemengen)
ii 28	Zusammen: 675 Kor 1 Bariga (121.536 l) von den Bauern
ii 29	des Ortes Al-Schamasch, abgesehen vom Getreide von Ischtar-taschme.
iii–iv	(ca. 50 Personennamen und Getreideabgaben aus den Orten Scha-muchi-bitqi, Hallab, Lacharat, Gilusch und Til-gubbi).

Text 9.7: Abgabe der Getreidebauern des E-babbar-Tempels in Sippar im Jahr 542 v. Chr.[30]

---

30 M. Jursa, Die Landwirtschaft in Sippar in neubabylonischer Zeit (= Archiv für Orientforschung, Beiheft 25, Wien 1995) 170–175.

9. Die Altorientalistik und die Keilschrifttexte

Der Text listete die Getreidebauern der wichtigsten Ländereien des Schamasch-Tempels E-babbar in der nordbabylonischen Stadt Sippar im Jahr 542 v. Chr. auf und nannte die von ihnen zur Erntezeit erwarteten Abgaben an den Tempel. Die ersten beiden Zeilen (1–2) waren eine Überschrift; der Monat Nisan war der erste Monat im babylonischen Kalender (März/April). Die Bauern wurden namentlich genannt, ihre Abgaben unter Angabe eines Oberpächters summiert (Zeilen i 10 und i 27) und verschiedene dieser Summen wieder unter Angabe eines Ortes addiert (Zeilen i 22, i 23, ii 1, ii 29).

Die Getreidemengen (Gerste) wurden in den Hohlmaßen Kor (180 l), Bariga (36 l) und Ban (6 l) angegeben. Die Gesamtsumme an Getreide lässt sich aufgrund der Zerstörungen der Tontafel nicht exakt berechnen, dürfte aber bei etwa 4.500 Kor (810.000 l) gelegen haben. Der Text gibt damit ungefähren Aufschluss über die Erträge des Ackerlands eines der größten babylonischen Tempel im 6. Jh. v. Chr. und trägt damit zur Wirtschaftsgeschichte dieser Periode bei.

9.4. Monumentale Texte

9.4.1. Charakteristika monumentaler Texte

Monumentale Texte wurden gewöhnlich vom Herrscher, dem „König", gelegentlich auch von Mitgliedern seiner Familie und in seltenen Fällen von hohen Beamten verfasst. Sie werden daher oft als „Königsinschriften" bezeichnet.

Die Träger dieser Texte waren primär nicht Tontafeln, wie es bei Alltagstexten üblich ist,[31] sondern andere Schriftträger: verschiedene Objekte aus Ton wie Zylinder, Prismen, Kegel und Ziegel; Reliefs auf Orthostaten (an den Wänden stehende Steinplatten) und im Fels; Stelen[32] wie die berühmte Stele mit dem Kodex des Hammu-rapi[33] und Statuen aus Stein;[34] architektonische Bestandteile wie z. B. Türangelsteine und Weihplatten; Gewichtssteine, Siegel, Perlen und Amulette; Tafeln aus Stein[35] oder Metall und manches mehr. Sekundär gab es Abschriften solcher monumentalen Texte allerdings auch auf Tontafeln.

Königsinschriften sind durch die Nennung des Königs auf seine Regierungszeit datiert. Die ältesten Beispiele stammen mit den Inschriften des EN-ME-

---

31 Zu Alltagstexten s. Kap. 9.3, S. 199f.
32 Für eine Inschrift des spätbabylonischen Königs Nabu-na'id (555–539 v. Chr.) auf zwei Stelen aus der Stadt Harran s. Kap. 2.2.4 mit Text 2.11, S. 48.
33 Zum Kodex des Königs Hammu-rapi (1784–1742 v. Chr.) s. Kap. 4, S. 87f.
34 Für eine Inschrift auf einer Statue des Herrschers Gu-dea (2122–2102? v. Chr.) s. Kap. 9.4.2 Text 9.8, S. 210.
35 Für eine Inschrift des Königs Salmanu-ascharedsIII. (858–824 v. Chr.) auf einer Steintafel s. Kap. 9.4.3 Text 9.9, S. 212f.

barage-si aus Kisch aus dem Ende der frühdynastischen Zeit I–II (oder dem Anfang von frühdynastisch III, ca. 2600 v. Chr.), das letzte von dem Seleukidenherrscher Antiochus I. Soter (281–261 v. Chr.). Anders als Traditionstexte[36] wurden monumentale Texte jedoch meistens nicht über Generationen hinweg tradiert. Allerdings waren manche Inschriften in vielfacher Kopie vorhanden; dies fällt besonders bei Ziegelinschriften auf, die z. T. in hundertfacher Ausfertigung vorlagen. Tatenberichte konnten im Verlauf der Regierungszeit des Herrschers immer wieder redaktionell bearbeitet, erweitert oder gekürzt werden, so dass sich inhaltlich zwar überlappende, aber dennoch unterschiedliche Versionen aus unterschiedlichen Regierungsjahren finden.

Inhaltlich waren die monumentalen Keilschrifttexte am häufigsten Bau- und Weihinschriften. Dies folgte aus dem Umstand, dass der Bau von Tempeln, Palästen, Kanälen und Stadtmauern sowie die Ausstattung der Gebäude königliche Aufgabe waren. Die wichtigsten Bestandteile dieser Inschriften waren die Beschreibung der Objekte von Bau und Weihung, die Nennung der Götter mit ihren Epitheta, die Nennung des Herrschers mit seiner Titulatur und oft auch Segens- und Fluchformeln, die typischerweise an einen nachfolgenden Herrscher adressiert waren.

In sumerischen und babylonischen Königsinschriften waren meist nur kurze historische Exkurse üblich. In ihnen war knapp von Kriegszügen oder der Beschaffung von in Mesopotamien nicht vorhandenen kostbaren Materialien,[37] die für den Bau und die Herstellung von Ausstattungsgegenständen notwendig waren, die Rede. Die assyrischen Könige seit Adad-narari I. (1305–1274 v. Chr.) erweiterten ihre Inschriften durch ausführliche historische Berichte über ihre Kriegszüge, die meist nach der Herrschertitulatur eingefügt wurden. Seit König Salmanu-aschared I. (1273–1244 v. Chr.) wurden diese historischen Einschübe nach Jahren gegliedert, so dass man von „Annalen" (von lateinisch annus „Jahr") spricht.[38] Wiewohl formal immer noch Bau- oder Weihinschriften, wurden diese historischen Einschübe so umfangreich, dass sie inhaltlich die assyrischen Königsinschriften dominierten. Sie wurden damit zu bedeutsamen, wenn auch propagandistisch gefärbten historischen Primärquellen.[39]

Die assyrischen Könige zwischen Tukulti-apil-Escharra I. (1114–1076 v. Chr.) und Schamschi-Adad V. (823–811 v. Chr.) fügten auch Jagdberichte in ihre

---

36 Zu Traditionstexten s. Kap. 9.5 (gelehrte Texte) und 9.6 (literarische Texte).
37 Zur Rohstoffknappheit in Mesopotamien s. Kap. 3.6.1, S. 83.
38 Zu den Annalen des Königs Salmanu-aschared III. (858–824 v. Chr.) s. Kap. 9.4.3 Text 9.9, S. 212f. Einen Auszug aus den Annalen des assyrischen Königs Sin-ache-eriba bietet Kap. 2.2.2 mit Text 2.7, S. 44.
39 Zu Primär-, Sekundär und Tertiärquellenquellen s. Kap. 2.2.2, S. 41f.

Inschriften ein, die für die Rekonstruktion der altorientalischen Wildfauna bedeutsam sind.[40]

9.4.2. Eine Inschrift des Gu-dea von Lagasch

Die folgende sumerische Inschrift stammt vom Herrschers Gu-dea von Lagasch im südöstlichen Mesopotamien (2122–2102? v. Chr.). Sie ist ein Beispiel für eine Bau- und Weihinschrift mit kurzem historischem Exkurs:

> Für Nin-hursang, die Herrin, die mit der Stadt (Lagasch) zusammengewachsen ist, der Mutter aller Kinder, seine Herrin, hat Gu-dea, der Stadtfürst von Lagasch, ihr Haus in Girsu gebaut. Er stellte für sie eine silberglänzende Schatztruhe her. Er stellte für sie ihren erhabenen herrschaftlichen Thron her und brachte diesen in ihr erhabenes Haus. Aus dem Bergland Magan brachte er Olivingabbro herab und formte ihn zu einer Statue von sich (selbst). „Nin-tur, die Herrin, die im Himmel und der Erde das Schicksal entscheidet, die Mutter der Götter, hat das Leben des Gu-dea, des Mannes der das Haus gebaut hat, lang gemacht" hat er ihr (der Statue) als Namen gegeben und sie ihr in das Haus hineingebracht.

Text 9.8: Eine sumerische monumentale Inschrift Gu-dea Statue A[41]

Die Inschrift ist auf einer Statue des Gu-dea angebracht. Zahlreiche solcher Statuen mit ähnlichen Inschriften waren von diesem Herrscher überliefert (Abbildung 9.1). Die Inschrift auf der Statue A berichtete von der Herstellung eben dieser Statue aus dem harten Stein Olivingabbro (sumerisch *esi*); es handelt sich also um einen der nicht zu häufigen Fälle, in denen Objekte eine Inschrift trugen, welche das Material dieses Objektes nennen (Kap. 3.6.2); die (ungefähre) Identifikation des *esi*-Steins ist damit gesichert. Der begehrte Olivingabbro war in Mesopotamien nicht erhältlich, sondern musste aus Magan, das ungefähr im heutigen Oman im Südosten der arabischen Halbinsel lag, eingeführt werden.

---

40 Zum Jagdbericht des assyrischen Königs Aschur-bel-kala (1073–1056 v. Chr.) s. Kap. 3.4.3 Text 3.4, S. 79.
41 D. O. Edzard, Gudea and His Dynasty (= Royal Inscriptions of Mesopotamia, Early Periods 3/1, Toronto 1997) 29f. – H. Steible, Die neusumerischen Bau- und Weihinschriften Teil 1 (= Freiburger Altorientalische Studien 9/1, Stuttgart 1991) 155f. und Teil 2 (= Freiburger Altorientalische Studien 9/2, Stuttgart 1991) 3–5.

Abbildung 9.1: Kopflose Statue B des Herrschers Gu-dea von Lagasch. Gu-dea sitzt auf einem Thron und hat auf dem Schoß den Grundriss des Tempels E-ninnu des Gottes Nin-girsu, Messstab und Schreibgerät. Die Keilschrift bedeckt den Rücken, den Unterkörper und den Thron. Die Inschrift ist in der altertümlichen Schriftrichtung[42] von oben nach unten angebracht.[43]

Auch in anderen Inschriften berichtete Gu-dea von weitgespannten Handelsbeziehungen, um in Mesopotamien nicht vorhandene, wertvolle Rohstoffe zu importieren.

Gu-dea baute der Muttergöttin Nin-hursang einen „Haus" genannten Tempel in der Stadt Girsu, die zu seinem Stadtstaat gehörte. Der Charakter der Göttin wurde in den beiden Epitheta („Beiwörtern") „Mutter aller Kinder" und „Mutter der Götter" hervorgehoben. Auch ihr zweiter Name, Nin-tur, vermutlich „Herrin Gebärmutter", spielte wohl auf ihre Mutterfunktion an. Sie „entscheidet das Schicksal", eine konventionelle Übersetzung des sumerischen Begriffs *nam-tar*, dessen Bedeutung umstritten ist; vielleicht bedeutet

---

42 Zur Richtung der Keilschrift s. Kap. 7.3.2, S. 147.
43 Nach E. de Sarzec, Découvertes en Chaldée (Paris 1884–1912) vol. 2 pl. 19. Original im Louvre, Paris.

er wörtlich „die Seinsweisen zuteilen". Der Akt der Schicksalsentscheidung war auch anderweitig in Keilschrifttexten mit der Geburt verbunden, bei der das Schicksal der Menschen und der Götter („im Himmel und der Erde") festgelegt wurde. Die Statue wurde im Tempel der Nin-hursang aufgestellt und erhielt einen Namen, laut dem sie für ein langes Leben des frommen Stifters sorgte. Abgesehen von der Statue ließ Gu-dea auch eine Schatztruhe und einen Thron für die Göttin herstellen und in den Tempel bringen.

9.4.3. Aus einer Inschrift Salmanu-aschareds III. von Assyrien

Der folgende Textauszug stammt aus einer Inschrift des assyrischen Herrschers Salmanu-aschared III. (858–824 v. Chr.). Sie war auf einer Steintafel angebracht, die in der Stadtmauer der alten assyrischen Hauptstadt Aschur gefunden wurde. Sie ist ein Beispiel für eine Bauinschrift mit langem, in Annalenform[44] verfassten historischem Exkurs.

Der Text ist wie folgt aufgebaut: auf eine Anrufung der Götter (Zeile i 1–9) und eine Nennung des Königs mit Titulatur (Zeile i 10–18) werden die Kriegszüge Salmanu-aschareds in den ersten 20 Jahren seiner Regierung Jahr für Jahr angeführt (Zeile i 19–iv 40); dabei werden die drei letzten Jahre ausführlicher geschildert als die ersten 17. Im Vergleich zu diesem sehr langen historischen Exkurs ist der Bericht über die Restaurierung der Stadtmauer von Aschur nur kurz (Zeile iv 40 – unterer Rand Zeile 3). Der Text endet mit einem Segen für einen künftigen Herrscher (Zeile unterer Rand Zeile 3 – linker Rand Zeile 2), der ebenfalls die Stadtmauer restaurieren wird, einem taggenauen Datum der Verfassung des Textes (839 v. Chr.) und einem kurzen Statement über die Zahl der vom König rekrutierten Streitwagen und der Kavallerie (Zeile l. e. 2). Der lange Text wird hier nur auszugsweise wiedergegeben:

> Aschur, großer Herr; Anum, erhabener Gott; En-lil, gewaltig Großer, Vollkommener; Adad, Kanalinspektor des Himmels und der Erde; Nin-urta, erster unter den Göttern, Herr des Kampfes und der Schlacht; Ischtar, Erste des Himmels und der Erde; Ea, König des Süßwassers, Herr der Weisheit, Kluger; Sin, König der Mondscheibe, Herr des Glanzes; Marduk, Weiser der Götter, Herr der Vorzeichen; die großen Götter, welche die Schicksale entscheiden:
>
> Salmanu-aschared, König aller Menschen, Fürst, Regent von Aschur, starker König, König der 4 Weltregionen, Sonne aller Menschen, der alle Länder regiert, Sohn des Aschur-nasir-apli, erhabener Priester, dessen Priesterschaft den Göttern gefällt und der alle Länder seinen Füßen unterworfen hat, reiner Nachkomme des Tukulti-Ninurta, der alle seine Feinde tötete und wie die Sintflut niederwalzte:
>
> Am Beginn meines Königtums, da ich mich auf den Königsthron gesetzt hatte, rekrutierte ich die Streitwagen und meine Truppen. Ich zog über die Pässe des Landes Simesu. Aridu, die befestigte Stadt des Ninni, eroberte ich.

---

44 Zu den assyrischen Annalen s. Kap. 9.4.1, S. 209.

9.4. Monumentale Texte

In meinem 1. Regierungsjahr überquerte ich den Euphrat. Ich zog zum Meer des Sonnenuntergangs. Meine Waffen reinigte ich im Meer. Schafopfer brachte ich meinen Göttern dar. Ich zog das Gebirge Amanus hinauf. Stämme von Zedern und Wacholdern fällte ich. Ich zog das Gebirge Lallar hinauf. Mein königliches Bildnis errichtete ich dort.

In meinem 2. Regierungsjahr zog ich an die Stadt Til-Barsib heran. Die Städte des Achuni, des Nachkommen von Adini, eroberte ich. In seiner Stadt schloss ich ihn ein. Den Euphrat überquerte ich während seines Hochwassers. Ich eroberte Dabigi, eine Festung des Landes Hatti nebst den Städten in ihrer Umgebung.

In meinem 3. Regierungsjahr fürchtete sich Achuni, der Nachkomme von Adini, vor meinen starken Waffen und verließ seine königliche Stadt Til-Barsib. Er überquerte den Euphrat. Ich persönlich nahm Aschur-uter-asbat am Steilufer jenseits des Euphrats, beim Fluss Sagur, welches die Leute von Hatti Pitru nennen, ein. Bei meiner Rückkehr zog ich über den Pass von Alzu. Ich eroberte das Land Alzu, das Land Suchmu, das Land Dajenu, das Land Tummu, die Stadt Arsaskun, das Land Gilzanu und die Stadt Hubuschkia.

(Regierungsjahre 4–17)

In meinem 18. Regierungsjahr überquerte ich den Euphrat das 16. Mal. Haza-el von Damaskus, im Vertrauen auf die Masse seiner Truppen, rekrutierte Truppen in großem Maß. Er befestigte den Berg Saniru, eine Bergspitze vor dem Libanon. 16020 seiner Kampftruppen streckte ich mit den Waffen nieder. 1120 seiner Streitwagen, 470 seiner Reiter nebst ihrem Lager nahm ich ihm weg. Um sein Leben zu retten, zog er sich zurück. Ich schloss ihn in seiner Königsstadt Damaskus ein. Seine Obstgärten haute ich nieder, seine Getreidespeicher verbrannte ich. Ich zog zum Berg Hauran. Städte ohne Zahl zerstörte ich, riss ich nieder, verbrannte und führte von ihnen Beute weg. Ich zog zum Berg Ba'ali-ra'asi auf einem Meereskap vor Tyros. Mein königliches Bildnis errichtete ich dort. Ich empfing Tribut von Ba'ali-manzeri von Tyros (und) von Jehu, Nachkomme des Omri. Auf meiner Rückkehr bestieg ich den Libanon und errichtete mein Bildnis neben dem Bildnis des Tukulti-apil-Escharra, eines starken Vorgängerkönigs.

(Regierungsjahre 19–20)

Damals war die alte Mauer meiner Stadt Aschur, vom (Bezirk) Neustadt, welche früher Puzur-Aschur, der Sohn des Aschur-narari, Adad-narari, Sohn des Arik-den-ili, Tukulti-Ninurta, Sohn des Salmanu-aschared, (und) Tukulti-apil-Escharra, Sohn des Aschur-rescha-ischi, meine königlichen Vorgänger, erbaut hatten – diese Mauer war baufällig geworden und ich entfernte ihre baufälligen Teile. Ich erreichte ihre Basis, den gewachsenen Felsen. Von ihrem Fundament bis zu ihrem Mauerkranz baute ich sie mehr als früher. Mehr als früher stattete ich sie prächtig aus. Ich verstärkte sie <n> Lagen in ihrer Höhe und 13 Ziegel(lagen) (in der Breite), (unter Benutzung) der großen Ziegelform. Lehm von ihr mixte ich wahrlich mit Sirup, gutem Öl, Zedernharz, Bier (und) Wein. Mit Spaten und Ziegelrahmen aus Zedernholz formte(?) ich ihre Ziegel. In ihrem Fundament häufte ich wahrlich Silber, Gold, Lapislazuli, Pappardilu-Stein, Karneol, Muscheln (und) Aromatika aller Art. Ich legte gebrannte, gefärbte Ziegel an ihre Türme. Meine Inschrift und meine Gründungsgaben legte ich (in die Mauer) hinein.

Ein künftiger Herrscher möge ihre baufälligen Teile erneuern und meine Inschrift und die Inschriften der Könige, meiner Väter restaurieren. (Dann) werden Aschur, Adad (und) die großen Götter seine Gebete erhören.

9. Die Altorientalistik und die Keilschrifttexte

> Monat Scha-kinate, Monat Tischri, 1. Tag, Periode meines 20. Regierungsjahres.
> Ich rekrutierte für die militärischen Kräfte meines Landes 2001 Streitwagen (und) 5242 Reiter.

Text 9.9: Aus einer assyrischen monumentalen Inschrift Salmanu-aschareds III.[45]

Nach der Anrufung der großen Götter[46] nennt Salmanu-aschared in seiner Titulatur auch seinen Vater Aschur-nasir-apli II. (883–859 v. Chr.) und Großvater Tukulti-Ninurta II. (890–884 v. Chr.).

Noch in seinem Regierungsantrittsjahr zog Salmanu-aschared in das Bergland nordöstlich des assyrischen Zentralgebietes und eroberte dort eine Stadt names Aridu.

Salmanu-aschareds Hauptinteresse galt jedoch der Westexpansion des assyrischen Reiches. In seinem ersten Regierungsjahr zog der assyrische König bis an das Mittelmeer im Westen, im „Sonnenuntergang", und folgte mit dem Waschen seiner Waffen einem uralten Ritual, das bereits von Sargon von Akkad (2316–2277 v. Chr.) und einigen weiteren Herrschern überliefert ist. Der Import von hochgewachsenen, wohlriechenden Bauhölzern aus dem Amanus-Gebirge, das dem nördlichen Teil des Antilibanon und dem südlichen Teil Dschabal Ansarija an der nördlichen Ostküste des Mittelmeeres entspricht, war ebenfalls uralte mesopotamische Tradition;[47] Bauholz, das genügend lang zum Überspannen großer Räume in Tempeln und Palästen diente, wuchs in Mesopotamien ja nicht.[48] Das Lallar-Gebirge, in dem Salmanu-aschared ein Bildnis, wahrscheinlich ein Felsrelief, von sich errichtete, liegt im oder am Amanus-Gebirge.

In den beiden folgenden Jahren seiner Regierung zog Salmanu-aschared in den Westen Obermesopotamiens und nach Syrien, die im Text als „Hatti" bezeichnete Region, um Achuni, den König des Aramäerreiches Bit-Adini mit der Hauptstadt Til-Barsib am Ostufer des Euphrats, und seine Verbündeten zu unterwerfen. Die eroberte Stadt Pitru wurde mit dem assyrischen Namen Aschur-uter-asbat neu benannt. Der neue Name bedeutete übersetzt „(Für) den Gott Aschur habe ich (die Stadt in das Reich) zurückgebracht (und) erobert". Solche Umbenennungen unterstrichen die assyrische Ideologie, nach welcher die Expansion des assyrischen Reiches im Auftrag des obersten assyrischen Gotts Aschur geschah.[49] Im dritten Regierungsjahr zog

---

45 A. K. Grayson, Assyrian Rulers of the Early First Millennium BC. II (858–745) BC (= Royal Inscription of Mesopotamia, Assyrian Periods 3, Toronto 1996) 50–56.
46 S. zu den großen Göttern Mesopotamiens Kap. 5, S. 105f.
47 S. Kap. 2.2.2, S. 46 mit der Inschrift (Text 2.9) Sargons von Akkad (2316–2277 v. Chr.).
48 Zum Import langer Bauhölzer s. Kap. 3.1.3, S. 71f. und 3.5.3, S. 82.
49 Zur Frage nach den Gründen für die Entstehung des assyrischen Imperiums s. Kap. 2.2.4.

Salmanu-aschared von Til-Barsib aus in einem Bogen über die nördlichen Bergregionen nach Assyrien zurück und eroberte im Verlauf des Feldzuges Teile des Reiches Urartu und verschiedene kleinere verbündete Reiche.

Das 18. Regierungsjahr Salmanu-aschareds (841 v. Chr.) sah den Höhepunkt seiner militärischen Erfolge im Westen. Hazael von Damaskus wurde besiegt; die dabei praktizierte Politik der verbrannten Erde war Usus in der altorientalischen Kriegsführung. Ob die in der Inschrift genannten Zahlen besiegter Truppen wahrheitsgetreu oder propagandistisch überhöht waren, kann der Historiker nicht sagen.[50] Die militärische Niederlage Haza-els bewog auch die bedeutende phönizische Stadt Tyros (im heutigen Libanon an der Ostküste des Mittelmeeres gelegen) und Jehu von Israel (841–814 v. Chr.), sich den Assyrern zu unterwerfen; der „schwarze Obelisk" Salmanu-aschareds, der heute im British Museum zu bewundern ist, stellte seine Unterwerfung bildlich dar. Im Libanon wurde ein weiteres Felsrelief Salmanu-aschareds neben einem des Königs Tukulti-apil-Escharras I. (1114–1076 v. Chr.) angebracht.

Der sich an den Feldzugsbericht in Annalenform anschließende Baubericht sprach über die Restaurierung der Mauer um den Bezirk „Neustadt" der Hauptstadt Aschur, welche den Anlass für die vorliegende Inschrift gab. Die Nennung der Vorgängerkönige, die ebenfalls an der Stadtmauer gebaut hatten und auf deren Inschriften Salmanu-aschared offensichtlich bei seiner Restaurierung gestoßen war, bezeugen ein bemerkenswertes historisches Bewusstsein: mit Puzur-Aschur, Sohn des Aschur-narari, war Puzur-Aschur III. aus dem ersten Viertel des 15. Jh. v. Chr. gemeint, ein Herrscher, der über 600 Jahre vor Salmanu-aschared regiert hatte; die anderen genannten Herrscher waren Adad-narari I. (1305–1274 v. Chr.), Tukulti-Ninurta I. (1243–1207 v. Chr.) und Tukulti-apil-escharra I. (1114–1076 v. Chr.). Salmanu-aschared ließ in üblicher Weise Gründungsbeigaben und seine eigene Bauinschrift im Fundament vergraben.

Das Datum der Inschrift enthielt zwei Monatsnamen, den assyrischen Monat Scha-kinate und den babylonischen Monatsnamen Tischri.[51]

9.5. Gelehrte Texte

Die gelehrten Texte unterschiedlicher Disziplinen[52] sind charakteristischerweise Kompilationen ähnlich aufgebauter Einträge. Diese Einträge sind häufig einzelne Wörter, eventuell in mehreren Sprachen – wir sprechen dann

---

50 Zur historischen Zuverlässigkeit von Königsinschriften s. Kap. 2.2.2, S. 44.
51 Zu Monatsnamen s. Kap. 2.1.1, S. 39.
52 Zum mesopotamischen Gelehrtentum s. Kap. 6, S. 123f.

von lexikalischen Listen –[53], oder Konditional-Hauptsatzgefüge.[54] Anders formulierte Texte, dann aber ebenfalls oft mit gleichartig hintereinander geschalteten Einträgen, kommen jedoch ebenfalls vor.

Gelehrte Texte mit frei formulierten Argumentationen und Schlussfolgerungen oder Erörterungen wurden dagegen bislang nicht auf Keilschrifttexten wiedergefunden; offenbar gab es sie im Alten Orient noch nicht. Sie waren vermutlich eine Erfindung erst des griechischen Geistes.

9.5.1. Lexikalische Listen

Lexikalische Listen dienten der Schreiberausbildung; Schreiber lernten mit ihnen schreiben und Fremdsprachen, im Mesopotamien des 2. und 1. Jt. v. Chr. besonders das zu Beginn des 2. Jt. v. Chr. ausgestorbene Sumerische.[55] Das folgende Beispiel ist ein Auszug aus der altbabylonischen (20.–16. Jh. v. Chr.) lexikalischen Liste, welche die Altorientalistik „Proto-Lu" nennt (nach dem sumerischen Wort lú „Person") und sumerische Personenbezeichnungen enthält:

Hirt
Vorzugsanteil
Junger Hirt
Alter Hirt
Hirt des Landes
Hirt von Stieren und Kühen
Hirt von Stieren und Kühen
Schafhirt
Hirt von Frühlämmern
Hirt von Schweinen
Hirt von Eseln
Hirt von Ziegen

Text 9.10: Auszug aus der lexikalischen Liste Proto-Lu[56]

Die aus zahlreichen fragmentarischen Duplikaten rekonstruierte sehr lange Liste enthielt 848 Einträge. Der Textauszug nennt verschiedene Hirten. Das Wort für „Vorzugsanteil" wurde an zweiter Stelle nach dem Wort für „Hirt" eingefügt, weil beide Wörter im Sumerischen zufällig ähnlich geschrieben wurden: „Hirt" war die Zeichenkombination PA-LU (sumerisch *sipa* gele-

---

53 Zu lexikalischen Listen und der mesopotamischen Philologie s. Kap. 6.2, S. 128f. S. auch die Tierliste Ḫarra-ḫubullu Tafel XIV in Kap. 3.1.1, S. 67.
54 Siehe den medizinischen Text in Kap. 6.3.2 und den Omentext in Kap. 6.5.3.
55 Zum Aussterben des Sumerischen s. Kap. 8.3.4, S. 171.
56 Siehe A. Cavigneaux, RlA 6 (1980–1983) 628f. – Digital Corpus of Cuneiform Lexical Texts, http://oracc.museum.upenn.edu/dcclt/corpus, OB Nippur Lu Zeile 463–473. – M. Civil/E. Reiner, The series lú = ša and related texts (= Materials for the Sumerian Lexicon 12, Rom 1969) 49.

sen), „Vorzugsanteil" die Zeichenkombination PA-LU-TA (sumerische Lesung unbekannt). Solche „Irrläufer" waren typisch für die keilschriftlichen lexikalischen Listen. „Junger Hirte" und „Alter Hirte" waren wohl hierarchisch zu verstehen im Sinn von Lehrling und Meister. „Hirte des Landes" war kein Beruf, sondern ein Königsepitheton (ehrendes Beiwort): der König sorgte für sein Land und seine Untertanen wie der Hirte für die Herde. Die genannten Tiere waren die wichtigsten mesopotamischen Haustiere.[57]

9.5.2. Listen von Konditional-Hauptsatzgefügen

Listen von Konditional-Hauptsatzgefügen fanden sich in den Rechtssammlungen,[58] in der Vorzeichenliteratur[59] und in medizinischen Texten.[60] Der folgende Textauszug stammt aus der großen, aus 107 Tafeln bestehenden terrestrischen (d. h. Vorzeichen auf der Erde, lateinisch *terra*, sammelnden) Omenserie *šumma ālu* „Wenn eine Stadt":[61]

Wenn ein Esel das Gewand (*lubāru*?) eines Mannes frisst, wird er (der Mann) starken Hunger (*berê*) erleiden.

Wenn ein Esel den Mantel (túgGÚ.È) eines Mannes frisst, wird dieser Mann ins Land weggehen (È).

Wenn ein Esel die Leibbinde eines Mannes frisst, wird dieses Haus (in dem der Mann wohnt) zerstreut werden.

Wenn ein Esel den Schuh eines Mannes frisst, wird er (der Mann) in einer Stadt wohnen, die nicht seine ist.

Wenn ein Esel das Haar eines Mannes frisst, wird sein (des Mannes) Besitz aus dem Haus gehen.

Wenn sich die Haarborsten (*zappu*) eines Esels vor einem Mann aufstellen, wird er (der Mann) sein Ziel (*ṣibûtu*) nicht erreichen.

Text 9.11: Aus der 43. Tafel der Vorzeichenserie „Wenn eine Stadt"[62]

Tafel 43 der Vorzeichenserie enthielt Omina zum Verhalten von Eseln und Pferden. Die Tafel ist nicht komplett erhalten, doch lassen sich noch 74 Esel- und Pferdevorzeichen rekonstruieren.

Die fünf zitierten Eselsvorzeichen hatten alle eine negative Prognose für den Eigentümer des Esels, doch welcher Zusammenhang besteht zwischen

---

57 Zu den Haustieren s. Kap. 3.4, S. 77f.
58 Zur Formulierung von Rechtssätzen s. Kap. 4.3, S. 91.
59 Zur Formulierung von Vorzeichen s. Kap. 6.5.3, S. 139.
60 Zur Formulierung medizinischer Texte s. Kap. 6.3.2, S. 132.
61 Zu den Omentechniken s. Kap. 6.5.2, S. 138f.
62 S. M. Freedman, If a City Is Set on a Height. Volume 3 (Winona Lake 2017) S. 19f. Zeile 20–25. Freedman übersetzt Zeile 25 *imēru zappu* "frenzied(?) donkey".

9. Die Altorientalistik und die Keilschrifttexte

Vorzeichen und Prognosen? Über einzelne Spekulationen kommt man nicht hinaus: im ersten Vorzeichen wurde das Wort für „Gewand" mit dem Keilschriftzeichen TÚG geschrieben, das hier vielleicht akkadisch *lubāru* zu lesen war,[63] so dass sich ein Anklang mit dem akkadischen Wort für „Hunger", *berê*, ergäbe. Während im ersten Vorzeichen, sofern wir richtig liegen, der Zusammenhang zwischen Protasis, dem Wenn-Satz, und der Apodosis, dem Hauptsatz, auf lautlicher Ebene lag, könnte er im zweiten Vorzeichen auf graphischer Ebene bestanden haben: das Wort für „Mantel" wurde im Text logographisch[64] túgGÚ.È geschrieben und die ebenfalls logographische Schreibung für „weggehen", È, nahm möglicherweise das letzte Zeichen des Logogramms für „Mantel" auf. Im letzten der zitierten Vorzeichen könnte wieder ein lautlicher Anklang zwischen „Haarborsten", akkadisch *zappu*, und „Wunsch", akkadisch *ṣibûtu*, bestanden haben. In den anderen Fällen kann der heutige Leser den Zusammenhang zwischen Protasis und Apodosis jedoch nicht erkennen.[65]

9.5.3. Listen von anders formulierten gelehrten Textteilen

Andere gelehrte Texte waren weder Listen einzelner Wörter noch Kompilationen von Konditionalsätzen. Dennoch folgten auch in diesen Texten meist gleichartig aufgebaute Einträge aufeinander. Ein Beispiel sind antike Kommentare, in welchen andere gelehrte oder literarische Texte erläutert wurden. Der folgende Text ist ein Auszug aus einem Kommentar zu einer Komposition der Weisheitsliteratur, welche den modernen Namen „Babylonische Theodizee" besitzt. Zum besseren Verständnis ist der kommentierte Text dem Kommentar voran gestellt:

Babylonische Theodizee:

kuppu ibrī libbaka ša lā iqattû nagabšu
kumurrê gipiš tâmtim ša lā īšû miṭ[īta]
ku'āšu luššiṣka limad alāktu

Dein Herz, mein Freund, ist ein Sammelbecken, dessen Wasserfluss nicht versiegt, das Ansteigen der Meeresmasse, das keine Abn[ahme] besitzt.
Ich will dich befragen. Erfahre den Weg!

Kommentar:
Sammelbecken (*kuppu*): zu *kuppa*: (bedeutet) Fluss (*nāru*). – Ansteigen (*kumurrê*): (bedeutet) Welle (*agû*): zu anhäufen (*kamāru*). – Masse (*gipiš*): (bedeutet) Welle (*agû*): (zu) massig sein (*gapāšu*): (bedeutet) viel (*mādu*). – Dich (*ku'āšu*): zu dich (*kâšu*). – Ich will dich

---

63 Eine andere akkadische Lesung des Zeichens ist allerdings *ṣubātu*.
64 Zur logographischen Schreibweise der Keilschrift s. Kap. 7.6, S. 154.
65 Zur Interpretation altorientalischer Omina s. auch Kap. 6.5.3, S. 139.

befragen (*luṣṣiṣka*): (zu) befragen (*uṣṣuṣu*): (bedeutet) dauernd fragen (*šitâlu*): dito (d. h. befragen): (bedeutet) fragen (*šâlu*). – Weg (*alāktu*): (bedeutet) Plan (*ṭēmu*).

Text 9.12: Ein Kommentar zum Weisheitstext Babylonische Theodizee[66]

Der Text kommentierte auf zwei Arten. Zum einen wurden Wörter durch andere erläutert: Sammelbecken = Fluss, Ansteigen = Welle, Masse = Welle, Masse = viel, befragen = dauernd fragen oder fragen, Weg = Plan. Zum anderen wurden Wörter durch Ableitung von anderen Formen derselben Wurzel erklärt, besonders durch Ableitung von Infinitiven: *kumurrû* „Ansteigen" von *kamāru* „anhäufen", *gipiš* „Masse" von *gapāšu* „massig sein", *luṣṣiṣka* „Ich will dich befragen" von *uṣṣuṣu* „befragen"; einmal wurde die archaische Form *ku'āšu* „dich" durch die gängigere *kâšu* erklärt.

Die einzelnen Kommentare waren durch Glossenkeile (zwei kleine schräge Keilschriftzeichen), in der Übersetzung durch den Doppelpunkt wiedergegeben, voneinander abgesetzt. Letztlich waren auch diese Art Kommentare Listen, eine Aneinanderreihung gleichartiger kurzer Erklärungen, auch wenn diese Liste nicht zeilenweise untereinander, sondern fortlaufend geschrieben war.

9.6. Literarische Texte

9.6.1. Historische Entwicklung der mesopotamischen Literatur

Die ersten literarischen Texte in sumerischer und akkadischer datierten in die Periode Frühdynastisch III (2600–2300 v. Chr.) und stammten aus den Städten Schuruppak (modern Fara) und Abu Salabich (antik Eresch?), beide in Babylonien gelegen, sowie aus der Stadt Ebla in Nordsyrien.[67] Zu dieser Zeit wurde die Keilschrift schon fast 1000 Jahre für administrative Zwecke gebraucht;[68] literarische Keilschrifttexte waren damit, so wie monumentale Texte auch,[69] ein vergleichsweise spätes Phänomen in der Entwicklung keilschriftlicher Textgattungen. Zu den ältesten literarischen Gattungen gehörten Götterhymnen wie die akkadische Sonnengotthymne aus Abu Salabich und

---

66 Kommentierter Text: T. Oshima, Babylonian Poems of Pious Sufferers (= Orientalische Religionen in der Antike 14, Tübingen 2014) 150f. und 441f. Zeile 23–25. – Kommentar: E. Jiménez, Commentary on Theodicy (CCP 1.4), Cuneiform Commentaries Project (ed. E. Frahm, E. Jiménez, M. Frazer, and K. Wagensonner) 2013–2022; accessed November 22, 2022, at https://ccp.yale.edu/P404917. DOI: 10079/7m0cg9h Zeile 7–8.
67 Siehe zur Geschichte der sumerischen Sprache Kap. 8.3.4, S. 169f. und zur Geschichte der akkadischen Sprache Kap. 8.4.4, S. 175f.
68 Zur Administration als Anstoß für die Entwicklung der Keilschrift s. Kap. 7.2, S. 144f.
69 Zu den ersten monumentalen Texten in der Periode Frühdynastisch III s. Kap. 9.4.1, S. 209.

Ebla,[70] Beschwörungen in sumerischer und akkadischer Sprache[71] und sumerischsprachige Weisheitsliteratur.

In der ersten Hälfte des 2. Jt. v. Chr., der altbabylonischen Periode, wurde, während die gesprochene sumerische Sprache ausstarb,[72] die sumerische Literatur in großem Umfang verschriftet und dadurch konserviert. Das Zentrum der sumerischen Literatur war damals die zentralbabylonische Stadt Nippur, der Hauptkultort des obersten sumerischen Gottes En-lil.[73] Zugleich begann auch eine Verschriftung der akkadischen Literatur in Babylonien, während in Assyrien nur vereinzelt literarische Texte produziert wurden. Bereits in altbabylonischer Zeit waren zahlreiche unterschiedliche literarische Gattungen in akkadischer Sprache belegt: Epen wie das Gilga-mesch-Epos und die Erzählung von der Sintflut,[74] Hymnen[75] und Gebete, Sprichwörter,[76] Lehren, literarische Streitgespräche und manches mehr.

In der 2. Hälfte des 2. Jt. v. Chr., der mittelbabylonischen Periode, wanderte die akkadische Literatur aus Babylonien in die umliegenden Regionen des Alten Orients: nach Assyrien, wo man literarische Texte im babylonischen und nicht im assyrischen Dialekt des Akkadischen schrieb, und in zahlreiche Regionen des Alten Orients außerhalb Mesopotamiens, etwa nach Ugarit in Nordsyrien, in die hethitische Hauptstadt Hattusa nach Kleinasien und nach Amarna in Mittelägypten.

Im 1. Jt. v. Chr. finden wir die größte Bandbreite an keilschriftlicher mesopotamischer Literatur, ganz überwiegend in akkadischer Sprache. Die akkadische Literatur wurde kanonisiert, d. h. erhielt eine weitgehend feste Textgestalt. Die sumerische Literatur wurde hauptsächlich noch im Kult verwendet. Die letzten literarischen Texte in Keilschrift stammten aus dem 2. Jh. v. Chr. und damit aus einer Zeit nur kurz vor dem Aussterben der Keilschrift im 1. Jh. n. Chr.[77]

9.6.2. Genres

Die keilschriftliche Literatur in sumerischer und akkadischer Sprache kannte unterschiedliche Genres. Eine mesopotamische Benennung von Gattungen literarischer Texte existierte nur in Ansätzen; so wurden z. B. Beschwörungen

---

70 Zur Sonnengotthymne s. online unter https://www.seal.huji.ac.il no. 7478.
71 Die Webseite https://seal.huji.ac.il verzeichnet 25 akkadischsprachige Beschwörungen aus dem 3. Jt. v. Chr.
72 Zum Aussterben des Sumerischen s. Kap. 8.3.4, S. 171.
73 Siehe zum Gott En-lil Kap. 5.5.1, S. 109.
74 Zum Sintflutmythos s. Kap. 10.
75 Zur Hymne des Königs Ammi-ditana an die Göttin Ischtar s. Kap. 9.6.4 mit Text 9.14, S. 226f.
76 Siehe das Sprichwort in einem altbabylonischen Brief, Kap. 9.6.8 Text 9.17, S. 233.
77 Zum Aussterben der Keilschrift s. Kap. 1.1.3, S.21.

in der Regel mit einer entsprechenden Unterschrift versehen.[78] Ausdrücke wie „Lied", mit denen andere literarische Texte bisweilen benannt wurden, waren dagegen zu unspezifisch und hatten vermutlich mehr mit der Aufführungspraxis zu tun als mit Gattungseigenschaften. Es gab auch keine systematische keilschriftliche Bestandsaufnahme und Beschreibung der Eigenschaften mesopotamischer Literatur analog zu Aristoteles' Poetik.

Aus diesem Grund ist die Altorientalistik gezwungen, eine eigene Systematik für die mesopotamische Literatur zu entwickeln. Fast immer bedient sie sich dabei einer aus der griechischen, lateinischen und alttestamentlich-hebräischen Literatur entlehnten Begrifflichkeit. Auch wenn diese Praxis bisweilen kritisiert wurde, ist sie nicht nur weitgehend alternativlos, sie ist auch zu einem Großteil unproblematisch: ein altgriechisches Epos wie Homers Ilias oder Odyssee zum Beispiel unterschied sich zwar in manchen Details von einem mesopotamischen Epos wie z. B. dem Gilga-mesch-Epos, doch teilten sie das grundlegende Merkmal der erzählenden Grundhaltung. Der aus dem Alten Testament stammende Begriff der „Weisheitsliteratur" umfasste verschiedene althebräische und keilschriftliche Textgattungen, die inhaltlich das Interesse an den Bedingungen des menschlichen Lebens und seinen Anforderungen sowie stilistisch die Vorliebe für Konversationen einte.

Die folgenden Tabelle nennt die wichtigsten keilschriftlichen mesopotamischen literarischen Gattungen in den beiden Sprachen Sumerisch und Akkadisch:

Gattung	*Sumerisch*	*Akkadisch*
Epen	Erzählungen von Göttern (> 25, z. B. In-anas Gang zur Unterwelt) und Helden/Königen, z. B. Gilga-mesch, Lugal-banda und En-mer-kar	Gilga-mesch-Epos, Atram-hasis-Epos, Weltschöpfungsepos, Etana-Epos, Adapa-Epos, Erra-Epos, Epen um die Könige Sargon und Naram-Sin-von Akkad, Tukulti-Ninurta-Epos
Gebete und Hymnen	Gebete an Götter, Hymnen an Könige besonders der Ur III-Dynastie und der Dynastien von Isin und Larsa, Tempelhymnen (z. B. Tempelbauhymne des Gu-dea von Lagasch)	Opferschaugebete, Königsgebete, Handerhebungsgebete, Götterhymnen
Literarische Briefe	Gebete an Götter in Briefform	
Klagen	Historische Klagen (über zerstörte Städte), rituelle Klagen, Klagen um den Gott Dumu-zi, persönliche Klagen	Persönliche Klagen, z. B. „Ein Mann und sein Gott", *Ludlul bel nemeqi* „Ich will preisen den Herrn der Weisheit"

---

78 Siehe die Schlangenbeschwörung Text 9.16 in Kap. 9.6.7, S. 232.

9. Die Altorientalistik und die Keilschrifttexte

Gattung	Sumerisch	Akkadisch
Liebesliteratur	Liebeslieder der Könige Schul-gi und Schu-Sin	Texte, die die menschliche Liebe besangen, beklagten oder zu erreichen suchten
Beschwörungen	Texte, die im Rahmen eines Rituals ein Übel (z. B. ein schädliches Tier, eine Krankheit, einen Dämon, Hexerei) beseitigen wollten	
Weisheitsliteratur	Streitgespräche, Schulsatiren, Lehren (z. B. „Farmer's Instructions"), Sprichwörter	Streitgespräche, Lehren, Sprichwörter, Fabeln, Humoristische Erzählungen (z. B. der Arme Mann von Nippur)
Prophezeiungen		Prophezeiungen aus neuassyrischer Zeit

Tabelle 9.2: Literarische Genres in Mesopotamien

Gegenstand der Epen war eine Erzählung, oft durchsetzt mit zahlreichen Dialogen zwischen den handelnden Göttern und Menschen. Zentrale Figuren von Königsepen waren oft Könige des 3. Jt. v. Chr. aus den Städten Uruk (Gilga-mesch,[79] Lugal-banda, En-mer-kar; 26. Jh. v. Chr.?) und Akkad (Scharru-ken, 2316–2277 v. Chr., und Naram-Sin, 2253–2198 v. Chr.). Andere Epen erzählten Mythen, in denen Götter die Hauptrolle spielten, wie das Atram-hasis-Epos, in dem die Menschenschöpfung und die Menschenvernichtung durch die Sintflut geschildert wurden, oder das Erra-Epos, in dem der Unterwelts- und Pestgott Erra eine zentrale Rolle spielte.[80] „Mythos" ist allerdings kein eigentlicher literaturwissenschaftlicher, sondern vielmehr ein religionswissenschaftlicher Begriff.[81]

Gebete richteten eine Bitte an eine Gottheit, während Hymnen eine Gottheit, einen König oder einen Tempel priesen.[82] Manche Gebete waren formal Briefe an eine Gottheit und wurden wohl vor der Götterstatue niedergelegt.[83]

Einige, besonders sumerische, Klagen bezogen sich auf historische Ereignisse und beklagten die Zerstörung einer Stadt (z. B. die Zerstörung der Stadt Akkad durch die Gutäer im 22. Jh. v. Chr.), andere den zyklisch sterbenden Vegetationsgott Dumu-zi,[84] wieder andere wie der Text *Ludlul bel nemeqi* „Ich will preisen den Herrn der Weisheit" waren Klagen einzelner Personen über ihr z. T. als ungerecht empfundenes Schicksal; ein Teil der letzteren

---

79 Für den Sintflutmythos im Gilga-mesch-Epos s. Kap. 10, S. 245f.
80 Zum Erraepos s. Kap. 9.6.3 mit Text 9.13, S. 224.
81 Zu Mythen als religionsgeschichtlicher Quelle s. Kap. 5.3, S. 107. Siehe auch Kap. 10, S. 245 zum Mythos von der Sintflut.
82 Ein Beispiel für eine Hymne (Ischtar-Hymne des Ammi-ditana) findet sich in Kap. 9.6.4 als Text 9.14, S. 226f.
83 Zu Briefen s. Kap. 9.3.1, S. 199f.
84 Zu Dumu-zi, dem Gemahl der Göttin In-ana, s. Kap. 5.5.1, S. 109 und 5.5.3, S. 112.

wird in der Altorientalistik mit dem biblischen Buch Hiob, der Klage des „Leidenden Gerechten", verglichen.[85]

Liebesliteratur ist ein Oberbegriff für verschiedene Textgattungen mit dem speziellen Thema Liebe.

Beschwörungen waren Texte, die eine Wirkung entfalten sollten; wir sprechen daher von performativen Texten. Während sich ein Gebet an eine Gottheit richtete mit der Bitte, die Gottheit möge handeln, hatte der Beschwörungstext selbst eine Wirkung. Die magische Sprache brachte ihre Wirkung aus eigener Kraft hervor. Deshalb besaßen viele Beschwörungen eine poetische Sprache, die es rechtfertigt, sie nicht nur unter religionshistorischen, sondern auch unter literaturwissenschaftlichen Gesichtspunkten zu analysieren.[86]

Die inhaltliche Definition und die wichtigsten Gattungen der Weisheitsliteratur sind bereits oben genannt worden.[87]

Prophezeiungen waren göttliche Botschaften, die durch den Mund von Propheten und Prophetinnen übermittelt wurden.[88]

Dramatische literarische Texte mit verteilten Rollen, wie wir sie aus dem alten Griechenland kennen, waren dagegen im Alten Orient unbekannt. Wir wissen zwar, dass das Weltschöpfungsepos (*Enūma eliš*) zum babylonischen Neujahrsfest rezitiert wurde; über die genaue Praxis dieser Rezitation ist dagegen nichts bekannt. Sollte es solche Dramen gegeben haben, wurden sie jedenfalls nicht aufgeschrieben und auch nur einer beschränkten Gruppe von Zuschauern vorgeführt, denn Theaterbauten, wie wir sie aus dem alten Griechenland und Rom kennen, hat die Vorderasiatische Archäologie bislang nicht wieder entdeckt; erst im hellenistischen Babylon wurde ein Theaterbau errichtet.

9.6.3. Schreiber statt Autoren

Im Unterschied zur griechisch-lateinischen oder unserer modernen Literatur, deren Urheber stets bestimmte Autoren sind, war die mesopotamische Literatur meist anonym und kannte in der Regel keine Autoren.[89] Zwar wurden einige wenige literarische Kompositionen mit den Namen konkreter Schreiber verbunden, doch können wir nicht zwischen den Tätigkeiten der Kompositi-

---

85 Kap. 9.6.6 bietet mit Text 9.15, S. 230f. ein Beispiel für eine persönliche Klage.
86 Kap. 9.6.7 bietet mit Text 9.16, S. 232f. ein Beispiel für eine Beschwörung.
87 Zu Rangstreitgesprächen s. Kap. 3.1.1, S. 66. Ein Beispiel für ein Sprichwort in einem Brief findet sich in Kap. 9.6.8 mit Text 9.17, S. 233f.
88 Siehe Kap. 9.6.9 mit Text 9.18, S. 234 für eine neuassyrische Prophezeiung.
89 Genauso verhielt es sich mit den gelehrten Texten, die in der Regel nicht bestimmten Gelehrten zugeordnet wurden, s. Kap. 6.1.4, S. 126.

9. Die Altorientalistik und die Keilschrifttexte

on, der Edition oder der Kopie differenzieren; alle diese Tätigkeiten am Text waren in der Person des Schreibers vereint.

Eines der bekanntesten Beispiele für einen mit einem literarischen Text assoziierten Schreiber bot die fünfte Tafel des akkadischen Erra-Epos:

> Der „Knüpfer" seines (des Gottes Erra) Textes ist Kabti-ili-Marduk, Sohn des Dabibu. Er (der Gott Erra) ließ ihn (den Schreiber) (den Text) während der Nachtwache schauen und so, wie er (der Gott) (ihn) in der Schlummerzeit mitteilte, ließ er (der Schreiber) nichts aus (und) fügte (ihm) keine einzige Zeile hinzu. Erra hörte (den Text) und (dieser] fand [seine] Billigung, dem Gott Ischum, der ihm (Erra) voranging, gefiel er. Alle Götter priesen beständig (Erra) mit ihm (Ischum).

Text 9.13: Erra-Epos V 42–47[90]

Laut Text war Kabti-ili-Marduk der „Knüpfer" oder „Knoter" des Textes. Dies kann man als „Verfasser", aber auch als „Kompilator" bereits vorhandener Erzählungen verstehen. Gott Erra offenbarte ihm den Text des Epos im Traum und Kabti-ili-Marduk schrieb ihn wortgetreu nieder; eineinhalb Jahrtausende später zeigte in ähnlicher Weise der Engel Gabriel dem Propheten Mohammed im Traum den Beginn der Sure 96 des Koran, womit die Sendung des Propheten begann.

9.6.4. Stilmittel

Die Verwendung von Stilmitteln war zwar kein exklusives Merkmal mesopotamischer Literatur; auch anderen Textgattungen, besonders Königsinschriften, gelegentlich auch Briefe, gebrauchten Stilmittel aller Art. Dennoch war die Intensität ihrer Verwendung im Allgemeinen für literarische Texte charakteristisch. Unter den literarischen Textgattungen hoben sich am deutlichsten die Hymnen, in etwas geringerem Maß die Epen, Beschwörungen und Sprichwörter stilistisch von der Alltagssprache ab.

Drei Gruppen von Stilmitteln lassen sich differenzieren: phonetische (d. h. die Lautung ausnutzende), syntaktische (d. h. die Wortstellung ausnutzende) und semantische (d. h. die Bedeutung ausnutzende).

Zu den phonetischen Stilmitteln gehörte die Alliteration, bei der aufeinander folgende Wörter mit demselben Laut begannen: *šikaram šitī šīmti māti* „Trink das Bier, die Bestimmung des Landes!"[91] In diesem Beispiel begannen drei Wörter hintereinander mit dem Laut *š*, der unserem *sch* entspricht. Ein anderes phonetisches Stilmittel war das Wortspiel: „Sie kam durch die Tür

---

[90] L. Cagni, L'Epopea di Erra, Studi Semitici 34 (Napoli 1969) 126; B. R. Foster, Before the Muses (Bethesda 2005) 910.
[91] A. R. George, The Babylonian Gilgamesh Epic (Oxford 2003) 176 OB II 98; https://seal.huji.ac.il SEAL no. 1830.

des Hauses, schlüpfte durch den Türrahmen (*ṣēram*). Als sie durch den Türrahmen geschlüpft war, sah sie das Kind (*ṣeḥram*).[92] Die beiden Wörter für „Türrahmen" und „Kind" hatten im Akkadischen eine ähnliche Lautung.

Ein häufiges syntaktisches Stilmittel war der Parallelismus membrorum, bei dem die Glieder zweier aufeinander folgender Verse oder Halbverse parallel angeordnet waren:

ṭābū elī dišpi	u	*karānim*	„ist süßer als Honig und Wein,
ṭābū elī ḫananabī-	ma	*ḫašḫūrim*	ist süßer als Früchte und Apfel".[93]

Die beiden Verse ordneten die Glieder Stativ (*ṭābū* „ist süßer"), Präposition (*elī* „als"), erster Genitiv (*dišpi* „Honig" bzw. *ḫanabīma* „Früchte), Konkunktion (*u* bzw. angehängte Partikel -*ma* „und") und zweiter Genitiv (*karānim* „Wein" bzw. *ḫašḫūrim* „Apfel") parallel an. Das Gegenstück zum Parallelismus war der Chiasmus, bei dem die Verse oder Halbverse über Kreuz angeordnet waren: [*a*]*rrakat ubānātim ṣuprātim arrakat* „Sie (die Dämonin Lamaschtu) ist sehr lang an Fingern, an Fingernägeln ist sie sehr lang."[94] Hier stand das Wort *arrakat* „ist sehr lang" am Anfang und am Ende.

Zu den semantischen Stilfiguren gehörten Vergleiche und Metaphern. Vergleich: *ša šāri lemni kīma iṣṣūri akassâ idāšu* „Ich will die Hände des Bösen Windes wie die eines Vogels binden".[95] Metapher: *kibru dannu ṣulūl ummānišu agû ezzu mu'abbit dūr abni* „(Gilga-mesch ist) ein stark (befestigtes) Ufer, der Schirm seines Heeres, eine grimmige Welle, welche die Steinmauer zerstört".[96] Die drei Metaphern „Ufer", „Schirm" und „Welle" beschrieben die Schutzfunktion und Aggressivität des Helden.

Das Zusammenspiel unterschiedlicher Stilmittel wird im Folgenden an einer Hymne an Ischtar, die Göttin der Sexualität und des Krieges, aus der Zeit des babylonischen Königs Ammi-ditana (1675–1639 v. Chr.) demonstriert:

---

92 C. E. Keiser, Babylonian Inscriptions in the Collection of J. B. Nies 2 (NewHaven 1920) no. 7: 6–8; https://seal.huji.ac.il no. SEAL no. 7131.
93 L. W. King, Cuneiform Texts from Babylonian Tablets in the British Museum 15 (London 1902) no. 1: 4–5; https://seal.huji.ac.il no. 7490.
94 C. E. Keiser, Babylonian Inscriptions in the Collection of J. B. Nies 2 (NewHaven 1920) no. 7: 3–5; https://seal.huji.ac.il SEAL no. 7131.
95 L. Cagni, L'Epopea di Erra, Studi Semitici 34 (Napoli 1969) 78 I 187; B. R. Foster, Before the Muses (Bethesda 2005) 890.
96 A. R. George, The Babylonian Gilgamesh Epic (Oxford 2003) 540 SB I 33–34.

9. Die Altorientalistik und die Keilschrifttexte

1. Die Göttin besingt, die Ehrfurchtgebietende unter den Göttinnen!
   Gepriesen sei die Herrin der Menschen (*nišī*), die Größte unter den Igigi-Göttern.
   Ischtar besingt, die Ehrfurchtgebietende unter den Göttinnen! Gepriesen sei
   die Herrin der Frauen (*iššī*), die Größte unter den Igigi-Göttern.

2. Sie, voll Freuden, mit Liebreiz ist sie bekleidet (*labšat*)
   Angetan ist sie (*za'nat*) mit verführerischem Aussehen, Kosmetik und Attraktivität.
   Ischtar, voll Freuden, mit Liebreiz ist sie bekleidet (*labšat*).
   Angetan ist sie (*za'nat*) mit verführerischem Aussehen, Kosmetik und Attraktivität.

3. Mit süßen Lippen, ist ihr Mund Leben.
   Wer ihre Züge sieht, dem sprießt das Lachen.
   Sie ist prächtig. Juwelen sind auf ihr Haupt gelegt (*irimmū ramû rēšušša*).
   Ihr Teint ist wunderschön. Leuchtend und schillernd sind ihre Augen.

4. Die Göttin – guter Rat ist bei ihr zu finden.
   Sie hält die Schicksale von Allem in ihren Händen.
   Unter ihrem Blick entstehen Gedeihen (*banî bu'āru*),
   Würde (*bāštum*), Pracht, Schirm und Schutz.

5. Über Liebe, Folgsamkeit, Leidenschaft, Güte (*tartāmī tešmê ritūmi tūbi*)
   und Harmonie herrscht sie (*tebêl*) allein.
   Ein Mädchen, das (die Göttin) ständig gepriesen hat, wird (in ihr) eine Mutter bekommen.
   Man spricht zu ihr unter den *Menschen/Frauen*, nennt ihren Namen.

6. Wer ist es? Wer kommt ihrer Größe gleich?
   Stark, erhaben, hervorragend sind ihre göttlichen Kräfte.
   Ischtar – Wer kommt ihrer Größe gleich?
   Stark, erhaben, hervorragend sind ihre göttlichen Kräfte.

7. Sie ist die *Sprecherin*. Unter den Göttern ist ihre Stellung überragend.
   Gewicht hat ihr Wort. Über sie (die Götter) hat es Macht. (*kabtat amāssa elšunu haptatma*)
   Ischtar – ihre Stellung ist überragend unter den Göttern.
   Gewicht hat ihr Wort. Über sie hat es Macht. (*kabtat amāssa elšunu haptatma*)

8. Sie bedenken die Befehle ihrer Königin.
   Sie alle knien vor ihr.
   Sie gehen zu ihrem Licht.
   Frauen und Männer verehren sie.

9. In ihrer (der Götter) Versammlung ist ihre Rede fürstlich, machtvoll.
   Sie sitzt unter ihnen *mit gleichem Rang* wie Anum, ihr König.
   Sie ist weise, (versehen) mit Einsicht, Weisheit und Verstand.
   Sie und ihr Oberhaupt beraten einander.

10. Zusammen sitzen sie auf dem Thron.
    Im Tempel, dem Wohnsitz des Jauchzens,
    stehen die Götter (*ilū nazuzzū*) vor ihnen
    Auf ihre Rede sind ihre Ohren gerichtet (*bašî ā uznāšun*)

> 11 Der König, ihr Günstling, Liebling ihres Herzens
> pflegt ihnen prächtig sein reines Opfer darzubringen.
> Ammi-ditana macht das reine Opfer aus seinen Händen
> glanzvoll vor ihnen: fette Stiere und Widder.
>
> 12 Von Anum, ihrem Gatten, erbat sie (Ischtar) für ihn (den König)
> ein langes ewiges Leben.
> Zahlreiche Lebensjahre
> schenkte und gab Ischtar dem Ammi-ditana.
>
> 13 Durch ihr Geheiß <u>unterwarf sie</u> (*tušakniśaššum*)
> die vier Weltregionen seinen Füßen
> und die ganze bewohnte Erde
> <u>spannte sie</u> (*tassamissunūti*) in sein Joch.
>
> 14 Ihr (Ištars) Herzenswunsch, das Lied (*zamār*) ihrer (Ištars) Schönheit,
> geziemen seinem (des Königs) Mund. Des Gottes Ea Worte führte er (Ammi-ditana) für sie (Ištar) aus.
> Er (Ea) hörte ihren (Ištars) Preis (*tanittaša*) und jubelte über ihn (Ammi-ditana):
> „Möge er leben. Möge sein König (Gott Marduk?) ihn (Ammi-ditana) ewig lieben."
>
> Antiphon:
>
> O Ischtar, schenke dem Ammiditana, dem König, der dich liebt, ein langes, ewiges Leben!
> Möge er leben!
> Sein Antiphon (*giš-gi₄-gál-bi*)

Text 9.14: Die Ischtar-Hymne des babylonischen Königs Ammi-ditana[97]

Die Hymne ist in 14 Strophen zu je zwei Doppelversen gegliedert.

Die erste Strophe bezeichnete Ischtar als die größte unter den Igigi-Göttern, den großen Göttern des Pantheons. Damit war sie auch die Herrin der Menschen. Der letzte Vers dieser Strophe leitete mit dem Ausdruck „Herrin der Frauen" zum Thema der Strophen zwei und drei über, in denen Ischtar als attraktive Frau beschrieben wurde. Diese Überleitung erfolgte im Babylonischen durch ein Wortspiel: „der Menschen" in Zeile 2 lautete *nišī*, „der Frauen" hieß im Text *iššī*. Mit *iššī* „Frauen" verwendete der Schreiber ein ganz seltenes, wohl aus der amurritischen Sprache[98] entlehntes Wort, das in der Umgangssprache nicht üblich war und dem Wort *nišī* ähnlich klang.

Die erste Strophe zeigte ein weiteres in der akkadischen Literatur gern gebrauchtes Stilmittel: die Wiederholung von Versen mit leichter Variation. Dabei wurden beim ersten Vorkommen Epitheta, preisende Beiwörter, und erst beim zweiten Eigennamen verwendet wie in „Die Göttin besingt" im

---

[97] F. Thureau-Dangin, Revue d'Assyriologie 22 (1925) 169–177; https://seal.huji.ac.il SEAL no. 7496.
[98] Zur amurritischen Sprache s. Kap. 8.9.1, S: 192.

9. Die Altorientalistik und die Keilschrifttexte

ersten Vers und „Ischtar besingt" im dritten Vers. Unsere Hymne hatte ähnliche Wiederholungen in Strophe zwei („sie voll Freuden" und „Ischtar voll Freuden"), Strophe sechs („Wer ist es? Wer kommt ihrer Größe gleich?" und „Ischtar – wer kommt ihrer Größe gleich?") sowie Strophe sieben („Ihre Stellung" und „Ischtar – ihre Stellung"); die entsprechenden Passagen sind in der Übersetzung unterstrichen.

Die Strophen zwei und vier beschrieben die Göttin. Alles, was eine Frau anziehend macht, war ihr eigen: Liebreiz, verführerisches Aussehen, erhöht durch kosmetische Raffinesse, Attraktivität, süße Lippen, prächtige Gesichtszüge, Juwelen auf dem Haupt, wunderschöner Teint, schillernde Augen – mit einem Wort eine Miss Mesopotamien.

Strophe drei zeigte das in der babylonisch-assyrischen Literatur beliebte Stilmittel der Alliteration: hintereinander stehende Wörter begannen mit demselben Laut wie das *r* in *irimmū ramû rēšušša* „Juwelen sind auf ihr Haupt gelegt". Dabei wurden manchmal auch im Wortinneren stehende Konsonanten mitgerechnet wie in *irimmū*. Ein weiteres Beispiel fand sich gleich in der nächsten Strophe: *banī bu'āru* „enstehen Gedeihen", wobei in diesem Fall auch noch das erste Wort des nächsten Verses, „Würde", babylonisch *bāštum*, mit einem *b* begann. Auch in Strophe fünf erstreckte sich eine Alliteration über zwei Verse: „Über Liebe, Folgsamkeit, Leidenschaft, Güte (*tartāmī tešmê ritūmi ṭūbi*) und Harmonie herrscht sie (*tebêl*), eine Alliteration von *t* mit Einbezug von *ṭ* in *ṭūbi*, ein Laut, der zwar nicht ganz wie ein *t*, aber doch ähnlich klang.

Strophe vier behandelte Ischtar als fürsorgliche Gottheit: sie gab Schirm und Schutz. In Strophe fünf wurde die besondere Rolle Ischtars für die Frauen hervorgehoben, das Thema, das bereits in Strophe eins anklang.

Die Strophen sechs–zehn beschrieben Ischtars hohe Stellung unter den Göttern. Diese war überragend, sie war die Königin der Götter. Der dritte Vers von Strophe acht, „Sie gehen zu ihrem Licht", war eine Anspielung auf Ischtars astrale Verkörperung, den Venusstern. Strophe neun stellte Ischtar dem Himmelsgott und obersten Gott des sumerischen Pantheons, Anum, gleich. Beide, Ischtar und Anum, saßen zusammen auf dem Thron, wie es in Strophe zehn lautete.

In der Strophe sieben Verse zwei und vier begegnet uns das häufige Stilmittel des Chiasmus, bei dem die Satzglieder kreuzförmig angeordnet sind. Im ersten Satz stand das babylonische Verb *kabtat* „Gewicht hat" am Satzanfang, im zweiten Satz das Verb *ḫaptatma* „hat es Macht" dagegen am Satzende, *amāssa* „ihr Wort" und *elšunu* „über sie" nahmen die jeweils andere Satzposition ein. Während sich dieses Stilmittel hier innerhalb eines Verses fand, wurde es anderswo über einen Doppelvers geführt wie in Strophe zwei: *labšat* „ist sie bekleidet" stand am Satzende, *za'nat* „angetan ist sie" im nächsten Vers am Satzanfang. Ebenso in Strophe zehn: *ilū nazuzzū* „stehen die Götter" mit Verb am Satzende, *bašiā uznāšun* „sind ihre Ohren gerichtet" mit Verb am Satzanfang. Schließlich in Strophe 13: *tušakniššaššum* „unterwarf sie" Verb vor dem Objekt, *taṣṣamissunūti* „spannt sie" Verb nach dem Objekt.

In den Strophen 11–14 trat Ammi-ditana, König von Babylon, auf. Der König brachte den Göttern reiche Opfer dar (Strophe elf). Dafür erhielt er von Anum und Ischtar ein langes Leben (Strophe zwölf) und wurde mit der Unterwerfung der Erde belohnt (Strophe 13). Nach Strophe 14 schließlich sang Ammi-ditana selbst diese Hymne für Ischtar; die Hymne wurde als „Lied" (babylonisch *zamār*) und als „Preis" (*tanittaša*) tituliert, beides Bezeichnungen, die auch anderweitig für Hymnen gebraucht wurden und auf eine musikalische Darbietung solcher Texte hindeuten mögen. Der Weisheitsgott Ea selbst hatte diese kunstvolle Hymne gedichtet und jubelte darüber, dass der König sie für Ischtar sang. Der letzte Vers dieser Strophe sprach möglicherweise vom Gott Babylons, Marduk, der auf Geheiß Eas den Ammi-ditana ewig lieben sollte.

Die Hymne schloss mit zwei Zeilen, die um langes Leben für Ammi-ditana baten. Dabei handelte es sich, wie die letzte Zeile der Tafel festhielt, um ein Antiphon (einen „Gegengesang", einen Refrain). Die entsprechende Bezeichnung, *giš-gi$_4$-gál-bi*, war nicht babylonisch, sondern sumerisch und zeigt, wie die babylonisch-assyrische Literatur aus der älteren sumerischen schöpfte und die Schreiberausbildung in der altbabylonischen Zeit das Sumerische mit einbezog. Das Antiphon deutet darauf hin, dass die Hymne in einem Wechselgesang aufgeführt wurde, etwa derart, dass nach jeder vom König gesungenen Strophe ein zweiter Sänger oder Chor mit dem Antiphon antwortete. Leider wissen wir jedoch über die genaue Praxis und den Anlass der Aufführung dieser Hymne nicht genau Bescheid.

9.6.5. Kataloge und Bibliotheken

Man kannte im Alten Orient zwei Arten, sich auf ein Literaturwerk zu beziehen. Meist wurden in keilschriftlichen Katalogen[99] von Literaturwerken entweder die ersten Wörter als Titelersatz zitiert, z. B. [*enūm*]*a eliš* "Als droben" für das Weltschöpfungsepos.[100] Im 1. Jt. v. Chr. besaßen mehrtafelige Literaturwerke auch einen den Inhalt zusammenfassenden Titel, z. B. *iškār Gilga-meš* "Serie von Gilga-mesch".[101]

Bibliotheken[102] mit literarischen Texten fanden sich in Palästen, Tempeln oder Privathäusern von Gelehrten. Die bedeutendste altorientalische Biblio-

---

99 Zu Katalogen s. J. Krecher, Kataloge, literarische, RlA 5 (1976–1980) 478–485.
100 Alter Orient und Altes Testament 25 (1976) 314: 22.
101 Journal of Cuneiform Studies 16 (1962) 66 vi 10.
102 Zu Bibliotheken und ihrer Abgrenzung von Archiven s. Kap. 9.7.1, S. 235.

9. Die Altorientalistik und die Keilschrifttexte

thek gehörte dem assyrischen König Aschur-bani-apli (668–631? v. Chr.) in der Hauptstadt Ninive; sie enthielt ca. 6.000[103] Tafeln, wovon allerdings nur ein kleiner Teil literarisch im hier definierten Sinn war; der Löwenanteil waren gelehrte Texte.[104] Aus Ausgrabungen in der babylonischen Stadt Sippar wissen wir, dass die Texte in solchen Bibliotheken in Wandnischen aufbewahrt wurden.[105]

9.6.6. Aus der Klage „Ich will preisen den Herrn der Weisheit"

In der babylonischen Klage „Ich will preisen den Herrn der Weisheit" (*Ludlul bēl nēmeqi*) beklagte ein Mann namens Schubschi-meschre-Schakkan vor dem Gott Marduk sein Los; es handelte sich also um eine persönliche Klage.[106] Aus dem umfangreichen Text, der aus fünf Tafeln bestand – der längsten mesopotamischen Klage überhaupt –, werden im Folgenden die ersten Zeilen der eigentlichen Klage nach dem einleitenden Marduk-Hymnus wiedergegeben:

41	Vom Tag an, da mein Herr (Gott Marduk) mich bestrafte
42	und mir der Krieger Marduk zürnte,
43	verwarf mich mein Gott und suchte das Weite,
44	meine Göttin hörte auf (mich zu beschützen) und entfernte sich.
45	Der gute Schutzgeist an meiner Seite verschwand(?).[107]
46	Es fürchtete sich die Schutzgöttin und suchte sich einen Anderen.
47	Meine Lebenskraft wurde weggenommen und meine Zeugungsfähigkeit verdunkelt.
48	Mein Wesen wurde gekappt und sprang wie ein Schutzschirm davon.
49	Schreckenszeichen wurden mir bereitet.
50	Ich wurde aus meinem Haus vertrieben und rannte draußen herum.
51	Meine Vorzeichenbefunde waren verwirrt, (die Leberteile) waren täglich entzündet(?).[108]
52	Beim Opferschauer und Traumdeuter war mein Weg unentschieden.
53	Im Mund der (Leute auf der) Straße war mein Ruf schlecht.
54	Legte ich mich zur Nachtzeit hin, war mein Traum schrecklich.
55	Der König, Fleisch der Götter, die Sonne seiner Leute,
56	sein Herz verknotete sich, war zu böse zur Lösung(?).
57	Die Höflinge tauschten ständig üble Nachrede gegen mich aus.
58	Sie waren versammelt und stachelten sich zu Niedertracht an.
59	Wenn der erste (sagte): „Ich lasse ihn sein Leben aushauchen!",
60	sagte der zweite: „Ich entferne sein Amt!"
61	So wie der dritte (sagte): „Sein Amt werde ich übernehmen!",
62	„Ich werde in sein Haus treten!", sprach der Vierte.

---

103 J. Fincke, The Babylonian Texts of Nineveh. Report on the British Museum's Assurbanipal Library Project, AfO 50 (2003–2004) 111–149.
104 Zu den gelehrten Texten s. Kap. 9.5, S. 215f.
105 M. Hilgert, Bestand, Systematik und soziokultureller Kontext einer neubabylonischen „Tempelbibliothek". Ein Beitrag zur altorientalischen Textsammlungstypologie. Unpublizierte Habilitationsschrift Jena 2004.
106 Zu den verschiedenen literarischen Klagen s. Kap. 9.6.2, S. 221f.

63	Der fünfte hatte die Meinung vom Fünfzigsten geändert.
64	Der sechste und siebte folgten seinem Schutzgeist.
65	Die Siebenerbande vereinigte ihre Sippschaft gegen mich.
66	Wie ein Dämon waren sie schonungslos, glichen einem bösen Geist.
67	Wie eines Einzigen war ihr Leib, mit vielen Mündern versehen.
68	Sie wüteten gegen mich und loderten wie Feuer.
69	Üble Rede und Widerstand ließen (sie) gegen mich billigen.
70	Meinem vornehmen Mund legten sie wie mit Zügeln Bande an.
71	Meine Lippen, die zu quatschen pflegten – stumm wurde ich.
72	Mein lauter Schrei wurde still.
73	Mein erhobenes Haupt beugte sich zur Erde.
74	Schrecken schwächte mein starkes Herz.
75	Der Schreiberlehrling stieß meine breite Brust zurück.
76	Weit waren meine Arme gewesen, (nun) griffen sie ärmlich(?) aus.
77	Der ich wie ein Fürst zu gehen pflegte, lernte zu schleichen.
78	Stolz war ich gewesen, doch ich wurde zu einem Sklaven.
79	Für jemanden, der eine weitverzweigte Familie hat, wurde ich einsam.
80	Ging ich die Straße entlang, waren Ohren gespitzt.
81	Wann immer ich den Palast betrat, zwinkerten Augen.
82	Meine Stadt blickte mich wie einen Feind böse an.
83	Mein Land war, als sei es mein aggressiver Feind.
84	Mein Kollege wurde zu einem Fremden.

Text 9.15: Aus der persönlichen Klage „Ich will preisen den Herrn der Weisheit"[109]

Die Leiden des Dulders begannen mit dem Zorn Marduks (Zeile 41f.), des obersten Gottes des babylonischen Pantheons seit der Eroberung Babyloniens durch Hammu-rapi (1784–1742 v. Chr.).[110] Darauf verließ auch der persönliche Schutzgott den Leidenden (Zeile 41–48). Schlechte Vorzeichen waren ihm bereitet (Zeile 45–54). König und Höflinge verließen ihn und wurden ihm feindlich gesonnen (Zeile 55–68). Er, der vorher etwas zu sagen hatte (Zeile 70), wurde stumm, er verlor seine vornehme Stellung (Zeile 73–78) und wurde von seiner Familie (Zeile 79), seinen Kollegen (Zeile 84), seiner Stadt (Zeile 82) und seinem Land (Zeile 83) verlassen. Die Schilderung seiner Leiden ging bis ans Ende der Tafel II. In Tafel III erfolgt die Wendung; Marduk erbarmte sich seiner, Schubschi-meschre-Schakkan wurde von seinen Leiden befreit und pries Marduk dafür.

---

107 Oder vielleicht „Er (Marduk) ließ den Schutzgeist von meiner Seite verschwinden.
108 Das Verb ist vielleicht auf krankhaft veränderte Leberteile bezogen.
109 T. Oshima, Babylonian Poems of Pious Sufferers (= Orientalische Religionen in der Antike 14, Tübingen 2014).
110 Zu Marduks Aufstieg zum obersten Gott des babylonischen Pantheons s. Kap. 4.2, S. 89 und 5.5.8, S. 117.

Die gehobene Stellung des Leidenden war offensichtlich: er war ein Höfling (Zeile 81) mit einer Beziehung zum König (Zeile 55) und besaß ein Amt im Dienste des Palastes (Zeile 61); die Erwähnung des sich vom Dulder abwendenden Schreiberlehrlings (Zeile 75) lässt sich nur so verstehen, dass er selbst schreibkundig war und trotz seiner höheren Stellung vom Lehrling missachtet wurde.[111] Man hat vermutet, dass Schubschi-meschre-Schakkan mit einem Statthalter dieses Namens in der Zeit des Königs Nazi-maruttasch (1307–1282 v. Chr.) zu identifizieren ist.

Man hat die Klage des Schubschi-meschre-Schakkan oft mit dem biblischen Buch Hiob, in dem das Schicksal eines leidenden Gerechten geschildert wird, verglichen. Im Unterschied zu Hiob sprach der babylonische Text jedoch nicht davon, dass der Dulder „gerecht" gewesen sei; vielmehr stand hinter dem plötzlich hereinbrechenden Zorn Marduks die mesopotamische religiöse Anschauung, dass jeder Mensch, ob bewusst oder unbewusst, die göttlichen Regeln übertrat und sündigte und die Leiden damit gerechtfertigt waren. Der Text war zugleich aber auch ein Lobpreis des strafenden und verzeihenden Gottes Marduk.

9.6.7. Eine Schlangenbeschwörung

Schlangen, Skorpione und bissige Hunde waren die prominentesten gefürchteten Tiere in mesopotamischen Beschwörungen. Der folgende Text ist eine Schlangenbeschwörung:

1	Hiermit ergreife ich den Mund aller Schlangen, (auch) die Viper,
2	auch die Schlange(n), die (sonst) nicht beschworen werden können: die Alabaster-Frosch-Schlange,
3	die Fisch-Schlange mit bunten Augen,
4	die Aal-Schlange, die Zischer-Schlange, die Zischerin, die Schlange am Fenster.
5	Sie kam durch ein Loch herein und ging durch das Bewässerungsrohr hinaus.
6	Sie „schlug" die schlafende Gazelle, machte sich in eine verdorrte Eiche davon.
7	Die Schlange lauert auf den Dachbalken.
8	Die Schlange lauert im Schilfdickicht.
9	Sechs sind die Münder der Schlange, sieben ihre Zungen.
10	Sieben und sieben(mal) ging alles aus ihrem Inneren hinaus.
11	Sie ist buschig an Haar, furchtbar an Aussehen.
12	Ihre Augen sind Schreckensglanz, Furchtbares kommt aus ihrem Mund heraus.
13	Ihr Gift spaltet den Stein.
14	Beschwörung.

Text 9.16: Eine Beschwörung gegen Schlangen[112]

---

111 T. Oshima, Babylonian Poems of Pious Sufferers (= Orientalische Religionen in der Antike 14, Tübingen 2014) 18 Anm. 78 bespricht die mögliche Schreibkundigkeit Schubschi-meschre-Schakkans, allerdings ohne Berücksichtigung von Zeile 75.

112 J. van Dijk, Cuneiform Texts: Texts of Varying Content (= Texts in the Iraq-Museum 9, Wiesbaden 1976) 65//66. – https://seal.huji.ac.il no. 7181.

Das Ergreifen des Mundes der Schlange in Zeile 1 steht für ihre Bannung durch die Beschwörung. Die genannten Schlangen lassen sich nicht zoologisch identifizieren; wahrscheinlich handelt es sich nicht um verschiedene Arten, sondern um eine Beschreibung von Schlangen allgemein. Typisch ist das geschilderte Verhalten der Schlangen, die durch Löcher und Rohre kriechen und auf Dachbalken lauern. Mit der schlafenden Gazelle in Zeile 6 ist vielleicht ein Kind gemeint. In das Reich der Fabel gehören die sechs Münder und sieben Zungen (Zeile 9); hier wird mit der bedeutsamen Zahl „sieben" gespielt und die Steigerung „sechs–sieben" angewandt. „Haar" (Zeile 11) kann ebenfalls nicht wörtlich zu nehmen sein und bezeichnet wohl einfach das Äußere. Das den Stein spaltende Gift (Zeile 13) ist eine Übertreibung. Der Text endet mit der sumerischen Gattungsbezeichnung „Beschwörung".[113]

Die Beschwörung ist in zwei Duplikaten überliefert; in einem der beiden Duplikate[114] folgt auf der Tafel eine weitere Beschwörung gegen einen Skorpion in einer nicht sicher bestimmten Sprache, vermutlich in Elamisch; die Verwendung des Elamischen[115] und Hurritischen,[116] zweier in Babylonien kaum bekannter Sprachen, für einige Beschwörungen aus Babylonien erhöhte die magische Wirkung des Textes und gab ihm eine geheimnisvolle Aura, so wie es das Abrakadabra der Zaubersprüche in unserem Kulturkreis tut.

9.6.8. Ein Sprichwort in einem altbabylonischen Brief

Sprichwörter wurden zum einen in Sammlungen zusammengefasst, wurden aber auch, wie das folgende, in Briefen[117] zitiert:

> Zu Aschri-ilischu, der den Herrn liebt, sprich! Folgendermaßen Adad-scharrumma. Schamasch und Marduk mögen dich am Leben erhalten.
>
> Aruchum hat folgendes bei mir vorgebracht: „Dass du die Gerste, die er (der Gläubiger) bei mir gut hat, aus dem Haus meines Verwalters wegbringen darfst, hatte ich ihm (dem Gläubiger schon) versprochen. Er aber hat die Dienerin, die das Haus bewahrt und unsere Speise mahlt, in Schuldhaft geführt." Es ist [nicht] sinnvoll, zu einem Abwasserkanal noch Wasser hinzuzufügen ([lā] naṭû ana mušēṣītim mê ruddû)! Statt dass du ihm zur Hilfe kommst, „Sorge dich nicht!" sagst (und) sein Kinn anfasst (= ihn stützt), führst du seine Dienerin in Schuldhaft! Wenn du mich in Wahrheit liebst, lass seine Dienerin am 5. (dieses Monats) frei! Bist du (denn) ein Fremder? Ist das denn nicht euer Haus?

Text 9.17: Ein Sprichwort in einem altbabylonischen Brief[118]

---

113 Zu Gattungsbezeichnungen s. Kap. 9.6.2, S. 220f.
114 Text in the Iraq Museum 9, 66.
115 Zum Elamischen s. Kap. 8.6, S. 183f.
116 Zum Hurritischen s. Kap. 8.7, S. 185f.
117 Zu Briefen s. Kap. 9.3.1, S. 199f.
118 R. Frankena, Altbabylonische Briefe Heft 2: Briefe aus dem British Museum (LIH und CT 2–33 (Leiden 1966) 100f. Nr. 154.

Fügt man einem vollen Abwasserkanal Wasser hinzu, so läuft er über; wir würden sagen „Er bringt das Fass zum Überlaufen". Die Begleichung der Getreideschuld ist ausreichend, die Wegführung der Dienerin übertrieben und maßlos. Der babylonische Wortlaut des Sprichworts zeigt, dass ein Reim verwendet wird (*naṭû – ruddû*), was in Sprichwörtern oft vorkommt; man vergleiche etwa den reim im deutschen Sprichwort „Was du nicht willst, was man dir tu, das füg auch keinem andern zu!"

9.6.9. Eine neuassyrische Prophezeiung

Aus dem 7. Jh. v. Chr., dem Höhepunkt des neuassyrischen Reiches, gab es eine Sammlung von Prophezeiungen wie die folgende:[119]

> Ich bin die Göttin Belet-Arbela. An die Königsmutter: Bezüglich dessen, dass du dich an mich wandtest: „Du hast die zur Rechten und Linken auf deinen Schoß gesetzt. Meinen eigenen Nachkommen ließest du in der Steppe herumlaufen!" Nun, o König, fürchte dich nicht! Das Königtum ist dein. Die Macht ist dein. Aus dem Mund von Achat-abischa aus Arbela.

Text 9.18: Eine neuassyrische Prophezeiung[120]

Belet-Arbela „Herrin von Arbela" war die Göttin Ischtar in der assyrischen Stadt Arbela, dem heutigen Erbil in Irakisch-Kurdistan. Die neuassyrischen Prophezeiungen waren alle mit dem Kult der Göttin Ischtar, der Göttin von Sexualität und Krieg und der bedeutendsten weiblichen Gottheit dieser Periode, verbunden.[121] Sie besaß neben Arbela zwei weitere wichtige Kultorte in der uralten Haupt- und Kultstadt Aschur und in der assyrischen Hauptstadt des 9. und 8. Jh. v. Chr., Kalchu.

Die Prophezeiung geschah durch den Mund einer Frau namens Achat-abischa aus Arbela. Prophetinnen waren häufiger als Propheten. Die Sprache der Verkündung war der neuassyrische Dialekt des Akkadischen, die Muttersprache der Prophetin.[122]

Die Prophezeiung datierte in das Jahr 681 v. Chr. Der assyrische König Sin-ache-eriba (704–681 v. Chr.) war ermordet worden und Naqi'a, die Mutter des späteren Königs Aschur-acha-iddina (680–669 v. Chr.), hatte das Exil ihres Sohnes „in der Steppe" beklagt, während seine Halbbrüder, die „zur Rechten und Linken" Sin-ache-eribas gesessen hatten, die Herrschaft ausübten. Das Ende des Orakels verweist auf den Triumph Aschur-acha-iddinas, der am Ende des Jahres 681 v. Chr. die Macht erlangte.

---

119 Eine weitere neuassyrischen Prophezeiung findet sich in Kap. 5.5.8 mit Text 5.3, S. 119.
120 S. Parpola, Assyrian Prophecies (= State Archives of Assyria 9, Helsinki 1997) 9 Nr. 1.8.
121 Zu Ischtar s. Kap. 5.5, S. 109f.
122 Zur akkadischen Sprachgeschichte und dem neuassyrischen Dialekt s. Kap. 8.4.4.

9.7. Textsammlungen

9.7.1. Textsammlung, Archiv, Bibliothek, Dossier

Zahlreiche Arbeiten in der Altorientalistik beschäftigen sich mit „Archiven" und „Bibliotheken". Gemeint sind Keilschrifttexte, die in der Antike an einer Stelle zusammen aufbewahrt und/oder bei Ausgrabungen gemeinsam wieder gefunden wurden. Als Unterschied zwischen „Archiv" und „Bibliothek" gelten dabei die in diesen Textsammlungen vertretenen Textgattungen: „Archive" bestanden demnach aus Alltagstexten (Briefe, Rechtsurkunden, administrative Texte),[123] „Bibliotheken" aus kanonischen Texten (auch Traditionstexte genannt; gelehrte[124] und literarische[125] Texte). Diese Differenzierung ist allerdings nicht immer streng durchführbar, da sich in einigen Archiven auch Traditionstexte und in einigen Bibliotheken auch Alltagstexte befanden. Man hat deshalb dafür plädiert, die Begriffe „Archiv" und „Bibliothek" durch den neutralen Ausdruck „Textsammlung" zu ersetzen.[126] Die Analyse von Archiven und Bibliotheken im Alten Orient ab 1500 v. Chr. hat jedoch gezeigt, dass die Differenzierung zwischen Archiv und Bibliothek für die große Mehrzahl von Textsammlungen valide ist:[127] von 253 Textsammlungen sind 226 (89 %) entweder als reines Archiv oder als reine Bibliothek klassifizierbar und nur 27 (11 %) als Archiv mit einigen Bibliothekstexten oder umgekehrt als Bibliothek mit einigen Archivtexten.

Ein weiterer Terminus, der sich in manchen altorientalistischen Arbeiten findet, ist „Dossier". Damit ist ein Teil eines Archivs gemeint, der sich um eine bestimmte Person oder einen Ort herum gruppiert.[128] Der Editionsband State Archives of Assyria 1[129] etwa ordnet die an den neuassyrischen König Scharru-ukin II. (721–705 v. Chr.) gesandten, in Ninive ausgegrabenen Briefe nach den Absendern und stellt diese nach Herkunftsregionen zusammen: z. B. das Dossier des Bel-duri, Statthalter von Damaskus (Texte Nr. 171–172), des Adda-hati, Statthalter von Hamath (Nr. 173–176), des Bel-liqbi, Statthalter von Zobah (Nr. 177–182) usw.

---

123 Zu Alltagstexten s. Kap. 9.3, S. 199f.
124 Zu gelehrten Texten s. Kap. 9.5, S. 215f.
125 Zu literarischen Texten s. Kap. 9.6, S. 219f., zu Bibliotheken Kap. 9.6.5, S. 229f.
126 M. Hilgert, Bestand, Systematik und soziokultureller Kontext einer neubabylonischen „Tempelbibliothek". Ein Beitrag zur altorientalischen Textsammlungstypologie. Habilitationsschrift Jena 2004, besonders S. 278.
127 O. Pedersén, Archives and Libraries of the Ancient Near East 1500–300 B.C. Bethesda 1998.
128 O. Pedersén, Archives and Libraries of the Ancient Near East 1500–300 B.C. (Bethesda 1998) 4.
129 S. Parpola, The Correspondence of Sargon II, Part I. Letters from Assyria and the West (Helsinki 1987).

9.7.2. Wozu Textsammlungen analysieren?

Die Analyse von Textsammlungen gibt in erster Linie Aufschluss über verschiedene Aspekte des Lebens der Eigentümer. Archive lassen die ökonomischen Aktivitäten und die Familienverhältnisse der Archiveigner, meistens Stadtbewohnern, erkennen. Aus dem Inhalt von Bibliotheken können die Aufgaben und Interessen der sie besitzenden Schreiber und Gelehrten erschlossen werden. Damit ist die Textsammlungsanalyse ein wichtiger Beitrag zur altorientalischen Wirtschafts- und Sozialgeschichte einerseits, von Literaturgeschichte, Religionsgeschichte und Geschichte des Gelehrtentum andererseits.

9.7.3. Die Größe und die Laufzeit von Textsammlungen

Die Zahl von Texten in den Archiven und Bibliotheken ab 1.500 v. Chr. variiert zwischen einer Handvoll und mehreren tausend.[130] Die meisten Textsammlungen allerdings bestehen aus weniger als 100 Texten. Das größte Archiv dieser Zeit gehört zum neubabylonischen Tempel E-babbar in Sippar (6./5. Jh. v. Chr.); es besteht aus 30.000 Texten. Die Zahl der Texte der umfangreichsten Bibliothek in der Zeit ab 1.500 v. Chr., der Bibliothek des neuassyrischen Königs Aschur-bani-apli (668–631? v. Chr.), lässt sich nicht genau beziffern; sie bestand vielleicht aus ca. 20.000 Texten. Ein großes Palastarchiv mit über 15.000 Texten wurde im altbabylonischen Mari (18. Jh. v. Chr.) entdeckt. In der Tendenz sind Textsammlungen mit Privateigentümern kleiner als solche, die zu Tempeln oder Palästen gehören.

Wie die Größe, so variiert auch die Laufzeit von Textsammlungen, genauer gesagt von Archiven; denn nur Rechtsurkunden und administrative Texte sind regelmäßig genau datiert, während die für Bibliotheken charakteristischen Traditionstexte meist undatiert sind.[131] Das eben erwähnte E-babbar-Tempelarchiv aus Sippar hat eine Laufzeit von der Mitte der Regierung Nabu-kudurri-usurs II. (604–562 v. Chr.) bis zum zweiten Jahr des Perserkönigs Xerxes I. (484 v. Chr.), also von grob 100 Jahren.[132] Das größte Privatarchiv Babyloniens im 1. Jt., das Egibi-Archiv aus Babylon mit mindestens 1.700 Texten, umspannt gar fünf Generationen vom 20. Jahr des Königs Nabu-aplu-usur (606 v. Chr.) bis zum Usurpator Schamasch-eriba (482 v. Chr.), also 124 Jahre.[133] Ein anderes berühmtes Privatarchiv dieser Zeit, das der Familie

---

130 O. Pedersén, Archives and Libraries of the Ancient Near East 1500–300 B.C. (Bethesda 1998) 244–247.
131 Das gilt auch für Briefe.
132 M. Jursa, Neo-Babylonian Legal and Administrative Documents. Typology, Contents and Archives (= Guides to the Mesopotamian Textual Record 1, Münster 2005) 118.
133 Jursa (wie vorangehende Fußnote) 65.

Muraschu aus Nippur mit ca. 730 Texten, läuft von 455 bis 404 v. Chr.[134] Viele kleine Archive haben eine Laufzeit von nur wenigen Jahren oder gar nur einem einzigen Jahr.[135]

9.7.4. Fundorte und Eigentümer von Textsammlungen

Soweit die Fundorte von Textsammlungen bekannt sind, stammen sie aus drei verschiedenen Kontexten: Palast, Tempel oder Privathaus. Die Fundorte zahlreicher Textsammlungen sind jedoch nicht bekannt, weil sie aus Raubgrabungen stammen. Privathäuser hatten gewöhnlich nur einen einzigen Raum mit Tontafeln, während sich in Palästen und Tempeln oft mehrere solcher Räume befanden. Sogenannte „tote", d. h. nicht mehr aktiv gebrauchte, Textsammlungen[136] wurden bisweilen als Baumaterial sekundär verwendet, etwa als Füllung des Fußbodens.

Die Tontafeln wurden entweder in Keramikgefäßen, in Kisten, Körben oder auf Holzregalen aufbewahrt;[137] von organischen Materialien sind allerdings bei den Ausgrabungen nur wenige Reste wiedergefunden wurden. Im Schamasch-Tempel von Sippar wurden Nischen in der Lehmwand eines Raumes gefunden, in der sich noch Reste der einstigen Bibliothek befanden.[138] Da die Bibliothek bereits im Altertum geplündert wurde, die geringen Reste im Bibliotheksraum durcheinander lagen und zudem die Ausgrabung die Fundsituation nicht exakt dokumentierte, lassen sich ursprünglicher Inhalt und Organisation der Bibliothek kaum noch rekonstruieren. Auch in zwei Räumen des Nabu-Tempels in der assyrischen Hauptstadt Dur-Scharru-ukin fanden sich solche Nischen.[139]

Während die Textsammlungen in Palästen und Tempeln zu deren Verwaltung gehörten, dokumentierten in Privathäusern gefundene Archive die Rechtsgeschäfte und ökonomischen Aktivitäten der dort Wohnenden. Bibliotheken in Privathäusern gehörten meist Schreibern, Exorzisten, Opferschauern, Priestern oder Sängern mit Verbindungen zu Palast oder Tempel.[140]

---

134 M. Jursa, Neo-Babylonian Legal and Administrative Documents. Typology, Contents and Archives (= Guides to the Mesopotamian Textual Record 1, Münster 2005) 113.
135 O. Pedersén, Archives and Libraries of the Ancient Near East 1500–300 B.C. (Bethesda 1998) 256f.
136 Zu lebendigen und toten Archiven s. Kap. 9.7.5, S. 238.
137 O. Pedersén, Archives and Libraries of the Ancient Near East 1500–300 B.C. (Bethesda 1998) 243f.
138 Pedersén (wie vorangehende Fußnote) 194–197; M. Hilgert, Bestand, Systematik und soziokultureller Kontext einer neubabylonischen „Tempelbibliothek". Ein Beitrag zur altorientalischen Textsammlungstypologie. Unpublizierte Habilitationsschrift Jena 2004.
139 O. Pedersén, Archives and Libraries of the Ancient Near East 1500–300 B.C. (Bethesda 1998) 155.
140 Pedersén (wie vorangehende Fußnote) S. 269.

9.7.5. Lebendige und tote Archive

Die Altorientalistik unterscheidet zwischen lebendigen, aktiven, und toten, nicht mehr aktiven, Archiven.[141] Ein lebendiges Archiv wurde bei der Ausgrabung intakt in der Zusammensetzung wiedergefunden, wie es der letzte Eigentümer benutzte; in der Regel konservierte eine Katastrophe das Archiv. Tote Archive dagegen wurden vom Eigentümer als nicht mehr relevant ausgesondert und entweder einfach unbenutzt liegen gelassen oder sekundär verwendet.[142] Während bei Archiven die Zusammensetzung oft die Klassifizierung als „lebendig" oder „tot" verrät, weil bestimmte Textgattungen in toten Archiven fehlen,[143] kann bei Bibliotheken mit ihrem andersartigen Inhalt dieses Kriterium nicht angewandt werden.

9.7.6. Die Rekonstruktion von Textsammlungen

Viele Textsammlungen wurden nicht bei regulären Ausgrabungen gefunden, sondern wurden durch Raubgrabungen oder zumindest nicht oder nicht ausreichend dokumentierte Grabungen auseinandergerissen, so dass die Tafeln ohne Zusammenhang in die Museen gelangten. In diesen Fällen müssen die Textsammlungen erst wieder mühsam rekonstruiert werden.[144]

Manchmal ist dabei die sogenannte „Museumsarchäologie" hilfreich: man hat beobachtet, dass auch nicht regulär geborgene Tafeln eines Archivs oder einer Bibliothek nicht immer völlig ungeordnet oder verstreut, sondern mehr oder weniger als Gruppe in ein Museum (oder auch mehrere Museen) gelangten, dort zusammen katalogisiert wurden und nun auch zusammen dort aufbewahrt werden. Die sorgfältige Beobachtung von Erwerbungsdaten in Museumskatalogen und von Tafelsignaturen kann daher, zusammen mit inhaltlichen Kriterien, die Rekonstruktion einer auseinandergerissenen Textsammlung erleichtern. So gehören z. B. von den 52 Tafeln rekonstruierten Archivs der Familie Nappaḫu[145] im British Museum 46 oder 47 alle derselben „collection" 1884-2-11 (d. h. den am 11. Februar 1884 katalogisierten Texten) an.[146]

---

141 M. Jursa, Das Archiv des Bēl-rēmanni (= Publications de l'Institut historique-archéologique néerlandais de Stamboul 86) 8. – Jursa, Neo-Babylonian Legal and Administrative Documents. Typology, Contents and Archives (= Guides to the Mesopotamian Textual Record 1, Münster 2005) 58.
142 Zu toten Archiven s. auch Kap. 9.7.4, S. 238.
143 M. Jursa, Das Archiv des Bēl-rēmanni (= Publications de l'Institut historique-archéologique néerlandais de Stamboul 86) 58.
144 H. Baker, The Archive of the Nappāḫu Family (= Archiv für Orientforschung, Beiheft 30, Wien 2004) 6.
145 Zum Archiv der Familie Nappachu s. Kap. 9.7.7, S. 239.
146 H. Baker, The Archive of the Nappāḫu Family (= Archiv für Orientforschung, Beiheft 30, Wien 2004) 3.

Entscheidend sind bei der Rekonstruktion von Archiven allerdings inhaltliche Kriterien (auf Bibliotheken treffen diese Kriterien nicht zu). So lassen sich Texte in erster Linie durch die in ihnen genannten Schlüsselpersonen als zu einem Archiv gehörig erkennen. Diese Personen sind normalerweise die Eigentümer des Archivs. Man bezeichnet diese Identifikation von Personen als „Prosopographie". Nicht auf diese Weise identifizierbar sind Besitzurkunden, die zusammen mit vom Archiveigentümer gekauften Grundstücke, Pfründen oder Sklaven in das Archiv gelangten.

9.7.7. Die Zusammensetzung von Textsammlungen

Im Folgenden soll exemplarisch anhand eines Archivs und einer Bibliothek die Zusammensetzung von Textsammlungen demonstriert werden.

Das bereits erwähnte[147] Nappachu-Archiv wurde am Ende des 19. Jh. n. Chr. bei Raubgrabungen in Babylon gefunden. Die Tafeln kamen in zwei größeren Gruppen in das Vorderasiatische Museum in Berlin und ins British Museum, Einzelstücke finden sich im Museum von Montserrat und im Metropolitan Museum in New York. Die wichtigsten Personen des Archivs, deren Identifikation in den Texten die Rekonstruktion ermöglichten, waren Iddin-Nabu, Sohn des Nabu-ban-zeri, Sohn des Bel-Kasir aus der Familie Nappachu sowie seine Frau Ina-Esangil-ramat und sein Sohn Schellibi. Es hatte eine Laufzeit von 573–485 oder 484 v. Chr. und wurde vermutlich zu Lebenszeiten des Schellibi nicht mehr benötigt und deshalb deponiert.

Die 291 Tafeln des Archivs verteilten sich auf die folgenden Textgenres (nur die wichtigsten werden genannt):

- Urkunden des Familienrechts: Urkunden über die Mitgiften von Iddin-Nabus Ehefrau, Schwester, Schwägerin, Tochter und Schwiegermutter. Adoption des Iddin-Nabu durch Gimillu.
- Besitzurkunden: Kauf von Häusern, Land, Pfründen des Ischchara-Tempels und Sklaven durch die Archiveigentümer.
- Geschäftsurkunden, welche die Tagesgeschäfte der Archiveigentümer dokumentieren: Verpflichtungsscheine, Quittungen, Pachtverträge.
- Texte im Zusammenhang mit der Administration des Ischchara-Tempels, u. a. ein Dienstplan einer Pfründe im Ischcharatempel.
- Verschiedenes, u. a. ein Werkvertrag über die Herstellung von Lehmziegeln, eine Bootsmiete usw.

---

147 Siehe Kap. 9.7.6, S. 238f. und Baker (wie vorangehende Fußnote).

9. Die Altorientalistik und die Keilschrifttexte

Die Bibliothek von Huzirina, südöstlich von Urfa in der heutigen Türkei, wurde 1951/2 bei regulären Ausgrabungen entdeckt.[148] Sie wurde in sekundärer Fundlage außerhalb eines Privathauses ausgegraben. Die Tafeln datieren in die Zeit zwischen 718 v. Chr. und dem Ende des assyrischen Reiches im späten 7. Jh. v. Chr. Eigentümer der Bibliothek war eine Familie von Priestern. Sie bestand aus 407 Texten. Ihr gehörten die folgenden Traditionstexte am (nur die wichtigsten werden genannt):

- Epen und Mythen: Weltschöpfungsepos Enuma elisch. Gilga-mesch-Epos. Erra-Epos. Anzu-Epos. Mythos von Nergal und Eresch-ki-gal.
- Weisheitsliteratur: Klage „Ich will preisen den Herrn der Weisheit".[149] Streitgespräch zwischen Gerste (Nissaba) und Weizen.
- Gebete und Hymnen.
- Beschwörungen (auch zweisprachig Sumerisch-Akkadisch) und Rituale.
- Medizinische Texte.
- Hemerologien und Menologien (Tage- und Monatewählerei).
- Omentexte (Leberomina, Astrologie).
- Götterlisten.
- Lexikalische Texte.
- 1 Mathematischer Text.

Der Bibliothek von Huzirina gehörten jedoch auch ein paar Briefe, Eponymenlisten, ein Feldzugsbericht des assyrischen Königs Salmanu-ascha-reds III. (858–824 v. Chr.) und drei administrative Texte (Gerstemengen, Personenlisten) an.

9.8. Zusammenfassung

- Die Keilschrifttexte lassen sich in die Gruppen Alltagstexte, monumentale Texte und Traditionstexte unterteilen.
- Alltagstexte sind Briefe, Rechtsurkunden und administrative Texte. Sie wurden in der Regel nur ein einziges Mal in einer bestimmten Alltagssituation abgefasst.
- Monumentale Texte waren fast immer Königsinschriften; sie fanden sich auf Objekten wie Statuen und Stelen, Ziegel und Reliefs oder als Inschriften im Fels.
- Traditionstexte waren gelehrte Texte und literarische Texte. Sie wurden über die Jahrhunderte hinweg immer wieder abgeschrieben und erweitert oder umgearbeitet.

---

148 O. Pedersén, Archives and Libraries of the Ancient Near East 1500–300 B.C. (Bethesda 1998) 178f. – O. R. Gurney/J. J. Finkelstein, The Sultantepe Tablets. London 1957.
149 Siehe zu dieser Klage Kap. 9.6.6, S. 230f.

- Textsammlungen waren entweder Archive oder Bibliotheken. Archive bestanden überwiegend aus Alltagstexten und Bibliotheken aus Traditionstexten.
- Die Analyse von Textsammlungen gibt Aufschluss über die Aktivitäten und Interessen der Sammlungseigentümer.

9.9. Bibliografie zu Kapitel 9

- *Keilschriftliches Schrifttum allgemein:* Van de Mieroop M. 1999: Cuneiform Texts and the Writing of History (London/New York) 9–38. – Streck M. P. 2010: Großes Fach Altorientalistik. Der Umfang des keilschriftlichen Textkorpus, Mitteilungen der Deutschen Orientgesellschaft 142, 35–58.
- *Übersetzungen verschiedener keilschriftlicher Textgattungen und Perioden:* Texte aus der Umwelt des Alten Testaments Gütersloh (*umfangreiche Serie mit verschiedenen Autoren*). – Hallo W. W. 1997–2003 (ed.): The context of scripture. Canonical compositions, monumental inscriptions, and archival documents from the biblical world. Leiden.
- *Keilschrifttexte unterschiedlicher Gattungen online*: Cuneiform Digital Library Initiative. https://cdli.mpiwg-berlin.mpg.de. – The Open Richly Annotated Cuneiform Corpus. http://oracc.museum.upenn.edu. – https://www.britishmuseum.org/collection (*Webseite des British Museums in London mit der umfangreichsten Tontafelsammlung der Welt*).
- *Briefe*: Salonen E. 1967: Die Gruss- und Höflichkeitsformeln in babylonisch-assyrischen Briefen (= Studia Orientalia 38). – Sallaberger W. 1999: „Wenn Du mein Bruder bist,...". Interaktion und Textgestaltung in altbabylonischen Alltagsbriefen (= Cuneiform Monographs 16). – Levavi Y. 2018: Administrative Epistolography in the Formative Phase of the Neo-Babylonian Empire (= dubsar 3, Münster).
- *Rechtsurkunden*: Démare-Lafont S./Hoffner H. A. 2006: Prozess, RlA 11, 72–98. – Streck M. P. 2007: RlA 11, 284 § 8 („*Rechtshistorische Stichwörter im RlA*"). – Holtz S. E. 2009: Neo-Babylonian Court Procedure (= Cuneiform Monographs 38, Leiden/Boston). – Faist B. 2020: Assyrische Rechtsprechung im 1. Jahrtausend v. Chr. (= dubsar 15, Münster).
- *Administrative Texte*: Edzard D. O. 1982: Erwägungen zur Typologie der Verwaltungstexte aus Ebla, Studi Eblaiti 5, 33–38. – Jursa M. 2004: Accounting in Neo-Babylonian Institutional Archives: Structure, Usage, Implications, in: M. Hudson/C. Wunsch (ed.), Creating Economic Order. Record-keeping, Standardization, and the Development of Accounting in the Ancient Near East (Bethesda) 145–198. – Jursa M. 2005: Neo-Babylonian Legal and Administrative Documents. Typology, Contents and Archives (= Guides to the Mesopotamian Textual Record 1, Münster). – Eidem J./Parpola S./Wilhelm G. 2011: Staatsvertrag, RlA 13, 38–49.

9. Die Altorientalistik und die Keilschrifttexte

- *Alltagstexte online*: Milano L.: Ebla Digital Archives. http://ebda.cnr.it (*Ebla* Texte). – Molina M.: Database of Neo-Sumerian Texts (BDTNS). http://bdtns.filol.csic.es (*Ur III Texte*). – Charpin D.: Archives babyloniennes (XXe-XVIIe siècles av. J.C.). – https://www.archibab.fr (*altbabylonische Texte*). – Hecker K.: https://www.hethport.uni-wuerzburg.de/altass/Liste.php (*altassyrischeTexte*). – Radner K. et alii: State Archives of Assyria online. http://oracc.museum.upenn.edu/saao (*neuassyrische Texte*). – Archival Texts of the Assyrian Empire (ATAE). http://oracc.museum.upenn.edu/atae (*neuassyrische Texte*). – Briant P.: http://www.achemenet.com (*spätbabylonische Texte der Perserzeit*).
- *Monumentale Texte*: Edzard D. O./Renger J.: Königsinschriften, RlA 6, 59–77.
- *Übersetzungen monumentaler Texte*: Royal Inscriptions of Mesopotamia. Toronto (*umfangreiche Serie mit verschiedenen Autoren*). *Fortgesetzt durch*: The Royal Inscriptions of ther Neo-Assyrian Period. Winona Lake (*Serie mit verschiedenen Autoren*).
- *Monumentale Texte online*: Official Inscriptions of the Middle East in Antiquity. http://oracc.museum.upenn.edu/oimea.
- *Gelehrte Texte online*: Frahm E./Jiménez E.: Cuneiform Commentaries Project. https://ccp.yale.edu (gelehrte *Kommentare*).
- *Literarische Texte*: Falkenstein A./von Soden W. 1957–1971: Gebet, RlA 3, 156–170. – Wilcke C./von Soden W. 1972–1975: Hymne, RlA 4, 539–548. – Reiner E. 1985: Your thwarts in pieces, your mooring rope cut: Poetry from Babylonia and Assyria. Ann Arbor. – Edzard D. O./Röllig W. 1987–1990: Literatur, RlA 7, 35–66. – Krecher J. 1980–1983: Klagelied, RlA 6, 1–6. – Reiner E. 1991: First-millennium Babylonian literature, Cambridge Ancient History 3/2 (Cambridge) 293–321. – Streck M. P. 1999: Die Bildersprache der akkadischen Epik (= Alter Orient und Altes Testament 264, Münster). – Wasserman N. 2003: Style and Form in Old-Babylonian Literary Texts (= Cuneiform Monographs 27, Leiden/Boston). – Edzard D. O. 2004: Altbabylonische Literatur und Religion, Orbis Biblicus et orientalis 160/4 (Fribourg/Göttingen) 491–572. – Foster B. R. 2005: Before the Muses: An Anthology of Akkadian literature. 3rd ed. Bethesda. – Foster B. R. 2007: Akkadian Literature of the Late Period (= Guides to the Mesopotamian Textual Record 2, Münster). – Wasserman N./Wilhelm G. 2016: Weisheitsliteratur, RlA 15, 51–53. – Wasserman N. 2016: Akkadian Love Literature of the 3rd and 2nd Millennium BCE (= Leipziger Altorientalistische Studien 4, Wiesbaden). – Streck M. P. 2020: Altbabylonische Hymnen – eine Gattung?, in: I. Arkhipov/L. Kogan/N. Koslova (ed.), The Third Millennium. Studies in Early Mesopotamia and Syria in Honor of Walter Sommerfeld and Manfred Krebernik (= Cuneiform Monographs 50, Leiden/Boston) 659–674. – Pohl A. 2022: Die akkadischen Hymnen der altbabylonischen Zeit (= Leipziger Altorientalistische Studien 13, Wiesbaden).

- *Literarische Texte online*: Black J. et alii: Electronic Text Corpus of Sumerian Literature. http://etcsl.orinst.ox.ac.uk (*sumerische Literatur*). – https://www.iaw.unibe.ch/ueber_uns/va_personen/prof_em_dr_attinger_pascal/index_ger.html#pane765518 (*sumerische Literatur*). – Streck M. P./Wasserman N.: Sources of Early Akkadian Literature. https://seal.huji.ac.il (*akkadische Literatur des 3. und 2. Jt. v. Chr.*). – Jiménez E.: Electronic Babylonian Literature. https://www.ebl.lmu.de (*akkadische Literatur des 1. Jt. v. Chr.*).
- *Textsammlungen*: Veenhof K. R. (ed.) 1986: Cuneiform Archives and Libraries (= Publications de l'Institut historique-archéologique néerlandais de Stamboul 57, Leiden). –
- Pedersén O. 1998: Archives and Libraries of the Ancient Near East 1500–300 B.C. Bethesda. – Jursa M. 2005: Neo-Babylonian Legal and Administrative Documents. Typology, Contents and Archives (= Guides to the Mesopotamian Textual Record 1, Münster). – Postgate N. 2013: Bronze Age Bureaucracy. Writing and the Practice of Government in Assyria. Cambridge.
- *Hethitische Texte online*: https://www.hethport.uni-wuerzburg.de/HPM/index.php.
- *Ugaritische Texte online:* Müller R.: Ugarit-Portal Göttingen. https://uni-goettingen.de/de/431176.html.

10. Der Alte Orient im kulturellen Gedächtnis des Abendlandes: der Sintflutmythos

Après nous le déluge!

Marquise de Pompadour

„Nach uns die Sintflut" ist ein angeblich von der Marquise de Pompadour geprägtes Sprichwort, das verdeutlicht, wie fest die „Sintflut" in unserem kulturellen Gedächtnis verankert ist. Doch wer weiß schon, dass der Mythos von der großen Flut seinen Ursprung im Alten Mesopotamien hat?

2014 publizierte Irving Finkel, Kurator des British Museum, ein Buch mit dem Titel „The Ark before Noah". In diesem Buch edierte Finkel eine kleine mit Keilschrift beschriebene Tafel in babylonischer Sprache. Die der Fachwelt bislang unbekannte, bei einer Raubgrabung im Irak gefundene Tafel war schon 1948 nach Großbritannien gelangt und befand sich seitdem im Privatbesitz. Sie enthielt einen kleinen Abschnitt des mesopotamischen Atram-hasis-Epos, welches u. a. einen Sintflutmythos[1] aus der altbabylonischen Zeit (ca. 17. Jh. v. Chr.) erzählt, der enge Parallelen zur bekannten Erzählung von der Sintflut, von Noach und der Arche im ersten Buch der Bibel, dem Buch Genesis, aufwies.

Finkels Entdeckung ist nur die jüngste in einer Reihe aufsehenerregender Funde, die seit der zweiten Hälfte des 19. Jh. auf anderen Keilschrifttontafeln gemacht wurden. Auch das Gilga-mesch-Epos enthielt in der jüngeren, aus dem 1. Jt. v. Chr. stammenden Fassung einen mesopotamischen Sintflutmythos. Im Gilga-mesch-Epos (Abbildung 10.1) besuchte Gilga-mesch auf der Suche nach dem ewigen Leben den Überlebenden der Sintflut, Uta-napischti (der babylonische Name bedeutet „Er fand das Leben"), dem von den Göttern nachträglich die Unsterblichkeit verliehen wurde. Diese Option blieb dem Gilga-mesch jedoch versperrt. Der Sintflutmythos war hier nicht isoliert, sondern in den Zwölftafel-Zyklus des Gilga-mesch-Epos als Tafel XI integriert.

Die aus der altbabylonischen Zeit (ca. 1800 v. Chr.) stammende sumerische Königsliste enthielt ebenfalls eine Kurzversion des Sintflutmythos.[2] Die Sintflut diente hier als Zäsur zwischen urzeitlichen Dynastien vor der Flut und historischen Dynastien nach der Flut. Der gleichzeitigen sogenannte Lagasch-Königsliste, in sumerischer Sprache abgefasst, fehlten die vorsintflutlichen Dynastien; stattdessen begann sie mit einer Darstellung des Zustandes der Welt nach der Sintflut. Ein ebenfalls aus der altbabylonischen Zeit stammendes fragmentarisches sumerisches Keilschriftfragment berichte-

---

1 Zu den Termini „Epos" und „Mythos" s. Kap. 9.6.2, S. 222.
2 Zu Königslisten s. Kap. 2.1.1, S. 38.

10. Der Alte Orient im kulturellen Gedächtnis des Abendlandes: der Sintflutmythos

te, wie Menschen, Tiere und Städte von den Göttern erschaffen wurden. Die Götter beschlossen eine Sintflut, um den Samen der Menschheit zu zerstören. Der weise und menschenfreundliche Gott En-ki[3] verriet jedoch diesen Beschluss dem König Zi-u-sudra, der sich und die Tiere in einem Schiff vor der Flut rettete. Die Götter ließen dem Zi-u-sudra darauf „wie für einen Gott" dauerhaftes Leben „herunterkommen"; sein Name Zi-u-sudra, „Leben langer Tage" kündete von seiner Unsterblichkeit. Fortan wohnte er im Land Tilmun gen Sonnenaufgang; Tilmun war der mesopotamische Name für die Insel Bahrain im Persischen Golf.

Abbildung 10.1: Rollsiegel, neuassyrisch, ca. 8./7. Jh. v. Chr.: Gilga-mesch und Enkidu töten den Himmelsstier. Über der Szene sind der Mond und die Plejaden abgebildet. Der Beter links steht vor den Symbolen der Götter Marduk (Spaten auf Symbolsockel) und Nabu (Griffel auf Symbolsockel). Die Siegellegende rechts lautet „Gehörig dem Ninurta-acha-usur". Original im British Museum, London, BM 89763.[4]

Der Name Zi-u-sudra begegnete in leicht umgestalteter Form als Xisouthros in den Babyloniaca („Babylonische Dinge") des Berossos wieder. Berossos war ein babylonischer Priester aus dem 3. Jh. v. Chr., der in griechischer Sprache eine Geschichte Mesopotamiens verfasste. Berossos berichtete darin, dass Xisouthros im Traum von Gott Kronos, dem Göttervater des griechischen Pantheons, vor der drohenden Sintflut gewarnt wurde. Kronos wies Xisouthros an, die Schriften, welche die alten priesterlichen Traditionen enthielten, in der nordbabylonischen Stadt Sippar zu vergraben, ein Schiff zu bauen und seine Familie, engen Freunde, Essen, Trinken, geflügelten sowie vierfüßigen Tiere an Bord zu bringen. Nach der Flut sandte Xisouthros zunächst erfolglos Vögel aus, um trockenes Land zu finden, doch schließlich landete das Schiff an einem Berg im heutigen Armenien. Xisouthros verließ es zusammen mit Frau, Tochter und Steuermann und opferte den Göttern. Dann verschwand er und wohnte fortan bei den Göttern. Die übrigen Schiffsinsassen sollten nach Babylon zurückkehren, es wiederaufbauen und die in

---

3 Zu En-ki s. Kap. 5.5.1, S. 109.
4 Nach W. H. Ward, The Seal Cylinders of Western Asia (Washington 1910) 212. Vgl. W. G. Lambert, in: H. U. Steymans, Gilgamesch. Ikonographie eines Helden (= Orbis Biblicus et Orientalis 245, 2010) 100f.

Sippar vergrabenen Schriften hervorholen, um so die alten Traditionen für die Menschheit zu bewahren.

Den umfangreichsten altorientalischen Sintflutmythos neben der elften Tafel des Gilga-mesch-Epos enthielt das altbabylonische (ca. 17. Jh. v. Chr.) Atramhasis-Epos, zu dem auch die oben erwähnte Finkel-Tafel gehörte. Dieses Epos kombinierte verschiedene Themen miteinander: die Unterdrückung der niedriggestellten Götter durch die großen Götter; die Erschaffung des Menschen, um den Göttern die Arbeit abzunehmen; den erfolglosen Versuch, die zu zahlreich gewordene Menschheit durch Plagen zu dezimieren; schließlich die Sintflut, aus der eine neue kosmische Ordnung hervorging.

Der mesopotamische Sintflutmythos, wie er sich im Gilga-mesch-Epos und im Atram-hasis-Epos fand, und der entsprechende biblische Bericht aus der Genesis waren einander so nahe, dass man sie über weite Strecken parallel lesen kann.

10.1. Beschluss zur Sintflut

Im Gilga-mesch-Epos begann der Sintflutmythos mit einem Beschluss der Götter:

> Eine Sintflut zu veranstalten beschlossen (wörtl.: brachte das Herz) die großen Götter.
> Es schwor ihr Vater Anu,
> ihr Ratgeber, der Held En-lil,
> ihr Thronträger Nin-urta,
> ihr Kanalinspektor En-nu-gi.

Text 10.1.1: Gilga-mesch-Epos XI 14–18[5]

Im Gilga-mesch-Epos beschlossen die großen Götter des alten sumerischen Pantheons, der Himmelsgott Anu, sein Sohn und Reichsgott En-lil, dessen Sohn Nin-urta und der mit der Bewässerung betraute Gott En-nu-gi die Sintflut. Ein Motiv dafür wurde nicht genannt. Der biblische Bericht dagegen nannte als Motiv die Verderbtheit der Menschheit und die Gewalt, die auf der Erde herrschte:

> Die Erde aber war vor Gott verdorben, die Erde war voller Gewalttat. Gott sah sich die Erde an und siehe, sie war verdorben; denn alle Wesen aus Fleisch auf der Erde lebten verdorben. Da sprach Gott zu Noach: Ich sehe, das Ende aller Wesen aus Fleisch ist gekommen; denn durch sie ist die Erde voller Gewalttat. Siehe, ich will sie zugleich mit der Erde verderben.

Text 10.1.2: Genesis 6, 11–13

---

5 Für genauere bibliographische Angaben hier und im Folgenden s. die in der Bibliografie Kap. 10.14, S. 260 unter „Quellen" genannte Literatur bzw. Webseiten.

10. Der Alte Orient im kulturellen Gedächtnis des Abendlandes: der Sintflutmythos

Aus dem Erzählgang des Atram-hasis-Epos ergibt sich, dass dort der Lärm der Menschen den obersten der sumerischen Götter, En-lil, so störte, dass er nicht mehr schlafen konnte:

> 1.200 Jahren waren noch nicht vergangen.
> Das Land war zahlreich geworden, die Menschen viele geworden.
> Das Land brüllte unablässig wie Stiere.
> Durch ihr Lärmen wurde der Gott gestört.
> Enlil hörte ihren Lärm.
> Er sprach zu den großen Göttern:
> „Der Lärm der Menschheit ist mir zu schwer geworden!
> Durch ihr Lärmen bin ich des Schlafes beraubt!"
> …
> En-lil öffnete seinen Mund und sprach,
> sagte zur Versammlung aller Götter:
> „Kommt, wir alle, zu einem Eid der Sintflut!"
> Anu schwor zuerst,
> dann schwor En-lil, seine Söhne schworen mit ihm.

Text 10.1.3: Atram-hasis-Epos II 1–8 und BE 39099: 44–48[6]

Nachdem die über die Menschheit gesandten Plagen das Problem nicht hatten lösen können, griffen die Götter zum drastischen Mittel der Totalvernichtung. Der Ausdruck „Lärm" stand für die Zunahme der Menschenzahl, ein Motiv, das nur verstanden werden kann als Rückschluss aus der Beobachtung, dass Krankheit, Trockenheit und Hunger immer wieder die Menschen dezimierten, wofür die Mesopotamier eine Erklärung suchten.

10.2. Der Verrat des Ea und der Auftrag zum Bau der Arche

Im Gilga-mesch-Epos enthielt der nächste Abschnitt den Verrat des Gottes Ea und den Auftrag zum Bau der Arche:

> Prinz Ea hatte mit ihnen geschworen und
> gab ihre Rede einer Rohrhütte wieder:
> „Rohrhütte, Rohrhütte! Wand, Wand!
> Rohrhütte, höre, Wand, begreife!
> Mann von Schuruppak, Sohn Ubara-Tutus!
> Reiß ab das Haus, bau ein Schiff,
> lass los den Reichtum, such das Leben!
> Besitz hasse und erhalt das Leben!
> Lass aufsteigen allerlei Lebenssamen in das Innere des Schiffes!
> Das Schiff, das du bauen sollst –
> seine Maße sollen abgemessen sein.

---

6 W. G. Lambert/A. Millard, Atra-ḫasīs. The Babylonian Story of the Flood (Oxford 1969) 72f. und 121.

> Einander entsprechen sollen seine Breite und Länge.
> Wie den unterirdischen Süßwasserozean bedache es!"

Text 10.2.1: Gilga-mesch-Epos XI 19–31

Ea, der weise[7] und menschenfreundliche Gott, verriet den Plan der Götter. Er wendete dabei allerdings einen Trick an und beging keinen direkten Geheimnisverrat, sondern nur einen indirekten, indem er zu einer Wand aus Schilfrohr sprach, hinter welcher der Mann aus Schuruppak alles hören konnte. Dieser Mann war niemand anderer als der babylonische Noach mit Namen Uta-napischti. Schuruppak war eine sehr alte Stadt in Babylonien[8] und Ubara-Tutu, Uta-napischtis Vater, ist uns aus der bereits oben erwähnten sumerischen Königsliste als der letzte König von Schuruppak vor der Sintflut bekannt.

Der Auftrag zum Bau des Schiffes wurde im Gilga-mesch-Epos ohne Maße gegeben: ein gleichmäßiges Aussehen und ein Dach so fest wie die Erdkruste über dem Süßwasserozean, der sich nach mesopotamischer Vorstellung unter ihr befand, sollte es haben. Auch der Auftrag zur Rettung der Lebewesen blieb allgemein gehalten. In der Finkel-Tafel dagegen wurde der Bau eines Schiffes mit kreisförmigem Grundriss und einer Grundfläche von 3.600 qm (entspricht etwa einem halben Fußballfeld) befohlen:

> Das Schiff, das du bauen sollst,
> zeichne(?)[9] es auf einem runden Plan!
> Seine Länge und [seine] Breite seien gleich!
> Sein Grundriss sei 1 Iku (d. h. 3.600 qm), 1 Nindan (6 m) seien [seine] Wän]de.

Text 10.2.2: Finkel-Tafel 6–9

Die Bibel gab detaillierte Vorschriften für das Aussehen des Schiffes und die Rettung der Tiere:

> Mach dir eine Arche aus Zypressen(?)holz![10] Statte sie mit Kammern aus und dichte sie innen und außen mit Pech ab! So sollst du sie machen: Dreihundert Ellen lang, fünfzig Ellen breit und dreißig Ellen hoch soll sie sein. Mach der Arche ein Dach und hebe es genau um eine Elle nach oben an! Den Eingang der Arche bring an der Seite an! Richte ein unteres, ein zweites und ein drittes Stockwerk ein! Ich bin es. Siehe, ich will die Flut, das Wasser, über die

---

7 Zu Weisheit als Eas Eigenschaft s. Kap. 5.5.5, S. 114.
8 Zu den Keilschrifttexten aus Schuruppak (heute Fara) s. Kap. 2.3.1, 8.3.4 und 8.4.4.
9 Akkadisch *eṣir*. Oder *eṣṣir* „Ich (Ea) werde es zeichnen".
10 Das hebräische Wort für die Holzart, Gopher, kommt nur an dieser Textstelle vor. Für die Vermutung, es bezeichne die „Zypresse" (lateinisch „cupressus"), s. W. Gesenius, Hebräisches und Aramäisches Handwörterbuch über das Alte Testament, unter verantwortlicher Mitarbeit von Dr. U. Rüterswörden, bearbeitet und herausgegeben von D. R. Meyer und H. Donner (Berlin usw. [18]1987) 227.

10. Der Alte Orient im kulturellen Gedächtnis des Abendlandes: der Sintflutmythos

Erde bringen, um alle Wesen aus Fleisch unter dem Himmel, alles, was Lebensgeist in sich hat, zu verderben. Alles auf Erden soll den Tod finden. Mit dir aber richte ich meinen Bund auf. Geh in die Arche, du, deine Söhne, deine Frau und die Frauen deiner Söhne! Von allem, was lebt, von allen Wesen aus Fleisch, führe je zwei in die Arche, damit sie mit dir am Leben bleiben; je ein Männchen und ein Weibchen sollen es sein. Von allen Arten der Vögel, von allen Arten des Viehs, von allen Arten der Kriechtiere auf dem Erdboden sollen je zwei zu dir kommen, damit sie am Leben bleiben. Nimm dir von allem Essbaren mit und leg dir einen Vorrat an! Dir und ihnen soll es zur Nahrung dienen.

Text 10.2.3: Genesis 6, 14–21

10.3. Uta-napischtis Zweifel

Uta-napischti, wiewohl einverstanden, zweifelte jedoch an der Ausführbarkeit von Eas Plan:

> Ich verstand und sprach zu Ea, meinem Herrn:
> „[Ich stim]me zu, mein Herr, dem, das du mir so gesagt hast,
> ich werde gut darauf achten und es tun.
> Wie aber soll ich der Stadt, der Menge und den Ältesten antworten?"
> Ea hob an und sprach,
> sagte zu seinem Diener, mir:
> „Du aber sollst so zu ihnen sagen:
> ,Ich fürchte, dass En-lil mich hasst.
> Da kann ich in eurer Stadt nicht mehr wohnen und
> auf En-lils Boden meine Füße setzen.
> So will ich zum unterirdischen Süßwasserozean hinabsteigen und bei Ea, meinem Herren, wohnen.
> Auf euch aber wird er Überfluss regnen,
> [Ertrag] an Vögeln, Körbe von Fischen!,
> [...] Reichtum, Ernte.
> Am Morgen wird er Küchlein (*kukkī*),
> am Abend einen Weizenregen niederregnen lassen!'"

Text 10.3.1: Gilga-mesch-Epos XI 32–47

Einmal mehr erwies sich Gott Ea als trickreich und gab dem noch sympathisch zweifelnden Uta-napischti den Rat, der misstrauischen, den Bau der Arche beobachtenden Bevölkerung weiszumachen, er würde aufgrund des Hasses des Gottes En-lil mit der Arche Schuruppak verlassen und zu seinem Gott Ea in den unterirdischen Süßwasserozean fahren. Statt eines verheerenden Unwetters würde es wie im Schlaraffenland Leckerbissen vom Himmel regnen.

Noach dagegen war nicht von Zweifeln geplagt; er führte ohne zu Fragen und zu Murren Gottes Gebot aus:

> Noach tat alles genau so, wie ihm Gott geboten hatte.

Text 10.3.2: Genesis 6, 22

10.4. Der Bau der Arche

Nun folgte im Gilga-mesch-Epos eine ausführliche Schilderung des Archenbaus, die in der Bibel an dieser Stelle kein Gegenstück hat; die Genesis hatte stattdessen bereits in der Anweisung[11] die entsprechenden Details gegeben:

> Kaum dass der Morgen graute,
> versammelte sich das Land, einer nach dem anderen, am Tor des Atar-hasis.
> Der Zimmermann hielt seine Axt.
> Der Mattenflechter hielt seinen Stein.
> ...
> Die Alten brachten ein Tau.
> Der Reiche trug Pech.
> Der Arme brachte [...] das Notwendige.
> Am fünften Tage entwarf ich sein (des Schiffes) Aussehen:
> Ein Iku (3.600 qm) war sein Umfang, je 10 Nindan (60 m) hoch seine Wände.
> 10 Nindan (60 m) entsprachen einander die Ränder seiner Oberseite.
> Ich entwarf seine (des Schiffes) Gestalt und zeichnete es:
> 6fach bedachte ich es.
> 7fach teilte ich es ab.
> Sein Inneres teilte ich 9fach.
> Wasserpflöcke schlug ich in seiner Mitte ein.
> Ich fand ein Ruder und legte das Notwendige bereit.
> 3 Sar (10.800 l) Pech schüttete ich in den Ofen.
> Drei Sar (10.800 l) Bitumen [...] hinein.
> 3 Sar (10.800) Leute, Korbträger, brachten Öl.

Text 10.4.1: Gilga-mesch-Epos XI 48–68

Der Name des Sintfluthelden erschien hier nicht als Uta-napischti, sondern als Atar-hasis, einer Variante des Namens des Sintfluthelden im Atram-hasis-Epos; dies verdeutlicht die Abhängigkeit der Sintfluttradition im Gilga-mesch-Epos von der älteren im Atram-hasis-Epos.

Mit ihren Maß und Materialangaben war die Beschreibung des Archenbaus bemerkenswert detailliert. Die Nennung von Zimmermann und Mattenflechter zeigt, dass die Materialien für den Schiffsbau Holz und Schilfrohr waren, die mit Pech und Asphalt abgedichtet wurden. Die Maße scheinen auf einen 60 x 60 x 60 m großen Kubus hinzudeuten, der im Inneren 7 Decks

---

11 Siehe Kap. 10.2 mit Text 10.2.3, S. 249f.

10. Der Alte Orient im kulturellen Gedächtnis des Abendlandes: der Sintflutmythos

und 7 x 9 = 63 Kammern besaß, ein zweifelsohne nicht schwimmfähiger Entwurf.

Auch die Finkel-Tafel enthielt detaillierte Angaben zum Archenbau:

> Ich setzte 30 Rippen in es (das Boot),
> die 1 Parsiktu-Gefäß dick (= Umfang von ca. 2,7 m) waren und deren Länge 10 Nindan (60 m) betrug.
> 3.600 Stützen befestigte ich in ihm (dem Boot),
> die 1/2 Parsiktu dick waren (= Umfang von ca. 2 m) und deren Länge 1/2 Nindan (3 m) betrug.
> Ich fügte seine Kabinen oben und unten zusammen.
> 60 (Kor) (= 18.000 l) Bitumen maß ich für seine Außenseite ab.
> 60 (Kor) Bitumen maß ich für sein Inneres ab.
> 60 (Kor) Bitumen schüttete ich für seine Kabinen auf.
> In meine Öfen türmte ich 28.800 (Liter) an Trockenasphalt
> und schüttete 3.600 (Liter) Bitumen in es hinein.
> Das Bitumen kam nicht zu mir (an die Oberfläche?) und 300 (Liter) Schmalz fügte ich hinzu.
> Ich türmte(es) in meine Öfen gleichermaßen.

Text 10.4.2: Finkel-Tafel 13–25

Die Innenkonstruktion bestand aus Rippen und Stützen, deren Maße in Parsiktu und Nindan angegeben wurden. Während Nindan ein Längenmaß war, handelte es sich bei Parsiktu eigentlich um ein Hohlmaß, ein Gefäß mit Inhalt von 60 l. Tatsächlich wurde jedoch der Umfang von Balken in Hohlmaßen angegeben: die Basis dafür war, dass ein Zylinder mit einem Umfang von einer Elle (50 cm) und einer Höhe von 6 Fingern (1 Finger = 1,666 cm) 2 l enthielt.

Flüssigbitumen, Trockenasphalt und Schmalz dienten zur Abdichtung des Bootes; der Text nannte zwar Zahlen, aber nicht die dazugehörige Maßeinheit; vermutlich ist gedanklich Kor == 300 l) und *qû* „Liter" zu ergänzen. Der Trockenasphalt wurde zusammen mit dem Schmalz im Ofen erhitzt, um ein streichfähiges, flüssiges Material zu erhalten, dass auf die Planken aufgebracht werden konnte.

10.5. Der Bezug der Arche

Das Gilga-mesch-Epos erzählte nun weiter, wie die Arche zu Wasser gelassen wurde. Anschließend wurde ein Fest gefeiert. Dann bezog Uta-napischti das Schiff:

> [Mit allem, was ich hatte], belud ich es (das Schiff).
> Mit allem, was ich hatte, belud ich es an Silber.
> Mit allem, was ich hatte, belud ich es an Gold.
> Mit allem, was ich hatte, belud ich es an allerlei Lebenssamen.

> Steigen ließ ich in das Schiff meine ganze Familie und Verwandtschaft,
> die Tiere der Steppe, das Getier der Steppe, sämtliche Handwerker ließ ich hineinsteigen.

Text 10.5.1: Gilga-mesch-Epos XI 81–86

> Und die wilden Tiere [...]
> Je zwei [bestiegen sie] das Boot.
> 5 (Maß) Bier ...
> ...
> 3 (Maß) šibqu-Pflanzen ...
> 1/3 (Maß) Futter ...

Text 10.5.2: Finkel-Tafel 51–56

> Noach ging also mit seinen Söhnen, seiner Frau und den Frauen seiner Söhne in die Arche, bevor das Wasser der Flut kam. Von den reinen und unreinen Tieren, von den Vögeln und allem, was sich auf dem Erdboden regt, kamen immer zwei zu Noach in die Arche, männlich und weiblich, wie Gott es Noach geboten hatte.

Text 10.5.3: Genesis 7, 7–9

Noach und Uta-napischti luden ihre Familie und die Tiere in die Arche, letzterer zusätzlich seine beweglichen Habe an Silber und Gold sowie auch die Handwerker, damit deren Künste nicht ausstarben. Das Detail der Genesis, dass die Tiere immer paarweise kamen, um ihre Fortpflanzung zu sichern, fehlte im Gilga-mesch-Epos, nicht aber in der Finkel-Tafel, die an dieser Stelle, obwohl lückenhaft, das entscheidende Wort „je zwei" hatte. Die Finkel-Tafel nannte auch Verpflegung für die Bewohner der Arche, nämlich Bier, šibqu-Pflanzen und Futter.

10.6. Die Flut

Uta-napischti beobachtete das sich verschlechternde Wetter, ging in das Schiff und versiegelte es, nachdem er seinen Palast dem Schiffsbauer überlassen hatte; dieser konnte sich daran allerdings nicht lange erfreuen, denn nun brach die Flut herein, die im mesopotamischen Sintflutmythos und in der Genesis ähnlich geschildert wurden:

> Als etwas vom Morgen aufleuchtete,
> kam vom Horizont eine schwarze Wolke herauf.
> Adad (der Wettergott) brüllte in ihr,
> während Schullat und Hanisch vorangingen,
> als Thronträger über Berg und Land zogen,
> Erra-kal die Pflöcke ausriss,
> Nin-urta dahinzog und die Wehre überlaufen ließ.
> Die A-nunaki hoben Fackeln empor.
> Durch ihr Leuchten ließen sie das Land unaufhörlich erglühen.

10. Der Alte Orient im kulturellen Gedächtnis des Abendlandes: der Sintflutmythos

> Die Todesfurcht vor Adad überzog den Himmel.
> Alles Helle wurde zu Dunkel.
> Er (der Wettergott) trampelte auf dem Land wie ein Ochse, zerbrach [es] wie einen Topf.
> Einen Tag lang [wütete] der Sturm [...].
> Schnell blies er ...
> Wie eine Schlacht überkam [die Götterwaffe] die Leute,
> so dass der eine den anderen nicht sehen konnte,
> die Leute in der Katastrophe nicht erkennbar waren.

Text 10.6.1: Gilga-mesch-Epos XI 97–113

Das Unwetter wurde in Mesopotamien vom Wettergott Adad[12] gebracht, der mit seinen beiden Dienern Schullat und Hanisch in den Wolken daherzog. Der Kanalgott Erra-kal zog die Pflöcke aus dem Firmament, so dass das sich darüber befindliche Regenwasser von oben herabkam, der kriegerische Gott Nin-urta ließ die Wehre überlaufen. Die Blitze erschienen als Fackeln, welche die großen, A-nunaki genannten Götter trugen. Im Buch Genesis hieß es:

> An diesem Tag brachen alle Quellen der gewaltigen Urflut auf und die Schleusen des Himmels öffneten sich. Der Regen ergoss sich vierzig Tage und vierzig Nächte lang auf die Erde ... Die Flut auf der Erde dauerte vierzig Tage. Das Wasser stieg und hob die Arche immer höher über die Erde. Das Wasser schwoll an und stieg immer mehr auf der Erde, die Arche aber trieb auf dem Wasser dahin. Das Wasser war auf der Erde gewaltig angeschwollen und bedeckte alle hohen Berge, die es unter dem ganzen Himmel gibt. Das Wasser war fünfzehn Ellen über die Berge hinaus angeschwollen und hatte sie zugedeckt. Da fanden alle Wesen aus Fleisch, die sich auf der Erde geregt hatten, den Tod, Vögel, Vieh und sonstige Tiere, alles, wovon die Erde gewimmelt hatte, und auch alle Menschen. Alles, was auf der Erde durch die Nase Lebensgeist atmet, und alles, was auf dem Trockenen lebt, starb. Gott vertilgte also alle Wesen auf dem Erdboden, vom Menschen bis zum Vieh, bis zu den Kriechtieren und die Vögel des Himmels; sie alle wurden von der Erde vertilgt. Übrig blieb nur Noach und was mit ihm in der Arche war. Das Wasser aber schwoll hundertfünfzig Tage lang auf der Erde an.

Text 10.6.2: Genesis 7, 11–24

10.7. Die Furcht und Reue der Götter

Nach den keilschriftlichen Berichten dauert die Sintflut sieben Tage, nach dem biblischen 150. Die Götter, so das Gilga-mesch-Epos, erfasste schließlich Furcht und Reue:

> Die Götter fürchteten die Flut.
> Sie wichen zurück und stiegen zum Himmel des Anu hinauf.
> Die Götter kauerten wie Hunde da, lagerten draußen!
> Die Göttin schrie wie eine Gebärende,
> es klagte Belet-ili, die schönstimmige:

---

12 Zu Ischkur/Adad als Gott des Wetters s. Kap. 5.5.5, S. 113.

> „Wäre doch jener Tag zu Lehm geworden,
> da ich in der Versammlung der Götter Schlimmes sagte!
> Wie konnte ich in der Versammlung der Götter ich Schlimmes sagen,
> den Kampf zur Vernichtung meiner Menschen sagen?
> Erst gebäre ich – meine Menschen sind sie –, und dann
> füllen sie wie Fischbrut das Meer!"
> Die Götterschar weinte mit ihr.

Text 10.7.1: Gilga-mesch-Epos XI 114–125

Die Götter erschraken vor der Gewalt der Sintflut. Die Muttergöttin Belet-ili jammerte über die Vernichtung ihrer Geschöpfe, die sie selbst in der Götterversammlung mit getragen hatte. Die Genesis sprach dagegen nur lakonisch davon, dass Gott an Noach und die Insassen der Arche „dachte"; Reue über die Vernichtung der Erde zeigte er dagegen nicht:

> Da gedachte Gott des Noach sowie aller Tiere und allen Viehs, die bei ihm in der Arche waren. Gott ließ einen Wind über die Erde wehen und das Wasser sank.

Text 10.7.2: Genesis 8, 1

10.8. Das Ende der Flut und die Landung der Arche

Im Folgenden beschrieben der mesopotamische Flutmythos und die Bibel, wie die Sturmflut aufhörte, das Wasser zu sinken begann und das Schiff an einem Berg landete:

> Als der 7. Tag anbrach,
> schlug der Sturm, die Sintflut, die Schlacht nieder,
> die um sich geschlagen hatte wie eine Kreißende.
> Der böse Wind wurde still (und) hielt die Flut an.
> Ich schaute das Wetter an: Es herrschte Ruhe
> und die ganze Menschheit war zu Lehm geworden.
> Wie ein Dach war flach die Aue.
> Ich öffnete die Luke und Sonnenglut fiel auf meine Wangen.
> Ich kniete mich nieder und setzte mich weinend,
> wobei über meine Wangen die Tränen liefen.
> Ich hielt Ausschau nach den Ufern, dem Rand des Meeres.
> In je 14 (Meilen) entfernt kam Land herauf.
> Das Schiff legte am Berg Nisir an.
> Der Berg Nisir erfasste das Schiff und ließ es nicht wanken.
> Einen Tag, einen zweiten Tag erfasste der Berg Nisir das Schiff und ließ es nicht wanken.
> Einen dritten Tag, einen vierten Tag erfasste der Berg Nisir das Schiff und ließ es nicht wanken.
> Einen fünften und sechsten erfasste der Berg Nisir das Schiff und ließ es nicht wanken.

Text 10.8.1: Gilga-mesch-Epos XI 130–146

10. Der Alte Orient im kulturellen Gedächtnis des Abendlandes: der Sintflutmythos

> Am siebzehnten Tag des siebten Monats setzte die Arche im Gebirge Ararat auf. Das Wasser nahm immer mehr ab, bis zum zehnten Monat. Am ersten Tag des zehnten Monats wurden die Berggipfel sichtbar.

Text 10.8.2: Genesis 8, 4–5

Die Flut hatte die Menschen zu Lehm werden lassen, eine leicht verständliche, in Mesopotamien gängige Metapher für sterben. Der Vergleich „Wie ein Dach war flach die Aue" setzt zum Verständnis das Wissen voraus, dass mesopotamische Häuser Flachdächer hatten. In Gilga-mesch und in der Bibel landete das Schiff an einem hohen Berg: im Gilga-mesch-Epos am nicht identifizierten Berg Nisir im Zagros-Gebirge[13] (der Name des Berges wurde wohl vom babylonischen Wort *naṣāru* „schützen" abgeleitet), in der Bibel am Ararat, mit 5165 m dem höchsten Berg der Osttürkei und ganz Vorderasiens.

10.9. Die Aussendung der Vögel

Im Folgenden wurden sowohl im Gilga-mesch-Epos als auch im biblischen Bericht mit verblüffend übereinstimmenden Details Vögel ausgesandt, um zu erproben, ob trockenes Land da war, eine Praxis, die aus der Seefahrt bekannt ist:

> Als nun der siebte Tag herbeikam,
> ließ ich eine Taube hinaus und fort.
> Die Taube ging …,
> kein Platz erschien ihr und sie kehrte um.
> Eine Schwalbe ließ ich hinaus und fort.
> Die Schwalbe ging …,
> kein Platz erschien ihr und sie kehrte um.
> Einen Raben ließ ich hinaus und fort.
> Der Rabe ging und sah, wie sich das Wasser verlief,
> so dass er fressen, scharren, (Futter) aufheben konnte(?). Da kehrte er nicht um.

Text 10.9.1: Gilga-mesch-Epos XI 147

> Nach vierzig Tagen öffnete Noach das Fenster der Arche, das er gemacht hatte, und ließ einen Raben hinaus. Der flog aus und ein, bis das Wasser auf der Erde vertrocknet war. Dann ließ er eine Taube hinaus, um zu sehen, ob das Wasser auf dem Erdboden abgenommen habe. Die Taube fand nichts, wo sie ihre Füße ruhen lassen konnte, und kehrte zu ihm in die Arche zurück, weil über der ganzen Erde noch Wasser stand. Er streckte seine Hand aus und nahm sie wieder zu sich in die Arche. Dann wartete er noch weitere sieben Tage und ließ wieder die Taube aus der Arche. Gegen Abend kam die Taube zu ihm zurück und siehe: In ihrem Schnabel hatte sie einen frischen Ölzweig. Da wusste Noach, dass das Wasser auf

---

13 Zum Zagros-Gebirge s. Kap. 3.3.4, S. 76.

> der Erde abgenommen hatte. Er wartete noch weitere sieben Tage und ließ die Taube hinaus. Nun kehrte sie nicht mehr zu ihm zurück.

Text 10.9.2: Genesis 8, 6–12

10.10. Das Opfer

In beiden Berichten brachten die Überlebenden der Sintflut nun ein Opfer dar:

> Da ließ ich hinausgehen nach den vier Winden und brachte ein Opfer dar.
> Ich streute Weihrauch aus auf dem Tempelturm (= der Bergspitze) des Berges.
> 7 und 7 Opfergefäße stellte ich auf.
> Unter sie schüttete ich Schilfrohr, Zeder und Myrte.
> Die Götter rochen den Duft.
> Die Götter rochen den guten Duft.
> Die Götter versammelten sich wie Fliegen um den Opferherrn.

Text 10.10.1: Gilga-mesch-Epos XI 157–163

> Da kam Noach heraus, er, seine Söhne, seine Frau und die Frauen seiner Söhne. Alle Tiere, alle Kriechtiere und alle Vögel, alles, was sich auf der Erde regt, kamen nach ihren Familien aus der Arche heraus. Dann baute Noach dem Herrn einen Altar, nahm von allen reinen Tieren und von allen reinen Vögeln und brachte auf dem Altar Brandopfer dar. Der Herr roch den beruhigenden Duft.

Text 10.10.2: Genesis 8, 18–21

10.11. Das Versprechen der Götter, nie wieder eine Sintflut zu veranstalten

In beiden Berichten versprachen nun die Götter bzw. der biblische Gott, keine Sintflut mehr zu veranstalten. Im mesopotamischen Bericht war dieses Versprechen allerdings mit einem Streit der Götter[14] um die Verantwortung für die Sintflut und das Überleben des Uta-napischti vermischt. Die Muttergöttin Belet-ili warf dem obersten Gott En-lil vor, unüberlegt die Sintflut veranstaltet zu haben; En-lil wiederum hielt dem trickreichen Ea vor, den Plan zur Flut verraten zu haben, wodurch ein Mensch anders als vorgesehen die Flut hatte überleben können:

> Als Belet-ili ankam,
> erhob sie die großen Fliegen(edelsteine), die Anu (Himmelsgott) für ihre Belustigung gemacht hatte, (und sprach):
> „Oh Ihr Götter, bei dem Lapislazuli meines Halses,
> ich will dieser Tage gedenken und sie auf ewig nicht vergessen.

---

14 Zu den Göttern s. Kap. 5.5.1, S. 109.

10. Der Alte Orient im kulturellen Gedächtnis des Abendlandes: der Sintflutmythos

> Die Götter mögen zum Weihrauchopfer kommen.
> En-lil (aber) möge nicht zum Weihrauchopfer kommen,
> weil er ohne zu überlegen die Sintflut veranstaltet hat
> und meine Menschen der Katastrophe überantwortet hat."
> Als En-lil ankam,
> sah er das Schiff. Da erzürnte En-lil,
> wurde zornig über die Igigi-Götter (= die großen Götter):
> „[Von w]o ist das Leben entkommen?
> Kein Mensch hätte die Katastrophe überleben sollen!"
> Nin-urta öffnete seinen Mund und sprach,
> sagte zum Helden En-lil:
> „Wer, wenn nicht Ea, kann (so eine) Sache schaffen?
> Denn Ea kennt jedes Werk!"
> Ea öffnete seinen Mund und sprach,
> sagte zum Helden En-lil:
> „Du, Weiser der Götter, Held,
> wie, wie konntest du ohne zu überlegen die Sintflut veranstalten?
> Dem Verbrecher lege seine Strafe auf!
> Dem Sünder lege seine Sünde auf!
> Lass los! Nicht möge abgeschnitten werden! Zieh an! Nicht möge l[osgelassen werden!]
> Anstatt dass du eine Sintflut veranstaltest,
> möge der Löwe sich erheben und die Menschen dezimieren.
> Anstatt dass du eine Sintflut veranstaltest,
> möge der Wolf sich erheben und die Menschen dezimieren.
> Anstatt dass du eine Sintflut veranstaltest,
> möge eine Hungersnot ausbrechen und das Land dahin[schlachten].
> Anstatt dass du eine Sintflut veranstaltest,
> möge sich Erra (der Pestgott) erheben und das Land dahin[schlachten].
> Ich habe nicht das Geheimnis der großen Götter verraten.
> Ich habe Atra-hasis einen Traum sehen lassen und so hat er das Geheimnis der Götter gehört.
> Nun berate über ihn!"
> En-lil bestieg das Schiff,
> er ergriff meine (Uta-napischtis) Hände und brachte mich heraus.
> Er brachte (auch) meine Frau heraus und ließ sie an meiner Seite knien.
> Er berührte unsere Stirn, wobei er zwischen uns stand und uns segnete:
> „Früher war Uta-napischti Mensch.
> Doch nun mögen Uta-napischti und seine Frau wie wir Götter sein!
> Uta-napischti soll in der Ferne an der Mündung der Flüsse wohnen!"
> Sie ergriffen mich und ließen mich in der Ferne an der Mündung der Flüsse wohnen.

Text 10.11.1: Gilga-mesch-Epos XI 164–206

Statt einer Flut sollten also in Zukunft Löwen, Wölfe, Hungersnot und Krankheit die Menschheit dezimieren; dies ist eine Ätiologie (Erklärungserzählung) für die Existenz dieser Übel. En-lil selbst verhalf Uta-napischti, dem Überlebenden der Flut, zum ewigen Leben wie die Götter und ließ ihn am Rand der Welt, wo die Flüsse in den Ozean mündeten, wohnen. Auch der biblische Gott versprach zum Schluss, dass er nicht wieder eine Sintflut über die Menschheit bringen würde:

> Und der Herr sprach in seinem Herzen: Ich werde den Erdboden wegen des Menschen nie mehr verfluchen; denn das Trachten des menschlichen Herzens ist böse von Jugend an. Ich werde niemals wieder alles Lebendige schlagen, wie ich es getan habe. Niemals, so lange die Erde besteht, werden Aussaat und Ernte, Kälte und Hitze, Sommer und Winter, Tag und Nacht aufhören. Dann segnete Gott Noach und seine Söhne und sprach zu ihnen: Seid fruchtbar, mehrt euch und füllt die Erde! … Ich richte meinen Bund mit euch auf: Nie wieder sollen alle Wesen aus Fleisch vom Wasser der Flut ausgerottet werden; nie wieder soll eine Flut kommen und die Erde verderben.

Text 10.11.2: Genesis 8, 21–9, 11

10.12. Zwei Schlussfragen

Am Ende dieses Vergleiches zwischen mesopotamischen und biblischen Sintflutberichten stellen sich zwei miteinander zusammenhängende Fragen: Wie kommt es zu der Nähe beider Berichte zueinander, die sonst im mesopotamischen und biblischen Schrifttum in diesem hohen Grad keine Parallele besitzt? Und steht hinter den Berichten ein historisches Ereignis? Aus der Sicht der Altorientalistik lassen sich diese beiden Fragen so beantworten:

Zweifelsohne hat der mesopotamische Sintflutbericht Priorität gegenüber dem biblischen. Dies ergibt sich zum einen einen aus dem viel höheren Alter des mesopotamischen Berichts, der mindestens auf das frühe 2. Jt. v. Chr. zurückgeht, während der biblische Bericht frühestens im 8. Jh. v. Chr., vielleicht aber auch erst im 6. Jh. v. Chr. oder später verfasst wurde.[15] Zum anderen weist auch die hinter dem Mythos stehende Naturerfahrung auf Mesopotamien, ein Land, das regelmäßig von Überschwemmungen heimgesucht wurde,[16] während diese in Israel keine Rolle spielten. Der biblische Schreiber muss daher den mesopotamischen Bericht gekannt und für seine Bedürfnisse angepasst haben. Man kann sich gut vorstellen, dass dies während des babylonischen Exils nach der Eroberung Jerusalems durch Nabu-kudurri-usur II. in den Jahren 598 v. Chr. und 587 v. Chr. geschah.[17] Dass der Sintflutmythos jedoch bereits viel früher in der Levante bekannt war, zeigen die Textfragmente aus Ugarit (1400–1200 v. Chr.).[18]

Ein bestimmtes historisches Ereignis wird kaum hinter dem Sintflutmythos stehen, auch wenn in den 20er Jahren des 20. Jh. Leonard Woolley, der britische Ausgräber der südmesopotamischen Stadt Ur, glaubte, die Sintflut in einer mächtigen Lehmschicht bei den Ausgrabungen identifiziert zu haben;

---

15 Siehe Kap. 3.3.1, S. 75 zu einer Übernahme des Sintflutmythos während der „babylonischen Gefangenschaft" der Israeliten.
16 Zu Überschwemmungen in Mesopotamien s. Kap. 3.3.1, S. 75.
17 Zur Eroberung Jerusalems durch Nabu-kudurri-usur II. s. Kap. 2.2.2 mit den Texten 2.6, S. 43, 2.8, S. 45 und 2.10, S. 46f.
18 N. Wasserman, The Flood: The Akkadian Sources. A New Edition, Commentary, and a Literary Discussion (= Orbis Biblicus et Orientalis, Leuven etc. 2020) 82–90.

denn inzwischen wurden in verschiedenen mesopotamischen Ausgrabungen ähnliche Schichten entdeckt, die aber in unterschiedliche Zeiten datieren. Abwegig sind vor allem Hypothesen, die die Sintflut als einmaliges historisches Ereignis weitab von Mesopotamien, etwa am Schwarzen Meer verorten wollen. Vielmehr ist es plausibel, dass der mesopotamische Sintflutmythos die jahrhundertealte Erfahrung mal mehr, mal weniger verheerender Überflutungen im Land zwischen den Strömen Euphrat und Tigris zu dieser mächtigen Erzählung verarbeitete, die durch die biblische Übernahme im Buch Genesis tief im kulturellen Gedächtnis des Abendlandes verankert ist.

10.13. Zusammenfassung

- Aus Mesopotamien gibt es seit dem Beginn des 2. Jt. v. Chr. den Sintflutmythos.
- Am ausführlichsten schildern die Sintflut das babylonische Atram-hasis-Epos und die XI. Tafel des babylonischen Gilga-mesch-Epos.
- Der Sintflutmythos im biblischen Buch Genesis und damit im kulturellen Gedächtnis des Abendlands geht auf mesopotamische Vorbilder zurück.
- Dem Sintflutmythos liegt kein bestimmtes historisches Ereignis zugrunde; vielmehr verarbeitet er die Erfahrung von immer wiederkehrenden Überflutungen in Mesopotamien.

10.14. Bibliografie zu Kapitel 10

- *Keilschriftliche Quellen:* Lambert/A. R. Millard 1969: Atra-ḫasīs: The Babylonian Story of the Flood. With The Sumerian Flood Story by M. Civil. Oxford. – George A. R. 2003: The Babylonian Gilgamesh-Epic. Oxford. – Maul S. 2005: Das Gilgamesch-Epos. München. – Finkel I. 2014: The Ark Before Noah. Decoding the Story of the Flood. London. – Wasserman N. 2020: The Flood: The Akkadian Sources. A New Edition, Commentary, and a Literary Discussion (= Orbis Biblicus et Orientalis 290, Leuven/Paris/Bristol, CT).
- *Keilschriftliche Quellen online*: Streck M. P./Wasserman N.: Sources of Early Akkadian Literature. https://seal.huji.ac.il no. 1515–1520. – Jiménez E.: Electronic Babylonian Literature. https://www.ebl.lmu.de/corpus.
- *Bibel*: Einheitsübersetzung 2016. www.bibelserver.com.
- *Studien:* Schmidt B. 1995: Flood Narratives of Western Asia, in: J. M. Sasson (ed.), Civilizations of the Ancient Near East (New York) 4, 2337–2351. – Pongratz-Leisten B./Seidl U. 2011: Sintflut, RlA 12, 525–527.

Epilog

> *So habe ich während geraumer Zeit mich damit beschäftigt und Einblicke in das Leben von älteren und jüngeren Geschlechtern gethan. Ich habe gefunden .... dass, wer ihre Zeitgeschichte sich aneignet und ihr Leben sich vorführt, gleichsam ihr Zeitgenosse wird, mit ihnen zu verkehren und lebendigen Umgang zu pflegen scheint; das historische Studium ersetzt ein langes Leben, selbst wenn ein früher Tod den Forscher abruft.*
>
> Abu Schama von Damaskus, gestorben 1267[1]

Lohnt sich eine Beschäftigung mit der Altorientalistik als Studierender oder Forscher? Soll eine Universität, ein Bundesland, eine Gesellschaft Geld für sie ausgeben? Eine ganz objektive Antwort kann man von einem hauptberuflichen Altorientalisten nicht erwarten. Andererseits wird zweifellos jeder Fachforscher und jeder Studierende dieses Faches immer wieder mit der Frage konfrontiert, warum er sich mit einer scheinbar so exotischen Disziplin beschäftigt, und dadurch zur Suche nach Antworten gezwungen.

Die Beschäftigung mit der Vergangenheit fasziniert die meisten Menschen. Abu Schama stellt das historische Studium einem langen Leben gleich, weil man Dinge sieht und erfährt, die man in seinem eigenen, kurzen und begrenzten Leben nicht sehen und erfahren würde. Die Frage nach dem Woher berührt die eigene Existenz. Als (kultur)historische Disziplin steht die Altorientalistik nicht allein, sondern neben einer ganzen Reihe von Disziplinen, nicht zuletzt dem Fach „Geschichte" selbst. Sicher, wir haben das Gefühl, dass die rezente Vergangenheit unser Leben mehr bestimmt als eine Jahrtausende alte; der zweite Weltkrieg und seine Folgen sind uns näher als die Schlacht von Qadesch.[2] Doch gräbt man tiefer (was Archäologen gerne tun), stößt man auf die Fundamente, ohne die das Gebäude darüber nicht stehen würde. Was wäre unsere Kultur ohne die Schrift, die viele Jahrtausende früher und viele Tausende Kilometer von Europa entfernt erfunden wurde? Wer möchte schon die Stunde zu 60 Minuten, die wir dem Alten Orient verdanken,[3] gegen eine hundertminütige Stunde tauschen? Dass wir heute eine schöne Frau als „Venus" bezeichnen, hat seinen Ursprung im Alten Mesopotamien, wo die Venusgöttin Ischtar zugleich die Göttin der Erotik und Sexualität war.[4] Wer die Altorientalistik als zu abseitig, zu irrelevant in Frage stellt, müsste das konsequenterweise auch mit allen anderen historischen Disziplinen und am besten gleich auch noch mit einer ganzen Phalanx von

---

1 Nach E. P. Goergens, Arabische Quellenbeiträge zur Geschichte der Kreuzzüge. Erster Band: Zur Geschichte Ṣalâh ad-dîn's (Berlin 1879; Nachdruck Hildesheim 2004) ix.
2 Zur Schlacht von Qadesch (1286 v. Chr.) s. Kap. 2.3.2, S. 59.
3 Zum altorientalischen Sexagesimalsystem s. Kap. 6.6, S. 139f.
4 Zur Assoziation bestimmter Göttertypen mit Planeten im Alten Orient, die über die Klassische Antike bis heute weiterlebt, s. Kap. 5.5.7, S 117.

Sprach- und Literaturwissenschaften tun. Sie alle sind nicht im existentiellen Sinn notwendig und nützlich, schaffen nichts Essbares, erhalten nicht unseren Körper gesund, doch beschäftigen sie sich mit verschiedenen Aspekten des menschlichen Geistes und der menschlichen Kultur, die ein Leben erst reich, befriedigend und erfüllt machen.

Aber muss es denn gleich das alte Vorderasien sein, so weit weg, eine Region, die in unseren Nachrichten oft als problematisch erscheint, in vielen Teilen heute nicht leicht besuchbar, nicht angenehm bereisbar ist? Reicht es nicht, bis zu den Römern und Griechen zurückzugehen, die als historisches Fundament Europas gelten? Oder ist selbst das zu weit hergeholt und wir beschränken uns in Deutschland auf Karl den Großen oder die Französische Revolution? Eine solche eurozentrische Sicht wird im 21. Jh., in der die Welt in einer Weise zusammengewachsen ist wie nie zuvor, kaum jemand vertreten. Auch wer nicht – wie wohl fast alle (Alt)-Orientalisten und im 19. Jh. noch große Teile der gebildeten europäischen Gesellschaft[5] – dem Zauber des Orients erlegen ist, wird anerkennen, dass die außereuropäische Welt, ihre Geschichte und ihr kulturelles Erbe, das zugleich ein kulturelles Erbe der Menschheit darstellt, ihre volle Berechtigung an unseren Universitäten und in unserer Gesellschaft hat und die entsprechende Aufmerksamkeit verdient.

Sicher, die Studierendenzahlen der Altorientalistik sind klein, sind es seit dem 19. Jh. immer gewesen, aber die Disziplin Altorientalistik ist groß, sehr groß sogar: der Autor wird nicht müde zu betonen, dass der Umfang der keilschriftlichen Textzeugnisse, für welche die Altorientalistik zuständig ist, den des antiken lateinischen Textkorpus übertrifft und nach dem des altgriechischen Textkorpus der größte des gesamten Altertums ist.[6] Der Reichtum an Schriftquellen erlaubt, zusammen mit den materiellen Quellen, eine detaillierte Sicht auf die altorientalischen Kulturen. Die Schwierigkeit der alten Schriften und Sprachen, die für eine fruchtbare Beschäftigung mit dem Alten Orient gemeistert werden müssen, und die Berufsaussichten lassen allerdings kein universitäres Massenfach zu. Wer die Anstrengungen auf sich nimmt, wird aber auch belohnt: mit Studienbedingungen wie an manchen Eliteuniversitäten im Ausland, mit kleinen Seminaren und intensiver Betreuung durch die Dozenten; und mit einem Studium direkt an den Grenzen unseres Wissens und eng an der Forschung. Die Stellen für hauptberufliche Altorientalisten nach dem Studium sind zwar nur wenige, da gibt es nichts zu beschönigen; sie finden sich nur in der Lehre und Forschung an der Universität und an Museen. Geisteswissenschaftler werden jedoch in einer ganzen Reihe von Berufen auch außerhalb von Lehre und Forschung gesucht, für die man als studierter Altorientalist nicht schlechter gerüstet ist als Absolventen anderer, oftmals viel größerer geisteswissenschaftlicher Disziplinen.

---

5 Zum Orientalismus des 19. Jh. s. Kap. 1.1.4, S. 23.
6 Zum Umfang der verschiedenen altorientalischen Textkorpora s. Kap. 8.2 mit Tabelle 8.1.

Möge das vorliegende Buch dazu beitragen, das Interesse an der wissenschaftlichen Disziplin „Altorientalistik" zu erhalten und zu vertiefen!

Anhang 1: Chronologie Mesopotamiens[1]

von Janine Wende

4. Jahrtausend und Frühdynastische Zeit[2]

Uruk- und Dschemdet-Nasr-Zeit	35.–30. Jh.
Frühdynastische Zeit I und II	30.–27. Jh.[3]
Frühdynastische Zeit III	27.–24. Jh.
Fara-Zeit	ca. 2570–2470[4]
1. Dynastie von Lagasch	ca. 2470–2307
Ur-Nansche	ca. 2470
A-kur-gal	
E-ana-tum	
En-ana-tum I.	
En-metena	
En-ana-tum II.	
En-en-tar-zi	
Lugal-anda	
Uru-ka-gina	ca. 2316–2307
Lugal-zage-si (von Uruk)	ca. 2316–2292

---

1 Sofern nicht anders angegeben, verstehen sich die Daten als „v. Chr.". – Zur Wiedergabe der Königsnamen s. den Prolog. – In diesem Buch wird für das späte 3. und frühe 2. Jt. v. Chr. eine um acht Jahre verkürzte mittlere Chronologie zugrunde gelegt. – Der Beginn der Regierungszeit eines Herrschers wird üblicherweise auf das auf seinen Thronantritt folgende Neujahr gelegt. Die Monate seines Antrittsjahres werden seinem Vorgänger zugerechnet. – Sofern bekannt, sind Regierungslängen in Klammern angegeben.
2 Zur Chronologie des 3. Jt. v. Chr. s. W. Sallaberger/I. Schrakamp (ed.), Associated Chronologies for the Ancient Near East and the Eastern Mediterranean III. History & Philology. Turnhout 2015.
3 Die Rekonstruktion der Herrscherchronologien frühdynastischer Stadtstaaten, insbesondere Ur, Uruk, Lagasch, Umma, Adab, Kisch, Mari und Ebla, ist mit erheblichen Schwierigkeiten behaftet. Eine umfangreiche Rekonstruktion der relativen Chronologie bietet G. Marchesi, in Sallaberger/Schrakamp (wie vorangehende Fußnote) 141–143.
4 Die absoluten Daten der Zeit vor ca. 2100 v. Chr. sind nicht sicher und können um ± 30 Jahre abweichen. Dies ergibt sich aus der unbekannten Länge der Gutäerzeit (zwischen 40 und 100 Jahren), für die hier ein Mittelwert von 70 Jahren angesetzt wird; s. Sallaberger/Schrakamp (wie Fußnote 2) 113–130.

Reich von Akkad (Sargonische Zeit)

Scharru-ken (Sargon) (40)	2316–2277
Rimusch und Man-ischtuschu (23)	2276–2254
Naram-Sin (56)	2253–2198
Schar-kali-scharre (25)	2197–2173
Gutäerzeit	ca. 2172–2103
(4 weitere Könige von Akkad) (3)	2172–2170
Dudu (21)	2169–2149
Schu-Durul (15)	2148–2134

2. Dynastie von Lagasch[5]

Gu-dea von Lagasch	2122–2102?

3. Dynastie von Ur (Ur III-Zeit)

Ur-namma (18)	2102–2085
Schul-gi (48)	2084–2037
Amar-Su'en (9)	2036–2028
Schu-Su'en (9)	2027–2019
Ibbi-Su'en (24)	2018–1995

Altbabylonische Zeit[6]

Dynastie von Isin

Ischbi-Erra (33)	2011–1979
Schu-ilischu (10)	1978–1969
Iddin-Dagan (21)	1968–1948
Ischme-Dagan (19)	1947–1929
Lipit-Ischtar (11)	1928–1918
Ur-Ninurta (28)	1917–1890
Bur-Sin (22)	1889–1868
Lipit-Enlil (5)	1867–1863
Erra-imitti (8)	1862–1855

---

5 Zur schwierigen Rekonstruktion dieser Dynastie Sallaberger/Schrakamp (wie Fußnote 2) 120–122.
6 Zur Chronologie des 2. Jt. v. Chr. s. R. Pruzsinszky, Mesopotamian Chronology of the 2nd Millennium B.C. Wien 2009.

Enlil-bani (24)	1854–1831
Zambija (3)	1830–1828
Iter-pischa (4)	1827–1824
Urdukuga (4)	1823–1820
Sin-magir (11)	1819–1809
Damiq-ilischu (23)	1808–1786

Dynastie von Larsa

Naplanum (21)	2017–1997
Jamsium (28)	1996–1969
Samium (35)	1968–1934
Zabaja (9)	1933–1925
Gungunum (27)	1924–1898
Abi-sare (11)	1897–1887
Sumu-El (29)	1886–1858
Nur-Adad (16)	1857–1842
Sin-iddinam (7)	1841–1835
Sin-eribam (2)	1834–1833
Sin-iqischam (5)	1832–1828
Silli-Adad (9 Monate)	1827
Warad-Sin (12)	1826–1815
Rim-Sin (60)	1814–1755

Babylon

Sumu-abum (14)	1886–1873
Sumu-la-El (36)	1872–1837
Sabium (14)	1836–1823
Apil-Sin (18)	1822–1805
Sin-muballit (20)	1804–1785
Hammu-rapi (43)	1784–1742
Samsu-iluna (38)	1741–1704
Abi-eschuch (28)	1703–1676
Ammi-ditana (37)	1675–1639
Ammi-saduqa (21)	1638–1618
Samsu-ditana (31)	1617–1587

Anhang 1: Chronologie Mesopotamiens

Mari

Jachdun-Lim	ca. 1802–1786
Sumu-Jamam	ca. 1785–1784
Schamschi-Adad I und Jasmach-Addu	ca. 1784–1767
Zimri-Lim (14)	1767–1754

Kassitenzeit und mittelbabylonische Zeit

Die ersten 14 Könige der Kassitendynastie sind nur z. T. bekannt und werden hier nicht aufgeführt.[7]

Kara-indasch	
Kadaschman-Harbe I.	
Kurigalzu I.	bis 1375
Kadaschman-Enlil .I (15)	1374–1360
Burna-Buriasch II. (27)	1359–1333
Kara-hardasch?	
Nazi-Bugasch	
Kurigalzu II. (25)	1332–1308
Nazi-Maruttasch (26)	1307–1282
Kadaschman-Turgu (18)	1281–1264
Kadaschman-Enlil II. (9)	1263–1255
Kudur-Enlil (9)	1254–1246
Schagarakti-Schuriasch (13)	1245–1233
Kaschtiliaschu IV. (8)	1232–1225
Enlil-nadin-schumi (1,5)	1224?
Kadaschman-Harbe II. (1,5)	1223?
Adad-schuma-iddina (6)	1222–1217
Adad-schuma-usur (30)	1216–1187
Meli-Schipak (15)	1186–1172

---

7 Nach J. A. Brinkman, Babylonia under the Kassites: Some Aspects for Consideration, in: A. Bartelmus/K. Sternitzke (ed.), Karduniaš. Babylonia Under the Kassites (Untersuchungen zur Assyriologie und Vorderasiatischen Archäologie 11/1, 2017) 1–44. Die Chronologie der Kassitenzeit basiert zum Teil auf Synchronismen mit mittelassyrischen Herrschern, bei deren Regierungszeiten jedoch noch einige Unsicherheiten bestehen. Für eine ausführliche Untersuchung der Periode und den chronologischen Schwierigkeiten s. J. A. Brinkman, Materials and Studies for Kassite History, Vol. I. A Catalogue of Cuneiform Sources Pertaining to Specific Monarchs of the Kassite Dynasty. Chicago 1976; J. L. Miller, Political Interactions between Kassite Babylonia and Assyria, Egypt and Ḫatti during the Amarna Age, in: Bartelmus/Sternitzke (wie oben) 93–111.

Marduk-apla-iddina I. (13)	1171–1159
Zababa-schuma-iddina (1)	1158
Enlil-nadin-achi (3)	1157–1155

Nach-Kassitenzeit: Die Zweite Isin-Dynastie

Marduk-kabit-acheschu (18)	ca. 1157–1140
Itti-Marduk-balatu (8)	1139–1132
Ninurta-nadin-schumi (6)	1131–1126
Nabu-kudurri-usur (Nebukadnezar) I (22)	1125–1104
Enlil-nadin-apli (4)	1103–1100
Marduk-nadin-ache (18)	1099–1082
Marduk-schapik-zeri (13)	1081–1069
Adad-apla-iddina (22)	1068–1047
(2 weitere Könige) (13)	1046–1034
Nabu-schumu-libur (8)	1033–1026

Zweite Meerland-Dynastie

Simbar-Schipak (18)	1025–1008
Ea-mukin-zeri (5 Monate)	1008/7
Kaschu-nadin-ache (3)	1007–1005

Bazi-Dynastie

Eulmasch-schakin-schumi (17)	1004–988
Ninurta-kudurri-usur I (3)	987–985
Schirikti-Suqamuna (3 Monate)	985

Elamische Dynastie

Mar-biti-apla-usur (6)	984–979

Könige ungewisser dynastischer Zugehörigkeit

Nabu-mukin-apli (36)	978–943
Ninurta-kudurri-usur II. (8 Monate, 12 Tage)	943

Es folgen 13 Könige in den Jahren 942–748, über die nur wenig bekannt ist. Ihre Regierungsdaten lassen sich bislang nur schätzen.

Nabu-nasir (Nabonassar) (14)	747–734
Nabu-nadin-zeri (2)	733–732
Nabu-schuma-ukin II. (1 Monat)	732

Anhang 1: Chronologie Mesopotamiens

Mukin-zeri (3)	731–729
Tukulti-apil-Escharra (Tiglat-pileser) III. von Assyrien	728–727
Salmanu-aschared (Salmanassar) V. von Assyrien	726–722
Marduk-apla-iddina (Merodach-baladan) II.	721–710
Scharru-ukin (Sargon) II. von Assyrien	709–705
Sin-ache-eribam (Sanherib) von Assyrien	704–703
Marduk-zakir-schumi (1 Monat)	703
Marduk-apla-iddina (Merodach-baladan) II. (9 Monate)	703
Bel-ibni (3)	702–700
Aschur-nadin-schumi (6)	699–694
Nergal-uschezib (1)	693
Muschezib-Marduk (4)	692–689
Sin-ache-eriba (Sanherib) von Assyrien	688–681
Aschur-acha-iddina (Asarhaddon) von Assyrien	680–669
Aschur-bani-apli (Assurbanipal) von Assyrien	668
Schamasch-schuma-ukin (20)	667–648
Kandalanu (21)	647–627

Neubabylonische Zeit („Chaldäer-Dynastie")

Nabu-apla-usur (Nabopolassar) (21)	625–605
Nabu-kudurri-usur (Nebukadnezar) II (44)	604–562
Amel-Marduk (3)	562–560
Nergal-scharra-usur (Neriglissar) (5)	560–556
Labaschi-Marduk (3 Monate)	556
Nabu-na'id (Nabonid) (18)	556–539

Persische Herrscher (Achämeniden)[8]

Kyros	539–530
Kambyses	530–522
Darius I.	522–486
Bardija	522

---

8 J. Wiesehöfer, Persien, Perser. B. Geschichte, RlA 10 (2004) 416–422.

Nabu-kudurri-usur (Nebukadnezar) III.	522
Nabu-kudurri-usur (Nebukadnezar) IV.	521
Xerxes I.	486–465
Artaxerxes I.	465–424
Darius II.	423–405
Artaxerxes II.	405–359
Artaxerxes III.	359–338
Artaxerxes IV. Arses	338–336
Darius III.	336–331

Makedonische Herrscher

Alexander der Große	330–323
Philipp III. Arridaios	323/2–317/6
Antigonos I. Monophthalmos	316/5–312/1

Seleukiden[9]

Seleukos I. Nikator	305–281
Antiochos I. Soter	281–261
Antiochos II. Theos	261–246
Seleukos II. Callicinus	246–226/5 oder 225/4
Seleukos III. Soter Keraunos	226/5 oder 225/4–222
Antiochos III. Megas	222–187
Seleukos IV. Philopator	187–175
Antiochos IV. Theos Epiphanes	175–164
Antiochos V. Eupator	164–162/1
Demetrios .I Soter	162/1–150
Alexander Balas	150–145
Demetrios II.	145–138
Antiochos VII .Sidetes	138–129

---

9 Siehe R. J. van der Spek, Seleukiden, Seleukidenreich, RlA 12 (2010) 369–383.

Anhang 1: Chronologie Mesopotamiens

Parthische Herrscher (Arsakiden)[10]

Die Herrscher des Partherreiches, beginnend mit Mithradates I (141–139/8 v. Chr.) kontrollieren bis 224 n. Chr. zeitweise Teile Mesopotamiens.

Persische Herrscher (Sassaniden)[11]

Zwischen 226–651 n. Chr. befindet sich Mesopotamien unter sassanidischer Kontrolle.

Assyrien[12]

Altassyrische Zeit

Die assyrische Königsliste beginnt mit 26 „Königen, die in Zelten wohnen", die nicht historisch greifbar sind.

Sulili/Sulê

Kikkija

Akija

Puzur-Aschur I.

Schalim-aḫum

Iluschuma

Erischum I. (40)	ca. 1963–1924
Ikunum (14)	ca. 1923–1912
Scharru-ukin (Sargon) I. (40)	ca. 1911–1872
Puzur-Aschur II (8)	ca. 1871–1864
Naram-Sin (44/54?)	ca. 1863–1820?
Erischum II. (20?)	ca. 1819?–1800
Schamschi-Adad I. (33)	ca. 1799–1767[13]
Ischme-Dagan I. (40)	ca. 1766–1727

Die politische Geschichte der folgenden drei Jahrhunderte ist für uns nur lückenhaft rekonstruierbar. Die assyrische Königsliste führt 29 weitere Herrscher auf, auf deren Auflistung hier verzichtet wird.

---

10   Siehe M. P. Streck, Parther. A. In der schriftlichen Überlieferung, RlA 10 (2004) 343–346.
11   Siehe J. Wiesehöfer, Persien, Perser. B. Geschichte, RlA 10 (2004) 416–422.
12   Für eine vollständige Liste der assyrischen Könige s. E. Frahm, A Companion to Assyria (Blackwell Companions to the Ancient World, Hoboken 2017) 613–616.
13   Schamschi-Adad I. starb im 18. Regierungsjahr des Königs Hammu-rapi von Babylon (1767 v. Chr.). Aufgrund dieses Synchronismus zwischen Assyrien und Babylon wurden die Jahresdaten von Erischum I. bis Schamschi-Adad I. in dieser Übersicht um ein Jahr gegenüber der Darstellung bei Frahm abgesenkt.

Enlil-nasir II. (6)	ca. 1420–1415
Aschur-narari II. (7)	ca. 1414–1408
Aschur-bel-nischeschu (9)	ca. 1407–1399
Aschur-rem-nischeschu (8)	ca. 1398–1391
Aschur-nadin-ache II. (10)	ca. 1390–1381
Eriba-Adad I. (27)	ca. 1380–1354

Mittelassyrische Zeit

Aschur-uballit I. (36)	ca. 1363–1328
Enlil-narari (10)	ca. 1327–1318
Arik-den-ili (12)	ca. 1317–1306
Adad-narari I. (32)	ca. 1305–1274
Salmanu-aschared (Salmanassar) I. (30)	ca. 1273–1244
Tukulti-Ninurta I. (37)	ca. 1243–1207
Aschur-nadin-apli (4)	ca. 1206–1203
Aschur-narari III. (6)	ca. 1202–1197
Enlil-kudurri-usur (5)	ca. 1196–1192
Ninurta-apil-Ekur (13)	ca. 1191–1179
Aschur-dan I. (46)[14]	ca. 1178–1133
Ninurta-tukulti-Aschur?	ca. 1133?
Mutakkil-Nusku	ca. 1133?
Aschur-rescha-ischi I. (18)	ca. 1132–1115
Tukulti-apil-Escharra (Tiglat-pileser) I. (39)	1114–1076
Aschared-apil-Ekur (2)	1075–1074
Aschur-bel-kala (18)	1073–1056
Eriba-Adad II. (2)	1055–1054
Schamschi-Adad IV. (4)	1053–1050
Aschur-nasir-apli (Aschurnasirpal) I. (19)	1049–1031

---

14 Alternativ werden 36 Jahre angenommen; so etwa bei E. Frahm, A Companion to Assyria (Blackwell Companions to the Ancient World, Hoboken 2017), insbesondere S. 613–616 (Liste assyrischer Könige). Eine entsprechende Herabsetzung der Daten der Könige vor ihm würde dann auch eine Anpassung der kassitischen Chronologie erfordern, da ein Synchronismus zwischen Adad-schuma-usur von Babylonien und Enlil-kudurri-usur und dessen Nachfolger Ninurta-apil-Ekur von Assyrien bezeugt ist, s. R. Pruzsinszky, Mesopotamian Chronology of the 2nd Millennium B.C. (Wien 2009) 113–121. Für 46 Jahre s. etwa Chen Fei, Study on the Synchronistic King List from Ashur (= Cuneiform Monographs 51, Leiden/Boston 2020) 67–70 sowie die bei H. Reculeau, Assyria in the Late Bronze Age, The Oxford History of the Ancient Near East, Volume III: From The Hyksos to the Late Second Millennium BC (Oxford 2022) 710 genannte Literatur.

Salmanu-aschared (Salmanassar) II. (12) 1030–1019
Aschur-narari IV. (6) 1018–1013
Aschur-rabi II. (41) 1012–972
Aschur-rescha-ischi II. (5) 971–967
Tukulti-apil-Escharra (Tiglat-pileser) II. (32) 966–935

Neuassyrische Zeit

Aschur-dan II. (23) 934–912
Adad-narari II. (21) 911–891
Tukulti-Ninurta II. (7) 890–884
Aschur-nasir-apli (Aschurnasirpal) II. (25) 883–859
Salmanu-aschared (Salmanassar) III. (35) 858–824
Schamschi-Adad V. (13) 823–811
Adad-narari III. (28) 810–783
Salmanu-aschared (Salmanassar) IV. (10) 782–773
Aschur-dan III. (18) 772–755
Aschur-narari V. (10) 754–745
Tukulti-apil-Escharra (Tiglat-pileser) III. (18) 744–727
Salmanu-aschared (Salmanassar) V. (5) 726–722
Scharru-ukin (Sargon) II. (17) 721–705
Sin-ache-eriba (Sanherib) (24) 704–681
Aschur-acha-iddina (Asarhaddon) (12) 680–669
Aschur-bani-apli (Assurbanipal) (38?) 668–631?
Aschur-etel-ilani (4?) 630?–627?
Sin-schumu-lischir 627?
Sin-scharru-ischkun (15?) 626?–612
Aschur-uballit II. (3) 611–609

Anhang 2: Liste der zitierten Texte

Text 1.1:	E. Hincks Methode der Entzifferung der mesopotamischen Keilschrift und Entschlüsselung des Akkadischen	28
Text 2.1:	Jahresdaten der ersten drei Jahre Hammu-rapis von Babylon	38
Text 2.2:	Liste der Könige der Dynastie von Babylon	38
Text 2.3:	Aus der neuassyrischen Eponymenliste	39
Text 2.4:	Die Sonnenfinsternis von 763 v. Chr.	40
Text 2.5:	Ein altakkadischer Brief über die Gutäer	42
Text 2.6:	Ein administrativer Text aus Babylon	43
Text 2.7:	Aus einer Inschrift des neuassyrischen Königs Sin-ache-eriba	44
Text 2.8:	Die Eroberung Jerusalems nach einer babylonischen Chronik	45
Text 2.9:	Scharru-kens Zug ans Mittelmeer	46
Text 2.10:	Die Eroberung Jerusalems nach Eupolemos	47
Text 2.11:	Nabu-naʾidNabu-naʾid verlässt Babylon und zieht nach Nordarabien	48
Text 3.1	Die wilden Tiere nach der lexikalischen Liste HAR-RA-hubullu Tafel XIV	67
Text 3.2:	Layards Schilderung der Flussdickichte in Babylonien in der Mitte des 19. Jh. n. Chr.	72
Text 3.3:	Astronomische Tagebücher als Quelle für das Wetter in Babylon	74
Text 3.4:	Der Jagdbericht des assyrischen Königs Aschur-bel-kala	79
Text 4.1:	Kodex Hammu-rapi Prolog i 1–49	89
Text 4.2:	Kodex Hammu-rapi § 1	91
Text 4.3:	Die Bedingungssatzkonstruktion in der Vorzeichenliteratur und in medizinischen Texten	91
Text 4.4:	Diebstahl und Hehlerei im Kodex Hammu-rapi, §§ 6–8	93
Text 4.5:	Gesellschaftsklassen im Kodex Hammu-rapi, §§ 196, 198, 199	94
Text 4.6:	Ehebruch im Kodex Hammu-rapi, § 129	95

Text 4.7:	Verschwenderische Frau im Kodex Hammu-rapi, § 143	95
Text 4.8:	Eherecht im Kodex-Hammu-rapi, §§ 142, 148	95
Text 4.9:	Kapitaldelikte im Kodex Hammu-rapi, §§ 3, 21, 22, 25, 109, 110, 130	97
Text 4.10:	Verstümmelung im Kodex Hammu-rapi, §§ 205, 218	98
Text 4.11:	Körperliche Züchtigung im Kodex Hammu-rapi, § 202	98
Text 4.12:	Ehrenstrafe im Kodex Hammu-rapi, § 127	98
Text 4.13:	Verbannung im Kodex Hammu-rapi, § 154	98
Text 4.14:	Geldstrafen und Schadensersatz im Kodex Hammu-rapi, §§ 259, 265, 206, 245	99
Text 4.15:	Spiegelnde Strafen im Kodex Hammu-rapi, §§ 153, 194, 195	99
Text 4.16:	Talionsstrafen im Kodex Hammu-rapi, §§ 196, 197, 200, 209, 210	100
Text 4.17:	Tarife im Kodex Hammu-rapi, §§ 268–270	100
Text 4.18:	Kodex Hammu-rapi Epilog xlviii 3–24	101
Text 5.1:	Eine Inschrift Bel-tarsi-ilummas mit henotheistischer/monolatrischer Fixierung auf Nabu	118
Text 5.2:	Synkretistische Hymne an Nin-urta	119
Text 5.3:	Neuassyrische Prophezeiung mit synkretistischer Aussage	119
Text 6.1:	Jesaja 47, 10–13	123
Text 6.2:	Ein mathematischer Aufgabentext mit Anwendung des Satzes des Pythagoras	124
Text 6.3:	Auszug aus der lexikalischen Liste Proto-Aa	129
Text 6.4:	Auszug aus der lexikalischen Liste Ugu-mu	130
Text 6.5:	Auszug aus der lexikalischen Liste Nabnitu	131
Text 6.6:	Auszug aus einer altbabylonischen „grammatischen" Liste mit Verbalformen	132
Text 6.7:	Medizinischer Text zu Harnwegserkrankungen	133
Text 6.8:	Altbabylonisches Venusomen	134
Text 6.9:	Aus dem Brief des Astrologen/Astronomen Akkullanu an den assyrischen König Aschur-bani-apli	135

Anhang 2: Liste der zitierten Texte

Text 6.10:	Babylonisches Horoskop	136
Text 6.11:	Leberomina	139
Text 6.12	Aus einer Inschrift des assyrischen Königs Aschur-acha-iddinas	141
Text 7.1:	Ein fähiger Schreiber	150
Text 7.2:	Das Haus, in dem die Tafeln zugeteilt werden	152
Text 7.3:	Schul-gis Schreibkunst	152
Text 7.4:	Aschur-bani-aplis Schreibkunst	153
Text 9.1:	Ein altbabylonischer Brief Hammu-rapis an Sin-iddinam	200
Text 9.2:	Ein altbabylonischer Brief Schibtus an Zimri-limZimri-lim	201
Text 9.3:	Aus einem Brief Amen-hotep III. von Ägypten an Kadaschman-Enlil I. von Babylonien	201
Text 9.4:	Eine spätbabylonische Heiratsurkunde	204
Text 9.5:	Eine neuassyrische Prozessurkunde	205
Text 9.6:	Ein spätbabylonischer administrativer Text über Transfer von Gold an Goldschmiede	206
Text 9.7:	Abgabe der Getreidebauern des E-babbar-Tempels in Sippar im Jahr 542 v. Chr.	207
Text 9.8:	Eine sumerische monumentale Inschrift Gu-dea Statue A	210
Text 9.9:	Aus einer assyrischen monumentalen Inschrift Salmanu-aschareds III.	214
Text 9.10:	Auszug aus der lexikalischen Liste Proto-Lu	216
Text 9.11:	Aus der 43. Tafel der Vorzeichenserie „Wenn eine Stadt"	217
Text 9.12:	Ein Kommentar zum Weisheitstext Babylonische Theodizee	219
Text 9.13:	Erra-Epos V 42–47	224
Text 9.14:	Die Ischtar-Hymne des babylonischen Königs Ammi-ditana	227
Text 9.15:	Aus der persönlichen Klage „Ich will preisen den Herrn der Weisheit"	231
Text 9.16:	Eine Beschwörung gegen Schlangen	232
Text 9.17:	Ein Sprichwort in einem altbabylonischen Brief	233
Text 9.18:	Eine neuassyrische Prophezeiung	234

Anhang 2: Liste der zitierten Texte

Text 10.1.1:	Gilga-mesch-Epos XI 14–18	247
Text 10.1.2:	Genesis 6, 11–13	247
Text 10.1.3:	Atram-hasis-Epos II 1–8 und BE 39099: 44–48	248
Text 10.2.1:	Gilga-mesch-Epos XI 19–31	249
Text 10.2.2:	Finkel-Tafel 6–9	249
Text 10.2.3:	Genesis 6, 14–21	250
Text 10.3.1:	Gilga-mesch-Epos XI 32–47	250
Text 10.3.2:	Genesis 6, 22	251
Text 10.4.1:	Gilga-mesch-Epos XI 48–68	251
Text 10.4.2:	Finkel-Tafel 13–25	252
Text 10.5.1:	Gilga-mesch-Epos XI 81–86	253
Text 10.5.2:	Finkel-Tafel 51–56	253
Text 10.5.3:	Genesis 7, 7–9	253
Text 10.6.1:	Gilga-mesch-Epos XI 97–113	254
Text 10.6.2:	Genesis 7, 11–24	254
Text 10.7.1:	Gilga-mesch-Epos XI 114–125	255
Text 10.7.2:	Genesis 8, 1	255
Text 10.8.1:	Gilga-mesch-Epos XI 130–146	255
Text 10.8.2:	Genesis 8, 4–5	256
Text 10.9.1:	Gilga-mesch-Epos XI 147	256
Text 10.9.2:	Genesis 8, 6–12	257
Text 10.10.1:	Gilga-mesch-Epos XI 157–163	257
Text 10.10.2:	Genesis 8, 18–21	257
Text 10.11.1:	Gilga-mesch-Epos XI 164–206	258
Text 10.11.2:	Genesis 8, 21–9, 11	259

Anhang 3: Liste der Abbildungen

Abbildung 1.1:	Ansicht des Ruinenhügels (arabisch TellTell) Nimrud	26
Abbildung 2.1:	Rollsiegel aus dem British Museum	54
Abbildung 3.1:	Assyrische Soldaten fällen im Verlauf eines Kriegszuges in Babylonien Dattelpalmen mit Früchten	82
Abbildung 4.1:	Kodex Hammu-rapi, Relief an der Spitze der heute im Louvre (Paris) stehenden Stele	90
Abbildung 5.1:	Kudurru (Landschenkungsurkunde) des kassitischen Königs Meli-schipak	116
Abbildung 6.1:	Weltkarte auf einer Keilschrifttafel aus der Stadt Borsippa	127
Abbildung 7.1:	Auf allen Seiten beschriebene Tontafel mit einem altbabylonischen (1. Hälfte des 2. Jt. v. Chr.) Brief	146
Abbildung 8.1:	Stammbaum der semitischen Sprachen	175
Abbildung 9.1:	Kopflose Statue B des Herrschers Gu-dea von Lagasch	211
Abbildung 10.1:	Rollsiegel, neuassyrisch, ca. 8./7. Jh. v. Chr.: Gilga-mesch und Enkidu töten den Himmelsstier	246

Anhang 4: Liste der Tabellen

Tabelle 1.1:	Die Entzifferung der Keilschriften und die Wiederentdeckung des Alten Orients	30
Tabelle 2.1:	Absolute Chronologie in Mesopotamien	40
Tabelle 2.2:	Perioden der mesopotamischen Geschichte	52
Tabelle 2.3:	Perioden altorientalischer Reiche und Regionen außerhalb Mesopotamiens	57
Tabelle 3.1:	In spät-altorientalischer oder nach-altorientalischer Zeit in Mesopotamien eingeführte Kulturpflanzen	71
Tabelle 3.2:	Feld- und Gemüsepflanzen des Alten Mesopotamien	80
Tabelle 3.3:	Metalle in Mesopotamien	83
Tabelle 4.1:	Gesetzessammlungen aus dem Alten Orient	88
Tabelle 5.1:	Übersicht über die Hauptgötter des Alten Mesopotamien	110
Tabelle 6.1:	Babylonische Sternbilder und ihr Weiterleben	136
Tabelle 6.2:	Omentechniken und dazugehörige Tafelserien in Mesopotamien	139
Tabelle 7.1:	Die Entwicklung der Keilschriftzeichen	148
Tabelle 8.1:	Überblick über die altorientalischen Sprachen	165
Tabelle 8.2:	Sumerische Sprachgeschichte	170
Tabelle 8.3:	Akkadische Sprachgeschichte	176
Tabelle 8.4:	Elamische Sprachgeschichte	184
Tabelle 8.5:	Hurritische Sprachgeschichte	186
Tabelle 8.6:	Die Entwicklung des Alphabets	189
Tabelle 8.7:	Das Ugaritische Keilalphabet	191
Tabelle 9.1:	Die Gattungen des keilschriftlichen Schrifttums	198
Tabelle 9.2:	Literarische Genres in Mesopotamien	222

Karte des Alten Orients[1]

---

[1] Bernd Janowski / Daniel Schwemer (ed.), Texte aus der Umwelt des Alten Testaments. Neue Folge. © 2021, Gütersloher Verlagshaus, Gütersloh, in der Penguin Random House Verlagsgruppe GmbH.

Karte des Alten Orients

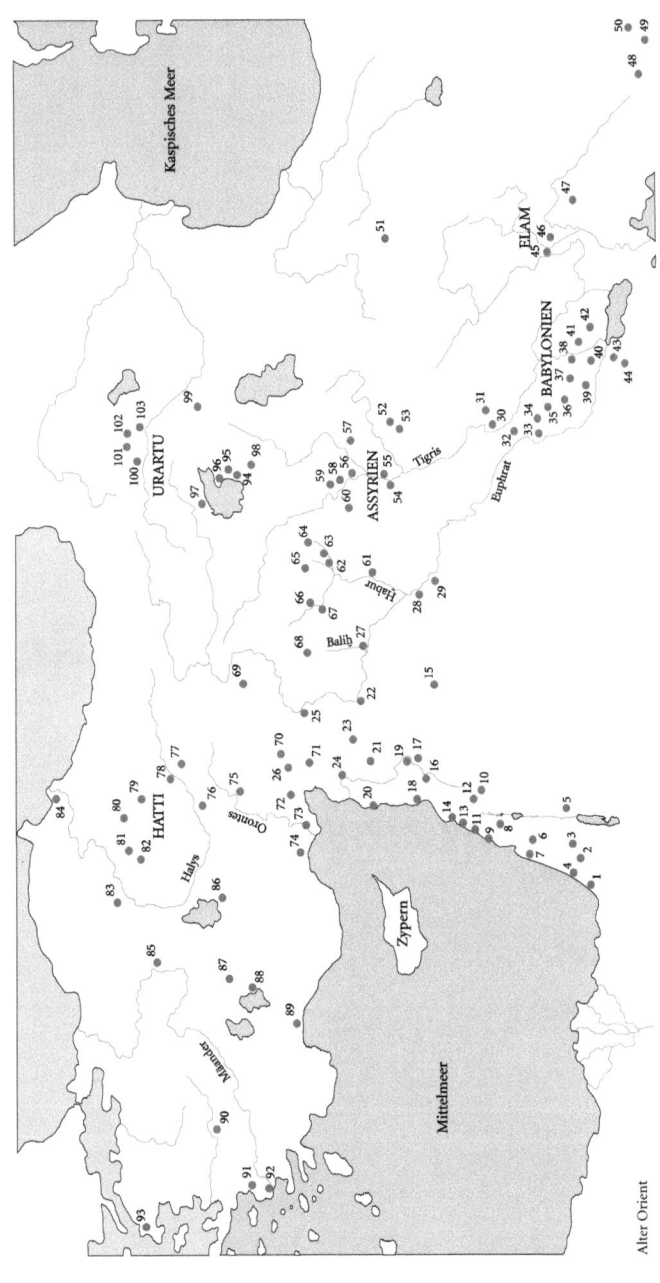

Karte des Alten Orients

1 Gaza 2 Laḫiš 3 Jerusalem 4 Aškalon 5 Amman 6 Megiddo 7 Dor 8 Ḫaṣōr 9 Tyros 10 Damaskus 11 Sidon 12 Kumidi 13 Beirut 14 Byblos 15 Palmyra 16 Qadeš 17 Qaṭna 18 Sumura 19 Hamath 20 Ugarit 21 Ebla 22 Emar 23 Ḫalab (= Aleppo) 24 Alalaḫ 25 Karkamiš 26 Samʾal 27 Tuttul 28 Terqa 29 Mari 30 Šaduppûm 31 Ešnunna 32 Sippar 33 Babylon 34 Kiš 35 Nippur 36 Isin 37 Šuruppak 38 Umma 39 Uruk 40 Larsa 41 Ĝirsu 42 Lagaš 43 Ur 44 Eridu 45 Susa 46 Dūr-Untaš (= Čoġa Zanbīl) 47 Malamir 48 Pasargadae 49 Persepolis 50 Anšan (= Tall-i Mallyān) 51 Ekbatana (= Hamadan) 52 Arrapḫa 53 Nuzi 54 Assur 55 Kār-Tukulti-Ninurta 56 Kalḫu 57 Arbail 58 Ninive 59 Dūr-Šarrukīn 60 Qaṭṭāra(?) (= Tall ar-Rimaḥ) 61 Dūr-katlimu 62 Nagar (= Tall Brāk) 63 Kaḫat 64 Šubat-Enlil, Šeḫna (= Tall Lailān) 65 Urkeš (= Tall Mōzān) 66 Waššukkanni (?) (= Tall Faḫārija) 67 Guzāna (= Tall Ḫalaf) 68 Harrān 69 Melitia (= Aslantepe, Malatya) 70 Marqas (= Maraş) 71 Zalpar (= Tilmenhöyük) (?) 72 Azatiwatija (= Karatepe) 73 Adanija (= Adana) 74 Tarsa (= Tarsos) 75 Kummanni (= Comana Cappadociae) (?) 76 Kaniš 77 Sarissa (= Kuşaklı) 78 Samuḫa (= Kayalıpınar) (?) 79 Tapikka (= Maşat) 80 Sapinuwa (= Ortaköy) 81 Alaca Höyük 82 Ḫattusa 83 Inandık 84 Zalpa (= Ikiztepe) (?) 85 Gordion 86 Puruš ḫanda (= Acem Höyük) (?) 87 Yalburt 88 Eflatunpınar 89 Parḫa (= Perge) 90 Sardes 91 Apasa (= Ephesos) 92 Millawanda (= Milet) 93 Wilusa (= Hisarlik, Troia) 94 Tušpa (= Van) 95 Rusaḫinili (= Toprakkale) 96 Rusaḫinili Eidurikai (= Ayanis) 97 Ḫaldei paṭari Ziuqunei (= Kefkalesi) 98 Sardureḫinili (= Çavuştepe) 99 Rusai paṭari TUR (= Bastam) 100 Argišteḫinili (= Armavir) 101 Teišebai paṭari (= Karmir Blur) 102 Erebuni (= Arin-berd) 103 Minuaḫinili

Adanija (= Adana) 73 Alaca Höyük 81 Alalaḫ 24 Amman 5 Anšan (= Tall-i Mallyān) 50 Apasa (= Ephesos) 91 Arbail 57 Argišteḫinili (= Armavir) 100 Arrapḫa 52 Aškalon 4 Assur 54 Azatiwatija (= Karatepe) 72 Babylon 33 Beirut 13 Byblos 14 Damaskus 10 Dor 7 Dūr-katlimu 61 Dūr-Šarrukīn 59 Dūr-Untaš (= Čoġa Zanbīl) 46 Ebla 21 Eflatunpınar 88 Ekbatana (= Hamadan) 51 Emar 22 Erebuni (= Arin-berd) 102 Eridu 44 Ešnunna 31 Gaza 1 Ĝirsu 41 Gordion 85 Guzāna (= Tall Ḫalaf) 67 Hamath 19 Ḫalab (= Aleppo) 23 Ḫaldei paṭari Ziuqunei (= Kefkalesi) 97 Harrān 68 Ḫaṣōr 8 Ḫattusa 82 Inandık 83 Isin 36 Jerusalem 3 Kaḫat 63 Kalḫu 56 Kaniš 76 Karkamiš 25 Kār-Tukulti-Ninurta 55 Kiš 34 Kumidi 12 Kummanni (= Comana Cappadociae) (?) 75 Lagaš 42 Laḫiš 2 Larsa 40 Malamir 47 Mari 29 Marqas (= Maraş) 70 Megiddo 6 Melitia (= Aslantepe, Malatya) 69 Millawanda (= Milet) 92 Minuaḫinili 103 Nagar (= Tall Brāk) 62 Ninive 58 Nippur 35 Nuzi 53 Palmyra 15 Parḫa (= Perge) 89 Pasargadai 48 Persepolis 49 Puruš ḫanda (= Acem Höyük) (?) 86 Qadeš 16 Qaṭna 17 Qaṭṭāra(?) (= Tall ar-Rimaḥ) 60 Rusaḫinili (= Toprakkale) 95 Rusaḫinili Eidurikai (= Ayanis) 96 Rusai paṭari TUR (= Bastam) 99 Šaduppûm 30 Samʾal 26 Samuḫa (= Kayalıpınar) (?) 78 Sapinuwa (= Ortaköy) 80 Sardes 90 Sardureḫinili (= Çavuştepe) 98 Sarissa (= Kuşaklı) 77 Sidon 11 Sippar 32 Šubat-Enlil, Šeḫna (= Tall Lailān) 64 Sumura 18 Šuruppak 37 Susa 45 Tapikka (= Maşat) 79 Tarsa (= Tarsos) 74 Teišebai paṭari (= Karmir Blur) 101 Terqa 28 Tušpa (= Van) 94 Tuttul 27 Tyros 9 Ugarit 20 Umma 38 Ur 43 Urkeš (= Tall Mōzān) 65 Uruk 39 Waššukkanni (?) (= Tall Faḫārija) 66 Wilusa (= Hisarlik, Troia) 93 Yalburt 87 Zalpa (= Ikiztepe) (?) 84 Zalpar (= Tilmenhöyük) (?) 71

Index

A

Abrakadabra 184, 186, 233
Absolutiv 173
Abstraktionsfähigkeit 125
Acemhöyük 40
Adad-narari I. 209
administrativer Text 43
agglutinierend 172, 185, 187
Ägyptologie 32
Akkad 19
Akkadisch 22
Akkadogramm 154
akrophonisch 189
Alexander der Große 52
Alliteration 224, 228
Alte Geschichte 32
Altorientalische Philologie 22
Alttestamentliche Theologie 31, 192, 193
Altvorderasienkunde 23
Amarna-Periode 202
Ammi-ditana 225
Annalen 209
anthropomorph 115
Antiochus I. Soter 209
Antiphon 229
Apodosis 91, 218
Aramaistik 22
Arche 76, 245
Arzt 98, 132
Aschur-acha-iddina 119, 141, 150, 205, 234
Aschur-bani-apli 236
Aschur-bel-kala 78
āšipu 132
Assyrien 19
Assyriologie 22
assyrische Vokalharmonie 177
astronomische Tagebücher 74
asû 132
autochthon 168
Autographie 156
awīlu 92, 93

B

Babylonien 19
Bel-scharra-usur 48
Belsazar 48
Besternung 134
Bewässerungsfeldbau 73
Biblische Archäologie 31
Botta 25
Briefe 42
Briefeinleitung 199, 200, 202
bustrophedon 183

C

Carsten Niebuhr 24
Chiasmus 225, 228
Chronik 45

D

Dattelpalme 81
Demokrit 24
Deutezeichen 155
Dolmetscher 178
Dramen 223
Dur-Scharru-ukin 25

E

Einehe 96
Einführungsszene 54
Elam 20
emisch 127, 137
Engelbert Kaempfer 24
Epitheton 227
Eponym 39
Ergativ 173, 187
Etymologie 68, 84, 117, 131, 161
Eupolemos 46

F

Falbelgewand 90
Flachdach 256
Flexion 172, 179

G

geschlossene Silbe 179
Getreide 80
Gilga-mesch 149, 220–222, 229, 245

287

Index

Gleichsetzungstheologie 118
Globalisierung 60
Glossenkeil 219
Götterstatue 108, 115, 207, 222
Graeco-Babyloniaca 21
Grotefend 24
Gu-dea 84, 111, 169, 171, 210, 221

H

Hammu-rapi 38, 40, 51, 54, 58, 61, 115, 116, 147, 177, 200, 208, 231
heiliger Krieg 108
heilige Schrift 108
Henotheismus 118
hermeneutisch 139
Herodot 24
Hethitologie 22
Hieroglyphen 21, 32, 143, 162, 166, 182, 187, 188, 194
Hincks 27, 175
Horsabad 25
Hrozný 30, 180

I

Ideogramm 154
Imperium 55, 61
Indogermanistik 33
intransitiv 173
Iranistik 22
Islam 18, 52
Isohyete 73
isolierte Sprache 164, 166, 185
Israel-Palästina 20

J

Jahresanfang 39
Jahresdaten 38
Jeho-jakin 41, 43, 45
Jesaja 123

K

Kabti-ili-Marduk 224
Kadaschman-Enlil I. 201, 202
Kalchu 26, 112
Kanonisierung 220
Kapitaldelikt 97

kasuistisch 91, 132, 139
Keilschrift 21
Klassische Archäologie 32
Klassische Philologie 32
Königsinschrift 44, 208
Königsliste 38, 245
Kopie 156
Kreta 21
kù 105
Kujundschik 25
Kuri-galzu I. 202

L

Layard 25, 72
lexikalischen Liste 66, 125
Libanon 82
lingua franca 164, 174
literarischer Text 45
Logogramm 153, 154, 157, 158, 170, 172, 179, 180
Löseritual 137

M

Magier 134
Marduk-apla-iddina 44
marru 111
Mesopotamien 18
Metall 49, 83, 149
Metapher 225
Middle East 18
mīšāru 90
Monatsname 39
Monolatrie 118
Monotheismus 61
Museumsarchäologie 238
muškēnu 93
Mythos 222

N

Nabu-kudurri-usur II. 41, 43, 45, 51, 56, 58, 259
Nabu-na'id 47, 48, 56
Naher Osten 18
nam-tar 105
Nappachu-Archiv 239
Neolithische Revolution 18
Nimrud 26, 112

Ninive 25
Nomaden 76, 77

O

Obermesopotamien 19
Okzident 17
Oman 84
Oppenheim 105
Oppert 29
Ordal 205
Orient 17
Orientalismus 23
Osttigrisland 19

P

Paläographie 148
Paradies 79
Parallelismus membrorum 225
patriarchal 94
performativer Text 223
Philologie 22, 125, 126, 128, 163, 168
phonemisch 157
Phonogramm 170, 179, 180
Pietro della Valle 24
Placebo-Effekt 132
Plagiat 126
Polyphonie 27
Polytheismus 61, 108, 120
Primärquelle 199
Propaganda 101
Prosopographie 239
Protasis 91, 218
Pythagoras 124, 140

R

Radikal 179
Rangstreitgespräch 66, 81
Rawlinson 29
Rebusprinzip 154
Rechtsurkunde 43
Regenfeldbau 73, 112
Reim 234
rites des passage 107
Ritual 107
Rollsiegel 20

S

Salmanu-aschared I. 209
Salmanu-aschared III. 26, 70, 212
šamaššammū 69
Schar-kali-scharre 42
Scharru-ken 46, 50, 53, 222
Scheil 87
Schilfrohr 75
Schubschi-meschre-Schakkan 230
Schutruk-Nahhunde 56, 58, 87, 116
semantischer Nukleus 172
Semitistik 33, 192, 193
Sesam 81
Sexagesimalsystem 140
šīmtu 105
Sin-ache-eriba 44, 82, 141, 234
Sklavenhaltergesellschaft 94
Sonnenfinsternis 39
spiegelnde Strafe 99
Sprachstil 178
Staatsverträge 203
Stadtkultur 76
Standarte von Ur 70
Strafrecht 96
Sumer 19
Sumerogramm 154
Sumerologie 22
šūmu 69
Syllabogramm 154
Synkretismus 118
Syrien 20

T

Talbot 29
Talion 94, 99
Tell 26
Tempel 113
terrestrisches Omen 217
Textkorpus 163
theophorer Personenname 106
Thureau-Dangin 29
Ton 83
transitiv 173
Transkription 156
Transliteration 156
Türkei 20
Turm zu Babel 113

Index

U

Ugaritistik 22
Umgangssprache 200
Ur-Namma 50, 53, 88, 101
Urartu 20
Urkunde 205

V

Vergleich 225
Vergöttlichung 54
Vorderasiatische Archäologie 31, 41, 106
Vorderasien 18

W

Wortspiel 224, 227
Wurzelkonsonant 179

Z

Zedekia 45
Zimri-lim 201
Zivilrecht 96
Zukunftsbewältigung 137
Zypern 83